REVISTA TRIMESTRAL DE DIREITO PÚBLICO

ISSN 2237-1796

61

MALHEIROS EDITORES

IDAP

Revista Trimestral de Direito Público

ISSN 2237-1796

Órgão do

IDAP

Publicação trimestral de
MALHEIROS EDITORES LTDA.
Rua Paes de Araújo, 29, cj. 171
CEP 04531-940 – São Paulo, SP – Brasil
Tel.: (11) 3078-7205 – Fax.: (11) 3168-5495
Diretor responsável: ÁLVARO MALHEIROS
Diretora: SUZANA FLEURY MALHEIROS

Assinaturas e comercialização:
CATAVENTO DISTRIBUIDORA DE LIVROS S.A.
Rua Conselheiro Ramalho, 928
CEP 01325-000 – São Paulo, SP – Brasil
Tel.: (11) 3289-0811 – Fax.: (11) 3251-3756
Supervisão Gráfica: VÂNIA LÚCIA AMATO
Editoração Eletrônica: CICACOR EDITORIAL

SUMÁRIO

DOUTRINA

LA PROTECCIÓN DE LOS DATOS PERSONALES EN LAS REDES SOCIALES 5
– PABLO SCHIAVI

EL CONTRATO DE DERECHO PÚBLICO EN EL DERECHO ALEMÁN: BREVES ANOTACIONES 33
– ANDRY MATILLA CORREA

PARCERIAS PÚBLICO-PRIVADAS NO BRASIL: PANORAMA SOBRE A CONCESSÃO ADMINISTRATIVA 61
– DINORÁ ADELAIDE MUSETTI GROTTI e MÁRIO SAADI

IMPROBIDADE ADMINISTRATIVA: UMA LEITURA DO ART. 11 DA LEI 8.429/1992 À LUZ DO PRINCÍPIO DA SEGURANÇA JURÍDICA 87
– EDILSON PEREIRA NOBRE JR.

PARECERES

DESAPROPRIAÇÃO – MOMENTO PARA O RECONHECIMENTO DO DESCUMPRIMENTO DE SUA FUNÇÃO SOCIAL – IMÓVEL REVERTIDO À CONDIÇÃO DE PRODUTIVO – JUSTA INDENIZAÇÃO – ART. 4º, § 3º, DA LEI FEDERAL 8.177/1991 99
– CELSO ANTÔNIO BANDEIRA DE MELLO

ESTUDOS E COMENTÁRIOS

DO CABIMENTO DE RECURSO À CORTE INTERAMERICANA DE DIREITOS HUMANOS NAS CAUSAS JULGADAS EM ÚNICA INSTÂNCIA PELO STF DO BRASIL – O "CASO DO MENSALÃO" 107
– RAFAEL AUGUSTO SOFIATI DE QUEIROZ

LIMITES, POSSIBILIDADES E ALCANCE DO PODER REGULAMENTAR EM FACE DO PRINCÍPIO DA LEGALIDADE E A REALIZAÇÃO DOS DIREITOS FUNDAMENTAIS 143
– Patrick Roberto Gasparetto

NON BIS IN IDEM E AS SANÇÕES ADMINISTRATIVAS, POR IMPROBIDADE E PENAL 161
– Denilson Marcondes Venâncio

MEMÓRIA **RTDP**

DISTINÇÃO ENTRE "CONTROLE SOCIAL DO PODER" E "PARTICIPAÇÃO POPULAR" (Publicado na *RTDP* 2) 187
– Carlos Ayres Britto

DESPESA PÚBLICA – CONFLITO ENTRE PRINCÍPIOS E EFICÁCIA DAS REGRAS JURÍDICAS – O PRINCÍPIO DA SUJEIÇÃO DA ADMINISTRAÇÃO ÀS DECISÕES DO PODER JUDICIÁRIO E O PRINCÍPIO DA LEGALIDADE DA DESPESA PÚBLICA (Publicado na *RTDP* 2) 194
– Eros Roberto Grau

DOUTRINA

LA PROTECCIÓN DE LOS DATOS PERSONALES EN LAS REDES SOCIALES

PABLO SCHIAVI

Doctor en Derecho y Ciencias Sociales por la Universidad Mayor de la República Oriental del Uruguay – Máster en Derecho Administrativo Económico por la Universidad de Montevideo de la República Oriental del Uruguay – Profesor de Acceso a la Información Pública y de Protección de Datos Personales del Máster de Derecho Administrativo Económico de la Universidad de Montevideo – Profesor del Taller Teórico-Práctico sobre Protección de Datos Personales en Salud "E-Salud" del Máster de Derecho Administrativo Económico de la Universidad de Montevideo – Profesor de Derecho de la Información de la Facultad de Comunicación de la Universidad de Montevideo – Aspirante a Profesor Adscripto en Derecho Público de la Facultad de Derecho de la Universidad de la República – Aspirante de la Cátedra de Derecho Administrativo de la Facultad de Derecho de la Universidad de Montevideo – Ex-Secretario de Redacción de La Justicia Uruguaya (revista jurídica) – Certificado en Prevención del Lavado de Dinero y Financiamiento del Terrorismo por el Isede y la Facultad de Derecho de la Universidad Católica del Uruguay "Dámaso Antonio Larrañaga" – Diplomado Internacional en Dirección y Gestión de Cooperativas de Ahorro y Crédito por el Instituto de Desarrollo Cooperativo/IDC y la Confederación Alemana de Cooperativas/DGRV – Miembro del Instituto de Derecho Administrativo de la Facultad de Derecho de la Universidad de la República – Ex-Asesor del Auditor Interno de la Nación, Auditoría Interna de la Nación/AIN – Asesor del Contador General de la Nación, Contaduría General de la Nación/CGN del Ministerio de Economía y Finanzas de la República Oriental del Uruguay – Autor de libros y artículos sobre temas de su especialidad (*e-mail*: *psschiavi@hotmail.com*; Twitter: *@PabloSchiavi*)

1. Introducción. 2. El impacto de la Web *2.0 en el derecho a la protección de datos personales: 2.1 La* Web *2.0: la* Web *de las redes sociales: 2.1.1 Redes sociales – 2.1.2* Blogs *– 2.1.3* Wikis *– 2.1.4 Foros – 2.1.5*

Sindicación de contenidos – 2.1.6 Bookmarking *– 2.1.7 Herramientas 2.2 Sobre el derecho a la protección de datos personales – 2.3 Soluciones en la Carta de los Derechos Fundamentales de la Unión Europea en materia de protección de datos personales. 3. Las redes sociales: origen, evolución, concepto, tipología: 3.1 Origen y evolución de las redes sociales – 3.2 Concepto de red social – 3.3 Tipología de las redes sociales: 3.3.1 Redes sociales generalistas o de ocio – 3.3.2 Redes sociales de contenido profesional – 3.4 Análisis de los aspectos más relevantes y problemática específica de las redes sociales. 4. Principales riesgos de vulneración de datos personales de los usuarios de las redes sociales: 4.1 La importancia del acceso seguro y de la identidad digital – 4.2 Las condiciones de uso y políticas de privacidad en las redes sociales – 4.3 De la Política de Privacidad a la Política de Utilización de Datos:* Facebook. *5. La neutralidad tecnológica y las Administraciones Públicas: 5.1 El principio de neutralidad tecnológica – 5.2 La importancia de la neutralidad tecnológica. 6. La autorregulación como instrumento para la protección de los datos personales y de la seguridad en las redes sociales: 6.1 La importancia de la autorregulación – 6.2 Códigos de conducta y redes sociales. 7. Conclusiones.*

"(...). Habrá que hacer conciencia que
el ciberespacio no es un espacio virtual,
sino que forma parte de nuestro espacio real (...)"
(Jacqueline Peschard Mariscal)

Resumen: A lo largo del presente trabajo abordaremos los principales lineamientos de la protección de datos personales en las redes sociales digitales.

Haremos referencia al impacto de la llamada *Web* 2.0 conocida como la "Web de las Redes Sociales" en la concepción tradicional de la protección de datos personales tanto en sus aspectos normativos como en sus sustentos doctrinarios.

Nuestro recorrido se inicia en la situación actual de la problemática en la Unión Europea y en el mundo, teniendo presente que el modelo de crecimiento de estas plataformas se basa fundamentalmente en un proceso viral, con posibilidades de crecimiento de tipo exponencial y quizás desconocidas en cuanto a sus impactos.

De ahí que la eventual vulneración de datos personales de los usuarios de las redes sociales se transforma en el objeto central de nuestro trabajo, destacando conceptos-claves como el acceso seguro, la identidad digital, la neutralidad tecnológica y la autorregulación con los códigos de conducta.

El mayor desafío será cómo responder a las interrogantes que se plantean a millones de personas en el mundo en cuanto a los impactos y riesgos cada vez más sensibles a quienes se exponen al ser parte de del "ciberespacio" en estos días.

Palabras-claves: Protección de datos personales, Redes sociales, *Web* 2.0, Acceso seguro, Identidad digital, Neutralidad tecnológica, Autorregulación, Códigos de conducta

Abstract: Throughout this work we will consider the main guidelines for the protection of personal data in social networks.

We refer to the impact of the *Web* 2.0 and social networking *Web* on the traditional concept of the protection of personal data in both its normative and doctrinaire in their livelihoods.

Our tour begins in the present situation of the problems in the European Union and in the world, bearing in mind that the growth model of these platforms is primarily based on a viral process, with potential for exponential growth and perhaps unknown in their impacts.

Hence, a possible breach of personal data of users of social networking transforms into the central object of our work, highlighting key concepts such as secure access, digital identity, technological neutrality and self-regulation codes of conduct.

The biggest challenge will be how to respond to the questions posed to millions of people around the world about the impacts and risks increasingly sensitive to set out to be part of the "cyberspace" these days.

Keywords: Privacy policy, Social network, *Web* 2.0, Secure, Digital identity, Technological neutrality, Autoregulation, Codes of conduct

1. Introducción

El reconocimiento a las dimensiones internacionales de la protección de los datos personales en la era digital, la importancia de los desafíos a la protección de los datos personales de los más jóvenes en Internet y la urgencia de elaborar marcos normativos que puedan orientar a los Estados y a las empresas en sus esfuerzos para responder a esos desafíos[1] es, hoy en día, objeto de múltiples debates, conferencias y seminarios en todo el mundo.

Es un lugar-común afirmar que hoy en día vivimos la era digital, en donde, gracias al avance de las tecnologías de la información, el Internet se ha convertido en un medio de comunicación plenamente socorrido, al punto que forma parte ya del desarrollo de nuestras actividades cotidianas. Asimismo las redes sociales en Internet han devenido herramientas de comunicación multifuncionales, que nos permiten entrar en contacto con personas de todo el mundo y compartir experiencias de muy variado tipo en esta nueva Aldea Global: permiten obtener, almacenar y transmitir un sin-número de datos, documentos, fotografías, videos, música – entre otros –, y el acceso a éstos es tan sencillo con simplemente un clic.[2]

El desarrollo de las Tecnologías de la Información y las Comunicaciones/TIC en la segunda mitad del siglo pasado ha traído consigo el surgimiento de nuevas posibilidades para la sociedad. El nacimiento de las redes determina nuevos modos de hacer, cambios en las relaciones sociales o el inicio de comunidades humanas que eran totalmente impensables hasta hoy. Aunque las nuevas tecnologías comportan, como regla general, numerosas ventajas para el público potencialmente destinatario de las mismas, en ocasiones, todo hay que decirlo, se plantean ciertos problemas como

1. Chantal Bernier, "El *Memorándum de Montevideo*: un marco de referencia para la protección de los datos personales de los jóvenes en Internet en la región iberoamericana"; in Carlos G. Gregorio y Lina Ornelas (compiladores), *Protección de Datos Personales en las Redes Sociales Digitales: en Particular de Niños y Adolescentes – Memorándum de Montevideo*, México, Instituto de Investigación para la Justicia-IIJusticia/Instituto Federal de Acceso a la Información y Protección de Datos-IFAI, 2011, p. 16.

2. Jacqueline Peschard Mariscal, "Protección de las niñas, niños y adolescentes en el ámbito digital: responsabilidad democrática de las instituciones de gobierno y de las agencias de protección de datos", in Carlos G. Gregorio y Lina Ornelas (compiladores), *Protección de Datos Personales en las Redes Sociales Digitales: en Particular de Niños y Adolescentes – Memorándum de Montevideo*, México, Instituto de Investigación para la Justicia-IIJusticia/Instituto Federal de Acceso a la Información y Protección de Datos-IFAI, 2011, p. 22.

consecuencia del uso indebido que de las mismas se hace. Un ejemplo que al respecto puede apuntarse es el de las redes sociales y los potenciales problemas de privacidad que pueden suscitarse.

La irrupción de las nuevas tecnologías de marcado carácter social – *blogs*, *wikis*, *podcast*, redes sociales etc. – ha determinado un alto grado de interconectividad entre los usuarios de Internet – lo que, dicho sea de paso, les permite intercambiar todo tipo de opiniones sobre diferentes productos y experiencias con otras personas.[3]

En tal sentido, la llegada de la *Web* 2.0 ha supuesto una verdadera revolución, pues el potencial usuario adquiere un nuevo papel dentro del soporte, ya que deja de ser un mero espectador de contenidos para ser el que elige, el que participa e, incluso, el que crea esos contenidos. En suma, la *Web* 2.0 es una *Web* más colaborativa, que permite a sus usuarios acceder y participar en la creación de un conocimiento ilimitado, y, como consecuencia de esta interacción, se generan nuevas oportunidades de negocio para las empresas.

La sociedad de la información y la comunicación necesariamente debe tener como su centro de atención a las personas; esto es, la aproximación a la sociedad de la información y la comunicación desde una perspectiva basada en "derechos" implica colocar la dignidad humana, el desarrollo humano y los derechos como ciudadanos globales y digitales por encima de las consideraciones tecnológicas o la relación comercial productor/consumidor. Más aún, implica educar en la ciberciudadanía y proteger en este ámbito a las niñas, niños y adolescentes, para garantizar una navegación segura.[4]

A lo largo del presente trabajo abordaremos los principales lineamientos de la protección de datos personales en las redes sociales digitales. Haremos referencia al impacto de la llamada *Web* 2.0, conocida como la "*Web* de las Redes Sociales", en la concepción tradicional de la protección de datos personales tanto en sus aspectos normativos como en sus sustentos doctrinarios.

Nuestro recorrido se inicia en la situación actual de la problemática en la Unión Europea y en el mundo, teniendo presente que el modelo de crecimiento de estas plataformas se basa fundamentalmente en un proceso viral, con posibilidades de crecimiento de tipo exponencial y quizás desconocidas en cuanto a sus impactos.

De ahí que la eventual vulneración de datos personales de los usuarios de las redes sociales se transforma en el objeto central de nuestro trabajo, destacando conceptos-claves como el acceso seguro, la identidad digital, la neutralidad tecnológica y la autorregulación con los códigos de conducta.

El mayor desafío será cómo responder a las interrogantes que se plantean a millones de personas en el mundo en cuanto a los impactos y riesgos cada vez más sensibles a quienes se exponen al ser parte del "ciberespacio" en estos días.

3. David López Jiménez, *La Protección de Datos de Carácter Personal en el Ámbito de las Redes Sociales Electrónicas: el Valor de la Autorregulación*, Universidad de Alcalá de Henares/ Servicio de Publicaciones, 2009.

4. Jacqueline Peschard Mariscal, "Protección de las niñas, niños y adolescentes en el ámbito digital: responsabilidad democrática de las instituciones de gobierno y de las agencias de protección de datos", cit., in Carlos G. Gregorio y Lina Ornelas (compiladores), *Protección de Datos Personales en las Redes Sociales Digitales: en Particular de Niños y Adolescentes – Memorándum de Montevideo*, pp. 22 y ss.

2. *El impacto de la* **WEB** *2.0 en el derecho a la protección de datos personales*

2.1 La Web *2.0: la* Web *de las redes sociales*[5]

Internet ha creado un nuevo escenario en el que las relaciones personales cobran protagonismo. Las nuevas plataformas y herramientas colaborativas han producido un cambio desde una *Web* 1.0, basada en páginas estáticas, meramente informativas, sin capacidad de generar una participación del usuario, hacia una *Web* dinámica donde se produce una interrelación que genera una suma de conocimientos y/o experiencias.

Es decir, la *Web* 2.0 o *Web Social* son personas colaborando, compartiendo y participando en un canal multidireccional abierto que permite lograr la máxima interacción entre los usuarios y les ofrece nuevas posibilidades de colaboración, expresión y participación.

Mientras, la evolución de la Red no se detiene, la aparición de nuevas tecnologías asociadas a los términos *Web* 3.0, *Web* 4.0 y *Web* 5.0 permitirá la integración de la *Red de los Objetos*, el desarrollo de redes sensoriales y emotivas o la integración de la *Web* semántica dando acceso a información más relevante y personalizada que cambiará su estructura tal y como se conoce.

Las posibilidades de la *Web* 2.0 son casi ilimitadas. Entre la diversidad de herramientas que surgen diariamente en la *Web* 2.0, las redes sociales, los *blogs*, las *wikis* o las herramientas de sindicación son las que mayor peso tienen entre los internautas.[6]

2.1.1 *Redes sociales*

Las redes sociales son espacios virtuales en los que cada usuario cuenta con un perfil público, que refleja datos personales, estado e información de uno mismo. A su vez dispone de herramientas que permiten interactuar y conocer al resto de usuarios, por ejemplo mediante la creación de grupos de interés.

2.1.2 Blogs

Un *blog* es un sitio *Web* en el que el autor publica entradas o posts sobre temas de interés o como bitácora personal, y estos se almacenan cronológicamente. A su vez permite la inserción de comentarios (*posts*) por parte de los lectores, convirtiéndose en una herramienta interactiva que constituye verdaderos foros de opinión.

Los posts generalmente contienen texto, pero gracias al *podcasting* (incorporación de archivos multimedia a los posts) también incluyen imágenes, sonido y vídeos. En la actualidad existen variantes del concepto original de *blog*, entre los que se encuentran el *fotolog* o el *videolog*. La evolución de este modelo da paso al *microblogging*. El máximo exponente de dicho fenómeno es *Twitter*, creado en 2006 y que en 2010 ha superado a *MySpace* en número de visitas. Responder a la pregunta "¿Qué sucede?" utilizando menos de 140 caracteres se ha convertido en el nuevo fenómeno de la *Web* social.

5. Observatorio de la Seguridad de la Información/INTECO, *Guía de Introducción a la* Web *2.0: Aspectos de Privacidad y Seguridad en las Plataformas Colaborativas*, España, febrero/2011 (*http://observatorio.inteco.es*).

6. Idem, ibidem.

2.1.3 Wikis

Una *wiki* es una página *Web* que permite a sus participantes cambiar o editar sus contenidos, haciendo de la propia página una plataforma fácil y accesible para que los diversos usuarios puedan aportar contenidos bajo un mismo documento *online*. Así, el portal crece gracias al trabajo de una comunidad de individuos con un interés en común.

El primer *wiki* fue creado en 1995 por Ward Cunningham. El máximo exponente de este modelo de comunicación en la Red es la *Wikipedia*, un compendio del conocimiento humano en permanente proceso de construcción, con ediciones en 271 idiomas y en el que participan a diario cientos de miles de usuarios.

2.1.4 *Foros*

Dentro de las herramientas colaborativas se incluyen los *foros*. Suelen existir como complemento a un sitio *Web*, permitiendo a los usuarios discutir y compartir información relevante respecto de la temática del sitio, de modo libre e informal, generando una comunidad con un interés común.

2.1.5 *Sindicación de contenidos*

El formato RSS (*Really Simple Sindication*) es un formato que permite reunir de forma automatizada las noticias u otros contenidos de las *webs* y *blogs* por los que se tiene un especial interés (y que se denominan *feeds*) en un programa al que se llama agregador o lector de RSS y consultarlas de manera rápida.

2.1.6 Bookmarking

El *bookmarking* también permite organizar las webs favoritas etiquetando los portales o noticias mediante palabras-clave relevantes, denominadas "etiquetas" (*tags*). Los usuarios pueden ver cuántas personas han usado una etiqueta y buscar todos los recursos a los que se ha asignado. También pueden conocer quién creó cada referencia y acceder a otras referencias del creador.

2.1.7 *Herramientas*

Además de las principales plataformas descritas, existen multitud de *herramientas* centradas en la generación de contenidos. Dos de los ejemplos más representativos son *YouTube* y *Flickr*, con los que los usuarios pueden subir, compartir y ver vídeos y fotos, y aplicaciones ofimáticas (*Google docs*, *Office live*) o transmisiones en vivo (*Justin.tv*).

2.2 Sobre el derecho a la protección de datos personales

En la era electrónica existe una considerable preocupación por el impacto de Internet en el derecho fundamental a la protección de datos personales.

Augusto Durán Martínez define el derecho a la protección de datos personales "como la facultad o el poder que tienen las personas para actuar *per se* y para exigir la actuación del Estado o de quien tenga competencia para ello a fin de tutelar los derechos que pudieran verse afectados por virtud del acceso, registro o trasmisión a terceros de los datos que atañen a su personalidad".[7]

7. Augusto Durán Martínez, *Derecho a la Protección de Datos Personales y al Acceso a la Información Pública – Habeas Data. Leyes n. 18.331 de 11 de Agosto de 2008 y n. 18.381 de 17 de Octubre de 2008*, 2ª ed., ampliada y actualizada, Montevideo, AMF, 2012, p. 12 y ss.

"En general se dice que el derecho a la protección de datos personales es un derecho nuevo" – agrega Durán Martínez, citando a Carlos E. Delpiazzo, que lo llama "novel derecho", razón por la cual se le ha considerado un derecho de la tercera generación, subrayando que, "si bien el derecho a la protección de datos es considerado hoy en día un derecho autónomo, es un derecho instrumental".

Sobre el punto destaca Carlos E. Delpiazzo que "la mayoría de la doctrina continental utiliza la expresión 'derecho a la protección de datos personales' para designar el derecho bajo examen, cuyo objeto es la tutela frente a la posible utilización no autorizada de los datos de la persona para confeccionar una información que, identificable con él, afecte a su entorno personal, familiar, profesional o social".[8]

José Luis Piñar Mañas, Director de la Agencia Española de Protección de Datos, señala que "el derecho fundamental a la protección de datos personales deriva directamente de la Constitución y atribuye a los ciudadanos un poder de disposición sobre sus datos, de modo que, en base a su consentimiento, puedan disponer de los mismos. El derecho fundamental a la protección de datos reconoce al ciudadano la facultad de controlar sus datos personales y la capacidad para disponer y decidir sobre los mismos. Ello supone que el desarrollo y la aplicación de las nuevas tecnologías han introducido comodidad y rapidez en el intercambio de datos, lo que ha contribuido también al incremento del número de tratamientos de datos que se realizan cotidianamente. La bondad que aportan estas técnicas es indudable respecto del progreso de las sociedades modernas y de la calidad de vida de los ciudadanos, pero se hace necesario garantizar el equilibrio entre modernización y garantía de los derechos de los ciudadanos. Esta ponderación entre derecho del ciudadano a preservar el control sobre sus datos personales y la aplicación de las nuevas tecnologías de la información es el contexto en el que el legislador consagra el derecho fundamental a la protección de datos de carácter personal".[9]

El régimen de protección de los datos personales permite que los ciudadanos ejerzan su legítimo poder de disposición y control sobre los datos de carácter personal referidos a su persona que se encuentran registrados en bases de datos de titularidad de terceros. Es indudable que con el correr de los años la posibilidad de disponer información sobre las personas ha ido paulatinamente en aumento. Si a ello se le suma el importante papel que las bases de datos desempeñan en el mundo tecnificado y globalizado de hoy, surge con pocos cuestionamientos el derecho de las personas a protegerse frente a la intromisión de los demás. A tal fin, la legislación vigente faculta a los ciudadanos decidir cuáles de esos datos quieren proporcionar a terceros, sea el Estado o un particular, o qué datos pueden esos terceros recabar, permitiendo asimismo que sepan quién posee sus datos personales y para qué, pudiendo inclusive oponerse a esa posesión o uso.[10]

8. Carlos E. Delpiazzo, "A la búsqueda del equilibrio entre privacidad y acceso", "A la búsqueda del equilibrio entre privacidad y acceso", en Carlos Delpiazzo (coord.), *Protección de Datos Personales y Acceso a la Información Pública*, Montevideo, Instituto de Derecho Informático/ Facultad de Derecho de la Universidad de la República, FCU/AGESIC, 2009, p. 9.

9. José Luis Piñar Mañas, *Guía del Derecho Fundamental a la Protección de Datos de Carácter Personal*, Agencia Española de Protección de Datos, 2004. La información de esta *Guía* puede ser ampliada en Servicio de Atención al Ciudadano: *www.agpd.es*.

10. Pablo Schiavi, *El Control del Acceso a la Información Pública y de la Protección de*

La ley tiene por objeto la protección integral de los datos personales asentados en archivos, registros, bancos de datos u otros medios técnicos de tratamiento de datos, públicos o privados, destinados a dar informes, para garantizar el derecho al honor y a la intimidad de las personas, así como también el acceso a la información que sobre las mismas se registre.[11]

Con acierto señala Cristina Vázquez Pedrouzo que, "así como la transparencia se encuentra en el origen de las regulaciones sobre acceso a la información pública, el desarrollo de la Informática y su aptitud abarcadora de grandes volúmenes de información en tiempos reducidos ha creado la necesidad de tutelar los datos personales".[12]

Analizando el panorama general de los datos personales, sostiene Héctor M. Delpiano que "el régimen de los datos personales basa su razón de ser en algunos pilares fundamentales, de los cuales probablemente el más importante de ellos es el de su pertenencia. Efectivamente, los datos de las personas hacen relación intrínseca e inseparable con el sujeto de derecho –persona física o jurídica generadora de los mismos. La información conformadora del concepto de datos personales en muchos casos nace con la propia persona y en otrA se va creando a medida que transcurre su vida".[13]

Jacqueline Peschard Mariscal,[14] en su carácter de Comisionada Presidenta del Instituto Federal de Acceso a la Información y Protección de Datos (México), señala con acierto que Internet es un espacio lleno de oportunidades, especialmente para los jóvenes, y, en consecuencia, debe existir un balance entre el despliegue de la libertad de expresión y la protección de su dignidad como personas, ya que ellos tienen una expectativa razonable de privacidad al compartir su información con otros en los ambientes digitales. Sin embargo, habrá que hacer conciencia que el ciberespacio no es un espacio virtual, sino que forma parte de nuestro espacio "real".

Algunos de los riesgos asociados al Internet que se han identificado, al decir de Farith Simón Campaña,[15] son: uso abusivo y adicción, vulneración de derechos de propiedad industrial o intelectual, acceso a contenidos inapropiados, interacción y acechos por otras personas y *ciberbullying*, *grooming* y acoso sexual, amenazas a la privacidad, riesgo económico y fraude, riesgos técnicos y *malware*.

Agrega el citado autor que la *Web* 2.0, en particular las redes sociales, es una inestimable oportunidad para que las personas accedan a información, expresen e intercambien opiniones, se asocien con otros con intereses similares.

Datos Personales en el Uruguay, Montevideo, Universidad de Montevideo/Facultad de Derecho, 2012, pp. 75 y ss.

11. *http://www.protecciondedatos.com.ar*.

12. Cristina Vázquez Pedrouzo, "El régimen jurídico del acceso a la información pública y la protección de datos personales", *Revista de Derecho y Tribunales* 15/65, Montevideo, AMF, 2011.

13. Héctor M. Delpiano, "Protección de datos personales y acción de *habeas data*. La Ley n. 18.831", *Anuario de Derecho Administrativo* XV/169-170, Montevideo, FCU, 2008.

14. Jacqueline Peschard Mariscal, "Protección de las niñas, niños y adolescentes en el ámbito digital: responsabilidad democrática de las instituciones de gobierno y de las agencias de protección de datos", cit., in Carlos G. Gregorio y Lina Ornelas (compiladores), *Protección de Datos Personales en las Redes Sociales Digitales: en Particular de Niños y Adolescentes – Memorándum de Montevideo*, p. 65, p. 22.

15. Farith Simón Campaña, "El enfoque de derechos en el *Memorándum de Montevideo*", in Carlos G. Gregorio y Lina Ornelas (compilado-

Cita a Lina Ornelas Nuñez, que define a las redes sociales como "plataformas de comunicación en línea que facilitan al individuo crear o unirse a grupos conformados por más usuarios. A través de ellas, el individuo intercambia información con personas de ideología, gustos, necesidades y problemáticas afines. Son una forma de romper el aislamiento de la mayoría. Dan popularidad al anónimo, integración al discriminado".

2.3 Soluciones en la Carta de los Derechos Fundamentales de la Unión Europea en materia de protección de datos personales[16]

El Consejo de Europa primero y el ordenamiento jurídico comunitario posteriormente han desarrollado un completo acervo normativo que incorpora un conjunto de reglas dirigidas a garantizar los derechos individuales en el ámbito de la protección de datos.

Tales normas, que contribuyen a la creación de un verdadero mercado europeo que facilite el libre intercambio de personas, mercancías, servicios y capitales, no sólo se encuentran en Directivas comunitarias de notable relevancia, ya que fueron incluidas en el art. II-68 del Tratado por el que se establecía una Constitución para Europa, que, como es sabido, fue sustituido por el Tratado de Lisboa de 13.12.2007.

España ha incorporado esta área del acervo comunitario a través de la LOPD así como por el Reglamento de Desarrollo –aprobado por Real Decreto 1.720/2007 de 21 de diciembre. En nuestro ordenamiento la protección de datos ostenta la naturaleza de derecho fundamental. Así, como es sabido, el Tribunal Constitucional estableció la existencia de un derecho fundamental a la protección de datos personales en sentencias dictadas a lo largo de un decenio – desde la STC 254/1993 a la STC 292/2025 –, fundamentándolo en el art. 18.4 de la Constitución española.

La Carta de los Derechos Fundamentales de la Unión Europea, de 7.12.2000, ha recogido expresamente el derecho fundamental a la protección de datos en dos ocasiones: en la Parte I, Título VI ("De la Vida Democrática de la Unión"), el art. I-51 ("Protección de Datos de Carácter Personal") establece en el epígrafe primero que "toda persona tiene derecho a la protección de los datos de carácter personal que le conciernan", y en la Parte II ("Carta de los Derechos Fundamentales de la Unión"), Título II ("Libertades"), se introduce en el art. II-68 la segunda referencia al derecho a la protección de datos, señalando de nuevo que "toda persona tiene derecho a la protección de los datos de carácter personal que le conciernan", y añadiendo que "estos datos se tratarán de modo leal, para fines concretos y sobre la base del consentimiento de la persona afectada o en virtud de otro fundamento legítimo previsto por la ley", y que "toda persona tiene derecho a acceder a los datos recogidos que la conciernan y a obtener su rectificación".

La Carta de los Derechos Fundamentales de la Unión Europea exige que en todos los Estados-miembros exista una

res), *Protección de Datos Personales en las Redes Sociales Digitales: en Particular de Niños y Adolescentes – Memorándum de Montevideo*, México, Instituto de Investigación para la Justicia/IIJusticia e Instituto Federal de Acceso a la Información y Protección de Datos/IFAI, 2011, p. 27.

16. Instituto Nacional de Tecnologías de la Comunicación/Agencia Española de Protección de Datos, *Estudio sobre la Privacidad de los Datos Personales y la Seguridad de la Información en las Redes Sociales On-Line* (*http://www.agpd.es*).

autoridad independiente que controle y garantice el derecho fundamental a la protección de datos.[17]

3. Las redes sociales: origen, evolución, concepto, tipología

3.1 Origen y evolución de las redes sociales[18]

El origen de las redes sociales en Internet se remonta, al menos, al año 1995, cuando Randy Conrads crea el sitio *Web classmates.com*. Con esta red social se pretendía que los usuarios pudiesen recuperar o mantener el contacto con antiguos compañeros del colegio, instituto, universidad etc.

En el año 2002 comienzan a aparecer sitios *Web* que promocionan las redes de círculos de amigos en línea, adquiriendo popularidad en el año 2003 con la llegada de portales *Web* como *MySpace* o *Xing*.

La popularidad de estas plataformas creció exponencialmente. Grandes empresas y multinacionales de Internet emprendieron entonces nuevos proyectos en el entorno de las redes sociales. Así, cabe señalar como claros ejemplos el lanzamiento de *Orkut* por Google o *Yahoo! 360º* por parte de *Yahoo*!

La expansión de este fenómeno es tal que las últimas estadísticas a nivel mundial cifran el número de usuarios de redes sociales en 272 millones, un 58% de los usuarios de Internet registrados en todo el mundo, lo que supone un incremento del 21% respecto de los datos registrados en junio/2007.[19]

3.2 Concepto de red social

Las redes sociales *on-line* son servicios prestados a través de Internet que permiten a los usuarios generar un perfil público, en el que plasmar datos personales e información de uno mismo, disponiendo de herramientas que permiten interactuar con el resto de usuarios afines o no al perfil publicado.[20]

El modelo de crecimiento de estas plataformas se basa fundamentalmente en un proceso viral, en el que un número inicial de participantes, mediante el envío de invitaciones a través de correos a sus conocidos, ofrece la posibilidad de unirse al sitio *Web*.

Aunque estamos ante un fenómeno relativamente reciente, su avance es sen-

17. José Luis Piñar Mañas, *Guía del Derecho Fundamental a la Protección de Datos de Carácter Personal*, cit.

18. Instituto Nacional de Tecnologías de la Comunicación/Agencia Española de Protección de Datos, *Estudio sobre la Privacidad de los Datos Personales y la Seguridad de la Información en las Redes Sociales On-Line*, cit. (*http://www.agpd.es*).

19. Por ejemplo, en el caso de España, las fuentes son diversas, pero todas coinciden que en 2008 el número de usuarios españoles de Internet que utilizan habitualmente redes sociales se sitúa entre el 40% y el 50%. En concreto, siguiendo con el estudio de *Universal McCann*, el 44,6% de los internautas españoles utilizan estos servicios (Gráfico 1), porcentaje que, aplicado a los datos de la Oleada XX de Redes, en la que se señala que "entre enero y marzo/2008 unos 17,6 millones de personas han usado Internet en el último mes"; se cifra en 7.850.000 los usuarios habituales de Internet – mayores de 15 años y con conexión en el último mes que utilizan redes sociales.

20. Instituto Nacional de Tecnologías de la Comunicación/Agencia Española de Protección de Datos, *Estudio sobre la Privacidad de los Datos Personales y la Seguridad de la Información en las Redes Sociales On-Line*, cit. (*http://www.agpd.es*).

cillamente imparable. En este sentido, existen redes sociales, como *Facebook*, en las que ya existen más de 200 millones de usuarios y con su *chat* supera la barrera de los 1000 millones de mensajes electrónicos diarios. Otro dato que, a este respecto, podemos poner de relieve, a tenor de ciertos estudios de carácter empírico, es que dentro de las primeras 20 posiciones de los 500 sitios *Web* más visitados a nivel internacional existen cuatro redes sociales, cuales son *Facebook*, *MySpace*, *Hi5* y *Orkut*.[21]

En cuanto a la fundamentación teórica, cabe señalar que, cuando se habla de redes sociales, se hace referencia a las plataformas *on-line* desde las que los usuarios registrados pueden interactuar mediante mensajes, compartir información, imágenes o vídeos, permitiendo que estas publicaciones sean accesibles de forma inmediata por todos los usuarios de su grupo. Al centrarse en las relaciones de los individuos (o grupos de individuos) y no en las características de los mismos (raza, edad, ingresos, educación) se han utilizado para el estudio de hábitos, gustos y formas de relacionarse de los grupos sociales.[22]

Toda red social se fundamenta en la teoría de los seis grados de separación, en virtud de la cual cualquier individuo puede estar conectado a cualquier otra persona en el Planeta, a través de una cadena de conocidos con no más de cinco intermediarios (con un total de seis conexiones). La cifra de conocidos aumenta a medida que lo hacen los eslabones de la cadena. Los individuos de primer grado serán los más próximos y, según se avanza en el grado de separación, disminuyen la relación y la confianza.

El concepto de red social ha sido ampliamente analizado por profesionales de diferentes sectores, no existiendo en la actualidad un concepto absolutamente cerrado y aceptado por todos ellos.

Antes de analizar el concepto de red social, se debe tener en cuenta el tipo de red que se va a definir, por lo qué es necesario diferenciar en un primer momento si se trata de una red social tradicional o de una red social *on-line*.

A pesar de que el concepto de red social es utilizado indistintamente para las redes sociales *on-line* y las tradicionales, este hecho supone incurrir en un error que puede provocar que el análisis posterior de los elementos que la componen y caracterizan se vea desvirtuado. En este sentido, se puede afirmar que las redes sociales *on-line* son "servicios de la Sociedad de la Información, consistentes en la creación de comunidades *on-line* de personas que comparten intereses, actividades, o que están interesadas en explorar y conocer los intereses de los demás".[23]

Conviene señalar que una red social es, ante todo, una forma de interacción entre miembros y/o espacios sociales. A partir de esta premisa, se recogen a continuación algunas definiciones de redes sociales.

Marta Rizo García define a las redes sociales como: "Formas de interacción social, que se definen fundamentalmente por los intercambios dinámicos entre los sujetos que las forman. Las redes son sistemas abiertos y horizontales y aglutinan a conjuntos de personas que se identifican con las mismas necesidades y problemáticas. Las redes, por tanto, se erigen como una forma dc organización social quc permite a un grupo de personas potenciar

21. Idem, ibidem.
22. Idem, ibidem.
23. Idem, ibidem.

sus recursos y contribuir a la resolución de problemas".[24]

Asimismo se han definido las redes sociales en estudio *Castilla y León 2.0. Hacia la Sociedad de la Colaboración* (edición 2008) como: "Las redes son formas de interacción social, definidas como un intercambio dinámico entre personas, grupos e instituciones en contextos de complejidad. Un sistema abierto y en construcción permanente que involucra a conjuntos que se identifican en las mismas necesidades y problemáticas y que se organizan para potenciar sus recursos".

3.3 Tipología de las redes sociales

Las redes sociales se pueden categorizar atendiendo al público objetivo al que se dirigen, o al tipo de contenido que albergan. De esta forma, se distinguen al menos dos grandes grupos de redes sociales: generalistas o de ocio y profesionales.[25]

A pesar de que cada tipo presenta una serie de aspectos particulares, ambos grupos cuentan con una serie de características básicas y estructurales comunes: (a) tienen como finalidad principal poner en contacto e interrelacionar a personas. La plataforma facilita la conexión de forma sencilla y rápida; (b) permiten la interacción entre todos los usuarios de la plataforma, ya sea compartiendo información, permitiendo el contacto directo o facilitando nuevos contactos de interés; (c) permiten y fomentan la posibilidad de que los usuarios inicialmente contactados a través del medio *on-line* acaben entablando un contacto real; (d) permiten que el contacto entre usuarios sea ilimitado, en la medida en la que el concepto "espacio y tiempo" se convierte en relativo, al poder comunicar desde y hacia cualquier lugar, así como en cualquier momento, con la única condición de que ambas partes acepten relacionarse entre sí; y e) fomentan la difusión viral de la red social, a través de cada uno de los usuarios que la componen, empleando este método como principal forma de crecimiento del número de usuarios.

3.3.1 *Redes sociales generalistas o de ocio*

Este tipo de redes se caracteriza porque su objetivo principal radica en el hecho de facilitar y potenciar las relaciones personales entre los usuarios que la componen. El grado de crecimiento de estas redes ha sido muy elevado en los últimos años, llegando a constituirse plataformas como *Facebook* en las que en diciembre/2008 se produce la entrada diaria de más de 120 millones de usuarios activos que crean el contenido que define su sitio *Web*.[26]

Los aspectos que caracterizan a las redes sociales generalistas o de ocio son: (a) ofrecen gran variedad de aplicaciones y/o funcionalidades que permiten a los usuarios prescindir de herramientas de comunicación externas, poniendo a su disposición una plataforma que integra todas las aplicaciones necesarias en una misma pantalla; (b) ofrecen y fomentan que los usuarios no se centren únicamente

24. Marta Rizo García, *Redes. Una Aproximación al Concepto*, México, Universidad Autónoma de la Ciudad de México (*http://sic.conaculta.gob.mx/centrodoc_documentos/62.pdf*).

25. Instituto Nacional de Tecnologías de la Comunicación/Agencia Española de Protección de Datos, *Estudio sobre la Privacidad de los Datos Personales y la Seguridad de la Información en las Redes Sociales On-Line*, cit. (*http://www.agpd.es*).

26. Idem, ibidem.

en operar de forma *on-line*, sino que este medio sirva de plataforma a través de la que poden convocar y organizar aspectos de su vida cotidiana; y (c) ponen a disposición de la comunidad de usuarios parte del código usado para programar la plataforma, de modo que los usuarios puedan desarrollar aplicaciones propias, que sean ejecutadas dentro de la red social, o aplicaciones externas que se interconecten con la plataforma, logrando así el aumento de la utilidad y con ello de la difusión.

3.3.2 *Redes sociales de contenido profesional*

Se configuran como nuevas herramientas de ayuda para establecer contactos profesionales con otros usuarios. Entre ellas se encuentran *Webs* como *Xing* o *Linkedin*, y constituyen el segundo gran bloque de redes sociales.[27] Están creadas y diseñadas con la finalidad de poner en contacto y mantener la relación a nivel profesional con diferentes sujetos que tengan interés para el usuario.

Así, entre las principales utilidades cabe citar: (a) desde el lado del trabajador – la búsqueda de nuevas oportunidades de empleo, el establecimiento de nuevos contactos profesionales o la promoción laboral. Permiten a los usuarios entrar en contacto con otros profesionales de su sector a través de conocidos comunes de confianza, ayudando a mejorar las conexiones con otras personas que en circunstancias habituales serían inaccesibles, debido a su cargo o responsabilidad; (b) desde el lado del empleador – la presencia en este tipo de redes sociales resulta cada vez más importante, ya que con mayor frecuencia las empresas utilizan este nuevo recurso para identificar posibles candidatos participantes en sus procesos de selección o profundizar en la información disponible del perfil de los candidatos seleccionados en un proceso de contratación determinado.

Este tipo de redes está en auge. Los beneficios que este tipo de redes sociales de carácter profesional pueden suponer y reportar al entorno empresarial no radican exclusivamente en servir como herramienta complementaria en un proceso de selección de personal, ni se quedan en las posibilidades que evidencian los datos indicados, sino que además resultan especialmente atractivas como alternativa de negocio, ya que además permiten: la realización de acciones de *marketing* personalizado; la creación de servicios *premium* de suscripción; la publicación de contenidos destacados y la promoción de contenidos propios, y la venta de bonos de "aumento de confianza del usuario".

3.4 *Análisis de los aspectos más relevantes y problemática específica de las redes sociales*

La tendencia actual de los servicios que la red pone al alcance del usuario – foros, *blogs*, *wikis* o redes sociales – se construye a partir de un nexo común que tiene en su base la actividad colaborativa, a la vez que los cambios tecnológicos y sociales han contribuido a la implantación y crecimiento popular de esta nueva forma de creación, colaboración y acceso a la información.[28]

Pero la notoriedad de estos espacios sociales no queda exenta de riesgos o posibles ataques malintencionados. En este sentido, debe subrayarse el carácter pionero y la importancia del art. 18.4 de la

27. Idem ibidem.

28. Idem, ibidem.

Constitución española, al prever la necesidad de que el legislador regule aquellos usos de la Informática susceptibles de repercutir en los derechos fundamentales.

Asimismo, la aprobación del Convenio 108 de 1981 del Consejo de Europa, el conjunto de normas dictadas por las Comunidades Europeas en materia de protección de datos, sociedad de la información o propiedad intelectual y las normas españolas que las desarrollan definen un horizonte normativo cuya proyección sobre la *Web* 2.0 y las redes sociales son de carácter fundamental.

4. Principales riesgos de vulneración de datos personales de los usuarios de las redes sociales

4.1 La importancia del acceso seguro y de la identidad digital

La notoriedad de estos espacios sociales *on-line* no queda exenta de riesgos o posibles ataques malintencionados. Es una preocupación de las organizaciones nacionales, europeas e internacionales con competencias en las materias afectadas por el uso de estas redes, que han impulsado la elaboración de normas y recomendaciones dirigidas a garantizar el acceso seguro de los usuarios – con especial atención a colectivos de menores e incapaces – a estas nuevas posibilidades *on-line*.[29]

Dada la gran cantidad de datos personales que los usuarios publican en sus perfiles, éstos se convierten en auténticas "identidades digitales", que facilitan un rápido conocimiento de datos de contacto, preferencias y hábitos del usuario.

Es en materia de protección de datos donde acontece el mayor número de situaciones desfavorables para la protección de los derechos de los usuarios, ya que las redes sociales fundamentan todos sus contenidos en los perfiles que los propios usuarios dan de alta y actualizan con asiduidad.

Así, entre las posibles situaciones de riesgo para la protección de datos de carácter personal se encuentran: (a) casos de *phishing* y *pharming*. Ambos fenómenos muy explotados por los ciberdelincuentes para lograr la obtención de datos personales de los usuarios de Internet, así como de datos de carácter sensible o relativos a aspectos económicos (tarjetas de crédito, PIN de usuarios, etcétera); b) social *Spammer* y *spam*. El uso de las redes sociales como plataformas para el envío de correos electrónicos no deseados; (c) suplantación de identidad. Cada vez es más frecuente que usuarios que nunca se habían registrado en redes sociales *on-line* comprueben como en el momento en el que intentan acceder su "identidad digital" ya está siendo utilizada; (d) la instalación y uso de *cookies* sin conocimiento del usuario. Otro posible riesgo relacionado con la participación del usuario en la red social radica en la posibilidad de que el sitio *Web* utilice *cookies* que permitan a la plataforma conocer cuál es la actividad del usuario dentro de la misma. Mediante estas herramientas, las redes sociales pueden conocer el lugar desde el que el usuario accede, el tiempo de conexión, el dispositivo desde el que accede (fijo o móvil), el sistema operativo utilizado, los sitios más visitados dentro de una página *Web*, el número de *clicks* realizados, e infinidad de datos respecto al desarrollo de la vida del usuario dentro de la red.

29. Idem, ibidem.

4.2 Las condiciones de uso y políticas de privacidad en las redes sociales

El conjunto de riesgos que se identifican a continuación no comporta necesariamente la comisión de ilícitos por el proveedor de servicios, sin perjuicio de que los hechos demuestren que generalmente la configuración por defecto de sus servicios suele ofrecer una estándar bajo de privacidad.[30]

El consentimiento que presta el usuario es válido en el momento en que decide aceptar la política de privacidad y condiciones de uso de la plataforma que constan en el formulario de registro. Por ello, debe estar muy atento a su contenido y consecuencias.

Evidentemente, esto no obsta a que resulte exigible que las políticas de privacidad deban ser transparentes, accesibles y claras. Del mismo modo, los usuarios deben valorar siempre qué tipo de datos proporcionan a la plataforma y publican en su perfil, ya que no tiene la misma trascendencia el tratamiento por parte de la plataforma de los datos de carácter personal de nivel básico (nombre, dirección, teléfono etc.), que otra información de contenido más sensible (nivel de renta, solvencia, recibos, afiliación sindical o política, salud, vida sexual etc.), donde el nivel de protección y concienciación por parte del usuario deberá ser mucho mayor, dado que se trata de derechos pertenecientes a la esfera más íntima de su vida.

Como criterio general, cabe señalar que las redes sociales y plataformas colaborativas disponen de avisos legales, condiciones de uso y políticas de privacidad, aunque en ocasiones redactadas en un lenguaje de difícil comprensión para el usuario. De esta forma, y a pesar de encontrarse recogidas en el sitio *Web*, no alcanzan su finalidad última: que el usuario comprenda el objeto, la finalidad y el plazo para el que son recabados y tratados sus datos personales.

Así, el primer momento crítico para la protección de datos personales se encuentra en la fase inicial de registro del usuario, cuando este proporciona la información personal necesaria para poder operar en la red social. En este momento, los datos se pueden ver sometidos a varios riesgos: (a) que los tipos de datos solicitados en el formulario de registro, aunque no obligatorios, sean excesivos. En este sentido, debe tenerse en cuenta que, con frecuencia, las redes sociales solicitan a los nuevos usuarios datos relativos a su ideología política, orientación sexual y preferencia religiosa. Si bien es cierto que estos datos tienen carácter voluntario y todo usuario es libre de publicar el contenido que deseé respecto a sí mismo, debe considerar las implicaciones que ello puede conllevar para su vida y las personas de su entorno, ya que estos datos serán visibles por todos sus contactos y, dependiendo de la configuración del perfil, por todos los usuarios de la red; (b) la exigencia del consentimiento expreso y por escrito en lo que se refiere a datos relativos a ideología, religión o creencias, y expreso en el ámbito de la salud, origen racial y vida sexual; (c) que el grado de publicidad del perfil de usuario sea demasiado elevado; (d) que la finalidad de los datos no esté correctamente determinada.

El segundo momento considerado crítico para la protección de datos personales se sitúa en la fase intermedia, es decir, en la que el usuario desarrolla su actividad en la plataforma y utiliza los servicios y herramientas que ésta le ofrece. En este momento los aspectos que pueden poner en riesgo la seguridad y protección de

30. Idem, ibidem.

datos personales de los usuarios son: (a) la publicación excesiva de información personal (propia o de terceros). En esta fase se mantiene el posible riesgo que conlleva la publicación excesiva de información personal por parte de los usuarios; y (b) la posibilidad de que los usuarios publiquen también datos respecto de terceros, lo que puede conllevar el tratamiento y la cesión pública de datos de personas que no han prestado el consentimiento para ello.

4.3 De la Política de Privacidad a la Política de Utilización de Datos: Facebook

La red social volverá a revisar de nuevo su polémica gestión de datos y cambiará el nombre actual por el de "Política de Utilización de Datos".

Facebook continúa asegurando que las seguidas revisiones que está realizando sobre sus Políticas de Privacidad son siempre "por el bien de los usuarios" y para "preservar los derechos y responsabilidades de los mismos".

Otra de las estrategias desplegadas por *Facebook*[31] es el cambio de nombre, a partir de ahora dejará de llamarla "Política de Privacidad" para nombrarla como "Política de Utilización de Datos".[32]

El cambio de término es meramente representativo, porque *Facebook* siempre ha tratado los datos de sus usuarios. Esta iniciativa podría estar promovida por el acuerdo al que llegó *Facebook* con la Comisión Federal de Comercio con el fin de resolver las reclamaciones sobre el tratamiento de la privacidad que han reclamado numerosos usuarios en contra de la red social.

31. *http://www.idg.es/pcworld/Facebook-cambia-las-politicas-de-privacidad-otra-v/doc120164-actualidad.htm.*

32. *Facebook/Política de Uso de Datos (al 8 de Junio de 2012): Información que Recibimos sobre Ti*

"Recibimos diferentes tipos de información sobre ti, como:

"*Tu información*

"Se trata de la información necesaria para registrarte en el sitio, así como la que decides compartir.

"– Información de registro: cuando te registras en *Facebook*, te pedimos que introduzcas tu nombre, dirección de correo electrónico, fecha de nacimiento y sexo.

"– Información que decides compartir: tu información también incluye todo aquello que compartes en *Facebook*, como tus actualizaciones de estado, las fotos que subes o los comentarios que haces en la historia de un amigo. También incluye la información que decides compartir al realizar una acción, por ejemplo, cuando añades un amigo, indicas que te gusta una página o sitio *Web*, añades un lugar a tu historia, usas nuestra herramienta de importación de contactos o bien registras que tienes una relación con alguien. Tu nombre, fotos de perfil, fotos de portada, sexo, redes, nombre de usuario e identificador de usuario se tratan del mismo modo que la información que decides hacer pública. Tu fecha de nacimiento nos permite hacer cosas como mostrarte anuncios y contenido adecuado para tu edad.

"– Información que otras personas comparten sobre ti: recibimos información sobre ti de tus amigos y de otras personas, por ejemplo, cuando suben tu información de contacto, publican una foto tuya, te etiquetan en una foto o en una actualización de estado, en un lugar o cuando te añaden a un grupo.

"Cuando la gente usa *Facebook*, puede almacenar y compartir información sobre ti y otras personas que tienen como amigos, como cuando suben y gestionan sus invitaciones y contactos.

"*Otra información que recibimos sobre ti*

"También recibimos otros tipos de información sobre ti: recibimos información sobre ti cada vez que interactúas con *Facebook*, por ejemplo, cuando consultas la biografía de otra persona, envías o recibes un mensaje, buscas un amigo o una página, haces clic, consultas o interactúas de otro modo con cosas, utilizas una aplicación para

Facebook ha anunciado que pronto actualizará sus Políticas de Privacidad, luego que la Oficina del Comisionado de Protección de Datos de Irlanda le solicitara modificar y clarificar la forma en que se

móviles de *Facebook*, compras créditos de *Facebook* o compras otras cosas a través de *Facebook*. Cuando publicas cosas como fotos o vídeos en *Facebook* podemos recibir información adicional (o metadatos) como la hora, la fecha y el lugar en el que tomaste la foto o el vídeo. Recibimos la información del ordenador, teléfono móvil o dispositivo que utilizas para acceder a *Facebook*, incluso si varios usuarios inician sesión desde el mismo dispositivo. Esta información puede incluir tu dirección IP y otra información relativa, por ejemplo, a tu servicio de Internet, tu ubicación, el tipo de navegador que utilizas (incluidos los identificadores) o las páginas que visitas. Por ejemplo, podemos obtener tus coordenadas GPS u otros datos de ubicación de modo que podamos decirte si tienes cerca a alguno de tus amigos.

"Algunas veces obtenemos datos de nuestros socios publicitarios, clientes u otras terceras partes que nos ayudan (a nosotros o a ellos) a ofrecerte anuncios mejores, a interpretar la actividad que se desarrolla en línea y, en general, a mejorar *Facebook*. Por ejemplo, un anunciante podría facilitarnos información sobre ti (como cuál ha sido tu respuesta ante un anuncio publicado en *Facebook* o en otro sitio) para medir la eficacia de los anuncios y mejorar su calidad.

"Nosotros recopilamos datos a partir de la información que ya tenemos sobre ti y sobre tus amigos. Por ejemplo, podemos recopilar datos sobre ti para saber qué amistades te deberíamos mostrar en tu sección de noticias o qué amistades podemos sugerirte que etiquetes en las fotos que publicas. Podríamos unir la ciudad donde te encuentras con información de GPS u otro tipo de información de ubicación que tengamos sobre ti, por ejemplo, para contarte, a ti y a tus amigos, cosas sobre otras personas o eventos que se estén celebrando cerca, o para presentarte ofertas que podrían interesarte. También podemos recopilar datos sobre ti para mostrarte anuncios que puedan interesarte.

"Cuando obtenemos tus coordenadas de GPS, las combinamos con otra información de ubicación (como tu ciudad actual) que tenemos sobre ti, pero solo las conservamos durante el tiempo necesario para ofrecerte nuestros servicios, por ejemplo, los casos en los que conservamos tus últimas coordenadas de GPS para enviarte notificaciones relevantes. Solamente proporcionamos datos a nuestros socios publicitarios o a nuestros clientes después de haber eliminado tu nombre u otros datos que puedan identificarte, o bien después de haber combinado tus datos con los de otras personas de manera que dejen de estar asociados contigo.

"*Información Pública*

"Cuando usamos el término 'Información Pública' (al que en ocasiones nos referimos como 'Información que se Comparte con Todos'), estamos hablando de la información que decides hacer pública, así como la información que está siempre disponible públicamente. Información que decides hacer pública. Decidir hacer pública tu información significa exactamente eso: que todos podrán verla, incluidas las personas que no pertenecen a *Facebook*.

"Decidir hacer pública tu información significa también que esta información: • puede asociarse contigo (es decir, tu nombre, fotos del perfil, fotos de portada, biografía, identificador de usuario, nombre de usuario etc.), incluso fuera de *Facebook*; puede mostrarse cuando alguien hace una búsqueda en *Facebook* o en un motor de búsqueda público; estará accesible para los sitios *Web*, aplicaciones y juegos integrados en *Facebook* que utilizáis tú y tus amigos, y será accesible para cualquiera que utilice nuestras API, como la API de la Gráfica Social (Graph API). En ocasiones, cuando publiques algo (como cuando escribas en el muro de una página o comentes un artículo periodístico que incluye nuestro *plug-in* de comentarios) no podrás elegir un público concreto. Esto se debe a que algunas historias son siempre públicas. En general, se entiende que si no hay un icono para compartir la información será pública.

"Cuando otras personas comparten información sobre ti, también pueden optar por hacerla pública.

"Información que siempre es pública: *los tipos de información que se enumeran a continuación son siempre públicos y se tratan como la información que hayas decidido hacer públi-*

exponen las cláusulas de privacidad de esta red. *Facebook* afirmó que explicará de forma más transparente a los usuarios sobre cómo utiliza los datos que recopila.[33]

La idea es aclarar las políticas que ya existen de manera más amena, o agregando ejemplos. Es así como ahora veremos cambios en la nomenclatura, como por ejemplo la palabra "perfil" se reemplazará por "biografía", "publicación" por "historia", entre otras. Asimismo se incluirán referencias a funciones, como las fotografías que elijamos de portada vinculadas a la biografía.

Además en la sección "Información" se indica qué datos del usuario son públicos y la información que *Facebook* obtiene cada vez que un usuario utiliza su aplicación móvil a través de sus *smartphones*, *tablets*, entre otros.

También se explica cómo *Facebook* usa tus datos para entregar avisos en otros sitios, cómo se usan las *cookies* y cómo *Facebook* puede "retener tus datos el tiempo necesario para proveerte servicios". Es así como cuando desactivas o eliminas una cuenta, de todos modos aparecerás en la lista de tus amigos, a pesar que hace mucho tiempo ya te hayas desactivado.

La configuración de la privacidad y las condiciones de uso de una de las redes sociales, sino la más representativa y masiva que existe en la actualidad, como *Facebook*, ha despertado sucesivas controversias entre los millones de usuarios en el mundo.

Quizás y más allá de consejos esenciales para proteger nuestros datos en Internet,[34] debemos tener presente que

ca – Nombre: ayuda a tus amigos y familiares a encontrarte. Si no te gusta compartir tu nombre real, siempre puedes eliminar tu cuenta; Fotos del perfil y fotos de portada: esto ayuda a tus amigos y familiares a reconocerte. Si no te gusta publicar ninguna de estas fotos, siempre puedes borrarlas. A menos que las elimines, cuando añadas una nueva foto de perfil o foto de portada, la foto anterior continuará siendo pública y permanecerá en el álbum de fotos de perfil o de fotos de portada; Redes: te ayuda a ver con quién compartirás la información antes de seleccionar 'Amigos y Redes' como opción personalizada. Si no quieres hacer pública tu red, puedes abandonar la red; Sexo: esto nos permite referirnos a ti correctamente en el sitio *Web*; Nombre de usuario e identificador de usuario."

33. *http://america.infobae.com/notas/52691-Cmo-mejorar-la-privacidad-en-redes-sociales.*

34. *Infobae América* brinda cuatro consejos esenciales para proteger sus datos en Internet:

"1. Compartir poca información con las aplicaciones

"Al aceptar una aplicación en *Facebook*, antes se puede configurar qué tipo de información se quiere compartir, desde el cumpleaños hasta las interacciones en el muro. De todas formas, el programa tomará todos aquellos datos que sean públicos, como el género. Por eso, es importante no sólo restringir lo que se autoriza a la aplicación antes de comenzar a usarla, sino configurar la privacidad del perfil desde la opción que aparece en la flecha del margen superior derecho de la pantalla. Allí se elige la etiqueta 'Aplicaciones', juegos y sitios *Web*. En *Twitter*, las aplicaciones que ya no se usan y que disponen de la información del usuario pueden eliminarse al ingresar en 'Configuración', y luego en la opción 'Aplicaciones'. Desde allí, se les puede revocar el permiso.

"2. Cuidado con la geolocalización

"Es importante controlar con quiénes se comparte la ubicación en un determinado momento. Esta función en *Facebook* se desactiva – o se activa – antes de publicar en el muro, al hacer clic en el logo de *Facebook* 'Places'. Esto debe hacerse manualmente dado que la red social no ofrece, actualmente, la opción de suspenderlo de manera permanente. En *Twitter*, está la opción, dentro de 'Configuración', '*Tweet* Location', que se puede quitar con destildar la caja. Una consideración aparte merecen los dispositivos como *iPhone*, *iPad* y *Blackberry*, que pueden geolocalizar al todo lo que se publica en *Facebook* como en *Twitter* es en principio público, esto es, cualquier persona, en cualquier lugar del mundo en que se encuentre, podrá acceder a lo publicado por ser parte de la famosa "Comunidad *Facebook*" o "Comunidad *Twitter*"; salvo que en el momento en que tiene lugar la registración en la red se configure con especial atención la política de privacidad, permitiendo acceder a los contenidos, ya sean fotos, textos, videos, solamente a los llamados "Amigos", que se suponen serian personas con las cuales nos vinculamos en la red social a las cuales conocemos de antemano en el caso de *Facebook*; o solamente en el caso de los llamados "seguidores" en el caso de *Twitter*.

Es tal el impacto de las redes sociales en nuestras vidas, que seguramente la mayoría de los uruguayos[35] que tiene *Facebook* hoy en día tiene la "suerte" de contar con miles y miles de "Amigos", con lo cual podemos señalar que el concepto de "amigo" en las redes sociales del mundo virtual difiere sin lugar a dudas del concepto de "amigo" en nuestra vida real, aunque claro está no podemos seguir insistiendo en la existencia de un mundo virtual y de un mundo real.

usuario. En los productos de *Apple* esto se modifica ingresando al menú 'Ajustes' y seleccionando la opción 'General'. Para *Blackberry*, se entra a 'Opciones', luego a 'Opciones Avanzadas' y, por último, a 'GPS'. Al bloquear los móviles de esta manera, ninguna aplicación que se use en ellos podrá localizar al usuario.

"3. Controlar si la agenda del móvil es tomada por las aplicaciones

"Muchas personas eligen sincronizar su agenda de contactos con la que tienen en *Facebook*, ya sea la del correo electrónico o la de su *smartphone*. Sin embargo, esta opción puede estar activada sin que el usuario tenga conocimiento. En caso de que no desee que esto suceda, debe ingresar a su cuenta y chequear que no tenga ningún móvil asociado ('Configuración de la Cuenta > Celular'). Luego, desde su teléfono, como un *Blackberry*, debe presionar el menú 'Opciones' y desmarcar la casilla que dice 'Aplicación Contactos'. Allí también están 'Aplicación Calendario' y 'Aplicación Mensajes'. En *iPhone*, *iPod* e *iPad*, dentro de 'Opciones > Amigos', se activa o se desactiva la función de sincronización, que permite tomar los amigos del directorio telefónico y vincularlos en *Facebook*.

"4. Bloquear las *cookies* que registran la navegación

"Un buen número de usuarios no ve con buenos ojos que las redes sociales usen su información de navegación para personalizar anuncios publicitarios y así maximizar sus ganancias. Para evitarlo, es necesario desactivar las llamadas *cookies*. En *Twitter* esto se hace desde 'Configuración > Cuenta' y se desmarca la opción 'Personalización'. En cuanto a *Facebook*, no está preciso cómo hacerlo, pero con desactivar los datos compartidos a las aplicaciones será suficiente. Con respecto a *Google Plus*, que se vale del historial del buscador, se ingresa a la solapa 'Editar Perfil' y donde dice 'Servicios' se hace clic en la opción 'Ver Historial'. Allí se puede desactivar el registro de la navegación y borrar el historial preexistente."

35. Según *www.observa.com.uy* (9.8.2012): "Más de un millón de uruguayos usan redes sociales – La novena edición del 'Perfil del Internauta' dejó en evidencia la supremacía de *Facebook* y la diversificación de los usos en Internet. El 99% usa *Facebook* y el 11% *Twitter*. *Facebook* es el uso más mencionado (el 99% de los uruguayos que usan redes están en *Facebook*) y a una distancia importante de los demás. Es el medio que más se utiliza para chatear, triplicando el *MSN*, es prácticamente lo único que se usa para subir fotos y cuadruplica el uso de *Youtube* para subir videos. Más de la mitad de los usuarios de *Facebook* entra todos los días. El usuario promedio tiene unos 400 amigos y ese número crece muy fuertemente cuanto menor es la edad (640 entre los que tienen menos de 20 años). Los usos más mencionados de *Facebook* son chatear (73% lo hace 'habitualmente'), compartir enlaces (48%), comentar el estado de sus amigos (47%), subir fotos (44%) y escribir comentarios sobre sí mismos (30%)".

5. La neutralidad tecnológica y las Administraciones Públicas

5.1 El principio de neutralidad tecnológica

En este punto debe resaltarse especialmente que toda normativa que regule aspectos tecnológicos o íntimamente relacionados con la Sociedad de la Información debe partir de la neutralidad tecnológica, de tal forma que todos los aspectos regulados permitan cubrir diferentes situaciones particulares, con independencia de las características tecnológicas con las que cuente.[36]

El mundo cambió drásticamente en la última mitad del siglo XX. Transformación que es perceptible en nuestros días y que tiende a continuar. Esta revolución se hace latente con mayor claridad en el uso de las nuevas tecnologías, vislumbrándose así el nacimiento de una cuarta generación de derechos humanos, en los que la universalización del acceso a la tecnología, la libertad de expresión en la *Web* y la libre distribución de la información juegan un papel fundamental y son elementos esenciales para su definición.[37]

Internet es visto como un espacio propicio para extender las libertades, en consecuencia se propone que no debe hacerse ninguna intervención – o quizás mínima – en la red; esta es la opinión de un grupo significativo y es la visión predominante entre los usuarios – aun cuando evaden discutir o minimizan el tema de los riesgos. Por esta característica difusa la neutralidad suele expresarse en diferentes niveles y con diferentes consecuencias.[38]

Según Miguel Osio Zamora, el principio de neutralidad tecnológica supone que la ley debe permanecer neutra en cuanto a los tipos de tecnología y el desarrollo de las mismas, por demás cambiantes en forma constante. La ley no debe inclinarse u orientarse a un tipo de tecnología, ni limitarse a una forma de transmitir los mensajes. Esto es de suma importancia, debido a que no sólo puede excluir tecnologías existentes, sino quedar obsoleta en un período relativamente corto.[39]

Para las empresas productoras de *software* y tecnología este concepto alude a la neutralidad del Estado, permitiendo que el mercado se regule mediante la oferta y la demanda. Las empresas de *software* privativo que promueven la neutralidad tecnológica plantean que los proveedores de *software* libre y los proveedores de *software* privativo compitan libremente entre ellas manteniendo así el *status quo* de los monopolios que se han impuesto mundialmente y rechazando la posibilidad

36. Instituto Nacional de Tecnologías de la Comunicación/Agencia Española de Protección de Datos, *Estudio sobre la Privacidad de los Datos Personales y la Seguridad de la Información en las Redes Sociales On-Line*, cit. (*http://www.agpd.es*).

37. Lina Ornelas, "El derecho de las niñas, niños y adolescentes a la protección de sus datos personales: evolución de derechos y su exigencia frente a la redes sociales", en Carlos G. Gregorio Y Lina Ornelas (compiladores), *Protección de Datos Personales en las Redes Sociales Digitales: en Particular de Niños y Adolescentes – Memorándum de Montevideo*, cit., p. 27.

38. Carlos G. Gregorio, "Impacto y evolución de las redes sociales digitales: libertades y derechos", en Carlos G. Gregorio Y Lina Ornelas (compiladores), *Protección de Datos Personales en las Redes Sociales Digitales: en Particular de Niños y Adolescentes – Memorándum de Montevideo*, cit., pp. 63 y ss.

39. Miguel Osio Zamora, *El Comercio Electrónico. Los Mitos de una Ley sobre la Materia*, TPA: Publicaciones y Eventos, Artículos de Opinión (disponible en Internet: *http://www.tpa.com.vw/art_e_comerce/*).

de perder el control de áreas que le reportan a estas empresas extraordinarias ganancias, como lo son las Administraciones Públicas. Este tipo de neutralidad es denominada neutralidad formal, aludiendo a la igualdad de concurrencia y a la no discriminación entre tecnologías ante una necesidad que los Estados necesitan solventar.[40]

Contraponiéndose a esta acepción del término, encontramos una interpretación que entiende que la neutralidad tecnológica marca la actitud que debe tomar la Administración Pública respecto de un proveedor que a través del transcurso del tiempo ha adquirido una posición de preeminencia por sobre las demás empresas. Este tipo de neutralidad es denominada horizontal y demanda al Estado la activa adopción de políticas de adquisiciones que favorezcan alternativas. Esta posición es defendida por aquellas empresas que no poseen fuerte presencia en el mercado y consideran que el mismo Estado debe regular y crear un ámbito de igualdad de concurrencia.[41]

5.2 La importancia de la neutralidad tecnológica

Para regular el uso de las nuevas tecnologías de identificación electrónica, siguiendo a Trivelli González,[42] podemos adoptar dos perspectivas – una tecnológicamente específica u otra tecnológicamente neutra: (a) la primera implica establecer un marco jurídico particular y determinado que regulará un proceso de identificación y tecnología definida; (b) la segunda, en cambio, establece disposiciones sobre la base de las funciones que cumple o puede cumplir cualquier tecnología de identificación, sin importar el proceso y la estructura que utiliza para identificar, sino el cumplimiento de los requisitos que exige. Tal cual acontece con la Ley-Modelo de la Comisión de las Naciones Unidas sobre el derecho mercantil internacional sobre firmas electrónicas de 2001. Esta ley establece entre sus objetivos que: "(...). Al incorporar a su Derecho interno los procedimientos prescritos por la Ley-Modelo para todo supuesto en el que las partes opten por emplear medios electrónicos de comunicación, un Estado estará creando un entorno legal neutro para todo medio técnicamente viable de comunicación comercial".

La incorporación de este principio a un texto legal permite su aplicación sin que los cambios o modificaciones o avances de la tecnología de identificación menoscaben su vigencia. Ello en la medida en que las funciones y efectos jurídicos de los procesos aseguren la integridad de la información, la autenticidad del documento electrónico, la identificación de las partes, la función del "no repudio" y la confidencialidad.[43]

La neutralidad tecnológica consiste en "no comprometer el sistema jurídico a una determinada tecnología, permitiendo que la firma electrónica acceda a modernizaciones destinadas a mantener su eficien-

40. Ismael Lofeudo, *La Neutralidad Tecnológica del Estado y la Defensa Común como Mandato Constitucional*, Argentina, Grupo de Estudio de la Complejidad en la Sociedad de la Información/GECSI-Universidad Nacional de La Plata/Facultad de Ciencias Jurídicas y Sociales (*http://www.gecsi.unlp.edu.ar/*).

41. Idem, ibidem.

42. María Paz Trivello González, "El principio de neutralidad tecnológica en la Ley n. 19.799", *Revista Chilena de Derecho Informático*, Chile, Facultad de Derecho/Universidad de Chile (*http://www.derechoinformatico.uchile.cl/*).

43. Idem, ibidem.

cia de empleo, operación, almacenamiento y mecanismos de transmisión".[44]

La neutralidad de la red ha sido materia legislativa en Chile por la Ley 20.453 de 18.8.2010, art. 24-H: "Las concesionarias de servicio público de telecomunicaciones que presten servicio a los proveedores de acceso a Internet y también estos últimos, entendiéndose por tales toda persona natural o jurídica que preste servicios comerciales de conectividad entre los usuarios o sus redes e Internet: a) no podrán arbitrariamente bloquear, interferir, discriminar, entorpecer ni restringir el derecho de cualquier usuario de Internet para utilizar, enviar, recibir u ofrecer cualquier contenido, aplicación o servicio legal a través de Internet, así como cualquier otro tipo de actividad o uso legal realizado a través de la red; (...)".

En Brasil existe un proyecto de ley denominado "Marco Civil para Internet en Brasil".

Hans Ulrich y Gunter Muller señalan que el problema real no es el "ciudadano transparente" que está a la merced de un "Estado Controlador", sino en el hecho de que ningún Estado en el mundo puede protegernos contra la amenaza de anarquía en la red. Por eso los grandes recolectores de datos como *Google*, *Facebook*, *Microsoft* y muchas más empresas parecen monitorear todo – y no existe aún un genuino guardián identificable.[45]

44. Idem, ibidem.

45. Carlos G. Gregorio, "Impacto y evolución de las redes sociales digitales: libertades y derechos", cit., en Carlos G. Gregorio y Lina Ornelas (compiladores), *Protección de Datos Personales en las Redes Sociales Digitales: en Particular de Niños y Adolescentes – Memorándum de Montevideo*, pp. 63 y ss.

6. La autorregulación como instrumento para la protección de los datos personales y de la seguridad en las redes sociales

6.1 La importancia de la autorregulación

Para resolver las dificultades y lagunas en la normativa estatal, incluso internacional, ante el ritmo vertiginoso de los avances tecnológicos, así como para superar aspectos complejos de la propia naturaleza de Internet como son la territorialidad indefinida de la red y la frecuente multinacionalidad de las partes, se ha fomentado desde el Estado la creación de códigos de conducta específicos que sirvan para minimizar los riesgos asociados a estos servicios y resolver los posibles problemas por un cauce más rápido y sencillo.

El valor de la autorregulación resulta especialmente relevante en un ámbito que, como el que analizamos, no parece conocer de fronteras territoriales. En efecto, las plataformas en las que las redes sociales se fundamentan, en no pocas ocasiones, se encuentran situadas fuera de la Unión Europea, principalmente en Estados Unidos, por lo qué, en el momento del registro, los datos serán trasladados a los servidores y oficinas situados en ese País. Es, en consecuencia, necesario y plausible las políticas de privacidad de las redes sociales, en el espacio territorial mundial.

6.2 Códigos de conducta y redes sociales

En este sentido, es la propia legislación española la que fomenta, desde el art. 18 de la Ley 34/2002, de 11 de julio, de Servicios de la Sociedad de Información y Comercio Electrónico/LSSI-CE, la creación de una serie de códigos de conducta que, combinados con sistemas de solución extrajudicial de conflictos, permitan mejorar las relaciones en Internet.[46]

Concretamente, la LSSI-CE dice lo siguiente: "Las Administraciones Públicas impulsarán, a través de la coordinación y el asesoramiento, la elaboración y aplicación de códigos de conducta voluntarios, por parte de las corporaciones, asociaciones u organizaciones comerciales, profesionales y de consumidores, en las materias reguladas en esta Ley".

Frente a todos los riesgos señalados, la autorregulación es un método para proteger los derechos de los usuarios de redes sociales – sin, por supuesto, suplir a la normativa en materia de protección de datos.

Los códigos de conducta y las condiciones de uso constituyen una buena forma de solventar los posibles conflictos que puedan surgir en el uso de estas plataformas, y brindan una herramienta básica e imprescindible a los prestadores de dichos servicios ante posibles demandas de usuarios de las mismas. Los códigos de conducta son una forma de regulación interna, y funcionan como un contrato entre los proveedores del servicio y sus usuarios. En el caso de un uso que vulnere la ley, son los Poderes Judiciales y los gobiernos los que aplican los mecanismos que consideren necesarios, siguiendo los procedimientos ordinarios (denuncia, investigación, juicio y sentencia), solicitando a cada parte los datos que considere necesarios.[47]

Así, el pasado 10.2.2009 se anunciaba el *Acuerdo Europeo para Mejorar la Seguridad de los Menores que Utilizan Redes Sociales* a iniciativa de la Comisión Europea y firmado por 17 de las redes sociales más importantes que operan en Europa, reconociendo su responsabilidad respecto a los riesgos potenciales que pueden encontrar en sus *Webs* los niños y adolescentes (revelación de datos personales, ciberacoso, acoso sexual etc.).

La finalidad de este código de conducta de las redes sociales para la protección de los menores es minimizar, limitar y/o erradicar estos riesgos, mediante las siguientes medidas:[48] (a) proporcionar un botón de "Denuncia de Abusos" fácil de utilizar y accesible, que permita a los usuarios denunciar, con un solo clic, contactos o comportamientos inadecuados de otros usuarios; (b) asegurarse de que todos los perfiles y listas de contactos en línea de los usuarios de los sitios *Web* registrados como menores de 18 años estén predeterminados como "Privados"; (c) asegurarse de que los perfiles privados de los usuarios menores de 18 años no puedan buscarse (ni en los sitios *Web* ni a través de motores de búsqueda); (d) garantizar que las opciones de privacidad estén destacadas y sean accesibles en todo momento, de manera que los usuarios puedan averiguar fácilmente quién puede ver lo que cuelgan en línea: si sólo sus amigos o todo el mundo; y (e) impedir que los menores de edad utilicen sus servicios: si una red social está dirigida a adolescentes de más de 13 años, a los menores de esa edad debe resultarles difícil registrarse.

Paralelamente se han desarrollado otras iniciativas similares en este ámbito, como son la *Social Networking Guidance* publicada por el Ministerio del Interior del Reino Unido en abril/2008; el compromi-

46. Pablo Pérez San-José, *Observatorio de Seguridad de la Información, Instituto Nacional de las Tecnologías de la Comunicación/INTECO, Revista de la Agencia de Protección de Datos de la Comunidad de Madrid.*

47. Idem, ibidem.

48. Idem, ibidem.

so del británico *Interactive Advertising Bureau* relativo a la publicidad en redes sociales, o el *Joint Statement on Key Principles of Social Networking Safety*, una serie de acuerdos suscritos entre *MySpace* y *Facebook* con 49 fiscales generales estatales en los Estados Unidos, en enero/2008.

Este último se define asimismo como un potencial modelo de conducta a adoptar por otras redes sociales, con medidas similares al Acuerdo europeo, pero también otras que destacan por su singularidad:[49] (a) los perfiles de menores de 14 y 15 años serán automáticamente privados, se impedirá el contacto con adultos. Existirá, además, la posibilidad de bloquear a todos los usuarios mayores de 18 años; (b) los perfiles de menores de 14 y 15 años solo podrán agregar contactos que conozcan previamente su nombre y apellidos y su *e-mail* ("Solo Amigos" automático); a los perfiles de los menores con 16 y 17 años se les aplicará por defecto, pero será modificable; (c) se aplicará una política de "Bloqueo de Edad" (*Age Locking*) para los perfiles ya existentes, que no se podrán modificar hasta que el usuario no cumpla los 18 años; (d) acceso restringido a contenidos y *links* para adultos; y (e) herramientas y formación a padres y educadores, con un servicio de atención a padres, el desarrollo y distribución gratuita de un programa de control parental y la posibilidad de incluir en un registro el *e-mail* de sus hijos para evitar su acceso a las redes sociales.

En este sentido, los códigos de conducta constituyen un instrumento autorregulatorio fundamental para el desarrollo seguro y confiable de los servicios de Internet y la protección de la privacidad y seguridad de sus usuarios. Y un buen ejemplo de su aplicación y utilidad, desde el punto de vista de la protección de los datos personales, son los acuerdos de buenas prácticas y compromisos éticos que están alcanzando los proveedores de redes sociales.

7. Conclusiones

A lo largo del presente trabajo abordamos los principales lineamientos de la protección de datos personales en las redes sociales digitales, teniendo presente, por un lado, los impactos de la llamada *Web* 2.0 conocida como la "*Web* de las Redes Sociales" en la concepción tradicional de la protección de datos personales tanto en sus aspectos normativos como en sus sustentos doctrinarios, y, por otro, que el modelo de crecimiento de estas plataformas se basa fundamentalmente en un proceso viral, con posibilidades de crecimiento de tipo exponencial y quizás desconocidas en cuanto a sus impactos.

Se destacaron conceptos-claves como el acceso seguro, la identidad digital, la neutralidad tecnológica y la autorregulación en el mundo de la *Web* 2.0 con millones y millones[50] de personas colaborando, compartiendo y participando en un canal multidireccional abierto que permite lograr la máxima interacción entre los usuarios y les ofrece nuevas posibilidades de colaboración, expresión y participación.

49. Idem, ibidem.

50. En este sentido, existen redes sociales, como *Facebook*, en las que ya existen más de 200 millones de usuarios y con su *chat* supera la barrera de los 1000 millones de mensajes electrónicos diarios. Otro dato que, a este respecto, podemos poner de relieve, a tenor de ciertos estudios de carácter empírico, es que dentro de las primeras 20 posiciones de los 500 sitios *Web* más visitados a nivel internacional existen 4 redes sociales cuales son *Facebook*, *MySpace* y *Hi5*.

Dada la gran cantidad de datos personales que los usuarios publican en sus perfiles, estos se convierten en auténticas "identidades digitales" que facilitan un rápido conocimiento de datos de contacto, preferencias y hábitos del usuario. El consentimiento que presta el usuario es válido en el momento en que decide aceptar la Política de Privacidad y Condiciones de Uso de la plataforma que constan en el formulario de registro. Por ello, debe estar muy atento a su contenido y consecuencias.

Evidentemente, esto no obsta a que resulte exigible que las Políticas de Privacidad deban ser transparentes, accesibles y claras. La configuración de la Privacidad y las Condiciones de Uso de una de las redes sociales, sino la más representativa y masiva que existe en la actualidad, como *Facebook*, ha despertado sucesivas controversias entre los millones de usuarios en el mundo.

Quizás y más allá de consejos esenciales para proteger nuestros datos en Internet, a los cuales hemos hecho referencia, debemos tener presente que todo lo que se publica en *Facebook* como en *Twitter* es en principio público, esto es, cualquier persona, en cualquier lugar del mundo en que se encuentre, podrá acceder a lo publicado, por ser parte de la famosa "Comunidad *Facebook*" o "Comunidad *Twitter*"; salvo que en el momento en que tiene lugar la registración en la red se configure con especial atención la Política de Privacidad, permitiendo acceder a los contenidos, ya sean fotos, textos, videos, solamente a los llamados "Amigos", que se suponen serían personas con las cuales nos vinculamos en la red social a las cuales conocemos de antemano en el caso de *Facebook*; o solamente en el caso de los llamados "Seguidores" en el caso de *Twitter*.

Es tal el impacto de las redes sociales en nuestra vida, también llamada "Vida 2.0", con la transformación de lo cotidiano en los tiempos de las redes sociales electrónicas,[51] que seguramente la mayoría de los uruguayos[52] que tiene *Facebook* hoy en día tiene la "suerte" de contar con miles y miles de "Amigos", con lo cual podemos señalar que el concepto de "amigo" en las redes sociales del mundo virtual difiere sin

51. El 78% de los usuarios de las redes sociales admite que no puede controlar el tiempo que les dedica. Esta es una de las conclusiones principales de una investigación realizada por la Facultad de Comunicación de la Universidad de Montevideo/UM sobre el uso de estos formatos electrónicos, la primera en su tipo en el País. Este estudio también revela que si bien el 71% siente temor a perder su privacidad, un 76% ya la considera parte de su rutina. ¿Algo más? El promedio de conexión a estas redes es de una hora y 11 minutos al día. Su utilidad más valorada, señalada por el 78% de los consultados, es intercambiar fotos con su universo de "Amigos" (Facultad de Comunicación de la Universidad de Montevideo/UM, *Vidas 2.0: La Transformación de lo Cotidiano en los Tiempos de las Redes Sociales Electrónicas*).

52. Según *www.observa.com.uy* (9.8.2012): "Más de un millón de uruguayos usan redes sociales – La novena edición del 'Perfil del Internauta' dejó en evidencia la supremacía de *Facebook* y la diversificación de los usos en Internet. El 99% usa *Facebook* y el 11% *Twitter*. *Facebook* es el uso más mencionado (el 99% de los uruguayos que usan redes están en *Facebook*) y a una distancia importante de los demás. Es el medio que más se utiliza para chatear, triplicando el *MSN*, es prácticamente lo único que se usa para subir fotos y cuadruplica el uso de *Youtube* para subir videos. Más de la mitad de los usuarios de *Facebook* entra todos los días. El usuario promedio tiene unos 400 amigos y ese número crece muy fuertemente cuanto menor es la edad (640 entre los que tienen menos de 20 años). Los usos más mencionados de *Facebook* son chatear (73% lo hace 'habitualmente'), compartir enlaces (48%), comentar el estado de sus amigos (47%), subir fotos (44%) y escribir comentarios sobre sí mismos (30%)".

lugar a dudas del concepto de "amigo" en nuestra vida real, aunque claro está no podemos seguir insistiendo en la existencia de un mundo virtual y de un mundo real.

Tenemos la esperanza de que este trabajo sea un aporte, más que a la problemática de las redes sociales con sus riesgos y amenazas, a la nueva realidad que nos toca vivir, inimaginable años atrás y absolutamente desconocida en lo que viene, en el futuro cercano, dado el crecimiento exponencial de las nuevas tecnologías y de las nuevas aplicaciones.

Bibliografía

BERNIER, Chantal. "El *Memorándum de Montevideo*: un marco de referencia para la protección de los datos personales de los jóvenes en Internet en la región iberoamericana". In: GREGORIO, Carlos G., y ORNELAS, Lina (compiladores). *Protección de Datos Personales en las Redes Sociales Digitales: en Particular de Niños y Adolescentes – Memorándum de Montevideo*. México, Instituto de Investigación para la Justicia/IIJusticia e Instituto Federal de Acceso a la Información y Protección de Datos/IFAI, 2011.

CAMPAÑA, Farith Simon. "El enfoque de derechos en el *Memorándum de Montevideo*". In: GREGORIO, Carlos G., y ORNELAS, Lina (compiladores). *Protección de Datos Personales en las Redes Sociales Digitales: en Particular de Niños y Adolescentes – Memorándum de Montevideo*. México, Instituto de Investigación para la Justicia/IIJusticia e Instituto Federal de Acceso a la Información y Protección de Datos/IFAI. 2011.

DELPIANO, Héctor M. "Derechos fundamentales y *habeas data* en el Uruguay". *Anuario de Derecho Administrativo* IX. Montevideo, FCU, 2002.

——————. "Protección de datos personales y acción de *habeas data*. La Ley n. 18.831". *Anuario de Derecho Administrativo* XV. Montevideo, FCU, 2008.

DELPIAZZO, Carlos E. "A la búsqueda del equilibrio entre privacidad y acceso". En: DELPIAZZO, Carlos E. (coord.). *Protección de Datos Personales y Acceso a la Información Pública*. Montevideo, Instituto de Derecho Informático/Facultad de Derecho de la Universidad de la República, FCU/AGESIC, 2009.

DURÁN MARTÍNEZ, Augusto. *Derecho a la Protección de Datos Personales y al Acceso a la Información Pública – Habeas Data. Leyes n. 18.331 de 11 de Agosto de 2008 y n. 18.381 de 17 de Octubre de 2008*. 2ª ed. actualizada y ampliada. Montevideo 2012.

GREGORIO, Carlos G. "Impacto y evolución de las redes sociales digitales: libertades y derechos". En: GREGORIO, Carlos G., y ORNELAS, Lina (compiladores). *Protección de Datos Personales en las Redes Sociales Digitales: en Particular de Niños y Adolescentes – Memorándum de Montevideo*. México, Instituto de Investigación para la Justicia/IIJusticia e Instituto Federal de Acceso a la Información y Protección de Datos/IFAI, 2011.

——————, y ORNELAS, Lina (compiladores). *Protección de Datos Personales en las Redes Sociales Digitales: en Particular de Niños y Adolescentes – Memorándum de Montevideo*. México, Instituto de Investigación para la Justicia/IIJusticia e Instituto Federal de Acceso a la Información y Protección de Datos/IFAI, 2011.

INSTITUTO NACIONAL DE TECNOLOGÍAS DE LA COMUNICACIÓN/AGENCIA ESPAÑOLA DE PROTECCIÓN DE DATOS. *Estudio sobre la Privacidad de los Datos Personales y la Seguridad de la Información en las Redes Sociales On-Line* (*http://www.agpd.es*).

LOFEUDO, Ismael. *La Neutralidad Tecnológica del Estado y la Defensa Común como Mandato Constitucional*. Argentina, Grupo de Estudio de la Complejidad en la Sociedad de la Información/GECSI-Universidad Nacional de La Plata/Facultad de Ciencias Jurídicas y Sociales (*http://www.gecsi.unlp.edu.ar/*).

LÓPEZ JIMÉNEZ, David. *La Protección de Datos de Carácter Personal en el Ámbito de las Redes Sociales Electrónicas: el Valor de la Autorregulación*. Universidad de Alcalá de Henares/Servicio de Publicaciones, 2009.

OBSERVATORIO DE LA SEGURIDAD DE LA INFORMACIÓN/INTECO. *Guía de Introducción a la* Web *2.0: Aspectos de Privacidad y Seguridad en las Plataformas Colaborativas*. España, febrero/2011 (*http://observatorio.inteco.es*).

ORNELAS, Lina. "El derecho de las niñas, niños y adolescentes a la protección de sus datos personales: evolución de derechos y su exigencia frente a la redes sociales". En: GREGORIO, Carlos G., y ORNELAS, Lina (compiladores). *Protección de Datos Personales en las Redes Sociales Digitales: en Particular de Niños y Adolescentes – Memorándum de Montevideo*. México, Instituto de Investigación para la Justicia/IIJusticia e Instituto Federal de Acceso a la Información y Protección de Datos/IFAI, 2011.

——————, y GREGORIO, Carlos G. (compiladores). *Protección de Datos Personales en las Redes Sociales Digitales: en Particular de Niños y Adolescentes – Memorándum de Montevideo*. México, Instituto de Investigación para la Justicia/IIJusticia e Instituto Federal de Acceso a la Información y Protección de Datos/IFAI, 2011.

OSIO ZAMORA, Miguel. *El Comercio Electrónico. Los Mitos de una Ley sobre la Materia*. TPA: Publicaciones y Eventos, Artículos de Opinión. Disponible en Internet: *http://www.tpa.com.vw/art_e_comerce/*.

PÉREZ SAN-JOSÉ, Pablo. *Observatorio de Seguridad de la Información. Instituto Nacional de las Tecnologías de la Comunicación (INTECO)*. Revista de la Agencia de Protección de Datos de la Comunidad de Madrid.

PESCHARD MARISCAL, Jacqueline. "Protección de las niñas, niños y adolescentes en el ámbito digital: responsabilidad democrática de las instituciones de gobierno y de las agencias de protección de datos". In: GREGORIO, Carlos G., y ORNELAS, Lina (compiladores). *Protección de Datos Personales en las Redes Sociales Digitales: en Particular de Niños y Adolescentes – Memorándum de Montevideo*. México, Instituto de Investigación para la Justicia/IIJusticia e Instituto Federal de Acceso a la Información y Protección de Datos/IFAI, 2011.

PIÑAR MAÑAS, José Luis. "El derecho fundamental a la protección de datos. Contenido esencial y retos actuales. En torno al nuevo Reglamento de Protección de Datos". En PIÑAR MAÑAS, José Luis, y CANALES GIL, Álvaro. *Legislación de Protección de Datos*. Madrid, Iustel.

——————. *¿Existe la Privacidad? Inauguración del Curso Académico 2008/2009*. Madrid, Publicaciones de la Fundación Universitaria San Pablo CEU.

——————. *Guía del Derecho Fundamental a la Protección de Datos de Carácter Personal*. Agencia Española de Protección de Datos, 2004 (la información de esta *Guía* puede ser ampliada en Servicio de Atención al Ciudadano: *www.agpd.es*).

——————, y CANALES GIL, Álvaro. *Legislación de Protección de Datos*. Madrid, Iustel.

RIZO GARCÍA, Marta. *Redes. Una Aproximación al Concepto*. México, Universidad Autónoma de la Ciudad de México (*http://sic.conaculta.gob.mx/centrodoc_documentos/62.pdf*).

ROTONDO TORNARÍA, Felipe. "Protección de datos: su régimen jurídico. Derecho subjetivo. Regulación". En: DELPIAZZO, Carlos E. (coord.). *Nuevos Aspectos de las Relaciones Administrativas*. Montevideo, FCU/Instituto de Derecho Administrativo/Facultad de Derecho/Universidad de la República, 2011 (pp. 257 y ss.).

SCHIAVI, Pablo. "El acceso a la información pública en el Uruguay". En: DURÁN MARTÍNEZ, Augusto (dir.). *Estudios de Derecho Administrativo* 3. Montevideo, Editorial La Ley Uruguay, 2011.

————. *El Control del Acceso a la Información Pública y de la Protección de Datos Personales en el Uruguay*. Montevideo, Universidad de Montevideo/Facultad de Derecho, 2012.

TRIVELLO GONZÁLEZ, María Paz. "El principio de neutralidad tecnológica en la Ley n. 19.799". *Revista Chilena de Derecho Informático*. Chile, Facultad de Derecho/Universidad de Chile (*http://www.derechoinformatico.uchile.cl/*).

VÁZQUEZ PEDROUZO, Cristina. "El régimen jurídico del acceso a la información pública y la protección de datos personales". *Revista de Derecho y Tribunales* 15. Montevideo, AMF, 2011.

EL CONTRATO DE DERECHO PÚBLICO EN EL DERECHO ALEMÁN: BREVES ANOTACIONES

ANDRY MATILLA CORREA
Doctor en Ciencias Jurídicas – Profesor Titular de Derecho Administrativo de la Facultad de Derecho de la Universidad de La Habana

1. Observación inicial. 2. El contrato de derecho público como figura jurídica en el derecho público alemán.

"Los pueblos no sólo existen para sí mismos; viven para los otros pueblos, para la Humanidad. Su influencia no desaparece con ellos; se extiende sobre las más alejadas épocas, en la medida de la importancia de su acción en el mundo. (...). Todos los pueblos cultos han colaborado en nuestra moderna civilización. Si pudiéramos analizar ésta en sus elementos, remontándonos hasta sus primitivos orígenes, obtendríamos toda una lista de pueblos, y aún con los nombres de algunos que no figuran en los anales de la Historia." (Rudolf von Ihering, *El Fin en el Derecho*)

Resumen: Este trabajo tiene como tema central al contrato de derecho público en el marco del Derecho Alemán. En él se realiza un estudio de los aspectos fundamentales que caracterizan esa figura jurídica dentro del marco específico de referencia y los principales tipos contractuales que configura el orden *iuspúblico* de ese País.

Palabras-claves: Derecho público, Contrato de derecho público, Acto administrativo, Tipos de contratos de derecho público

1. Observación inicial

Es un lugar-común hoy entender que la función administrativa tiene un contenido heterogéneo y que se manifiesta a través de formas jurídicas variadas; y que la Administración Pública, en el marco de la función administrativa, debe asumir diversos cometidos o actividades que tienden, de manera general, a satisfacer o a dar respuesta al interés público, del cual aquella entidad viene a ser garante. Tampoco se niega que el conjunto de relaciones a partir del cual la Administración Pública puede vincularse jurídicamente con otros sujetos de Derecho, para proveer, directa e indirectamente, al cumplimiento de los fines y cometidos que le son propios, no sólo está integrado por actuaciones unilaterales (cuyas concreciones típicas están ubicadas en los *reglamentos* y los *actos administrativos*), sino que, dentro de dicho conjunto de relaciones, pueden, asimismo, encontrarse vínculos obligacionales resultado de acuerdos de voluntades entre esa entidad administrativa y los administrados. También es posible declarar "zona de paz" la idea de que las actuaciones unilaterales de la Administración Pública (y con ello los actos reglamentarios y administrativos, principalmente) se someten en su ordenación a un régimen de derecho público – de derecho administrativo – y están regidas por éste.

Sin embargo, cuando se trata de entrar a valorar los acuerdos de voluntades generadores de obligaciones – es decir, de relaciones jurídicas de carácter patrimonial –, donde al menos uno de los sujetos del nexo jurídico es la Administración Pública, podemos vislumbrar como se quiebra el panorama de armonía al estilo de lo dicho en el párrafo anterior; y vemos aparecer al respecto soluciones científicas y prácticas divergentes – algunas de ellas encontradas –, que se debaten en mantener ese espacio de actuación informado y regulado por el derecho privado de manera unívoca y bajo la forma contractual clásica de esa esfera, o en aceptar la posibilidad de que un grupo de tales relaciones jurídicas puedan estar tuteladas por el derecho público (administrativo), sobre la base de una modalidad contractual que responda, en su funcionalidad y características, a las exigencias que revela el proceder administrativo sometido, en principio, a la égida reguladora del ámbito *iuspúblico* o *iusadministrativo*. Cuando se admite esa última posibilidad, se delinea entonces una figura contractual que se ha dado en llamar – en claro matiz distintivo de su paralelo en el campo del derecho privado – como: *contrato administrativo*, *contrato de derecho administrativo*, *contrato público*, *contrato de derecho público*, *contrato en la función administrativa*, *contrato del Estado* o *contrato estatal* – según las denominaciones más frecuentes, que conforman una interesante policromía nominal alrededor de esa figura.

Una primera observación que pudiera saltar a la vista cuando se trata de considerar al *contrato administrativo* como institución jurídica se relaciona con la idea de que no es una figura cuya presencia en los ordenamientos jurídicos puede ser calificada de universal, pues no todos los sistemas jurídicos conocen esta especie contractual, ni en todos los ordenamientos en que se sostiene la contratación sometida a un régimen de derecho público ésta aparece con caracteres semejantes o respondiendo a un mismo diseño conceptual y práctico. Esa observación significa, además, que no es la homogeneidad en su aceptación y articulación dentro de los ordenamientos jurídicos administrativos, precisamente, una de las características del *contrato administrativo*, *público* o *de derecho público*, como categoría en abstracto.

La policromía que rodea el debate y el desarrollo de la contratación del Estado o del sector público hace que se presenten soluciones diversas, teóricas y prácticas, en ordenamientos jurídicos de referencia histórica al respecto, como pueden ser: Francia, Alemania, Italia, España, Gran Bretaña y Estados Unidos. Las soluciones, en definitiva, han gravitado en torno a dos posiciones básicas: sostener la contratación del Estado o del sector público dentro del régimen jurídico del derecho privado; o someter una parte de esas relaciones contractuales a la tutela específica del régimen jurídico del derecho público, incorporando así una distinción con aquellas que se colocan bajo el manto ordenador del régimen *iusprivado*. Este último presupuesto es el que determina la existencia del *contrato administrativo*, *contrato de derecho público* o *contrato público*; y tampoco entre los sistemas jurídicos que lo acogen las respuestas se presentan con una uniformidad entre sí, sino que se revelan también como soluciones con un grado de polarización entre ellas.

Según nos recuerda el italiano Massimo Severo Giannini: "La noción de contrato de derecho público nació en los Países alemanes en el siglo pasado, de la matriz de la concepción autoritaria del Estado: si éste (...), cuando quiere actuar mediante contratos, debe disponer contratos *sui generis* que son 'de derecho administrativo'. Esta tesis tuvo un cierto seguimiento incluso fuera de los Países alemanes. (...)".[1]

Los esfuerzos científicos iniciales para hacer valer en el derecho público un tipo contractual diferente al que históricamente ha operado en el derecho civil, y, en consecuencia, que estuviera sometido a la esfera de regulación *iuspública*, podemos ubicarlos en el siglo XIX, con dos polos de irradiación fundamentales: Alemania y Francia. Aunque, hay que significar que dichos esfuerzos no siguieron derroteros iguales – ni científicos ni prácticos – en uno y otro País; y se desarrollaron sobre premisas conceptuales diferentes (lo cual es posible percibir desde la propia nomenclatura que se adoptó en cada caso para denominar el fenómeno: *contrato de derecho público*, según la traducción más común – *öffentlichen-rechtlichen Verträge* –, para el caso alemán, y *contrato administrativo – contrat administratif* –, para el caso francés), resultado de procesos históricos diversos que han determinado maneras autóctonas y distintivas, en el diseño y la funcionalidad, de sus sistemas de derecho administrativo y, globalmente considerado, en el marco de regulación jurídica de la actuación pública. Por otro lado, hay que decir también que dichos esfuerzos no se proyectaron en el tiempo con igual suerte y ha sido el modelo francés el que ha corrido con mayor fortuna; al punto de que el prototipo fundamental que conocemos hoy cuando se alude a la contratación administrativa es el que tiene su hechura originaria en Francia, principalmente. De resultas, entonces, que el punto de conexión común entre esos modelos referentes a la contratación en el derecho administrativo o en el derecho público se sitúa en la presentación externa y general del fenómeno; según observó sobre este aspecto Sebastián Martín-Retortillo Baquer, hace ya varios lustros: "(...). Un único denominador común comprende los dos sistemas: las figuras que ambos recogen se presentan como instituciones propias y peculiares del ordenamiento jurídico público. (...)".[2]

A partir de lo antes señalado, nuestro interés en los párrafos que siguen es trazar un bosquejo general de la situación del

1. Massimo Severo Giannini, *El Poder Público. Estados y Administraciones Públicas*, "Prólogo" y trad. de Luis Ortega, Madrid, Editorial Civitas, 1991, p. 149, nota 1.

2. Sebastián Martín-Retortillo Baquer, "La institución contractual en el derecho administrativo: en torno al problema de la igualdad de las partes", en su obra *El Derecho Civil en la Génesis del Derecho Administrativo y de sus Instituciones*, 2ª ed. ampliada (1ª en Civitas), Madrid, Editorial Civitas, 1996, p. 72. V. la distinción que establece este español, en las pp. 76 y 77 y 88 y ss. del trabajo citado, entre el *contrato administrativo* y el *öffentlichen-rechtlichen Verträge*.

contrato de derecho público como figura jurídica en el derecho público alemán, a los fines de conocer el derrotero esencial que ha seguido dicha categoría contractual en ese ordenamiento, y las líneas esenciales que le distinguen como tipo jurídico, y proveer así un acercamiento, por esta vía, a una cuestión puntual de la realidad *iuspública* de Alemania.

2. El contrato de derecho público como figura jurídica en el derecho público alemán

Para el caso del Derecho Alemán (y de Países como Suiza y Austria, entre los que históricamente han constituido parte del área de influencia directa que ha seguido muy de cerca el quehacer jurídico-público de Alemania), es preciso referir que se ha señalado a Paul Laband y a George Jellinek (especialmente el primero) entre los sostenedores iniciales de mayor relevancia dentro del *iuspublicismo* de ese País, de la corriente teórica que desde el siglo XIX mostró su favor a admitir la figura del *contrato de derecho público* como una de las formas de actuación administrativa;[3] en cuyo ámbito de alcance objetivo como institución jurídica caían, de ordinario, relaciones convencionales, concertadas, entre la Administración Pública y los individuos (Laband y Jellinek consideraban en esos casos, básicamente, a los supuestos de naturalización y a la relación entre la Administración Pública

3. *Vg.*: Cino Vitta, *Diritto Amministrativo*, 4ª ed., aggiornata, vol. I, Torino, Unione Tipografico-Editrice Torinese/UTET, 1954, p. 381; Marcello Caetano, *Tratado Elemental de Derecho Administrativo (Teoría General)*, trad. y notas de Laureano López Rodó, Santiago de Compostela, Librería y Editorial Sucesores de "Galí", 1946, p. 349; Sebástian Martín-Retortillo Baquer, "La institución contractual en el derecho administrativo: en torno al problema de la igualdad de las partes", cit., en su obra *El Derecho Civil en la Génesis del Derecho Administrativo y de sus Instituciones*, 2ª ed., p. 74 (quien cita al italiano Miele, *La Manifestazione di Volontà del Privato nel Diritto Amministrativo*, 1931, p. 12); Hartmut Maurer, *Droit Administratif Allemand*, trad. de Michel Fromont, Paris, Librairie Générale de Droit et de Jurisprudence/LGDJ, 1994, pp. 376; Alfonso Masucci, "La *quaestio* nel Diritto Tedesco dell'ammissibilità del contratto di diritto pubblico fra Amministrazione e privato", en AA.VV., *Scritti in Onore di Massimo Severo Giannini*, vol. I, Milano, Dott. A. Giuffrè Editore, 1988, pp. 413 y 414 y 418 y ss.; Francisco Delgado Piqueras, *La Terminación Convencional del Procedimiento Administrativo*, Pamplona, Editorial Aranzadi, 1995, pp. 33 y ss.; y Romeu Bacellar, "Contrato administrativo", en la obra colectiva *Derecho Administrativo*, Lima, Asociación Peruana de Derecho Administrativo/Juristas Editores EIRL, 2004, pp. 623 y 624 – quien a su vez cita a Alfonso Masucci.

Recordaba Hartmut Maurer (*Droit Administratif Allemand*, cit., p. 376) que "(...) les manuels de droit administrative de Loening et Stengel (1884 y 1886) mentionnaient, outré la décision (*Verfügung*) (ou acte administratif), le contrat de droit public comme autre forme d'action de l'Administration. (...)". Por su lado, el italiano Ugo Forti ("Natura giuridica delle concesión amministrative", en su obra *Studi di Diritto Pubblico*, vol. I, Roma, Società Editrice del Foro Italiano, 1937, pp. 362-363) precisaba sobre *il contratto di diritto pubblico*: "(...). La creazione non incontrastata di questo concetto nuovo e la sua evoluzione si debbono alla dottrina tedesca. Posto innanzi dal Gönner fino dal 1808, parve che evesse ricevuto dal'Hegel un colpo decisivo col § 294 della *Rechtsphilosophie*; ma aumentati dopo l'Hegel gli avversari con le opere del Gerber, di G. Meyer, dello Zorn, dello Schulze, ripullularono anche i fautori, e sostennero il contratto di diritto pubblico il Klueber, il Mohl, il Weiss, lo Schimittener, il Seydel, il Laband, il Löning e lo Jellinek. A quest'ultimo si deve, io credo, d'aver ricostruito magistralmente le basi del concetto insieme ad altri due, l'Haenel ad O. Mayer che, come ho cercato di dimostrare, si ascrivono senza ragione nel campo avversario. (...)".

y el funcionario en razón del desempeño por este último de la función pública).[4]

Esa solución implicaba reconocer que el ejercicio de la función administrativa por el Estado no sólo se realizaba por medio de decisiones unilaterales del ente público – que el Estado no sólo se expresaba por la vía del mando, sino que igualmente conveniaba y concertaba con los administrados en el entorno del ejercicio del Poder Público; y, en consecuencia, que las formas de actuación unilaterales no eran suficientes para explicar jurídicamente los vínculos *iuris* de naturaleza administrativa, donde se daba la acción conveniada con los individuos.[5]

En contraste con esa solución, dentro de la doctrina alemana del derecho público se desarrolló una línea argumental que negaba, en principio, la posibilidad de que la Administración Pública – fuera de los vínculos entre entidades administrativas – utilizara la técnica contractual *iuspública* para vincularse normalmente

4. V.: Paul Laband, *Le Droit Public de l'Empire Allemand*, édition française revue et mise au courant de la dernière legislation par l'Auteur, t. II, trad. de C. Gandilhon et de Th. Lacuire, V. Giard & E. Brière, Librairies-Éditeurs, Paris, 1901, pp. 530 y ss. Decía Laband (ob. cit., p. 530) que la administración como acción comprendía *actuaciones de hecho* y *operaciones jurídicas*; y que para el derecho público únicamente las operaciones jurídicas eran las que tenían importancia; de acuerdo con su consideración (ob. cit., p. 530): "(...). Ces opérations sont identiques à celles qui sont accomplies dans le domaine du Droit privé; elles sont bilatérales (des contrats) ou unilatérales (des arrêts)". Luego aclaraba: "1º. Le traité ou contrat trouve sa place partout ou l'État n'est pas à même de s'acquitter de ses devoirs à l'aide des droits souverains dont il est investi. Le traité peut être conclu avec un autre gouvernement, c'est alors un traité international; il peut aussi avoir pour fin d'établir une relation de droit public, par exemple la nomination de fonctionnaires, la naturalisation, c'est alors un traité de droit public; il peut enfin concerner une question d'intérêt matériel ou pécuniaire, c'est alors un traité de droit privé. (...)".

George Jellinek (*Sistema dei Diritti Pubblici Subbietivi*, trad. italiana riveduta dell'Autore sulla 2ª ed. tedesca, Milano, Società Editrice Libraria, 1912, pp. 224 y ss. y 230-231) sostendría: "Nel diritto pubblico il contrato fra lo Stato e l'indiviuo sarà la forma necessaria per la costituzione di rapporti, che, in base all'ordinamento giuridico vigente, non possono risultare da un atto unilaterale di volontà dello Stato: l'appartenenza ad un Camera, la Presidenza di una Repubblica, lo stabilimento di una mora dinastia. In tutti questi casi in generale vengono conferiti non soltando diritti, ma anche doveri, giacchè, come è stato innanzi osservato, un membro dello Stato o un organo dello Stato avente soltando diritti o privilegi è un non senso. Ma ogni nuevo dovere dell'individuo verso lo Stato riposa sopra una maggiore soggezione. Siffatta soggezione può trovare fondamento nella legge, e in tal caso nasce giuridicamente un dovere generale di servizio pubblico: dove questo dovere non esiste, il contratto è l'unico mezzo giuridico per costituire giuridicamente siffatta soggezione. Ciò è una semplice conseguenza del riconoscimento da parte dello Stato dello *status libertatis*, nei limiti del quale Stato ed individui sone del tutto indipendenti fra loro e perciò si presentano come uguali. (…)".

5. Sebastián Martín-Retortillo Baquer ("La institución contractual en el derecho administrativo: en torno al problema de la igualdad de las partes", cit., en su obra *El Derecho Civil en la Génesis del Derecho Administrativo y de sus Instituciones*, 2ª ed., p. 74) refería dos causas que el italiano Miele situaba en la base del origen de esta vertiente, en los siguientes términos: "(...). En primer lugar, fue la necesidad de fijar la naturaleza jurídica de una serie de figuras, que mal podían explicarse, de acuerdo con la doctrina tradicional entonces imperante, como derivadas de un acto unilateral. En segundo lugar, la asunción de la doctrina contractualista en el campo de la Administración significó una expresa reacción a 'la concepción rígidamente autoritaria del Estado que Hegel, seguido de no pocos *iuspublicistas* – Gerber, Gönner, Perthes etc. –, había fijado como característica en el pensamiento intelectual de entonces. (...)".

con los particulares en ciertos nexos jurídicos administrativos; y, por extensión, rechazaba, en principio, el reconocimiento de que, junto al *acto administrativo*, el *contrato de derecho público* era forma básica que servía al establecimiento de relaciones específicas entre la Administración Pública y los particulares en el campo jurídico-administrativo. El nombre más representativo de esta posición, desde el siglo XIX, ha sido el de Otto Mayer, quien desarrolló su pensamiento al respecto en un trabajo titulado "Sobre la teoría del contrato jurídico público", que data de 1888 ("Zur Lehre vom öffentlichen rechtlichen Verträge", *AöR* Bd. 3 (1888), S. 3 ff).[6] Mayer llegaría a decir claramente "(...) que el contrato, en sentido propio, es inaplicable en el derecho administrativo; lo que se llama 'contratos' son, en realidad, actos administrativos, los cuales pueden resultar eficaces únicamente con el consentimiento del interesado; (...)".[7]

Esta orientación partía de considerar que existía una situación de desigualdad entre el Estado y los individuos en el ámbito del ejercicio del poder público – que el primero estaba en una posición de supremacía sobre los segundos;[8] y, por ende, esa situación no era conciliable en una forma contractual de derecho público, porque un contrato presupone la vinculación entre sujetos cualitativamente iguales (y no desiguales).[9] De ese modo, este

6. V.: Otto Mayer, *Derecho Administrativo Alemán*, t. I – "Parte General", trad. directa del original francés por Horacio H. Heredia y Ernesto Krotoschin, Buenos Aires, Editorial Depalma, 1949, pp. 128 y ss. y 182 y ss. – aunque las consideraciones que aporta este alemán sobre el tema en cuestión en su obra fundamental son muy esporádicas y no se detiene en su desarrollo. Para nosotros resulta interesante que uno de los nombres históricos principales de esa solución negatoria, precisamente en el tópico de la contratación administrativa, fuera el del propio Otto Mayer, pues, dentro del *iusadministrativismo* alemán de su época, fue él, quizás, el mejor conocedor de la ciencia del derecho administrativo francés de entonces – en la que ya tenían su especio ganado ciertos tipos contractuales administrativos –, fuente de la que abrevó para levantar su visión sistémica del rama administrativa y de la que recibió, sin dudas, importantes influencias científicas (aunque queda bien claro que no en lo relativo al tema que nos ocupa). De acuerdo con las palabras de Mayer ("Prefacio a la Edición Francesa", in ob. cit., t. I, pp. XXIV-XXV): "(...) reconozco que he pasado, para edificar mi sistema, por la escuela de los jurisconsultos franceses; aprendí mucho en el estudio de su doctrina del derecho administrativo. Empero, se me ha reprochado injustamente el querer introducir puntos de vista franceses y extraños al espíritu del Derecho Alemán. El lector francés no dejará de reconocer, así lo espero, todo lo alemán que es mi libro, por la manera de pensar y de expresar las ideas. Si he tenido la ambición de que se vea en él algo del carácter francés, ello se debe a la claridad del estilo y la nitidez de la expresión. (...)".

7. Cit. por: Fritz Fleiner, *Instituciones de Derecho Administrativo*, trad. de la 8ª ed. alemana por Sabino Álvarez Gendín, Barcelona/Madrid/Buenos Aires, Editorial Labor, 1933, p. 169.

8. A tenor de la naturaleza jurídica del acto de nombramiento, Otto Mayer (*Derecho Administrativo Alemán*, t. IV – "Parte Especial. Las Obligaciones Especiales", trad. directa del original francés por Horacio H. Heredia y Ernesto Krotoschin, Buenos Aires, Ediciones Arayú, 1954, p. 45) concluía: "Para nosotros, el derecho público da las ideas dominantes para todos los detalles de las instituciones que le pertenecen: esas instituciones deben necesariamente resentirse al ser construidas sobre la base de la desigualdad jurídica de los sujetos que en ellas intervienen".

9. Otto Mayer (*Derecho Administrativo Alemán*, cit., t. IV, pp. 47 y ss.) – tomando de él nuevamente su análisis a tenor del acto de nombramiento – expresaba: "(...), aun los partidarios más decididos de un verdadero contrato de servicio del Estado tratan de justificar la particularidad que presenta el acto de nombramiento. Por distintos rodeos – diferentes entre ellos – llegan a concentrar toda la fuerza generadora de la relación

planteamiento dejaba los vínculos contractuales entre el Estado y los súbditos (del otrora Imperio Alemán), en principio, bajo la égida reguladora del derecho privado; y el *acto administrativo* – en su mecánica estructural y funcional – se erguía como la figura de base y esencial a la que se acudía para justificar jurídicamente las relaciones individuales entre la Administración Pública y los administrados o particulares que derivaran del ejercicio de la función administrativa.[10] Para Mayer: "En el derecho administrativo, (...), los derechos individuales sólo desempeñan un papel accesorio. Lo esencial es el *Poder Público* y la manera como se determina su actividad por la organización del derecho público. Para la ciencia del

jurídica en la voluntad de la parte más elevada y a quitarle a la voluntad del súbdito toda importancia equivalente. De este modo, la idea fundamental del acto jurídico de derecho público logra, por lo menos, su realización, y todo parece arreglarse. Sólo que es difícil comprender cómo se puede conciliar con todo esto la idea de un verdadero contrato. Mediante la noción del acto administrativo tomado en toda su fuerza, la explicación es simple y completa".

Súmese a ello lo que el mismo Mayer decía a tenor de la concesión de empresa pública (ob. cit., t. IV, pp. 161 y ss.). En la propia cuerda de argumentos, aunque con una proyección objetiva más general, el suizo Fritz Fleiner (*Instituciones de Derecho Administrativo*, cit., p. 169) reafirmaba: "(...). Puede hablarse solamente de contrato si la voluntad de cada una de las partes posee la misma fuerza jurídica para la formación de una relación jurídica, y, como hemos comprobado (...), esto no ocurre generalmente en las relaciones de derecho público, porque están reguladas unilateralmente por la voluntad del Estado. La mayoría de los actos administrativos, llamados contratos de derecho público, son órdenes cuya legitimidad está limitada al consentimiento del interesado. (...)".

10. Otto Mayer definía al *acto administrativo* (*Derecho Administrativo Alemán*, cit., t. I, p. 126) como "(...) un acto de autoridad que emana de la Administración y que determina frente al súbdito lo que para él deber ser de derecho en el caso concreto". Para agregar en otro momento (ob. cit., t. I, pp. 128-129): "(...). La determinación por vía de autoridad, frente al súbdito, de lo que en un caso individual deber ser de derecho para él no está comprendida en la reserva de la ley. Es una emanación del Poder Público, que pertenece igualmente al Poder Ejecutivo. Si se trata de crear una limitación a la libertad y a la propiedad por órdenes, por la imposición de cargas, por obligaciones de pagar, por una disposición o por restricciones, entonces es natural que el acto deba tener necesariamente por base una ley. Ello no es así porque se decida que algo deba ser de derecho para el súbdito; es porque se resuelve que cierta limitación debe afectarlo. Por otro lado, el acto administrativo puede procurar al súbdito *una ventaja*, un derecho de posesión, un derecho de goce, una suma a cobrar. Entonces, no se plantea el problema de la reserva de la ley y vemos al acto administrativo producir un efecto en virtud de su propia fuerza". Y también decía (ob. cit., t. I, pp. 129-130): "Por otro lado, puede emitirse un acto que imponga cargas sin fundarse en la ley, en virtud del *consentimiento del interesado*. La reserva de la ley, tal como ella se formula en los así llamados derechos de libertad, se entiende en favor de los individuos y produce efectos para ellos: la violación de la reserva en su detrimento es una injusticia cometida en su perjuicio. Pero sería renegar de la libertad querer otorgarles esta protección aun contra su voluntad; el protegido es libre para someterse, en cierta medida, a cargas personales, obligacionales etc. Debe, pues, sobreentenderse, en todas las reservas constitucionales que prohíben imponer a los individuos cargas no previstas en la ley, la cláusula tácita: a menos que la parte interesada dé su consentimiento. Es el caso de los *actos administrativos en virtud de sumisión*. Ésta no hace más que reemplazar la autorización de la ley; hace desaparecer la barrera que sin ella habría opuesto la reserva constitucional. El acto administrativo, liberado así, produce entonces efecto por sí mismo".

Mayer completaba sus ideas con la siguiente reflexión (ob. cit., t. I, nota 5, p. 130): "(...). Los actos administrativos por sumisión se restringen a las cargas, obligaciones y cesiones que, según nuestros usos, podrían ser igualmente impuestos derecho administrativo, las instituciones jurídicas son las formas constantes que de ahí derivan para las manifestaciones del Poder Público".[11]

Hartmut Maurer explicaba y evaluaba la concepción de Otto Mayer en los siguientes términos: "(...). Él consideraba los contratos entre el Estado y el ciudadano como conceptualmente imposibles porque el contrato presupone sujetos jurídicos de la misma categoría y el derecho público está determinado sobre la base de la ordenación del Estado y por ello desarrolla fuerza vinculativa unilateral de la voluntad estatal. La postura negativa de Otto Mayer no se dirigía solo contra los contratos de derecho funcionarial (contratos de servidores públicos), sino contra todos los contratos de subordinación jurídica en el derecho público. En esta posición también desempeñaba un papel importante el hecho de que ese autor quería fundamentar el derecho administrativo como una disciplina jurídica autónoma, evitando, por tanto, influencias aparentes del derecho privado. En su *Manual de Derecho Administrativo* publicado en 1895 el acto administrativo domina por completo".[12] Y con el correr de los tiempos se ha revelado con más claridad que en esta concepción que subyace en Mayer ha estado la huella de lo político al tiempo de diseñar y practicar la dinámica Estado-individuo en los predios del funcionamiento administrativo;[13] con una percepción en la que se reconoce, en esta línea argumental, el signo del autoritarismo estatal en la base del planteamiento de las relaciones *iuspúblicas* entre la Administración Pública y los individuos.[14]

por un contrato de derecho civil. Por eso se las llama contratos, aunque por su estructura jurídica no lo sean. Para distinguirlos de los verdaderos contratos de derecho civil se les denomina *contratos de derecho público*. En cuanto el contenido del acto no pudiera constituir la materia de un contrato civil, la sumisión se consideraría insuficiente para reemplazar una autorización de la ley; en consecuencia, el acto administrativo no sería válido. Es aquí donde reside la importancia de la noción de contrato de derecho civil. (...)".

11. Otto Mayer, *Derecho Administrativo Alemán*, cit., t. I, pp. 181-182.

12. Hartmut Maurer, *Introducción al Derecho Administrativo Alemán*, trad. de Rafael Sänger y Fabián Martínez, Bogotá, Universidad de Santo Tomás, 2008, p. 118.

13. Ernst Forsthoff (*Tratado de Derecho Administrativo*, trad. de la 5ª ed. alemana por Legaz y Lacambra, Garrido Falla y Gómez de Ortega y Junge, Madrid, Instituto de Estudios Políticos, 1958, p. 374) fue de los que advirtió: "(...). La afirmación de Otto Mayer de que el Estado siempre manda unilateralmente no puede invocarse, ciertamente, como argumento decisivo contra el contrato de derecho público como figura jurídica, pero hay tras ella un cálculo político que es preciso tomar en serio (...)".

Para el español Francisco Delgado Piqueras (*La Terminación Convencional del Procedimiento Administrativo*, cit., p. 34): "Todo el empeño de Mayer por reconducir el fenómeno de la organización y de la acción administrativa a formas e instituciones jurídicas, pero autónomas de las privatísticas, presenta una clara influencia hegeliana. En los albores del Estado Nacional alemán, Mayer coadyuva a teorizar un Estado fuerte, que trata con sus súbditos en el marco del derecho público sólo con imperio. Así, y con el pretexto de garantizar la prevalencia de los intereses generales cuya tutela tiene a su cargo, la voluntad del Estado gozaría de una supremacía frente al individuo. Lo que a su vez exigiría la definición de las relaciones entre aquéllos en clave autoritaria, mediante actos administrativos unilaterales, y vedaría el recurso por parte del Estado a módulos de base paritaria o contractual, de origen iusprivatista".

14. Alfonso Masucci ("La *quaestio* nel Diritto Tedesco dell'ammissibilità del contratto di diritto pubblico fra Amministrazione e privato", cit., en AA.VV., *Scritti in Onore di Massimo Severo Giannini*, vol. I, pp. 414-415) comentaba estas ideas del siguiente modo: "La ricostruzione labandiana della *Beamtenanstellung* in chiave

Fijado el debate en esos términos, y desde esos dos extremos enunciados como centros visibles, no han faltado intervenciones y matices en la discusión que la han enriquecido y ampliado. Lo anterior puede percibirse en el caso de la propia Alemania;[15] mas esa realidad no se circunscribe exclusivamente al perímetro de este último País, y podemos encontrar expresión de la misma en el supuesto del

contrattualistica e, più in generale, la stessa teorizzazione di un modulo contrattuale nel diritto pubblico furono posti in discussione nel saggio *Zur Lehre vom öffentlichrechtlichen Vertrage* dall'allora giovene studioso Otto Mayer, questi, ispirandosi alla dominante cultura filosófica hegeliana, mirava, in contrapposizione con le premesse labandiane, a redefinire i rapporti autorità-privato non su basi paritarie e contrattualistiche, ma alla luce di un'inmanente e generale supremazia dello Stato nei confronti del 'singolo'". Y proseguía: "Convinto assertore della necessità che la Pubblica Amministrazione per svolgere il compito di 'regolatore' del conflitto 'autorità-libertà' al quale veniva chiamata nel nuovo contesto dello Stato Tedesco dovesse svincolarsi dai tradizionali moduli paritari del diritto privato ed avvalersi di un instrumentarium autoritativo funzionale alla sua posizione di 'persona superior' nei confronti del 'privato', l'illustre Maestro contestò in radice la compatibilità tra diritto pubblico e veri e propri moduli contrattuali".

15. Según compendiaba Martin Bullinger (Martin Bullinger y Michel Fromont, "Titre II – Droit Administratif", en Michel Fromont y Alfred Rieg (dirs.), *Introduction au Droit Allemand (République Fédérale)*, t. II – "Droit Public – Droit Pénal", Paris, Éditions Cujas, 1984, p. 159): "(...). La doctrine et la jurisprudence ont longtemps suivi Otto Mayer et ont progressivement remplacé la notion de contrat entre Administration et administré par celle d'acte administratif avec consentement ou soumission du particulier, tout en reconnaissant le caractère quasi-contractuel des relations juridiques ainsi fondées et en y appliquant partiellement le régime juridique du contrat. Sont ainsi devenues actes administratifs, entre autres, la nomination d'un fonctionnaire et l'admission d'un usager aux services de la Poste et des autres établissements publics. Même Willibald Apelt, qui s'est prononcé, sous la Constitution de Weimar, pour la reconnaissance d'un vrai contrat de droit public entre Administration et administré, no voulait pas établir d'égalité contractuelle entre les parties; il accordait une supériorité assez nette à l'intérêt public et donc au contractant administratif".

Expresaba por su parte Hartmut Maurer (*Droit Administratif Allemand*, cit., p. 376): "(...). Le veredict d'Otto Mayer prévalut durant longtemps. Cependant, il ne resta pas sans contradicteurs. De plus en plus nombreux étaient les auteurs qui prenaient parti pour le contrat administratif, en particulier Willibart Apelt, *Der verwaltungsrechtliche Vertrag*, 1920 (cité en référence par Otto Mayer, in *AöR*, t. 40, 1921, pp. 244 et ss.). Presque tous les traités publiés après 1965 sur le droit administratif générale mentionnaient, fût-ce la plupart du temps incidemment, le contrat administratif comme une forme d'action possible de l'Administration. En 1958, parurent ensuite trois études qui soutenaient la thèse selon laquelle le contrat administratif était juridiquement possible: elles contribuèrent à sa percée définitive dans la doctrine". Seguidamente, Maurer acotaba: "Cf. Imbodem, *Der verwaltungsrechtliche Vertrag*, 1958; Salzwedel, *Die Grenzen der Zulässigkeit des öffentlichen-rechtlichen Vertrags*, 1958; Stern, *Zur Grundlegung einer Lehre des öffentlichen Vertrages*, Verwarch, t. 1958, pp. 106 et ss.; cf. également Billinger, *Vertrag und Verwaltungsakt*, 1962, lequel s'est élevé, une fois encore, avec insistance contre l'existence d'un contrat en droit administratif".

Entre los autores fuera de Alemania, pueden verse ilustrativos resúmenes de la evolución de la cuestión de la contratación pública o administrativa en el derecho público alemán posterior a las obras de Laband y Mayer en, por ejemplo: Alfonso Masucci, "La *quaestio* nel Diritto Tedesco dell'ammissibilità del contratto di diritto pubblico fra Amministrazione e privato", cit., en AA.VV., *Scritti in Onore di Massimo Severo Giannini*, vol. I, pp. 416 y ss. V., además, entre otros: José Luis Villar Palasí, *Apuntes de Derecho Administrativo – Parte General*, t. II, Madrid, 1977, pp. 226 y ss.; Francisco Delgado Piqueras, *La Terminación Convencional del Procedimiento Administrativo*, cit., pp. 33 y ss.; José María Rodríguez de Santiapensamiento jurídico que se produce en el seno de Países cercanos a ella, en lo que resulta necesario mencionar los supuestos de Austria[16] y de Suiza.[17]

Pero la solución que logró imponerse – en lo teórico y en lo práctico – fue la

go, *Los Convenios entre Administraciones Públicas*, Madrid, Marcial Pons, Ediciones Jurídicas y Sociales, 1997, pp. 42 y ss.; José Luis Meilán Gil, *La Estructura de los Contratos Públicos. Norma, Acto y Contrato*, Madrid, Iustel, Portal Derecho, 2008, p. 61; y Romeu Bacellar, "Contrato administrativo", cit., en la obra colectiva *Derecho Administrativo*, pp. 623 y ss.

16. Incluso, hacia el interior de la llamada *Escuela de Viena*, con Hans Kelsen a la cabeza, no dejó de manifestarse la diversidad de opiniones al respecto. Así, el propio Hans Kelsen (*Teoría General del Estado*, trad. directa del Alemán por Luis Legaz y Lacambra, Barcelona/Madrid/ Buenos Aires, Editorial Labor, 1934, p. 113) hubo de decir: "(...), el llamado derecho privado ofrece abundantes muestras de negocios jurídicos obligatorios por decisión unilateral, mientras que, a su vez, el derecho público nos presenta casos de actos realizados por las autoridades que no nacen, con su efecto de obligar jurídicamente al súbdito, sino en virtud del asentimiento del obligado, de tal modo que, en estos casos, la condición de la consecuencia jurídica es la coincidencia de las voluntades de la autoridad y del súbdito: tal es el contrato de derecho público o jurídico-administrativo, cuya diferencia esencial con el contrato de derecho privado se buscó en vano hasta hoy". V. también: Hans Kelsen, *Teoría General del Estado*, cit., p. 108. En otra de sus obras, Kelsen (*Teoría General del Derecho y del Estado*, trad. de Eduardo García Maynez, México, Imprenta Universitaria, 1950, pp. 289-290) acuñaba: "(...). Pero en la ley administrativa existen también contratos, los llamados contratos administrativos, que son concluidos entre una autoridad administrativa y un particular, y cuyo cumplimiento es perseguido dentro de un procedimiento administrativo ante una autoridad administrativa. Los contratos de nombramiento quedan comprendidos dentro de esta categoría. (puesto que el nombramiento de un servidor público usualmente requiere su aceptación explícita, los nombramientos asumen, por regla general, la forma de contratos.) (...). Sólo es digno de subrayarse el hecho de que las controversias que tienen su origen en un contrato administrativo pueden ser resueltas por las autoridades administrativas más bien que por los tribunales". Sobre la posición de Kelsen en relación con el contrato de derecho público puede verse, por esclarecedor, el resumen que hiciera: Alejandro Huergo Lora, *Los Contratos sobre los Actos y las Potestades Administrativas*, Madrid, Universidad de Oviedo/Editorial Civitas, 1998, pp. 131 y ss.

Por su parte, el también austriaco Adolfo Merkl (*Teoría General del Derecho Administrativo*, Madrid, Editorial Revista de Derecho Privado, 1935, p. 251) opinaba: "Recientemente, se han opuesto a los actos administrativos imperativos *los contratos de derecho público*, que serían algo análogo, dentro del derecho administrativo, a los contratos de derecho privado. Pueden considerarse como contratos de derecho público aquellos convenios acerca de derechos u obligaciones cuya aplicación competerá a un órgano administrativo; también pueden calificarse como tales, aunque no de manera adecuada, aquellos actos administrativos condicionados por la instancia, o cuando menos con la conformidad del interesado. En el primer caso, el contrato de derecho público es el supuesto previo del acto administrativo; en el segundo, constituye en sí – en virtud de su especial originarse, mediante la colaboración del interesado – un acto administrativo".

17. Para el derecho administrativo suizo, además del mencionado Fleiner, pueden verse las referencias que hiciera André Grisel, *Droit Administratif Suisse*, reimpr., Neuchâtel, Éditions Ides et Calendes, 1975, pp. 219 y ss. – quien le dedicaba un capítulo de su obra al *contrat de droit administratif*, definiéndolo de la siguiente manera: "Le contrat de droit administratif résulte des manifestations de volonté concordantes de deux ou plusieurs sujets de droit; en general, il a pour objet l'attribution d'un avantage à un administré ou l'exécution d'une tâche d'intérêt public; il relève du droit public". También: Blaise Knapp, *Précis de Droit Administratif*, Bâle et Francfort-sur-le-Main, Éditions Helbing & Lichtenhahn, 1980, pp. 158 y ss. Como acogía Knapp (ob. cit., p. 158): "Pendant une période prolongée, la doctrine suisse s'est montrée réticente envers l'idée même

segunda línea de pensamiento,[18] que ha resultado, en sus rasgos fundamentales, la que ha caracterizado, sin faltar matices, al derecho público alemán (en lo que no se desconocen las influencias posteriores que la evolución de la realidad jurídica administrativa ha irradiado sobre él a lo largo del siglo XX y que se proyecta al XXI). Ello significaría, entonces, reconocer la existencia de un contrato de derecho público (*öffentlichen-rechtlichen Verträge*), pero cuyo centro objetivo básico, a diferencia de la categoría contractual francesa, se ubicaría en las relaciones entre entidades públicas y, por excepción, en determinadas relaciones con los particulares.[19] De ahí que se concluya que

du contrat de droit administratif (F. Fleiner, pp. 209 ss.; Z. Giacometti, pp. 441 ss.; W. Burckhardt, pp. 66-67)"; luego esbozaba compactadamente los principales argumentos que eran esgrimidos por esa doctrina para el rechazo de la figura contractual administrativa, que son, en esencia, los mismos que operaban en la doctrina alemana; y finalmente reconocía: "Au cours de ces dernières années, notamment sous l'influence du rapport du H. Zwahlen, une évolution s'est produite. Le contrat de droit administratif est maintenant plus largement admis, même s'il conserve une place modeste dans la pratique"; a reglón seguido añadía: "C'est ainsi que des auteurs comme A. Grisel (p. 219) ou Imboden/Rhinow (n. 46) no mettent plus en doute la légitimité d'un tel contrat".

V. además las alusiones a la jurisprudencia del Tribunal Federal suizo que hacía el propio Blaise Knapp (ob. cit., pág. 159; de éste autor hay que decir además que era de los que respaldaban la existencia de los contratos administrativos. El *rapport* de H. Zwahlen, del que hacía mención Knapp, se titulaba "Le contrat de droit administratif", y se publicó en 1958 en *Rapports y Communications de la Societé Suisse des Juristes*. En la conclusión de François Bellanger ("Autoritè et contrat dans l'Administration moderne en Suisse", en *Annuaire Européen d'Administration Publique* XX (1997), Aix-en-Provence, Centre de Recherches Administratives/Faculté de Droit et de Science Politique D'Aix-Marseille/Université de Droit, d'Economie et des Sciences D'Aix-Marsielle/Presses Universitaires D'Aix-Marseille, 1998, p. 165), también hace algunos años ya: "La question de la place du 'contrat' dans l'Administration moderne relève en Suisse moins du domaine juridique que de la Science Politique. En effet, les autoritès administratives ont toujours été reticentes à utiliser ce moyent d'action. Elles préfèrent la forme plus usuelle de la décision, acte unilateral par excellence. L'accroissement progressif des fonctions de prestation de l'État n'a pas modifié cet état de fait, jusqu'à la grave crise des finances publiques traversée par la Suisse depuis le debut des années 1990. Les difficultés bugétaires rencontrées aussi bien par l'État Fédéral que les cantons ont incité les Administrations à réfléchir à de nouveaux modes de fonctionnement. Ceux-ci ont ouvert la voix à une utilisation plus importante de la forme contractuelle".

18. Según Hartmut Maurer: "La concepción negativa de Otto Mayer encontró en la literatura jurídica poco eco y respaldo. Con todo, impidió fuertemente el desarrollo del contrato administrativo. (...)" (*Introducción al Derecho Administrativo Alemán*, cit., p. 118).

19. Fritz Fleiner (*Instituciones de Derecho Administrativo*, cit., p. 168) precisaba que cuando se refería al contrato de derecho público no incluía "(...) a los contratos que versando sobre relaciones civiles concluyen las autoridades administrativas para atender a numerosas funciones administrativas (contrato con un constructor de obras concerniente a la apertura de una calle etc.). ya se dijo anteriormente que el derecho administrativo alemán (en contraposición al derecho administrativo francés) los considera contratos ordinarios de derecho privado. (...)".

Por su parte, Ernst Forsthoff (*Tratado de Derecho Administrativo*, cit., p. 377) también recogía que "(...) el Derecho Alemán está muy lejos de poseer la contrafigura correspondiente a los *contrats administratifs* franceses, bajo los que el derecho administrativo francés comprende todos aquellos contratos mediante los cuales los particulares se obligan, respecto de la Administración, a cooperar en el cumplimiento de los fines de ésta mediante prestaciones de servicios o entrega de cosas. También es ajena al contrato de derecho público la adscripción material a un los vínculos contractuales entre la Administración Pública y los administrados o particulares siguen librados, en su núcleo de regulación básica, a los predios del derecho privado, con la intervención en ese marco regulador de disposiciones de naturaleza administrativa.

Según ha señalado un autor como Sven Müller-Grune, a tenor de la Ley Alemana de Procedimiento Administrativo (1976): "(...) el legislador ha recogido normas que representan el marco para la contratación pública en el derecho administrativo general. En términos generales, el derecho contractual, que inicialmente entra dentro del ámbito del derecho civil y, a lo sumo, del derecho internacional, es ajeno al derecho administrativo. Por ello se tienen en cuenta particularidades resultantes del derecho público, de modo que la ley contiene normas concretas relativas a la forma (...), la nulidad (...) o la adaptación a condiciones modificadas (...). Por lo demás, (...) se declaran aplicables a los contratos administrativos con carácter complementario las normas del Código Civil".[20] También, Maurer ha dicho que al contrato administrativo le "son aplicables las prescripciones generales de la Ley de Procedimiento Administrativo y de manera complementaria las regulaciones contractuales del Código Civil alemán. La referencia a las prescripciones del Código Civil alemán es destacable. El acto administrativo está circunscrito al área de

determinado dominio, pues se distribuye entre muchas ramas del derecho administrativo, y por eso su índole no se presta a expresarse en formas y conceptos rígidos".

Como ha apuntado en tono compendiador el español José María Rodríguez de Santiago (*Los Convenios entre Administraciones Públicas*, cit., p. 42): "En realidad, donde verdaderamente ha estado siempre centrada la controversia fundamental es en la aceptación de la figura del contrato administrativo de subordinación, aquel que se celebra entre una persona jurídico-pública (sujeto investido de poder público) y un particular (sujeto sometido al poder público), aquel que pretende, por tanto, vincular en virtud de una relación que presupone la igualdad de las partes – la relación contractual – a dos sujetos fundamentalmente desiguales. El contrato de subordinación, que vincula a sujetos todos ellos dotados de poder público, situados en consecuencia en un plano de igualdad esencial (y aquí hay que abstraer de las posibles competencias de tutela de alguna de las partes), no ha sido objeto de esa polémica de principio, si bien, como se verá más adelante, la configuración en concreto de la figura del contrato administrativo de coordinación – presupuesta su admisibilidad casi unánimemente – varía no poco de un autor a otro".

20. Sven Müller-Grune, "Fundamentos del derecho administrativo en Alemania", en AA. VV., *Procedimiento y Justicia Administrativa en América Latina*, México/DF, Fundación Konrad Adenauer, A.C./Oficina México, 2010, p. 46. Esta percepción es lugar-común entre los estudiosos fuera del contexto alemán, sirva como botón de muestra mínimo lo que registraba el español Santiago González-Varas Ibáñez (*El Derecho Administrativo Privado*, Madrid, Editorial Montecorvo, 1996, pp. 227-228) al compendiar: "En el Derecho Alemán se parte de la incardinación del contrato de la Administración dentro *del derecho privado*, pues no existe un sistema administrativo de contratos. El punto de partida está en el principio de libertad de pactos en el derecho civil. El sistema de fuentes presenta empero ciertas peculiaridades. Junto al Código Civil, la regulación de los contratos se completa mediante una serie de disposiciones (*Bestimmungen*) especiales (u órdenes de adjudicación) donde se establecen determinadas *pautas para la contratación* en general de los particulares, siempre que se refiera a contratos de obras y de suministros (las llamadas *Verdingungsordnungen für Bauleistungen und für Leistungen*). Por su naturaleza jurídica, no tienen carácter de normas vinculantes, al ser simples recomendaciones cuya aplicación o validez resulta sólo en caso de que las partes contratantes pacten su sometimiento a las mismas. De ahí que pueda afirmarse que el carácter civil de la contratación impregna el momento mismo de la *adjudicación*".

aplicación del derecho administrativo, en tanto que el contrato es, por el contrario, una categoría general del Derecho y por ello puede encontrarse en todas las aéreas jurídicas. El recurso subsidiario a las normas del Código Civil alemán vale, pues, no como aplicación de derecho privado, sino como derecho público, ya que el carácter de derecho público del contrato no se modifica".[21]

Fritz Fleiner expondría claramente el fenómeno de la siguiente manera: "La experiencia enseña que los Municipios, las Mancomunidades municipales y las organizaciones de igual índole concluyen frecuentemente contratos entre sí (ya porque a ello les autorice la ley, ya basándose en un antiguo derecho consuetudinario, pero siempre con la aprobación de la inspección del Estado) para la realización de aquellas funciones que el Estado les ha transferido para que ejerzan en común, o que les compete en virtud de su autonomía administrativa, tales como instalación de escuelas públicas, construcción y conservación de los caminos vecinales, puentes etc. Con la conclusión del contrato se propone la distribución de una carga común entre los partícipes. En nada se altera con esto la naturaleza pública de la relación jurídica regulada mediante contrato. (...). En estos casos se puede hablar con razón de un contrato de derecho privado. (...)".[22]

Luego dice sobre *el contrato de derecho público* entre "el Estado soberano y sus súbditos": "(...). La opinión común ve en el contrato una forma del derecho privado; (...). Sin embargo, el problema no debe ser planteado tan superficialmente. (...). La mayoría de los actos administrativos, llamados contratos de derecho público, son órdenes unilaterales cuya legitimidad está supeditada al consentimiento del interesado. Únicamente en los casos en que la ley o el derecho consuetudinario han admitido la forma de contrato, y, por lo tanto, renunciando a la reglamentación unilateral de una relación jurídica, puede la autoridad hacer uso del contrato. (...). Un examen más detenido enseña que en la mayoría de los casos en que las leyes admiten la forma de contrato no se trata de originar nuevos deberes y derechos legales, sino de modificar los ya existentes. Entre estos casos se encuentran los contratos de las autoridades fiscales con los contribuyentes acerca del importe de cada contribución, el acuerdo entre una mutua profesional y el obrero asegurado, acerca de la indemnización por accidente de trabajos, contratos entre el expropiador y el expropiado acerca de la suma de la indemnización etc. Los contratos citados pertenecen, sin excepción, al derecho público, porque regulan ciertas relaciones jurídicas creadas por el derecho público. (...)".[23]

Sobre esa topografía se ha desarrollado la construcción jurídica de la figura del *contrato de derecho público* en el ordenamiento jurídico alemán;[24] y

21. Hartmut Maurer, *Introducción al Derecho Administrativo Alemán*, cit., pp. 100-101.

22. Fritz Fleiner, *Instituciones de Derecho Administrativo*, cit., pp. 168-169. Seguidamente diría: "(...). Pero ya (...) se ha aludido al hecho de que frecuentemente las partes contratantes no se limiten, en tales convenios, a establecer deberes de prestaciones recíprocas, sino que se proponen sentar normas jurídicas objetivas a las cuales se habrá de ajustar la gestión de los referidos asuntos administrativos. A esta última clase de pactos les corresponde el carácter de convenios generadores de Derecho". Además, concluiría: "En los casos a que venimos haciendo mérito, se trata de relaciones entre personas iguales. (...)".

23. Fritz Fleiner, *Instituciones de Derecho Administrativo*, cit., pp. 169-170.

24. V.: Ernst Forsthoff, *Tratado de Derecho Administrativo*, cit., p. 372. Observaba Sebastián

es el punto de partida de autores como Forsthoff cuando concluía: "Bajo estos supuestos, no es pertinente negar carta de naturaleza al contrato dentro del derecho administrativo, como alguna vez se ha hecho, pues de ese modo se haría un mal servicio a la Ciencia Jurídica, la cual no puede desconocer fenómenos jurídicos firmemente arraigados en el uso, si no quiere perder todo contacto con la realidad del Derecho. (...)".[25] Asimismo, se ha dicho hoy que: "(...). Hay solo pocos pronunciamientos en la literatura jurídica que nieguen el contrato, fundamentalmente por razones de principio o políticas".[26]

Desde una perspectiva mucho más contemporánea, Maurer ha precisado que el contrato administrativo se diferencia

Martín-Retortillo Baquer ("La institución contractual en el derecho administrativo: en torno al problema de la igualdad de las partes", cit., en su obra *El Derecho Civil en la Génesis del Derecho Administrativo y de sus Instituciones*, 2ª ed., p. 78) que: "(...). La doctrina de los *öffentlichen-rechtlichen Verträge* fue elaborada, y así se concretó inicialmente, para un ámbito superior al estrictamente administrativo. Pertenece, en su sustantividad, al derecho constitucional; esto es, al ordenamiento propio del Estado en cuanto tal; se diría que el derecho administrativo la desarrolla en concreto no tanto como figura específica suya, sino que la recoge en cuanto participa, y en la medida en que lo hace, en ese ordenamiento superior que es el Estado; esto es, en tanto en cuanto el *Verwaltungsrecht* está comprendido en el *Staalsrecht*. Como *öffentlichen-rechtlichen Verträge* se consideran no sólo los que la Administración Pública concluye, y que son los que aquí nos interesan, sino también pactos, tratados, concordatos, materia ésta, es obvio, propia del derecho constitucional o del internacional. (...).".

25. Ernst Forsthoff, *Tratado de Derecho Administrativo*, cit., p. 372. Anteriormente, Forsthoff había afirmado (ob. cit., pp. 372-373): "En el derecho administrativo, los contratos de derecho público representan un fenómeno muy frecuente. A veces se hallan previstos en las mismas leyes como un medio para regular determinadas relaciones, pero tampoco es raro que falte base legal. La estructura de la Administración alemana suministra un fundamento esencial para la extensión de los contratos de derecho público. Las funciones administrativas se reparten entre innumerables órganos relativamente autónomos, que se encuentran con la asignación de ciertas obligaciones sobre la base de una equiparación. Así se dan los supuestos previos naturales para la estipulación de contratos. Pero los ejemplos indicados muestran que no sólo pactan recíprocamente los grupos que están en plan de coordinación, sino también los que mantienen una relación de jerarquía". El propio Forsthoff (ob. cit., p. 376) era enfático sobre la existencia de la figura del *contrato de derecho público* según la perspectiva destacada, al exponer: "(...). La discusión está actualmente periclitada, puesto que el contrato se ha impuesto contra todos los escrúpulos de la Ciencia".

En un tono contemporáneo, y en traducción hecha a nuestro idioma, v. el análisis de los también alemanes: Walter Krebs, "Contratos y convenios entre la Administración y los particulares", en *Documentación Administrativa* 235-236, "El Derecho Administrativo en Alemania: Tendencias Actuales (II), Madrid, Instituto Nacional de Administración Pública/Ministerio para las Administraciones Públicas, julio-diciembre/1993, pp. 55 y ss.; y Hartmut Maurer, *Introducción al Derecho Administrativo Alemán*, cit., pp. 99 y ss. El francés Christian Autexier (*Introduction au Droit Public Allemand*, 1ª ed., Paris, Presses Universitaires de France /PUF, 1997, p. 257) destaca que: "Longtemps considéré comme une impossibilité logique, notamment par Otto Mayer pour qui les rapports de droit public ne peuvaient être qu'unilateraux, le contrat de droit public a désormais trouvé place comme une catégorie autononce de l'activité des autorités administratives. Encore rejetée par Fritz Fleiner (...), aceptée, mais rapidement présentée par Ernst Forsthoff (...), la notion a d'abord été reconnue par la Cour Fédérale Administrative (*BverwGE* 23, 213 [215 et ss.]) qui s'appuie sur la tradition du Tribunal Administratif Supérieur de la Prusse pour reconnaître un instrument d'action de l'Administration democrátique contemporaine. (...)".

26. Hartmut Maurer, *Introducción al Derecho Administrativo Alemán*, cit., p. 119.

de los demás contratos porque se trata de una relación jurídica de derecho público, en la que es determinante el contenido del contrato, la posición jurídica de las partes no es relevante; y en virtud de que solo el objeto contractual es relevante, pueden también celebrarse contratos administrativos entre particulares. Señalando entonces que el contrato administrativo está delimitado por tres dimensiones: primera como contrato de derecho público, frente a los contratos de derecho privado; en segundo lugar, como regulación bilateral frente al acto administrativo; y tercero, como acuerdo vinculante jurídicamente frente a los así denominados "acuerdos informales".[27]

En definitiva, el respaldo legal de la figura contractual pública dentro del orden normativo alemán llegó a través de la Ley de Procedimiento Administrativo de 25.5.1976, que, al decir de Karl-Peter Sommermann, dotó por primera vez al contrato administrativo de una sólida base legal;[28] y por la que se reconoció definitivamente la admisibilidad de contratos entre la Administración y los ciudadanos en la esfera del derecho público.[29] Aun cuando esa Ley de Procedimiento Administrativo alemana no agotó las

27. Idem, pp. 101-102.

28. Karl-Peter Sommermann, "Autorité et contrat dans l'Administration moderne en Allemagne", *Annuaire Européen d'Administration Publique* XX (1997), Aix-en-Provence, Centre de Recherches Administratives/Faculté de Droit et de Science Politique D'Aix-Marseille/Université de Droit, d'Economie et des Sciences D'Aix-Marseille/Presses Universitaires D'Aix-Marseille, 1998, p. 22.

Para Harmut Maurer (*Introducción al Derecho Administrativo Alemán*, cit., p. 119): "(...). La ley de Procedimiento Administrativo de 1976 produjo entonces, con sus regulaciones sobre el contrato, la ruptura definitiva. Con ello, se estableció el contrato administrativo *de lege data*. (...)". V. también como se expresaba José María Rodríguez de Santiago, *Los Convenios entre Administraciones Públicas*, cit., p. 55.

29. Karl-Peter Sommermann, "Autorité et contrat dans l'Administration moderne en Allemagne", cit., *Annuaire Européen d'Administration Publique* XX/27. En este sentido, Sommermann comentaba: "(...). Jusqu'à l'adoption de la loi de 1976, qui entra en vigueur le 1er janvier/1977, il y avait toujours eu, malgré una pratique inverse, des auteurs qui, dans la tradition d'Otto Mayer, contestaient qu'un contrat de droit public, dont une des parties était un particulier, puisse être compatible avec la logique de ce droit". En explicaciones de Martin Bullinger (Martin Bullinger y Michel Fromont, "Titre II – Droit Administratif", cit., en Michel Fromont y Alfred Rieg (dirs.), *Introduction au Droit Allemand (République Fédérale)*, t. II – "Droit Public – Droit Pénal", p. 159) en su momento: "Depuis 1945, la notion d'Otto Mayer de souverainité immanente à toute action de l'Administration est apparue progressivement trop marquée par las idées monarchiques. Par conséquent, les refus d'admettre qu'il y ait de véritables contrats entre Administration et administré est de plus en plus jugé incompatible avec les principes constitutionnels de la démocratie et d'État de Droit. Le § 54 des Codes de Procédure Administrative veut apparemment consacrer cette évolution des idées en admettant qu'une autorité administrative peut conclure un contrat au lieu d'émettre un acte administratif pourvu qu'une disposition législative ne s'y oppose pas. Cette interchangeabilité des deux formes de l'action administrative semble aller d'un extrême à l'autre et ne sera pas facilement adoptée par la doctrine et la pratique. Il est douteux, par exemple, que le contrat puisse devenoir la forme légitime d'un permis de construire ou que la loi régissant ce permis n'exige pas la forme de un acte administratif".

Por su lado, Walter Krebs ("Contratos y convenios entre la Administración y los particulares", cit., en *Documentación Administrativa* 235-236, "El Derecho Administrativo en Alemania: Tendencias Actuales (II), p. 56) aportaba el siguiente dato sobre la recepción normativa de los contratos entre la Administración y los particulares: "(...). El art. 121 del *Schleswing-holsteinischen Landesverwaltungsgesetzes* (Ley de Administración Territorial de Slesvig-Holstein) de 18.4.1967 lo regulaciones positivas sobre las relaciones contractuales administrativas, sino que reguló un núcleo básico esencial al respecto, librando el resto de ese régimen jurídico al desarrollo jurisprudencial y a la operatividad complementaria de los preceptos sobre contratación contenidos en el Código Civil.[30]

En gráfica reseña de Reinhard Hendler al respecto: "La prolongada disputa jurídica acerca de la admisibilidad de los convenios jurídico-públicos ha sido finalmente resuelta por el legislador en la segunda mitad de los años 70. En ese momento fueron aprobadas las Leyes de Procedimiento Administrativo/LPAs de la Federación y de los *Länder*, que en los parágrafos 56 a 62 respectivamente contienen idénticas reglas especiales sobre los convenios jurídico-públicos. Según el art. 54 LPA, puede concluirse un convenio jurídico-público siempre que no existan normas que lo impidan. Como se establece expresamente en el precepto, la autoridad puede asimismo suscribir un convenio en aquellos casos en que también podría dictar un acto administrativo".[31]

A ello súmese la convicción que subyace en valoraciones más cercanas a nosotros en el tiempo, como las que hiciera Eberhard Schmidt-Assmann, sobre el valor de la técnica contractual administrativa dentro del sistema de formas jurídicas, y tendremos un posicionamiento más solidificado de esa técnica en el interior del universo *iuspublicístico*

recoge, por primera vez, en su modalidad jurídico-pública. (...)". Este último dato es recordado, entre otros, por Alfonso Masucci, "La *quaestio* nel Diritto Tedesco dell'ammissibilità del contratto di diritto pubblico fra Amministrazione e privato", cit., en AA.VV., *Scritti in Onore di Massimo Severo Giannini*, vol. I, pp. 432, nota 31. Un buen resumen de los antecedentes de la Ley de Procedimiento Administrativo de 1976, de Alemania, en lo tocante al contrato de derecho público, puede verse en Alejandro Huergo Lora, *Los Contratos sobre los Actos y las Potestades Administrativas*, cit., nota 51, pp. 56-57.

30. En las consideraciones de Harmut Maurer (*Introducción al Derecho Administrativo Alemán*, cit., p. 100): "El contrato administrativo está regulado en Alemania – junto con el acto administrativo – en la Ley de Procedimiento Administrativo de 1976. Esta ley no solo se refiere al derecho procesal, sino también derechos jurídicos materiales. En cuanto al acto administrativo, el legislador tuvo en cuenta lo expresado por la jurisprudencia y la literatura jurídica que se había publicado hasta ese momento. Se adentró, por un lado, en un terreno desconocido en lo que tenía que ver con el contrato administrativo. Por lo mismo, el legislador fue muy cauteloso y se limitó solo a dar unos pocos principios. Los detalles específicos fueron dejados para su desarrollo posterior, especialmente por parte de la jurisprudencia. (...)". Maurer indicaba que esa ley procesal regulaba solamente: el concepto de contrato administrativo, la admisibilidad fundamental del contrato administrativo, dos tipos esenciales de contratos (concretamente el contrato de transacción y el contrato sinalagmático), su forma escrita, el consentimiento de tercero en caso de contratos onerosos, los efectos jurídicos de la antijuridicidad, la adaptación en presencia de cambios de circunstancias, el sometimiento a la inmediata ejecución. V., igualmente: Sven Müller-Grune, "Fundamentos del derecho administrativo en Alemania", cit., en AA.VV., *Procedimiento y Justicia Administrativa en América Latina*, p. 46.

Por su lado, José Luis Meilán Gil (*La Estructura de los Contratos Públicos. Norma, Acto y Contrato*, cit., p. 62) hacía la salvedad de que esa regulación está "(...) llena de lagunas y de remisiones al *BGB*, que, de acuerdo con el parágrafo 62, se le aplica con carácter supletorio".

31. Reinhard Hendler, "Convenio jurídico-público y contrato público en la República Federal de Alemania", en José Luis Martínez López-Muñiz y José Carlos Laguna de Paz, *Contratación Pública*, Jornadas de Valladolid, 27-29.1.1993, Cámara de Contratistas de Castilla y León, Madrid, Marcial Pons/Ediciones Jurídicas y Sociales, 1996, p. 126.

alemán. Para Schmidt-Assmann: "(...) el contrato administrativo es un instituto que no está colocado por detrás en su dignidad desde el punto de vista del Estado de Derecho respecto al acto administrativo. La opinión de que el contrato administrativo sirve en la práctica frecuentemente para dar cobertura a situaciones ilegales no es defendible desde un examen de la realidad jurídica. La Administración no está a un principio de primacía del 'decidir sobre el acordar'. Incluso el derecho comunitario estrictamente vinculado desde un punto de vista competencial no se queda en las formas de actuación unilateral (art. 189 Tratado Constitutivo de la Comunidad Europea), sino que reconoce expresamente los contratos jurídico-públicos y privados como medio de acción de la comunidad (cf. art. 181 Tratado Constitutivo de la Comunidad Europea). En el sistema de las formas jurídicas no ocupa el derecho de la contratación administrativa ninguna posición excepcional. Pertenece más bien a la normalidad".[32]

Dentro de la categoría alemana del contrato de derecho público (*öffentlichen -rechtlichen Verträge*), que se ha llegado a definir, en razón de la letra del § 54 del Código de Procedimiento Administrativo de 1976, como un "*contrato por el que una relación de derecho público es creada, modificada o extinguida*",[33] se ha

32. Eberhard Schmidt-Assmann, *La Teoría General del Derecho Administrativo como Sistema. Objeto y Fundamentos de la Construcción Sistémica*, Madrid, Instituto Nacional de Administración Pública/Marcial Pons, Ediciones Jurídicas y Sociales, 2003, pp. 326-327. Por su lado, Sven Müller-Grune ("Fundamentos del derecho administrativo en Alemania", cit., en AA. VV., *Procedimiento y Justicia Administrativa en América Latina*, p. 46) acotaba sobre el contrato administrativo: "(...). Son múltiples las ventajas de este tipo de contrato. Por un lado, al asumir este tipo de vinculación contractual, el nivel de comunicación entre las partes del procedimiento administrativo cambia en el sentido de que una relación jurídica de subordinación se convierte en una relación de paridad horizontal. Por el otro lado, a través de las relaciones contractuales resulta posible eliminar o evitar con mayor facilidad dudas e incertidumbres, y se incrementa la seguridad jurídica, así como la aceptación de la actuación administrativa". También: Hartmut Maurer, *Introducción al Derecho Administrativo Alemán*, cit., pp. 119 y ss.

33. V.: Martin Bullinger y Michel Fromont, "Titre II – Droit Administratif", cit., en Michel Fromont e Alfred Rieg (dirs.), *Introduction au Droit Allemand (République Fédérale)*, t. II – "Droit Public – Droit Pénal", p. 161; y Hartmut Maurer, *Droit Administratif Allemand*, cit., pp. 262-263.

Según refería Karl-Peter Sommermann ("Autorité et contrat dans l'Administration moderne en Allemagne", cit., *Annuaire Européen d'Administration Publique* XX/27): "(...). Seuls les contrats, qui visent à créer, modifier ou supprimer un rapport de droit relevant du domaine du droit public, peuvent être considérés comme contrats administratifs. Autrement dit: un contrat ne peut *être* qualifié de droit administratif que si son objet, son contenu, produit des effects dans le domaine du droit public. D'autres critères d'identification qui s'appliquent en Droit Français, comme l'appartenance à la gestion publique, l'insertion de clauses exorbitantes du droit commun ou la question de savoir si l'objet du contrat porte sur l'éxcution de travaux publics, d'un service public ou sur l'occupation du domaine public, n'ont pas d'importance en Droit Allemand, à l'exception du deuxième critère (celui des clauses exorbitantes), qui possède une valeur d'indice également en Droit Allemand. Ici, la délimitation entre le droit privé et le droit public se fait selon la théorie de la personne de rattachement. D'après cette théorie, un rapport juridique relève du droit public quand les régles du droit applicables son rattachées à un organe investi de puissance souveraine. Ou à l'inverse: quand une règle de droit est susceptible d'être applique dans les rapports juridiques des particuliers sans intermédiaire administratif, il s'agit d'une règle de droit privé".

Según exponía Rolf Stober (*Derecho Administrativo Económico*, trad. y anotado por reconocido por la doctrina que opera una clasificación fundamental atendiendo a las relaciones entre las partes contratantes y su cualidad subjetiva, a partir del *status* que ocupan esos sujetos dentro del orden posicional que determina la dinámica estructural, organizacional y funcional *iusadministrativa* de ese País.[34] Aparecen así los llamados *contratos de coordinación* (*koordinationsrechtliche Verträge*) y los *contratos de subordinación* (*subordinationsrechtliche Verträge*).[35]

Maurer precisaba que la Ley de Procedimiento Administrativo alemana de 1976 no conoce esa distinción entre contratos de coordinación jurídica y contratos de subordinación jurídica, pero partía de ella.[36] Mientras, el español Alejandro Huergo Lora recordaba que esta distinción entre *contratos de coordinación* y *contratos de subordinación* operaba ya en la doctrina alemana antes de la entrada en vigor de la Ley de Procedimiento Administrativo de 1976;[37] y mencionaba

Santiago González-Vara Ibáñez, Madrid, Ministerio para las Administraciones Públicas, 1992, p. 240): "Un contrato se *adscribe al derecho público* cuando su objeto se equipara a un supuesto de hecho regulado por una norma de derecho público. Para la averiguación de su naturaleza jurídica tiene que valorarse *el contenido completo* (...), el fin del contrato (...) y la voluntad de los contrayentes".

34. Hartmut Maurer (*Droit Administratif Allemand*, cit., p. 368) destacaba que esa distinción se funda en las relaciones existentes entre las partes del contrato. V. también Karl-Peter Sommermann, "Autorité et contrat dans l'Administration moderne en Allemagne", cit., *Annuaire Européen d'Administration Publique* XX /28.

Por su parte, Sebastián Martín-Retortillo Baquer ("La institución contractual en el derecho administrativo: en torno al problema de la igualdad de las partes", cit., en su obra *El Derecho Civil en la Génesis del Derecho Administrativo y de sus Instituciones*, 2ª ed., p. 87) estimaba que la idea que se manifiesta en esa clasificación se refiere únicamente a la posición que cada uno de los sujetos tiene o puede tener, considerados en una posible escala graduatoria determinada por su "publicidad".

35. V., entre otros, a: Ernst Forsthoff, *Tratado de Derecho Administrativo*, cit., p. 373; Martin Bullinger e Michel Fromont, "Titre II – Droit Administratif", en Michel Fromont y Alfred Rieg (dirs.), *Introduction au Droit Allemand (République Fédérale)*, t. II – "Droit Public – Droit Pénal", p. 162; Rolf Stober, *Derecho Administrativo Económico*, cit., pp. 240-241; Hartmut Maurer, *Droit Administratif Allemand*, cit., pp. 368-369; Reinhard Hendler, "Convenio jurídico-público y contrato público en la República Federal de Alemania", cit., en José Luis Martínez López-Muñiz y José Carlos Laguna de Paz, *Contratación Pública*, p. 128; Karl-Peter Sommermann, "Autorité et contrat dans l'Administration moderne en Allemagne", cit., *Annuaire Européen d'Administration Publique* XX/26; Eberhard Schmidt-Assmann, *La Teoría General del Derecho Administrativo como Sistema. Objeto y Fundamentos de la Construcción Sistémica*, cit., pp. 327-328; Hartmut Maurer, *Introducción al Derecho Administrativo Alemán*, cit., pp. 107-108; Christian Autexier, *Introduction au Droit Public Allemand*, cit., 1ª ed., pp. 258-259; Sebastián Martín-Retortillo Baquer, "La institución contractual en el derecho administrativo: en torno al problema de la igualdad de las partes", cit., en su obra *El Derecho Civil en la Génesis del Derecho Administrativo y de sus Instituciones*, 2ª ed. pp. 86-87; Alejandro Huergo Lora, *Los Contratos sobre los Actos y las Potestades Administrativas*, cit., pp. 58 y ss.; Gaspar Ariño Ortiz, "Contrato y Poder Público. La figura del contrato administrativo en el Derecho Español y Europeo", en Juan Carlos Cassagne (dir.) *et al.*, *Derecho Administrativo*, obra colectiva en homenaje al profesor Miguel S. Marienhoff, Buenos Aires, Abeledo-Perrot, 1998, p. 877; José María Rodríguez de Santiago, *Los Convenios entre Administraciones Públicas*, cit., pp. 42 y ss.; y José Luis Meilán Gil, *La Estructura de los Contratos Públicos. Norma, Acto y Contrato*, cit., p. 63.

36. Hartmut Maurer, *Introducción al Derecho Administrativo Alemán*, cit., p. 107.

37. En consonancia con esas afirmaciones de Huergo Lora, no es ocioso referir a un autor, Lud-

a autores de la talla de Apelt y Stern, diciendo que para ellos la *coordinación* y la *subordinación* se referían a la relación en que se encuentran las partes entre sí, por su *status* jurídico-público, con independencia de cuál sea la relación a que se refiere el contrato (subordinación entre la Administración y particulares; coordinación entre administraciones). Sobre esos conceptos precisaba Huergo Lora que su utilización había sido criticada, porque suponían aceptar implícitamente argumentos de Otto Mayer (la superioridad esencial u ontológica de la Administración, al margen de las potestades de que sea titular en cada caso concreto), justo en el momento en que (contra la opinión defendida por Mayer) se acepta la existencia de contratos de derecho público.[38]

A tenor de la Ley Procedimental Administrativa de 1976, los *contratos de coordinación* serían entonces los que se establecen entre los contratantes en un plano jurídico de igualdad (porque las partes intervinientes son cualitativamente iguales desde el punto de vista del derecho público); y el supuesto característico es el que se da entre Poderes Públicos o entidades administrativas,[39] e implican una coordinación de su actuación a efectos del cumplimiento de determinados cometidos públicos, relativos fundamentalmente a la ejecución y gestión de obras y actividades prestacionales que son de realización común, o que resultan de beneficio común para las partes intervinientes.[40]

wing Spiegel – crítico de la construcción sistémica que realizara Mayer, como él mismo reconoció indubitadamente –, quien mostraba una clave de pensamiento imperante en el área de influencia más directa de la cultura *iuspublicística* alemana en la primera mitad del siglo XX, y en la que se puede apreciar la base de sustentación conceptual de la *coordinación* y la *subordinación* como presupuestos estructurales y funcionales en las técnicas jurídicas a las que se aplicaban. Spiegel (*Derecho Administrativo*, trad. del Alemán por Francisco J. Conde, Barcelona, Editorial Labor, 1933, p. 151) indicaba: "El derecho privado descansa en la idea de coordinación de los ciudadanos, mientras que el derecho administrativo subordina los individuos a la Administración. (...). Mientras que en el derecho administrativo lo esencial es la actividad del Estado, o, en términos generales, la actividad de la Administración Pública – las relaciones jurídicas entre la Administración y los individuos y de estos entre sí nacen sólo por virtud de los preceptos que rigen la actividad de la Administración –, en el derecho privado, la actividad del Estado se considera como anormal. (...). En esto consiste la técnica peculiar del derecho privado, que se manifiesta en la coordinación de los ciudadanos, en la realización del Derecho por éstos y – para que esto sea posible – en el establecimiento de un sistema de derechos subjetivos, puestos a disposición de los ciudadanos". Luego añadía el antiguo profesor de la otrora Universidad alemana de Praga (p. 152): "El derecho administrativo revela, por el contrario, la supremacía de la Administración y la realización del Derecho por ésta. (...)".

38. V.: Alejandro Huergo Lora, *Los Contratos sobre los Actos y las Potestades Administrativas*, cit., nota 55, p. 59.

39. Reinhard Hendler ("Convenio jurídico-público y contrato público en la República Federal de Alemania", cit., en José Luis Martínez López-Muñiz y José Carlos Laguna de Paz, *Contratación Pública*, p. 128) hacía la acotación siguiente: "(...). En la doctrina jurídica alemana la cuestión de si los convenios jurídico-públicos, en supuestos excepcionales, también pueden ser concluidos entre personas privadas se responde de manera diversa. Si se contesta afirmativamente, dichos convenios pertenecen a la categoría de los convenios de coordinación".

40. V., entre otros, a: Fritz Fleiner, *Instituciones de Derecho Administrativo*, cit., pp. 167-168; Ernst Forsthoff, *Tratado de Derecho Administrativo*, cit., p. 373; Martin Bullinger y Michel Fromont, "Titre II – Droit Administratif", cit., en Michel Fromont e Alfred Rieg (dirs.), *Introduction au Droit Allemand (République Fédérale)*, t. II – "Droit Public – Droit Pénal", p. 162; Hartmut Maurer, *Droit Administratif Allemand*, cit., p. 368, y *Introducción al Derecho*

Los *contratos de subordinación*, por el contrario, serían los que se establecen entre la Administración Pública o los Poderes Públicos y los individuos u otras entidades administrativas, donde la Administración Pública ostenta una posición de supremacía sobre su contraparte, y aquéllos, a su vez, están en una situación de subordinación en relación con la primera; de ahí que tradicionalmente se diga que es un vínculo que tiene lugar entre sujetos desiguales, y que no están en pie de igualdad entre ellos, y que como técnica jurídica viene a utilizarse en lugar del acto administrativo, adquiriendo un cierto carácter sustitutivo en relación con este último acto igualmente procedente en un supuesto de esta índole.[41] A tenor de la realidad funcional que plantea tal especie de contrato público, ha podido decir Reinhard Hendler que en este tipo de contrato o convenio radica la problemática fundamental del derecho de los conve-

Administrativo Alemán, cit., p. 108; Karl-Peter Sommermann, "Autorité et contrat dans l'Administration moderne en Allemagne", cit., *Annuaire Européen d'Administration Publique* XX/26; Christian Autexier, *Introduction au Droit Public Allemand*, cit., 1ª ed., p. 259; Sebastián Martín-Retortillo Baquer, "La institución contractual en el derecho administrativo: en torno al problema de la igualdad de las partes", cit., en su obra *El Derecho Civil en la Génesis del Derecho Administrativo y de sus Instituciones*, 2ª ed., p. 86; Gaspar Ariño Ortiz, "Contrato y Poder Público. La figura del contrato administrativo en el Derecho Español y Europeo", en Juan Carlos Cassagne (dir.) *et al.*, *Derecho Administrativo*, p. 877; y José Luis Meilán Gil, *La Estructura de los Contratos Públicos. Norma, Acto y Contrato*, cit., p. 63.

Escribía Rolf Stober (*Derecho Administrativo Económico*, cit., pp. 240-241): "Los contratos de *contenido económico en relaciones de coordinación* son aquéllos en que ambas partes contratantes están, al respecto del objeto contractual, en una situación paritaria. Se conciertan entre agentes administrativos que pretenden entablar una colaboración entre sí. Estos contratos son también posibles, empero, entre la Administración y un particular (Henke, *DöV* 1985, 41 ff.) como expresión del principio de colaboración". Stober señalaba como ejemplo (ob. cit., p. 241) de este supuesto contractual: "Distintas industrias y Cámaras de Comercio estipulan un contrato acerca de una institución de perfeccionamiento de conocimientos".

41. Para Rolf Stober (*Derecho Administrativo Económico*, cit., p. 241): "(...). Los contratos de *contenido económico en relaciones de subordinación* son los que se colocan en vez de un acto administrativo (art. 54.2 de la Ley de Procedimiento Administrativo)". En la nota 32 al pie de la p. 240 Stober reproducía de la siguiente manera el artículo al cual alude en el segmento anteriormente referido: "El art. 54.2 dice: 'La autoridad administrativa puede acordar un contrato en vez de dictar un acto administrativo con aquél que hubiera resultado obligado si se hubiera dictado un acto administrativo'". V. también Karl-Peter Sommermann, "Autorité et contrat dans l'Administration moderne en Allemagne", cit., *Annuaire Européen d'Administration Publique* XX/26.

Según destacaba Christian Autexier (*Introduction au Droit Public Allemand*, cit., 1ª ed., p. 259): "(...). Le contrat de type subordination (*subordinationsrechtlicher Vertrag*) intervient dans une situation d'inegalité structurelle des partenaires, en sorte que l'un aurait pu recourir à la technique unilatérale de l'acte administratif". Interesantes resultan los razonamientos de Martin Bullinger (Martin Bullinger y Michel Fromont, "Titre II – Droit Administratif", cit., en Michel Fromont y Alfred Rieg (dirs.), *Introduction au Droit Allemand (République Fédérale)*, t. II – "Droit Public – Droit Pénal", p. 162) cuando precisaba sobre los *contratos de subordinación*: "Presque toutes les dispositions des Codes sont donc relatives au contrat de subordination; la définition qu'en donne le § 54 est d'ailleurs inexacte, car elle ne fait mention que du contrat qui replace un acte administratif (contrat décisoire) alors que la plupart des contrats de subordination ne conteinent que l'obligation de l'Administration soit prendre un tel acte (contrat créateur d'obligations). L'essentiel est que l'Administration soit dotée du pouvoir de décider unilatéralement dans la matière que fait l'objet du contrat". A renglón nios públicos.[42] Los ejemplos de este tipo de contrato son de diversa proyección: acuerdos fiscales sobre el monto de determinado tributo, sobre expropiaciones y el valor de la indemnización (contratos expropiatorios), sobre urbanización, sobre subvenciones etc.[43]

Igualmente sobre la base de la letra del articulado de la Ley de Procedimiento Administrativo de 1976, la doctrina identifica otra tipología contractual pública, que atiende esta vez al contenido de la contratación. Siguiendo en esto las anotaciones de Hendler, hay que precisar que en los parágrafos 55 y 56 de la Ley de Procedimiento Administrativo de 1976 se establecían reglas especiales para los llamados *convenios* o *contratos de fijación* (*Vergleichsverträge*) y para los *convenios* o *contratos de intercambio* (*Austauschverträge*), que se daban tanto en el marco de los contratos de *coordinación* como en los de *subordinación*, pero las regulaciones contenidas en los parágrafos

seguido Bullinger acotaba: "Si l'on distingue ainsi entre ces deux catégories de contrats de subordination, le contrat décisoire et le contrat créateur d'obligations, ce qui fait défaut dans les Codes, il devient évident que le contrat décisoire trouve son pendant dans l'acte administratif et le contrat créateur d'obligations dans la promesse". V., además, las explicaciones del español: Alejandro Huergo Lora, *Los Contratos sobre los Actos y las Potestades Administrativas*, cit., pp. 58 y ss.

42. Reinhard Hendler, "Convenio jurídico-público y contrato público en la República Federal de Alemania", cit., en José Luis Martínez López-Muñiz y José Carlos Laguna de Paz, *Contratación Pública*, p. 128. También en este sentido: Hartmut Maurer, *Introducción al Derecho Administrativo Alemán*, cit., p. 108: "(...). Los problemas verdaderos del contrato administrativo se sitúan en el contrato de subordinación jurídica (...)".

43. V., entre otros, los supuestos que reflejan: Fritz Fleiner, *Instituciones de Derecho Administrativo*, cit., p. 170; Ernst Forsthoff, *Tratado de Derecho Administrativo*, cit., p. 375; Rolf Stober, *Derecho Administrativo Económico*, cit., p. 240; Hartmut Maurer, *Droit Administratif Allemand*, cit., pp. 368-369; Reinhard Hendler, "Convenio jurídico-público y contrato público en la República Federal de Alemania", cit., en José Luis Martínez López-Muñiz y José Carlos Laguna de Paz, *Contratación Pública*, p. 128; Christian Autexier, *Introduction au Droit Public Allemand*, cit., 1ª ed., pp. 257 y 259; Gaspar Ariño Ortiz, "Contrato y Poder Público. La figura del contrato administrativo en el Derecho Español y Europeo", cit., en Juan Carlos Cassagne (dir.) *et al.*, *Derecho Administrativo*, p. 877; José María Rodríguez de Santiago, *Los Convenios entre Administraciones Públicas*, cit., p. 41.

Hartmut Maurer (*Droit Administratif Allemand*, cit., pp. 368-369) acudía a los siguientes ejemplos: "(...) tels contrats se rencontrent principalement dans le droit de l'urbanisme; (...), les contrats d'aménagement conclus aux termes du paragraphe 123-III de la Loi Fédérale sur l'Urbanismo (*Bundesbaugesetz*) (*B Baug*) (*BVerwGE*, t. 32, p. 37; *BVerwG*, *DöV*, 1976, p. 349; BGHZ, t. 65, p. 368) – figure aussi dans cette catégorie de contrats le contrat entre le supérieur hiérârchique (*Dienstherr*) et un fonctionnaire portant sur le remboursement de frais de formation en cas de départ prématuré du service (...); également le contrat entre l'autorité de police et une personne soumise à des obligations de police et relatif à l'exécution d'une obligation de ce type (*OVG Münster*, *OVGE*, t. 16, p. 12, démolition d'un kiosque); le contrat portant sur le paiement des frais entraînés par l'exécution à une obligation par un tires (...); le contrat relatif à l'octroi d'une subvention; le contrat ayant trait à l'utilisation d'un établissement public". Luego aclaraba sobre tales ejemplos: "Ces exemples montrent que le contrat de subordination a trait, dans certains cas, à l'obligation de prendre un acte administratif (opération tenant lieu d'un acte de ce genre), mais qu'il est d'autres hypothèses ou un tel contrat n'a, malgré tout, aucun lien avec un acte administratif". V. también el desarrollo de Martin Bullinger (Martin Bullinger y Michel Fromont, "Titre II – Droit Administratif", cit., en Michel Fromont y Alfred Rieg (dirs.), *Introduction au Droit Allemand (République Fédérale)*, t. II – "Droit Public – Droit Pénal", cit., pp. 162 y ss.).

55 y 56 eran reglas especiales para los contratos de subordinación. El *convenio de fijación* tiene como característica, a tenor del parágrafo 55 mencionado, dice Hendler, "(...) la eliminación por mutuo acuerdo de las partes contractuales de una duda en la razonable valoración de los hechos o del Derecho. Dicho convenio solamente puede ser concluido cuando la autoridad, tras una debida ponderación reglada, considera conveniente la eliminación de la duda. Con esta limitación se trata de evitar que las autoridades fácilmente acepten la existencia de dudas sobre los hechos o las cuestiones jurídicas y lleguen a acuerdos que no sean conformes con el ordenamiento jurídico". En contraste, lo característico de los *convenios de intercambio*, ahora de acuerdo con el parágrafo 56, es que quien realiza el convenio con la autoridad se obliga a una contraprestación; fijándose en esa disposición, como requisitos concretos para que puede celebrarse un convenio de intercambio, que la prestación del ciudadano: se oriente a un fin determinado, sirva a la autoridad para el cumplimiento de sus competencias públicas, sea adecuada atendiendo a las circunstancias concurrentes, y que esté en relación real con la prestación convencional de la autoridad.[44] En otra parte de la literatura alemana traducida al Español estos tipos contractuales han sido etiquetados en nuestro idioma como *contratos de transacción* y *contratos sinalagmáticos*.[45]

Hasta aquí hemos querido describir, *grosso modo*, las líneas básicas que han caracterizado tradicionalmente al contrato de derecho público como institución jurí-

44. Reinhard Hendler, "Convenio jurídico-público y contrato público en la República Federal de Alemania", cit., en José Luis Martínez López-Muñiz y José Carlos Laguna de Paz, *Contratación Pública*, pp. 128-129. Karl-Peter Sommermann ("Autorité et contrat dans l'Administration moderne en Allemagne", cit., *Annuaire Européen d'Administration Publique* XX/28-29) comentaba que la Ley alemana sobre el Procedimiento Administrativo, de 1976, mencionaba expresamente dos categorías contractuales públicas, que atendían al contenido: "(...) le contrat de transaction (art. 55), qui vise à mettre fin à une incertitude existante, et le contrat d'échange (art. 56). La loi stipule que le contrat d'échange (contrat synallagmatique) doit *être* destiné à l'exécution des tâches (missions) publiques de l'autorité administrative, qu'il est accordé pour un but déterminé, que la contre-prestation du particulier doit *être* adéquate compte tenu de l'ensemble des circonstances et effectivement en rapport avec le prestation de l'autorité administrative (interdiction des opérations de troc). Entrent dans la categorie des contrats d'échange les contrats de dispense d'effectuer des travaux de construction, par exemple, quand le particulier, dispensé de l'obligation d'améger des places de stationnement sur son propre terrain, s'oblige à payer une somme d'argent destinée à être utilisée pour la construction d'une *parking*". En igual sentido apuntaba el francés Jacques Ziller (*Administrations Comparées. Les Systèmes Politico-Administratifs de l'Europe des Douze*, avec la collaboration de Jean Brouant, Paris, Éditions Monchrestien/EJA, 1993, p. 306): "En *Allemagne* les contrats de droit public entre Administration et particuliers sont beaucop moins nombreaux qu'en France, mais existent: l'on distingue entre les contrats de compromis (*Vergleichsverträge*) conclus par l'Administration dans l'exercice d'un pouvoir discrétionnaire, nécessairement administratif, et les contrats d'échange (*Austauschverträgue*), dont la qualification du droit public dépend de l'application de théories particulièrement complexes. Le résultant en est que les contrats de fournitures ou de travail sont des contrats de droit privé, mais que par exemple les contrats relatifs aux actions de la Poste Fédérale étaient de droit public alors que les contrats relatifs à celles des Chemins de Fer Fédéraux étaient de droit privé, alors même que la forme juridique de ces deux services publics était jusqu'à peu la même".

45. V. lo que figura en: Hartmut Maurer, *Introducción al Derecho Administrativo Alemán*, cit., pp. 108-109.

dica dentro del ordenamiento *iuspúblico* alemán. Sin desconocer que en él se han manifestado influencias que han introducido matices en ese esquema histórico,[46] que permiten hablar de una gradual flexibilización al tiempo de aceptar relaciones contractuales públicas entre la Administración Pública y los individuos.[47]

En una tendencia que denota un mayor favorecimiento, frente a los típicos instrumentos jurídicos de autoridad (léase, el acto administrativo), de los instrumentos de acción cooperada o concertada, por parte de la Administración Pública, en sus vínculos con los individuos;[48] en el marco de un contexto en el que se potencian las libertades (sobre todo las económicas) de los individuos en su relación con el

46. Así, por ejemplo, valgan aquí las alusiones del español Alejandro Huergo Lora ("La nueva regulación de los contratos públicos en Alemania. Reflexiones desde el Derecho Español", en Francisco Sosa Wagner (coord.), *El Derecho Administrativo en el Umbral del Siglo XXI. Homenaje al Profesor Dr. D. Ramón Martín Mateo*, t. II, Valencia, Tirant lo Blanch, 2000, pp. 1.841-1.842) cuando reseñaba hace ya algún tiempo: "El *Diario Oficial* alemán publicó el 26.8.1998 la Ley para la Reforma de las Bases de la Adjudicación de los Contratos Públicos (*Gesetz zur* Ändrung *der Rechsgrundlagen für die Vergabe* öffentlicher *Auträge*), que es la nueva 'norma de cabecera' de este sector del ordenamiento jurídico. En ella se regulan las bases de la selección del contratista, así como la tutela jurídica de los sujetos que aspiran a ella, y está insertada en la Ley de Defensa de la Competencia (*Gesetz gegen Wettbewerbsbeschränkungen, GWB*), como Título VI (§§ 106-138)". Y acto seguido evaluaba: "Esta innovación normativa es de gran interés (...). Además, porque la ley constituye un capítulo (que puede ser el último) de la 'batalla jurídica' entre la Comisión Europea y la República Federal de Alemania sobre la incorporación al Derecho interno de este País de las Directivas comunitarias sobre contratación pública. Este conflicto es una muestra especialmente interesante del proceso de influencia del derecho comunitario sobre los derechos nacionales, y en él se puede observar el alcance de esa influencia, las resistencias que genera, los cauces por los que se resuelven los conflictos y hasta qué punto el derecho comunitario es capaz de imponer a los Estados-miembros el abandono de reglas jurídicas consolidadas en sus respectivos ordenamientos".

47. El español Gaspar Ariño Ortiz ("Contrato y Poder Público. La figura del contrato administrativo en el Derecho Español y Europeo", cit., en Juan Carlos Cassagne (dir.) *et al.*, *Derecho Administrativo*, p. 878) evaluaba: "(...). Poco a poco, aunque no sin cierta reluctancia, la doctrina jurídica alemana, tan decisiva en ese País para la configuración del orden jurídico, va admitiendo la existencia de contratos administrativos al modo francés, aunque sea con carácter de excepción, para, por ejemplo, la gestión de determinados servicios públicos, la ordenación y fomento de la economía desde el Estado (subvenciones, conciertos económicos en los que el Estado aparece en posición dominante)". También de Gaspar Ariño Ortiz, "Estudio introductorio", en Juan Carlos Expósito Vélez, *La Configuración del Contrato de la Administración Pública en Derecho Colombiano y Español. Análisis de la Selección de Contratistas*, 3ª reimpr. de la 1ª ed., Bogotá, Universidad Externado de Colombia, 2006, p. 38.

48. V., por ejemplo, lo que en su momento afirmara Karl-Peter Sommermann, "Autorité et contrat dans l'Administration moderne en Allemagne", cit., *Annuaire Européen d'Administration Publique* XX/19-20. Según indicaba Eberhard Schmidt-Assmann (*La Teoría General del Derecho Administrativo como Sistema. Objeto y Fundamentos de la Construcción Sistémica*, cit., p. 325), con el contrato administrativo se encara el tema del "Estado Cooperativo" y (ob. cit., p. 326) el contrato administrativo era la forma jurídica de la Administración Cooperativa. V. también lo que comentaban, en sentido similar: Hartmut Maurer, *Introducción al Derecho Administrativo Alemán*, cit., pp. 119-120; y Luciano Parejo Alfonso, "La terminación convencional del procedimiento administrativo: naturaleza y características de una nueva figura en el Derecho Español", en Juan Carlos Cassagne (dir.) *et al*, *Derecho Administrativo. Obra Colectiva en Homenaje al Profesor Miguel S. Marienhoff*, Buenos Aires, Abeledo-Perrot, 1998, pp. 703 y ss.

Estado, y en el que precisamente la acción cooperada o concertada hacia el interior del funcionamiento administrativo es uno de los puntos de valoración de la democratización de dicho funcionamiento.[49]

En esa orientación ha destacado Eberhard Schmidt-Assmann: "(...). La doctrina de derecho público se ha venido guiando hasta ahora por una visión demasiado parcial o unilateral, por una concepción jerárquica del orden estatal, de acuerdo con la cual la ley y su ejecución, la unidad de la Administración y los instrumentos de regulación unilaterales constituían sus elementos determinantes (v. 5/3-6). Pero esa pretendida y amplia concepción de una dirección exclusivamente estatal no se ha dado, con ese grado y alcance, en la realidad. La práctica, en efecto, pone de manifiesto que la cooperación es condición o presupuesto para el funcionamiento del Estado. Sólo a través de la cooperación con la sociedad puede el Estado obtener la información que precisa para llevar a cabo su función directora y de liderazgo. Para ello no bastan los contactos puntuales entre ambas esferas. Más bien resultan necesarias fórmulas de actuación integradas y duraderas que permitan identificar problemas e idear soluciones de forma conjunta. La policéntrica estructura decisoria del Estado se corresponde con la existencia de redes – cuya densidad puede ser muy variable – de relaciones de cooperación entre el Estado y sociedad".[50]

49. En este sentido, y desde el contexto alemán, Walter Krebs consideraba ("Contratos y convenios entre la Administración y los particulares", cit., en *Documentación Administrativa* 235-236, "El Derecho Administrativo en Alemania: Tendencias Actuales (II), pp. 59-60): "La práctica administrativa nos demuestra que el contrato administrativo está 'de moda'. Y la teoría lo confirma en la polémica actual sobre la orientación estatal del sistema. Teniendo en cuenta la modificación de las funciones estatales hay que plantearse la necesidad de nuevas modalidades cualificadas de actuación y de procedimiento del Estado, especialmente de la Administración. Como la fuerza de orientación de los mandatos imperativos suele ser a menudo – y dependiendo de las condiciones – limitada, se tratará de buscar una mejora del cumplimiento de las disposiciones soberanas, pero también de alternativas y complementos a la actuación estatal unilateral. Conociendo la limitación de los 'medios intelectuales, personales y económicos' del Estado, habrá que centrar la atención en la inclusión de fuerzas sociales para el debido cumplimiento de las funciones estatales. El derecho del medio ambiente y también el derecho social proporcionan suficiente material al respecto". En el párrafo siguiente Krebs añadía: "Aunque el concepto de 'Estado Cooperativo' no ofrezca exclusiva o necesariamente respuestas a todas las cuestiones, sí es cierto que como consecuencia del debate existente en torno a la función orientadora del Estado puede presumirse que la forma de actuación administrativa consensuada es una práctica habitual dentro de la gama de técnicas orientadoras del Estado y que va adquiriendo cada vez mayor peso". Para además decir: "(...). Parece plausible la presunción de una mayor aceptación de una resolución administrativa basada en el contrato administrativo. Aunque no es, por supuesto, una fórmula mágica para la solución de 'los nuevos problemas', sí es cierto que será de gran utilidad para su reducción. En cuanto que asegura una mayor aceptación deberá ser tenido en cuenta como posible sustitución jurídica de un mandato soberano unilateral. Pero su verdadero significado tampoco se encuentra en la competencia consensuada que puede hacer a los mandatos imperativos. Aquél se encuentra, más bien, donde el Estado no puede cumplir sus funciones o no puede hacerlo en el modo pretendido sin la cooperación voluntaria de fuerzas sociales organizadas o no organizadas".

50. Eberhard Schmidt-Assmann, *La Teoría General del Derecho Administrativo como Sistema. Objeto y Fundamentos de la Construcción Sistémica*, cit., p. 39. V. lo que recoge ese autor en ob. cit., pp. 36 y ss., respecto al Derecho en el "Estado Cooperativo". En sentido similar: Hartmut

El espectro objetivo sobre el que se alza el modelo contractual *iuspúblico* alemán es más estrecho en su alcance que el que impera en el derecho administrativo francés, y, por ende, es más limitada su funcionalidad como técnica de ordenación de relaciones jurídico-administrativas individualizadas.[51] Aunque, no por ello deja de ser una categoría que tiene presencia propia dentro del universo de instituciones jurídicas que abarca el derecho administrativo alemán; y el debate a su alrededor ha servido también para desarrollar científicamente, en su silueta general, la especie contractual – modelos diversos a un lado – dentro de la rama *iusadministrativa.* En este sentido debe reconocerse, en contraste con otros tópicos, que no ha sido precisamente este de la contratación de derecho público uno de los más trabajados a nivel doctrinal dentro de la ciencia del derecho administrativo alemán;[52] por lo que su acabado teórico no muestra el nivel de elaboración que tienen otros temas dentro del *iuspublicismo* germano o el desarrollo científico que tiene la cuestión del contrato administrativo en Francia.

Maurer, *Introducción al Derecho Administrativo Alemán,* cit., pp. 119-120.

51. Contrástese esta idea, por ejemplo, con los supuestos que someramente enumera el alemán Walter Krebs ("Contratos y convenios entre la Administración y los particulares", cit., en *Documentación Administrativa* 235-236, "El Derecho Administrativo en Alemania: Tendencias Actuales (II), pp. 56 y ss.).

52. De acuerdo con lo que compendiaba Hartmut Maurer (*Introducción al Derecho Administrativo Alemán,* cit., pp. 118-119): "(...). En los manuales de derecho administrativo el contrato administrativo era sin duda mencionado como forma de actuación posible al lado del acto administrativo, pero era tratado de una manera tangencial. Por el contrario, el contrato administrativo fue empleado mucho más en la práctica. En la jurisprudencia esa situación encontró poca expresión, lo que también resulta comprensible, ya que el contrato está apoyado en el acuerdo de las partes contratantes, de donde se deriva que los casos litigiosos se presentan en una medida mucho menor que con respecto al acto administrativo que es expedido unilateralmente". Y en el párrafo siguiente apreciaba: "Con posterioridad a la II Guerra Mundial, el contrato administrativo encontró de manera progresiva en la literatura jurídica un mayor tratamiento e interés. El Tribunal Federal Administrativo se pronunció de manera inequívoca en una decisión fundamental a favor de la admisibilidad del contrato administrativo (*Gaceta del Tribunal Federal Administrativo,* t. 23, p. 123). (...)".

Esta situación de tratamiento en la bibliografía jurídica alemana ha sido anotada también ya desde hace años por autores fuera de Alemania, como, por ejemplo: Sebastián Martín-Retortillo Baquer, "La institución contractual en el derecho administrativo: en torno al problema de la igualdad de las partes", cit., en su obra *El Derecho Civil en la Génesis del Derecho Administrativo y de sus Instituciones,* 2ª ed., p. 78; Gaspar Ariño Ortiz, "Contrato y Poder Público. La figura del contrato administrativo en el Derecho Español y Europeo", cit., en Juan Carlos Cassagne (dir.) *et al., Derecho Administrativo,* p. 876, y "Estudio introductorio", cit., en Juan Carlos Expósito Vélez, *La Configuración del Contrato de la Administración Pública en Derecho Colombiano y Español. Análisis de la Selección de Contratistas,* 3ª reimpr. de la 1ª ed., p. 35; Luciano Parejo Alfonso, "La terminación convencional del procedimiento administrativo: naturaleza y características de una nueva figura en el Derecho Español", cit., en Juan Carlos Cassagne (dir.) *et al, Derecho Administrativo. Obra Colectiva en Homenaje al Profesor Miguel S. Marienhoff,* p. 699.

Puede contrastarse lo anterior con la consideración final que sostenía Walter Krebs ("Contratos y convenios entre la Administración y los particulares", cit., en *Documentación Administrativa* 235-236, "El Derecho Administrativo en Alemania: Tendencias Actuales (II), p. 84); así como la de H. Bauer, que reproduce Luciano Parejo Alfonso, "La terminación convencional del procedimiento administrativo: naturaleza y

Bibliografía

AA.VV., *Procedimiento y Justicia Administrativa en América Latina*. México/DF, Fundación Konrad Adenauer, A.C./Oficina México, 2010.

————. *Scritti in Onore di Massimo Severo Giannini*. vol. I. Milano, Dott. A. Giuffrè Editore, 1988.

ARIÑO ORTIZ, Gaspar. "Contrato y Poder Público. La figura del contrato administrativo en el Derecho Español y Europeo". En: CASSAGNE, Juan Carlos (dir.), *et al.*. *Derecho Administrativo*. Obra colectiva en homenaje al profesor Miguel S. Marienhoff. Buenos Aires, Abeledo-Perrot, 1998.

————. "Estudio introductorio". En: EXPÓSITO VÉLEZ, Juan Carlos. *La Configuración del Contrato de la Administración Pública en Derecho Colombiano y Español. Análisis de la Selección de Contratistas*. 3ª reimpr. de la 1ª ed. Bogotá, Universidad Externado de Colombia, 2006.

AUTEXIER, Christian. *Introduction au Droit Public Allemand*. 1ª ed. Paris, Presses Universitaires de France /PUF, 1997.

BACELLAR, Romeu. "Contrato administrativo". En: *Derecho Administrativo* (obra colectiva). Lima, Asociación Peruana de Derecho Administrativo/Juristas Editores EIRL, 2004.

BELLANGER, François. "Autoritè et contrat dans l'Administration moderne en Suisse". *Annuaire Européen d'Administration Publique* XX (1997). Aix-en-Provence, Centre de Recherches Administratives/ Faculté de Droit et de Science Politique D'Aix-Marseille/Université de Droit, d'Economie et des Sciences D'Aix-Marseille/Presses Universitaires D'Aix-Marseille, 1998.

BULLINGER, Martin, y FROMONT, Michel. "Titre II – Droit Administratif". En: FROMONT, Michel, y RIEG, Alfred (dirs.). *Introduction au Droit Allemand (République Fédérale)*. t. II – "Droit Public – Droit Pénal". Paris, Éditions Cujas, 1984.

CAETANO, Marcello. *Tratado Elemental de Derecho Administrativo (Teoría General)*. Trad. y notas de Laureano López Rodó. Santiago de Compostela, Librería y Editorial Sucesores de "Galí", 1946.

CASSAGNE, Juan Carlos (dir.), *et al.*. *Derecho Administrativo. Obra Colectiva en Homenaje al Profesor Miguel S. Marienhoff*. Buenos Aires, Abeledo-Perrot, 1998.

DELGADO PIQUERAS, Francisco. *La Terminación Convencional del Procedimiento Administrativo*. Pamplona, Editorial Aranzadi, 1995.

EXPÓSITO VÉLEZ, Juan Carlos. *La Configuración del Contrato de la Administración Pública en Derecho Colombiano y Español. Análisis de la Selección de Contratistas*, 3ª reimpr. de la 1ª ed. Bogotá, Universidad Externado de Colombia, 2006.

FLEINER, Fritz. *Instituciones de Derecho Administrativo*. Trad. de la 8ª ed. alemana por Sabino Álvarez Gendín. Barcelona/ Madrid/Buenos Aires, Editorial Labor, 1933.

FORSTHOFF, Ernst. *Tratado de Derecho Administrativo*. Trad. de la 5ª ed. alemana por Legaz y Lacambra, Garrido Falla y Gómez de Ortega y Junge. Madrid, Instituto de Estudios Políticos, 1958.

FORTI, Ugo. "Natura giuridica delle concesión amministrative". En: *Studi di Diritto Pubblico*. vol. I. Roma, Società Editrice del Foro Italiano, 1937.

FROMONT, Michel, y BULLINGER, Martin. "Titre II – Droit Administratif". En: FROMONT, Michel, y RIEG, Alfred (dirs.). *Introduction au Droit Allemand (Républi-*

características de una nueva figura en el Derecho Español", cit., en Juan Carlos Cassagne (dir.) *et al, Derecho Administrativo. Obra Colectiva en Homenaje al Profesor Miguel S. Marienhoff*, nota 10, p. 699.

que Fédérale). t. II – "Droit Public – Droit Pénal". Paris, Éditions Cujas, 1984.

FROMONT, Michel, y RIEG, Alfred (dirs.). *Introduction au Droit Allemand (République Fédérale)*. t. II – "Droit Public – Droit Pénal". Paris, Éditions Cujas, 1984.

GIANNINI, Massimo Severo. *El Poder Público. Estados y Administraciones Públicas*. "Prólogo" y trad. de Luis Ortega. Madrid, Editorial Civitas, 1991.

GONZÁLEZ-VARAS IBÁÑEZ, Santiago. *El Contrato Administrativo*. Madrid, Civitas Ediciones, S.L., 2003.

GONZÁLEZ-VARAS IBÁÑEZ, Santiago. *El Derecho Administrativo Privado*. Madrid, Editorial Montecorvo, 1996.

GRISEL, André. *Droit Administratif Suisse*. reimpr. Neuchâtel, Éditions Ides et Calendes, 1975.

HENDLER, Reinhard. "Convenio jurídico-público y contrato público en la República Federal de Alemania". En: LAGUNA DE PAZ, José Carlos, y MARTÍNEZ LÓPEZ -MUÑIZ, José Luis. *Contratación Pública*. Jornadas de Valladolid, 27-29.1.1993, Cámara de Contratistas de Castilla y León, Madrid, Marcial Pons/Ediciones Jurídicas y Sociales, 1996.

HUERGO LORA, Alejandro. "La nueva regulación de los contratos públicos en Alemania. Reflexiones desde el Derecho Español". En: SOSA WAGNER, Francisco (coord.). *El Derecho Administrativo en el Umbral del Siglo XXI. Homenaje al Profesor Dr. D. Ramón Martín Mateo*. t. II. Valencia, Tirant lo Blanch, 2000.

—————. *Los Contratos sobre los Actos y las Potestades Administrativas*. Madrid, Universidad de Oviedo/Editorial Civitas, 1998.

JELLINEK, George. *Sistema dei Diritti Pubblici Subbietivi*. Trad. italiana riveduta dell'Autore sulla 2ª ed. tedesca. Milano, Società Editrice Libraria, 1912.

KELSEN, Hans. *Teoría General del Derecho y del Estado*. Trad. de Eduardo García Maynez. México, Imprenta Universitaria, 1950.

—————. *Teoría General del Estado*. Trad. directa del Alemán por Luis Legaz y Lacambra. Barcelona/Madrid/Buenos Aires, Editorial Labor, 1934.

KNAPP, Blaise. *Précis de Droit Administratif*. Bâle et Francfort-sur-le-Main, Éditions Helbing & Lichtenhahn, 1980.

KREBS, Walter. "Contratos y convenios entre la Administración y los particulares". En: *Documentación Administrativa* 235-236, "El Derecho Administrativo en Alemania: Tendencias Actuales (II)". Madrid, Instituto Nacional de Administración Pública/ Ministerio para las Administraciones Públicas, julio-diciembre/1993.

LABAND, Paul. *Le Droit Public de l'Empire Allemand*. Éd. française revue et mise au courant de la derniére legislation par l'Auteur, t. II, trad. de C. Gandilhon et de Th. Lacuire. V. Giard & E. Brière, Librairies-Éditeurs, Paris, 1901.

LAGUNA DE PAZ, José Carlos, y MARTÍNEZ LÓPEZ-MUÑIZ, José Luis. *Contratación Pública*. Jornadas de Valladolid, 27-29.1.1993, Cámara de Contratistas de Castilla y León, Madrid, Marcial Pons/ Ediciones Jurídicas y Sociales, 1996.

MARTÍN-RETORTILLO BAQUER, Sebastián. "La institución contractual en el derecho administrativo: en torno al problema de la igualdad de las partes". En: *El Derecho Civil en la Génesis del Derecho Administrativo y de sus Instituciones*. 2ª ed. ampliada (1ª en Civitas). Madrid, Editorial Civitas, 1996.

MARTÍNEZ LÓPEZ-MUÑIZ, José Luis, y LAGUNA DE PAZ, José Carlos. *Contratación Pública*. Jornadas de Valladolid, 27-29.1.1993. Cámara de Contratistas de Castilla y León, Madrid, Marcial Pons/ Ediciones Jurídicas y Sociales, 1996.

MASUCCI, Alfonso. "La *quaestio* nel Diritto Tedesco dell'ammissibilità del contratto di diritto pubblico fra Amministrazione e privato". En: AA.VV. *Scritti in Onore di Massimo Severo Giannini*. vol. I. Milano, Dott. A. Giuffrè Editore, 1988.

MAURER, Hartmut. *Droit Administratif Allemand*. Trad. de Michel Fromont.

Paris, Librairie Générale de Droit et de Jurisprudence/LGDJ, 1994.

——————. *Introducción al Derecho Administrativo Alemán*. Trad. de Rafael Sänger y Fabián Martínez. Bogotá, Universidad de Santo Tomás, 2008.

MAYER, Otto. *Derecho Administrativo Alemán*. t. I – "Parte General", trad. directa del original francés por Horacio H. Heredia y Ernesto Krotoschin. Buenos Aires, Editorial Depalma, 1949; t. IV – "Parte Especial. Las Obligaciones Especiales", trad. directa del original francés por Horacio H. Heredia y Ernesto Krotoschin, Buenos Aires, Ediciones Arayú, 1954.

MEILÁN GIL, José Luis. *La Estructura de los Contratos Públicos. Norma, Acto y Contrato*. Madrid, Iustel, Portal Derecho, 2008.

MERKL, Adolfo. *Teoría General del Derecho Administrativo*. Madrid, Editorial Revista de Derecho Privado, 1935.

MÜLLER-GRUNE, Sven. "Fundamentos del derecho administrativo en Alemania". En: AA.VV. *Procedimiento y Justicia Administrativa en América Latina*. México/DF, Fundación Konrad Adenauer, A.C./Oficina México, 2010.

PAREJO ALFONSO, Luciano. "La terminación convencional del procedimiento administrativo: naturaleza y características de una nueva figura en el Derecho Español". En: CASSAGNE, Juan Carlos (dir.), *et al.*. *Derecho Administrativo. Obra Colectiva en Homenaje al Profesor Miguel S. Marienhoff*. Buenos Aires, Abeledo-Perrot, 1998.

RODRÍGUEZ DE SANTIAGO, José María. *Los Convenios entre Administraciones Públicas*. Madrid, Marcial Pons, Ediciones Jurídicas y Sociales, 1997.

SCHMIDT-ASSMANN, Eberhard. *La Teoría General del Derecho Administrativo como Sistema. Objeto y Fundamentos de la Construcción Sistémica*. Madrid, Instituto Nacional de Administración Pública/Marcial Pons, Ediciones Jurídicas y Sociales, 2003.

SOMMERMANN, Karl-Peter. "Autorité et contrat dans l'Administration moderne en Allemagne". *Annuaire Européen d'Administration Publique* XX (1997). Aix-en-Provence, Centre de Recherches Administratives/Faculté de Droit et de Science Politique D'Aix-Marseille/ Université de Droit, d'Economie et des Sciences D'Aix-Marsielle/Presses Universitaires D'Aix-Marseille, 1998.

SOSA WAGNER, Francisco (coord.). *El Derecho Administrativo en el Umbral del Siglo XXI. Homenaje al Profesor Dr. D. Ramón Martín Mateo*. t. II. Valencia, Tirant lo Blanch, 2000.

SPIEGEL, Ludwig. *Derecho Administrativo*. Trad. del Alemán por Francisco J. Conde. Barcelona, Editorial Labor, 1933.

STOBER, Rolf. *Derecho Administrativo Económico*. Trad. y anotado por Santiago González-Vara Ibáñez. Madrid, Ministerio para las Administraciones Públicas, 1992.

VILLAR PALASÍ, José Luis. *Apuntes de Derecho Administrativo – Parte General*. t. II, Madrid, 1977.

VITTA, Cino. *Diritto Amministrativo*. 4ª ed., vol. I. Torino, Unione Tipografico-Editrice Torinese/UTET, 1954.

ZILLER, Jacques. *Administrations Comparées. Les Systèmes Politico-Administratifs de l'Europe des Douze* (avec la collaboration de BROUANT, Jean). Paris, Éditions Monchrestien/EJA, 1993.

PARCERIAS PÚBLICO-PRIVADAS NO BRASIL: PANORAMA SOBRE A CONCESSÃO ADMINISTRATIVA

DINORÁ ADELAIDE MUSETTI GROTTI

Doutora e Mestre em Direito (PUC/SP) – Professora de Direito Administrativo (PUC/SP) – Ex-Procuradora do Município de São Paulo

MÁRIO SAADI

Mestrando em Direito (PUC/SP) – Advogado em São Paulo

1. Contextualizando as parcerias público-privadas. 2. O objeto da concessão administrativa: 2.1 Serviços passíveis de concessão administrativa – 2.2 Complexidade do objeto – 2.3 Vedações legais. 3. A natureza da concessão administrativa. 4. Observações finais: causas dos avanços e retrocessos das PPPs brasileiras e panorama geral.

Palavras-chave: Concessão, Parceria público-privada, Lei 11.709/2004, Concessão administrativa

1. Contextualizando as parcerias público-privadas

As parcerias público-privadas/PPPs (em sentido estrito)[1] inserem-se em processo evolutivo, o qual se iniciou com as privatizações,[2] prosseguiu com outorgas

1. "Em *sentido amplo*, 'PPPs' são os múltiplos vínculos negociais de trato continuado estabelecidos entre a Administração Pública e particulares para viabilizar o desenvolvimento, sob a responsabilidade destes, de atividades com algum coeficiente de interesse geral (concessões comuns, patrocinadas e administrativas; concessões e ajustes setoriais; contratos de gestão com OSs; termos de parceria com OSCIPs; etc.). Seu regime jurídico está disciplinado nas várias leis específicas.

"Em *sentido estrito*, 'PPPs' são os vínculos negociais que adotem a forma de concessão pade concessões de serviços públicos e de concessões precedidas da execução de obras públicas (hodiernamente denominadas *concessões comuns*, realizadas nos termos da Lei 8.987, de 13.2.1995 – a Lei de Concessões) e por diplomas legislativos pertinentes a setores específicos para desenvolvimento de projetos de infraestrutura.[3]

Culminam na instituição de marco legal aplicável às PPPs, tendo, entre seus objetivos fundamentais o de superar os sérios problemas de infraestrutura no Brasil, especialmente em uma conjuntura de aperto fiscal e de baixa disponibilidade de recursos públicos.

Neste contexto, foi sancionada a Lei federal 11.079, de 30.12.2004, a qual instituiu normas gerais para licitação e contratação de PPP no âmbito da Administração Pública direta (a Lei de PPPs). Tem, ainda, aplicação extensível a fundos especiais, autarquias, fundações públicas, empresas públicas, sociedades de economia mista e demais entidades controladas direta ou indiretamente pela União, Esta-

trocinada e de concessão administrativa, tal qual definidas pela Lei federal 11.070/2004. Apenas esses contratos sujeitam-se ao regime criado por essa lei" (Carlos Ari Sundfeld, "Guia jurídico das parcerias público-privadas", in Carlos Ari Sundfeld (coord.), *Parcerias Público-Privadas*, 2ª ed., São Paulo, Malheiros Editores, 2011, p. 24).

2. O Programa Nacional de Desestatização foi instituído pela Lei federal 8.031, de 12.4.1990. Dentre os seus objetivos estavam os de: (i) reordenar a posição estratégica do Estado na Economia, transferindo à iniciativa privada atividades indevidamente exploradas pelo setor público; (ii) contribuir para a redução da dívida pública, concorrendo para o saneamento das finanças do setor público; (iii) permitir a retomada de investimentos nas empresas e atividades que fossem transferidas à iniciativa privada; (iv) contribuir para modernização do parque industrial do País; (v) permitir que a Administração Pública concentrasse seus esforços nas atividades em que a presença do Estado fosse fundamental; (vi) contribuir para o fortalecimento do mercado de capitais, por meio do acréscimo da oferta de valores mobiliários e da democratização da propriedade do capital das empresas que integrassem o Programa.

A Lei 8.031/1990 foi, posteriormente, revogada pela Lei federal 9.491, de 9.9.1997, a qual alterou procedimentos relativos ao Programa Nacional de Desestatização. Os objetivos especificados na Lei 8.031/1990 foram, em linhas gerais, mantidos, embora tenham sido delineadas as hipóteses de desestatização: (i) a alienação, pela União, de direitos que lhe assegurassem, diretamente ou por meio de outras controladas, preponderância nas deliberações sociais e o poder de eleger a maioria dos administradores da sociedade; (ii) a transferência para a iniciativa privada da execução de serviços públicos explorados pela União, diretamente ou por meio de entidades controladas, bem como daqueles de sua responsabilidade; (iii) a transferência ou outorga de direitos sobre bens móveis e imóveis da União (art. 2º, § 1º).

Para a concretização dos fins da lei, poderiam ser objeto de desestatização (art. 2º): (i) empresas, inclusive instituições financeiras, controladas direta ou indiretamente pela União, instituídas por lei ou ato do Poder Executivo; (ii) empresas criadas pelo setor privado e que, por qualquer motivo, passaram ao controle direto ou indireto da União; (iii) serviços públicos objeto de concessão, permissão ou autorização; (iv) instituições financeiras públicas estaduais; (v) bens móveis e imóveis da União.

Para uma breve perspectiva a respeito das privatizações no País, cf. Almiro do Couto e Silva, "Privatização no Brasil e o novo exercício de funções públicas por particulares. Serviço público 'à brasileira'?", *RDA* 230/45-74, Rio de Janeiro, outubro-dezembro/2002.

3. Neste sentido, foram publicadas, a título de exemplo, a Lei federal 8.630, de 25.2.1993 (a antiga Lei dos Portos, revogada pela Lei federal 12.815, de 5.6.2013); o Decreto federal 1.832, de 4.3.1996 (o Regulamento dos Transportes Ferroviários); a Lei federal 9.472, de 16.7.1997 (a Lei Geral de Telecomunicações); a Lei federal 9.478, de 6.8.1997 (a qual dispõe sobre a Política Energética Nacional).

dos, Distrito Federal e Municípios (art. 1º, parágrafo único).[4]

A ementa da lei refere-se à *contratação de parceria público-privada*, mas qualifica a *parceria*, em seus termos, como *contrato administrativo de concessão* (art. 2º, *caput*). Assim, as PPPs foram instituídas como espécies do gênero *contrato administrativo*, de forma que leis estaduais e municipais que disciplinam estas modalidades de parceria promulgadas anteriormente à edição Lei 11.079/2004 poderão aplicar-se no que não contrariarem as *normas gerais* contidas na legislação federal. Isto porque a competência da União na matéria limita-se ao estabelecimento de *normas gerais*.[5] Esta competência não impede, contudo, que os demais entes da Federação editem legislação suplementar (com fulcro nos arts. 24, § 2º, e 30, II, da CF).

Além das normas gerais, aplicáveis a todos os entes federativos, o diploma legal de regência do tema fixou algumas normas específicas aplicáveis exclusivamente à União (em seus arts. 14 a 22). Tais dispositivos cuidam especificamente do Comitê Gestor de Parceria Público-Privada Federal/CGP,[6] do Fundo Garantidor de PPPs/FGP[7] e dos limites orçamentários para a

4. Na mesma linha caminharam Estados, Distrito Federal e Municípios, os quais passaram a prever seus próprios diplomas normativos a respeito do tema.

Assim, Alagoas (Lei 6.972, de 7.8.2008), Amapá (Lei 921, de 18.8.2005), Amazonas (Lei 3.363, de 30.12.2008), Bahia (Lei 9.290, de 27.12.2004), Ceará (Lei 14.391, de 7.7.2009), Espírito Santo (Lei Complementar 492, de 11.8.2009), Goiás (Lei 14.910, de 11.8.2004), Maranhão (Lei 8.437, de 31.7.2006), Mato Grosso (Lei 9.641, de 17.11.2011), Minas Gerais (Lei 14.868, de 16.12.2003), Paraíba (Lei 8.684, de 7.11.2008), Paraná (Lei 17.046, de 11.1.2012), Pernambuco (Lei 12.765, de 27.1.2005), Piauí (Lei 5.494, de 19.9.2005), Rio de Janeiro (Lei 5.068, de 10.7.2007), Rio Grande do Norte (Lei Complementar 307, de 11.10.2005), Rio Grande do Sul (Lei 12.234, de 13.1.2005), Rondônia (Lei Complementar 609, de 18.2.2011), Santa Catarina (Lei 12.930, de 4.2.2004), São Paulo (Lei 11.688, de 19.5.2004), Sergipe (Lei 6.299, de 19.12.2007) e Tocantins (Lei 2.231, de 3.12. 2009) já editaram suas próprias leis sobre PPPs.

O programa de PPPs do Distrito Federal, por sua vez, foi instituído pela Lei Distrital 3.792, de 2.2.2006.

No que tange aos Municípios, Manaus (Lei 977, de 23.5.2006), Maracanaú (Lei 1.511, de 29.12.2009), Vitória (Lei 6.261, de 23.12.2004), Belo Horizonte (Lei 9.038, de 14.1.2005), Serrana (Lei 1.386, de 19.4.2010), Curitiba (Lei 11.929, de 3.10.2006), Recife (Lei 17.856, de 1.1.2013), Rio de Janeiro (Lei Complementar 105, de 22.12.2009), Natal (Lei 6.182, de 13.1.2011), Porto Alegre (Lei 9.875, de 8.12.2005), Hortolândia (Lei 1.875, de 15.5.2007), Santo André (Lei 9.122, de 31.3.2009), São Bernardo do Campo (Lei 6.024, de 31.3.2010), São Paulo (Lei 14.517, de 16.10.2007), Sorocaba (Lei 10.474, de 12.6.2013) e Palmas (Lei 1.424, de 31.3.2006), por exemplo, já editaram suas leis a respeito do tema.

5. Consoante o art. 22, XXVII, da CF, compete privativamente à União legislar sobre *normas gerais de licitação e contratação.*

6. Instituído pelo Decreto 5.385, de 4.3.2005.

7. A Lei federal 12.766, de 27.12.2012, ampliou a finalidade do FGP, para que o Fundo pudesse prestar garantias de pagamento de obrigações pecuniárias assumidas pelos parceiros públicos federais, distritais, estaduais ou municipais.

Há, assim, a preocupação em viabilizar projetos dos demais entes federados por meio da utilização do Fundo federal. Tal fato se explica tanto pela ausência de utilização do Fundo como mecanismo de garantia em projetos contratados pela União quanto pela proeminência dos demais entes em viabilizar a contratação de PPPs.

Tendo em vista as dificuldades constantemente enfrentadas por Estados e Municípios em estruturar garantias a serem ofertadas aos parceiros privados, a utilização do FGP, caso efetivamente ocorra, poderá se mostrar como uma boa alternativa.

contratação de PPPs.[8] Estados, Distrito Federal e Municípios podem expedir sua própria legislação no campo de incidência de semelhantes normas.

A noção de *concessão* aplicável às outorgas disciplinadas pela Lei 8.987/1995 viu-se ampliada com a edição da Lei 11.079/2004, a qual, sem revogar ou derrogar aquela, instituiu as modalidades de *concessão patrocinada* e de *concessão administrativa*, com contornos um pouco distintos das *concessões comuns*.

Dentre as especificações apresentadas no plano normativo, há diversificações no que tange: (i) às regras da licitação (com a exigência de submissão da minuta de edital e de contrato a consulta pública); (ii) à possibilidade de previsão no edital de saneamento das falhas, de complementação de insuficiências ou, ainda, de correções de caráter formal no curso do procedimento; (iii) ao processo de contratação, com limites do prazo contratual não inferior a 5 anos e não superior a 35 anos; (iv) à possibilidade de aplicação de penalidades à Administração Pública em caso de inadimplemento contratual; (v) à imposição de limite de despesa com contratos de PPPs; (vi) às formas de remuneração da concessionária; (vii) ao compartilhamento dos riscos entre os parceiros público e privado no caso de ocorrência de áleas extraordinárias, ou seja, os oriundos de fato do príncipe, os compreendidos no âmbito da teoria da imprevisão e das chamadas sujeições imprevistas (arts. 4º, VI, e 5º, III),[9] e de ganhos econômicos efetivos do parceiro privado decorrentes da redução do risco de crédito dos financiamentos utilizados pelo parceiro privado (art. 5º, IX); (viii) às garantias de cumprimento de suas obrigações pecuniárias a serem oferecidas pelo Poder Público; (ix) à previsão do aporte de recursos públicos em favor da concessionária, em função de investimentos em obras e bens reversíveis realizados ao longo do contrato de PPP.

O modelo de PPPs apresenta alguns obstáculos à viabilidade econômico-financeira de alguns projetos, sobretudo

8. A União somente poderá contratar PPP quando a soma das despesas de caráter continuado derivadas do conjunto das parcerias já contratadas não tiver excedido, no ano anterior, a 1% da receita corrente líquida do exercício e as despesas anuais dos contratos vigentes, nos 10 anos subsequentes, não excedam a 1% da receita corrente líquida projetada para os respectivos exercícios.

9. A alocação de riscos é matéria contratual (art. 5º, III, da Lei 11.079/2004). Não existe, segundo a lei, uma divisão natural de riscos. Assim registra Celso Antônio Bandeira de Mello:

"Não nos parece possível onerar o parceiro privado com o encargo de repartir riscos oriundos do fato do príncipe, pois (...) o princípio constitucional da responsabilidade do Estado impediria tal solução. (...). O Poder Público é que teria que assumir as consequências de seu ato.

"Já, os provenientes das situações caracterizáveis como imprevisão podem ser divididos entre os parceiros, se é esta a determinação legal. O mesmo, entretanto, nem sempre valeria, ao nosso ver, no caso das 'sujeições imprevistas' (...). Se o parceiro privado atuou sobre informações técnicas que hajam sido oferecidas e afiançadas como bastantes pelo Poder Público, o surgimento de situação imprevista resultará de responsabilidade de quem as forneceu. Não havendo tal circunstância, aí, sim, caberá repartição dos prejuízos.

"Cumpre ter cuidado com o que pode ser caracterizado como *fortuito*. Nesta tipologia não se poderia incluir o insucesso na estimativa quanto ao afluxo de usuários do serviço ou seu superveniente declínio, sob a arguição de que sobrevieram causas fortuitas para determinar tal resultado. Os prejuízos que disto decorram terão que ser inteiramente suportados pelo parceiro privado, sem divisão alguma com o parceiro público, pois fazem parte da álea normal do empreendimento" (*Curso de Direito Administrativo*, 32ª ed., São Paulo, Malheiros Editores, 2015, pp. 805-806).

em decorrência do volume considerável de investimentos a serem feitos pelo parceiro privado antes do início da prestação dos serviços. Um deles diz respeito ao intervalo de tempo entre o momento em que são feitos os desembolsos iniciais, por parte do parceiro privado, e o momento do efetivo pagamento da contraprestação pública. Tal ponto reflete-se em descompasso financeiro entre os desembolsos que devem ser realizados pela concessionária para o início da prestação dos serviços e o início do recebimento da contraprestação pública.

Mesmo que a Administração estipule contraprestações públicas em montantes mais elevados nos primeiros anos da concessão, a fim de minimizar os impactos dos vultosos investimentos na liquidez do parceiro privado, a medida não é suficiente para torná-lo independente de financiamentos junto a instituições financeiras, os quais se tornam demasiadamente onerosos em face dos elevados juros incidentes sobre o crédito, tornando o custo de uma concessão, já dispendiosa, ainda mais alto.

Considerando os impactos dos financiamentos nos custos da concessionária, a contraprestação pública passa a carregar, indiretamente, despesas financeiras consideráveis (especialmente em função das taxas de juros inseridas nos financiamentos que devem ser tomados pela concessionária).

Neste sentido, o mecanismo encontrado para a mitigação de tal inconveniência foi a adoção da figura do aporte de recursos públicos, instituído por meio da Lei federal 12.766, de 27.12.2012. Ele consiste na transferência pecuniária sistemática ao particular de recursos públicos, sob a forma de parcelas predefinidas, no momento em que cada etapa das obras for concluída ou que parcelas de investimentos em bens reversíveis forem desembolsadas, ou, até mesmo, em etapa anterior caracterizada pelo dispêndio intenso de investimentos.

As vantagens da estipulação de aporte de recursos ao parceiro privado transcendem a esfera econômica do particular, afetando diretamente os interesses do Poder Público. A redução substancial do custo financeiro embutido nas contraprestações públicas interessa a ambos os polos contratuais, ensejando, ainda, tratamento fiscal diferenciado, potencialmente mais vantajoso.

Vale destacar, neste contexto, que o propósito do Governo Brasileiro quando começou a discutir aquilo que a Lei 11.079/2004 veio a chamar de *parceria público-privada* era o de dar maior flexibilidade para a estruturação de projetos de infraestrutura pública por meio de investimento privado. Para tanto, era preciso aprimorar a legislação e contornar eventuais limitações orçamentárias.

Do ponto de vista legal, havia dois objetivos principais. Em primeiro lugar, viabilizar a execução pela iniciativa privada daqueles serviços ou obras públicas cuja exploração pelo contratado ou não fosse suficiente para remunerá-lo, para viabilizar o retorno do capital mobilizado para o desenvolvimento do projeto,[10] ou que sequer envolvesse valores pagos diretamente pelos usuários.[11]

Ademais, afora se tratar de casos em que se requerem investimentos ou especialidades além das possibilidades do Estado, as PPPs possuem outro componente: a

10. Por exemplo, a ampliação e a administração de rodovias ou ferrovias de tráfego de pessoas e cargas, nas quais a cobrança isolada de tarifa não fosse suficiente para concedê-las à iniciativa privada.

11. Por exemplo, a construção e o gerenciamento de complexos penitenciários ou hospitais públicos.

incapacidade de o empreendimento, por si, pagar o investidor privado.

Esta contrapartida do parceiro público ao privado é uma das *possíveis*[12] distinções a serem feitas entre as PPPs e as concessões comuns, regidas pela Lei 8.987/1995: enquanto nestas a remuneração da concessionária decorre da exploração do serviço – via de regra e basicamente mediante tarifas cobradas diretamente dos usuários do serviço (embora, reconheça-se, possa haver previsão de subsídios pelo Poder Público, conforme disposto no art. 17 da Lei 8.987/1995) –, nas PPPs cabe ao parceiro público remunerar, parcial ou integralmente, o particular contratado.[13]

Em segundo lugar, pretendia-se viabilizar a amortização de investimentos realizados para prestar serviços diretamente

12. De todo modo, um aspecto fundamental, que nos parece dar identidade às PPPs no âmbito da Lei 11.079/2004, em cotejo com a disciplina das concessões comuns no âmbito da Lei 8.987/1995, é o regime de garantias públicas, passíveis de serem constituídas em favor do parceiro privado para fazer frente a eventuais inadimplementos do Poder Público ao longo da execução do contrato de concessão.

13. Há exemplos clássicos de contratações dessa ordem no Estrangeiro. A respeito do tema, Marçal Justen Filho pontua: "(...) houve hipótese em que um particular foi contratado para edificar prédios e anexos, destinados à instalação de uma escola. Incumbia ao particular também o fornecimento dos equipamentos necessários à operação do estabelecimento. Mais ainda, o particular devia promover a operação do estabelecimento, ressalvados os aspectos propriamente educacionais – que ficavam a cargo do Estado. O particular tinha direito a uma remuneração oriunda dos cofres públicos, mas também lhe era facultado explorar as quadras esportivas, auditórios e outras áreas. O produto da locação desses espaços compunha a sua remuneração" (*Curso de Direito Administrativo*, 9ª ed., São Paulo, Ed. RT, 2013, p. 830).

Para outros detalhes relativamente ao tema, cf. o estudo de Philippe Cossalter, "A *private finance initiative*" (trad. de Marçal Justen Filho), *Revista de Direito Público da Economia/RDPE* 6/127-180, Ano 2, Belo Horizonte, abril-junho/2004.

Para ilustrar a hipótese levantada por Marçal Justen Filho pode-se trazer exemplo dado por Philippe Cossalter. O autor destaca que o Condado de Dorset assinou, em 1998, contrato com duração de 30 anos tendo por objetivo o financiamento, a concepção, a construção e a gestão de uma escola de ensino secundário. Uma Sociedade de Propósito Específico/SPE ficou responsável pela concepção e execução dos prédios, pela administração de todos os aspectos da vida administrativa e escolar, com exceção da gestão do curso e do ensino (móveis, alimentação, aquecimento, preparação das áreas para esporte, secretaria etc.). Ela passa a receber pagamentos do Condado a partir do dia de abertura dos prédios ao público, os quais são calculados em função de indicadores precisos de qualidade e de unidades de serviços disponíveis (a exemplo das refeições que podem ser servidas e dos metros quadrados de classes disponíveis). Alguns aspectos envolvem a indisponibilidade total quanto às instalações afetadas: temperatura inferior ou superior relativamente às especificações contratuais e ausência de iluminação, exemplificativamente. Por outro lado, o montante global dos pagamentos é decrescente, incumbindo ao prestador do serviço encontrar fontes externas de remuneração, por meio da oferta dos equipamentos públicos a terceiros (principalmente a locação das áreas de esporte). Os lucros eventualmente gerados são compartilhados entre a contratada e o Condado (ob. cit., p. 130).

Casos semelhantes já podem ser encontrados no caso brasileiro. Para ficarmos com apenas um deles, no dia 24.7.2012 o Município de Belo Horizonte, por meio de sua Secretaria Municipal de Educação, celebrou contrato de concessão administrativa para a realização de obras e serviços de engenharia e prestação de serviços de apoio, não pedagógicos, a unidade de ensino da rede municipal de educação básica.

Nesta concessão, a remuneração se daria por meio do pagamento de contraprestação mensal à concessionária e da contrapartida pelo investimento na obra.

Adicionalmente, a concessionária poderia se remunerar pela exploração de atividades relacionadas à concessão, mediante a apresentação ao Poder Público em prazos maiores do que cinco anos, o limite máximo fixado para as contratações tradicionais de serviços e obras pela Administração, nos termos da Lei 8.666, de 21.6.1993 (a Lei de Licitações).[14]

A definição das PPPs como espécies de concessão foi ditada por conveniências de natureza econômica e jurídica.[15] Como registra Carlos Ari Sundfeld, "o que se quis foi empregar em novos objetos a estrutura contratual e a lógica econômica dos contratos regidos pela Lei de Concessões".[16]

A modalidade patrocinada é a própria concessão de serviço ou de obra que consta da Lei 8.987/1995 quando, *adicionalmente à tarifa cobrada dos usuários*, envolver contraprestação pecuniária do contratante público ao contratante privado, ambos ali denominados *parceiros* (art. 2º, § 1º, da Lei 11.079/2004). A ela aplica-se subsidiariamente o disposto na Lei 8.987/1995 e nas leis que lhe são correlatas (art. 3º, § 1º).[17]

A modalidade *administrativa*, por sua vez, diz respeito ao "contrato de prestação de serviços de que a Administração Pública seja a usuária direta ou indireta, ainda que envolva execução de obra ou fornecimento e instalação de bens" (art. 2º, § 2º, da Lei 11.079/2004). A redação do dispositivo peca pela nebulosidade, pela falta de consistência.

O art. 3º preceitua que à concessão administrativa se aplica, adicionalmente às regras da Lei 11.079/2004, o disposto nos arts. 21, 23, 25 e 27 a 39 da Lei 8.987/1995

de proposta ao Poder concedente, acompanhada de projeto de sua viabilidade jurídica, técnica, econômico-financeira, bem como da comprovação da compatibilidade da exploração comercial pretendida com as normas legais e regulamentares aplicáveis à concessão.

As receitas extraordinárias, decorrentes da atividade relacionada, seriam compartilhadas entre a concessionária e o Poder concedente na proporção respectiva de 90% e 10% da receita bruta apurada na sua exploração. A percentagem apropriada pelo Poder concedente deveria ser revertida ao abatimento do valor da contraprestação mensal devida à concessionária, no momento da revisão anual do valor máximo da contraprestação.

14. Maurício Portugal Ribeiro e Lucas Navarro Prado, *Comentários à Lei de PPP – Parceria Público-Privada: Fundamentos Econômico-Jurídicos*, 1ª ed., 2ª tir., São Paulo, Malheiros Editores, 2010, pp. 31-32.

15. Idem, p. 73. Observam, outrossim, Maurício Portugal Ribeiro e Lucas Navarro Prado que "a ideia é originalmente do professor Carlos Ari Sundfeld, e foi adotada *in totum* no desenho da nova lei" (*Comentários à Lei de PPP – Parceria Público-Privada: Fundamentos Econômico-Jurídicos*, cit., 1ª ed., 2ª tir., p. 73, nota de rodapé 9).

16. Carlos Ari Sundfeld, "Guia jurídico das parcerias público-privadas", cit., in Carlos Ari Sundfeld (coord.), *Parcerias Público-Privadas*, 2ª ed., p. 35.

17. Anota Alexandre Santos de Aragão: "A aplicação da Lei 8.987/1995 às PPPs, em qualquer das suas modalidades, deve, no entanto, ainda quando haja previsão expressa da sua aplicação, se dar apenas no que couber, ou seja, no que não contrariar a própria natureza das PPPs, nas quais há uma dependência financeira do Poder concedente bastante significativa, ao passo que nas concessões comuns a dependência se dá preponderantemente em relação à clientela pagante das tarifas. Assim, não nos parece, por exemplo, que seja aplicável às PPPs o parágrafo único do art. 39 da Lei 8.987/1995, que prevê que, mesmo na inadimplência do Poder concedente, o concessionário não pode suspender a prestação dos serviços antes de obtida a rescisão judicial transitada em julgado do contrato (vedação da exceção do contrato não cumprido). Parece-nos que, na hipótese, o art. 78, XV, da Lei 8.666/1993, que versa sobre contratos em que também há uma contraprestação financeira da Administração Pública, se coaduna melhor com o arcabouço financeiro das PPPs" (*Direito dos Serviços Públicos*, 3ª ed., Rio de Janeiro, Forense, 2013, pp. 650-651).

e no art. 31 da Lei 9.074/1995. Tais dispositivos são concernentes, respectivamente: (i) ao ressarcimento da Administração, por parte do vencedor da licitação, pelos gastos que hajam sido feitos com os estudos, levantamentos ou projetos vinculados à concessão e postos à disposição dos licitantes;[18] (ii) às cláusulas essenciais do contrato de concessão, entre elas a de reversão de bens, ao final, se prevista no contrato (art. 3º, *caput*, da Lei de PPPs, c/c os arts. 18, X, e 23, X, da Lei de Concessões); (iii) à responsabilidade da concessionária pelos prejuízos que cause ao concedente, aos usuários ou a terceiros; (iv) à transferência de concessão e garantias de financiamento; (v) aos poderes do concedente, bem como à possibilidade de os autores ou responsáveis econômicos pelo projeto básico ou executivo participarem da licitação ou da execução de obras e serviços.

Embora a lei não o diga, não fica descartada de forma absoluta a aplicação às concessões administrativas de outros dispositivos da Lei 8.987/1995 e das leis que lhe são correlatas, pois estes continuam integrando o ordenamento jurídico como elemento hermenêutico e de analogia.[19]

As *concessões administrativas* são contratos em que a cobrança de tarifas é inviável econômica ou socialmente, juridicamente vedada – como a cobrança pela saúde ou ensino públicos (arts. 196 e 206, IV, da CF) –, ou, ainda, porque é o próprio Estado o único usuário do serviço a ser prestado. Aqui se fala da inexistência de tarifas devidas pelos eventuais usuários dos serviços, pois a contraprestação à concessionária se dará exclusivamente com recursos do Estado, por qualquer uma das modalidades elencadas na Lei 11.079/2004.[20]

Não existe impedimento, ademais, a que a concessionária receba recurso de outras fontes de receitas complementares, acessórias, alternativas ou decorrentes de projetos associados, até porque o inciso V do art. 6º, ao mencionar "outros meios admitidos em lei", deixa evidente que a indicação dos meios de contraprestação não é taxativa.

Ao definir *concessão administrativa*, o art. 2º, § 2º, da Lei de PPPs deixou implícito que a remuneração da concessionária estará a cargo da Administração, por ser ela a usuária direta ou indireta dos serviços. A única forma de remuneração que descaracterizaria a concessão administrativa é o recebimento, pela concessionária, de tarifa dos administrados especificamente para remunerar seus serviços.[21-22]

18. O Decreto federal 5.977, de 1.12.2006, regulamenta o art. 3º, *caput* e § 1º, da Lei 11.079/2004, que dispõe sobre a aplicação às PPPs do art. 21 da Lei 8.987, de 13.2.1995, e do art. 31 da Lei 9.074, de 7.7.1995, para apresentação de projetos, estudos, levantamentos ou investigações a serem utilizados em modelagens de PPPs no âmbito da Administração Pública Federal, e dá outras providências.

19. Celso Antônio Bandeira de Mello, *Curso de Direito Administrativo*, cit., 32ª ed., p. 797.

Segundo Alexandre Santos de Aragão, "o que, em caso algum, é admissível é que a aplicação subsidiária da Lei 8.987/1995 ou da Lei 8.666/1993 acabe desvirtuando a natureza e o espírito de divisão de riscos que inspiram as duas espécies de parcerias público-privadas da Lei 11.079/2904" (*Direito dos Serviços Públicos*, cit., 3ª ed., p. 650, nota 34).

20. Nos termos do art. 6º da Lei 11.079/2004, a contraprestação da Administração Pública nos contratos de PPP poderá ser feita por: (i) ordem bancária; (ii) cessão de créditos não tributários; (iii) outorga de direitos em face da Administração Pública; (iv) outorga de direitos sobre bens públicos dominicais; (v) outros meios admitidos em lei.

21. Diante da dúvida sobre a categorização de um contrato em que, "embora a contraprestação seja inteiramente suportada pela Administração,

Sem pretensão de analisar todos os aspectos das PPPs, o presente texto coloca para reflexão alguns questionamentos surgidos acerca do objeto da concessão administrativa.

2. *O objeto da concessão administrativa*

2.1 Serviços passíveis de concessão administrativa

A definição legal de *concessão administrativa* é ambígua e causa alguma perplexidade. Desde logo, refere-se à prestação de serviço sem qualquer detalhamento quanto à sua natureza ou especificação. Ademais, reporta-se a serviços que se destinam à Administração Pública

sua natureza não seja pecuniária", responde Carlos Ari Sundfeld que, "se o contrato envolver a prestação de serviços públicos aos administrados, ele será uma concessão comum, cuja remuneração se faz exclusivamente com receitas alternativas (Lei de Concessões, art. 11). Se o contrato for de prestação de serviços à Administração, estando preenchidos os demais requisitos do art. 2º, § 4º (especialmente o investimento privado de ao menos 20 milhões de Reais e o prazo mínimo de prestação de cinco anos), deverá ser havido como uma concessão administrativa" ("Guia jurídico das parcerias público-privadas", cit., in Carlos Ari Sundfeld (coord.). *Parcerias Público-Privadas*, 2ª ed., p. 34).

22. Benedicto Porto Neto, em trabalho pioneiro sobre a matéria no Direito Brasileiro, afirmava que: "A Administração Pública pode transferir a prestação de serviço público a terceiro, sob o mesmo regime jurídico da concessão, sem que sua remuneração guarde relação com o resultado da exploração do serviço" (*Concessão de Serviço Público no Regime da Lei n. 8.987/1995: Conceito e Princípios*, São Paulo, Malheiros Editores, 1998, p. 76).

Em parecer exarado sobre serviços municipais de coleta de lixo, destaca que na concessão a responsabilidade direta pela prestação dos serviços pela concessionária não decorre necessariamente da sua forma de remuneração, sendo suficiente a assunção dessa responsabilidade perante os usuários e terceiros. Ou seja: para sua existência basta que ele desempenhe a atividade no seu próprio nome, como pessoa distinta do Estado titular do serviço, investido em prerrogativas públicas atribuídas pelo Poder concedente, mantendo relação jurídica direta com os usuários. A distinção entre concessão e contrato de prestação de serviço funda-se na existência de vínculo direto entre a concessionária, que passa a prestar os serviços em seu próprio nome, e os usuários ("Concessão dos serviços municipais de coleta de lixo. Remuneração da concessionária diretamente pelo concedente", *RIASP* 5/237-238, 241 e 244, janeiro-junho/2000). Acredita haver equívoco na afirmação de que o texto constitucional inviabiliza a remuneração da concessionária diretamente pelo Poder Público. Por isso o diploma legal de regência da matéria pode admiti-la, sem desnaturar o instituto da concessão. Além disso, não existe incompatibilidade entre essa forma de remuneração e a Lei Geral das Concessões (ob. cit.).

Floriano de Azevedo Marques Neto também sustenta que dentre as fontes alternativas "pode estar o pagamento pelo Estado de um valor (inclusive com natureza tarifária) definido em lei, no edital ou no contrato por unidade de serviço utilizado. A título de exemplo, é essa a configuração determinada pelo Tribunal de Contas da União para a outorga à iniciativa privada dos serviços de telecomunicações (utilização de redes digitais) a serem universalizados com recursos do Fundo de Universalização dos Serviços de Telecomunicações/FUST (cf. Acórdão 1107-31/2003 ao TC 005.302/2003-9, Consulta, Plenário, rel. Min. Humberto Guimarães Souto, julgado em 13.8.2003, *DOU* 25.8.2003).

"Em resposta à consulta formulada pelo Ministério das Comunicações acerca da melhor configuração jurídica para utilização dos recursos do FUST, com vistas a universalizar os serviços de acesso às redes digitais de informação, o TCU esclareceu que este serviço 'implica outorga de concessões pela Agência Nacional de Telecomunicações/ANATEL, de uma nova modalidade de serviço de telecomunicações a ser prestado em regime público (...)' e que 'é possível a utilização dos recursos do FUST para fazer face à totalidade dos custos de provimento dos serviços como usuária direta ou indireta, ainda que envolva execução de obra ou fornecimento e instalação de bens.

Existem divergências acerca da abrangência do objeto da concessão administrativa. Há os que sustentam que o objeto do contrato está adstrito à prestação de serviços públicos em sentido estrito. Nessa linha, Celso Antônio Bandeira de Mello recusa terminantemente a possibilidade de celebração de PPPs tendo por objeto qualquer outra atividade que não seja serviço público, ou seja, prestação de utilidade ou comodidade material fruível singularmente pelos administrados (ainda que para isto necessite englobar outras atividades), sob pena de nulidade do contrato, tendo em conta que a lei pretende que as PPPs sejam consideradas modalidades de concessão de serviço público.[23]

Por sua vez, há doutrinadores que descartam a possibilidade de empregar as concessões administrativas para a prestação de serviços públicos, tendo em conta que a definição legal não faz alusão a este tipo de outorga. Assim, Letícia Queiroz de Andrade afirma que serviços públicos "não podem ser objeto da denominada 'concessão administrativa', figura destinada à contratação de serviços ordinários, com relação aos quais não há delegação pública".[24]

Pontuam Maurício Portugal Ribeiro e Lucas Navarro Prado que a dúvida é pertinente, em face do que dispõe o art. 10, § 3º, da Lei 11.079/2004, que criaria uma incoerência, do ponto de vista econômico, pois haveria a exigência de autorização legislativa para a contratação de concessões patrocinadas em que mais de 70% das

em estabelecimento de ensino e bibliotecas, vez que a legislação prevê a redução das contas dos serviços com o objetivo de ampliar o acesso por parte da população carente (...)'.

"Ou seja, o TCU decidiu no sentido da plena possibilidade (e, no caso, mais ainda, da obrigatoriedade) de que os serviços públicos de acesso às redes digitais de informação (serviços e telecomunicações e de provimento de acesso à Internet) sejam objeto de concessão outorgada à iniciativa privada e que a remuneração dos particulares (concessionários) dê-se não por tarifa paga pelos usuários do serviço (população carente) e sim pelos recursos públicos depositados no FUST. Ou seja, a Corte de Contas consagrou exatamente a possibilidade de concessão sem cobrança de tarifa dos usuários" (Floriano de Azevedo Marques Neto, "Concessão de serviço público sem ônus para o usuário", in Luiz Guilherme da Costa Wagner Jr., *Direito Público: Estudos em Homenagem ao Professor Adilson Abreu Dallari*, Belo Horizonte, Del Rey, 2004, pp. 349-350).

23. Celso Antônio Bandeira de Mello, *Curso de Direito Administrativo*, cit., 32ª ed., p. 798.

24. Letícia Queiroz de Andrade, "A experiência brasileira nas concessões de rodovias", in Carlos Ari Sundfeld (coord.), *Parcerias Público-Privadas*, 1ª ed., 2ª tir., São Paulo, Malheiros Editores, 2007, p. 271. Para a autora: "Da utilização do vocábulo 'concessão' para denominar modalidade contratual em que não há delegação do direito de explorar serviço ou utilidade pública deriva, aliás, uma impropriedade técnica da Lei 11.079/2004, (...)" (ob. e loc. cits., nota de rodapé 24).

Contudo, em versão mais recente do mesmo artigo (contida in Carlos Ari Sundfeld (coord.), *Parcerias Público-Privadas*, 2ª ed., São Paulo, Malheiros Editores, 2011, pp. 274-297), tais passagens foram suprimidas pela autora.

Em sua tese de Doutoramento a autora defende que: "(...) tais contratos, as ditas concessões administrativas, não são concessões de serviço público, assim como também não o são as concessões patrocinadas nas quais os recursos que a concessionária aufira junto a terceiros correspondam a parcela irrisória de sua remuneração, como expressamente permite o § 3º do art. 10 da Lei 11.079/2004" (Letícia Queiroz de Andrade, *Teoria das Relações Jurídicas da Prestação de Serviço Público sob Regime de Concessão*, tese (Doutorado em Direito Administrativo), São Paulo, Faculdade de Direito-PUC/SP, 2010, p. 157).

receitas adviessem do Poder Público, mas não requereriam autorização semelhante para as concessões administrativas (as quais, por definição, requerem 100% de contraprestação pública).[25]

Mas concluem esses autores pela possibilidade de uso da concessão administrativa para exploração de serviços públicos, "pois a estrutura legal que incide sobre a concessão administrativa não é essencialmente diferente da aplicável às concessões comuns de serviço público". Parece-lhes perfeitamente viável, por exemplo, a contratação sob a forma de concessão administrativa do provimento de infraestrutura rodoviária cujos pagamentos ao parceiro privado sejam baseados, por exemplo, em pedágio-sombra (*shadow toll*), nos moldes do utilizado nas Sem Cobrança ao Utilizador/SCUT portuguesas – ou seja: a Administração Pública obriga-se a pagar contraprestação em valor variável de acordo com a quantidade e o tipo dos veículos que efetivamente utilizarem a rodovia.[26]

Diante desses diferentes posicionamentos, perfilha-se a corrente no sentido de que a interpretação sistemática da Lei 11.079/2004 permite destacar a existência de dois tipos de concessão administrativa: a de *serviços públicos* e a de *serviços ao Estado*, correspondentes às hipóteses definidas na lei como contratos de prestação de serviços de que a Administração seja a usuária indireta ou direta, respectivamente. Disso deflui que o objeto das concessões administrativas é amplo, compreendendo atividades administrativas que podem ou não configurar serviço público.[27]

A concessão administrativa de serviços públicos tem por objeto aqueles prestados diretamente aos administrados sem a cobrança de tarifa, remunerando-se a concessionária por contraprestação paga pela Administração Pública, que será considerada como usuária indireta, cabendo a ela os direitos e responsabilidades econômicas relativos à outorga.

A concessão administrativa de serviços ao Estado, por sua vez, é a que tem por objeto os mesmos serviços a que se refere o art. 6º da Lei de Licitações: o oferecimento de utilidades à própria Administração, que será tida como usuária direta dos serviços e versará a correspondente remuneração. Dessa forma, as concessões administrativas destinam-se a tornar viável a aplicação da estrutura econômica das concessões tradicionais a contratos de prestação de serviços que já podiam ser celebrados sob a regência da

25. Maurício Portugal Ribeiro e Lucas Navarro Prado, *Comentários à Lei de PPP – Parceria Público-Privada: Fundamentos Econômico-Jurídicos*, cit., 1ª ed., 2ª tir., p. 70, nota de rodapé 7.

26. Idem, pp. 70-71. Registram que "a estrutura de pedágio-sombra tem sido utilizada muitas vezes na experiência internacional, sobretudo em casos em que (a) existe já no momento da desestatização tráfego relevante, (b) existe uma cultura de aversão à cobrança de pedágio, em alguns casos associada à visão de que a cobrança de pedágio viola o direito de ir e vir dos utentes, e (c) não existe via alternativa à que será concedida. Inglaterra e Portugal talvez sejam os Países que mais fartamente utilizaram pedágio-sombra (Maurício Portugal Ribeiro e Lucas Navarro Prado, *Comentários à Lei de PPP – Parceria Público-Privada: Fundamentos Econômico-Jurídicos*, cit., 1ª ed., 2ª tir., p. 71, nota de rodapé 8).

27. No mesmo sentido: Carlos Ari Sundfeld, "Guia jurídico das parcerias público-privadas", cit., in Carlos Ari Sundfeld (coord.), *Parcerias Público-Privadas*, 2ª ed., pp. 31-32; Alexandre Santos de Aragão, *Direito dos Serviços Públicos*, cit., 3ª ed., p. 644; Benjamin Zymler, *Direito Administrativo e Controle*, Belo Horizonte, Fórum, 2005, p. 164; Floriano de Azevedo Marques Neto, "As parcerias público-privadas no saneamento ambiental", in Carlos Ari Sundfeld (coord.), *Parcerias Público-Privadas*, 2ª ed., São Paulo, Malheiros Editores, 2011, pp. 312-313.

Lei 8.666/1993. Aproximam-se, quanto a esses aspectos, do contrato administrativo de serviços regido pela Lei de Licitações.

Todavia, existem elementos importantes que aproximam a concessão administrativa de serviços ao Estado da tradicional concessão de serviços públicos. A concessão administrativa escapa à regra de limitação de prazo que consta da Lei 8.666/1993 (art. 57), pois essa limitação impede a viabilização de contratos que exijam do parceiro privado investimentos de grande monta em uma infraestrutura para a prestação de serviços. Enquanto o contrato de serviços se sujeita à Lei 8.666/1993, na concessão administrativa há submissão às normas das Leis 11.079/2004, 8.987/1995 e 9.074/1995.

Enquanto vigente a concessão administrativa de serviços ao Estado, não estando amortizado o investimento, essa infraestrutura constituirá patrimônio da concessionária, podendo reverter ao concedente ao final, se previsto no contrato (art. 3º, *caput*, da Lei 11.09/2004, c/c os arts. 18, X, e 23, X, da Lei 8.987/1995). Dessa forma, a estrutura contratual e a lógica econômica da concessão administrativa de serviços ao Estado e da tradicional concessão de serviços públicos são idênticas.[28]

Maria Sylvia Zanella Di Pietro anota que o art. 4º, III, da Lei de PPPs só exclui dos objetos das PPPs as atividades exclusivas do Estado – o que significa que, dentre as não exclusivas, algumas somente poderão ser objeto de concessão patrocinada (que permite cobrança de tarifa dos usuários) e que as outras só poderão ser objeto de concessão administrativa (quando não haja possibilidade de cobrar tarifa dos usuários). Menciona, ainda, a Lei mineira 14.868/2003, a qual prevê a possibilidade de PPP em várias áreas, não necessariamente todas elas serviços públicos.[29-30]

28. Carlos Ari Sundfeld, "Guia jurídico das parcerias público-privadas", cit., in Carlos Ari Sundfeld (coord.), *Parcerias Público-Privadas*, 2ª ed., p. 32.

Complementa o autor aduzindo que a concessão administrativa de serviços públicos é uma espécie da concessão de serviços públicos, juntamente com a concessão comum e a concessão patrocinada. A distinção entre as três espécies corre por conta da forma de remuneração do concessionário, e a concessão administrativa de serviços ao Estado é uma espécie do gênero contrato administrativo de serviços ao Estado, cujo objeto inclui a realização de investimento privado para criar, ampliar ou recuperar infraestrutura pública (ob. e loc. cits.).

29. Maria Sylvia Zanella Di Pietro, *Parcerias na Administração Pública: Concessão, Permissão, Franquia, Terceirização, Parceria Público-Privada e Outras Formas*, 9ª ed., São Paulo, Atlas, 2012, p. 155.

Acrescenta a autora: "Isto permite concluir que a concessão administrativa constitui-se em um misto de empreitada (porque o serviço, mesmo que prestado a terceiros, é remunerado pela própria Administração, como se deduz do art. 2º, § 3º) e de concessão de serviço público (porque o serviço prestado ou não a terceiros – os usuários – está sujeito a algumas normas da Lei 8.987, sejam as relativas aos encargos e prerrogativas do Poder concedente, sejam as relativas aos encargos do concessionário)". Observa, ainda, que, se o objeto do contrato for a prestação de serviço público, "haverá terceirização de atividade-meio (serviços administrativos) e atividade-fim (serviços sociais do Estado). Será, de certa forma, o mesmo tipo de delegação de serviço público que ocorre com as organizações sociais (...), porém com regime jurídico diverso. De qualquer forma, a ideia é a de delegar a entidade privada a execução de serviço público; só que no caso das organizações sociais a entidade tem que ser associação ou fundação sem fins lucrativos, e no caso da concessão administrativa essa exigência não existe, podendo a concessionária atuar com objetivo de lucro. Nos dois casos ter-se-á serviço público não exclusivo do Estado, prestado por entidade privada, median-

De toda forma, uma das maiores dificuldades da definição legislativa consiste na alusão a *serviços prestados indiretamente à Administração Pública*. Essa fórmula conduz à possibilidade de o particular desempenhar atividades em proveito imediato de terceiros, em que a Administração Pública seria beneficiária indireta. Em tais hipóteses a concessão administrativa poderá envolver serviços públicos. Um exemplo típico seria o contrato em que o particular assumisse o dever de promover a coleta de lixo e dar destinação apropriada aos dejetos sólidos. Nesse caso, as atividades objeto da concessão administrativa configurariam serviço público (ainda que apenas em parte).

No entanto, a hipótese não configura *delegação* do serviço público. Ao contrário das outras modalidades de concessão (comum e patrocinada), o particular não assumirá o dever de desempenhar as atividades em nome próprio. Atuará sempre em prol da Administração Pública. Em outras palavras: seus atos serão atribuídos à Administração.[31]

Alexandre Aragão elenca extenso rol de atividades administrativas (não necessariamente de serviços públicos) que imagina possam vir a ser objeto da concessão administrativa:

(i) Serviços públicos econômicos em relação aos quais o Estado decida não cobrar tarifa alguma dos usuários (por exemplo, uma rodovia em uma região muito pobre).

(ii) Serviços públicos sociais, como a educação, a saúde, a cultura e o lazer em geral, que também podem ser prestados livremente pela iniciativa privada. Lembremo-nos, por exemplo, de algumas experiências, já vividas em algumas entidades da Federação, de 'terceirização' da administração de hospitais públicos.

(iii) Atividades preparatórias ou de apoio ao exercício do poder de polícia, que, em si, é indelegável à iniciativa privada (nos termos estabelecidos no art. 4º, III, da Lei 11.079/2004). Seriam os casos da hotelaria em presídios, da colocação

te remuneração garantida pelo Poder Público" (ob. cit., pp. 155-156).

30. Nos termos da Lei mineira 14.868/2003, podem ser objeto de PPP (art. 5º): (i) a prestação de serviços públicos; (ii) a construção, a ampliação, a manutenção, a reforma e a gestão de instalações de uso público em geral, bem como de terminais estaduais e de vias públicas; (iii) a instalação, a manutenção e a gestão de bens e equipamentos integrantes de infraestrutura destinada a utilização pública; (iv) a implantação e a gestão de empreendimento público, incluída a administração de recursos humanos, materiais e financeiros; (v) a exploração de bem público; (vi) a exploração de direitos de natureza imaterial de titularidade do Estado, incluídos os de marcas, patentes e bancos de dados, métodos e técnicas de gerenciamento e gestão. As atividades acima descritas poderão ser desenvolvidas nas seguintes áreas (art. 5º, § 1º): (i) educação, saúde e assistência social; (ii) transportes públicos; (iii) saneamento básico; (iv) segurança, sistema penitenciário, defesa e justiça; (v) ciência, pesquisa e tecnologia; (vi) agronegócio, especialmente na agricultura irrigada e na agroindustrialização; (vii) outras áreas públicas de interesse social ou econômico.

No mesmo sentido, e a título de exemplo, cf.: a Lei baiana 9.290/2004 (art. 5º e § 2º); a Lei alagoana 6.972/2008 (art. 14 e parágrafo único); a Lei amazonense 3.363/2008 (art. 6º e § 1º); a Lei Complementar capixaba 492/2009 (arts. 5º e 6º); a Lei mato-grossense 9.641/2011 (art. 3º); a Lei paraibana 8.684/2008 (art. 3º e § 1º); a Lei paranaense 17.046/2012 (art. 5º e § 2º); a Lei fluminense 5.068/2007 (art. 4º); a Lei Complementar potiguar 307/2005 (art. 3º); a Lei Complementar rondoniense 609/2011 (art. 6º); a Lei catarinense 15.500/2011 (art. 3º e § 2º); a Lei sergipana 6.299/2007 (art. 9º); a Lei tocantinense 2.231/2009 (art. 5º e § 2º).

31. Marçal Justen Filho, *Curso de Direito Administrativo*, cit., 9ª ed., pp. 829-830.

de pardais eletrônicos em vias públicas, prestação de serviços de reboque para remoção de veículos estacionados irregularmente etc.

(iv) Atividades internas da Administração Pública, em que o próprio Estado, aí incluindo seus servidores, é o único beneficiário do serviço (por exemplo, construção e operação de uma rede de creches ou restaurantes para os servidores públicos, construção e operação de um centro de estudos sobre a gestão administrativa para elaboração de projetos para a maior eficiência do Estado etc.).

Especialmente em relação aos serviços públicos sociais e culturais, as concessões administrativas revelam grande espaço para a cooperação entre o Poder Público e entidades privadas, inclusive sem fins lucrativos.[32]

2.2 Complexidade do objeto

Não há consenso quanto à exigência da complexidade como característica indispensável do objeto do contrato de concessão administrativa. Neste ponto, há que se colocar que existem discussões a respeito das atividades que podem integrar o objeto das concessões administrativas. Isto porque em tais contratos deveria haver a *complexidade* – com a conjugação de serviços com outras atividades, notadamente a implantação de complexas infraestruturas – que pudesse ensejar a contratação.

Por outro lado, há aqueles que entendem que o objeto da concessão administrativa deverá ser complexo: em seu bojo deverão, necessariamente, estar inseridas tanto a implantação de uma infraestrutura pública quanto a execução de serviços dela decorrente e a ela relacionada. Tal interpretação decorreria da leitura conjugada dos §§ 2º e 4º, III, do art. 2º da Lei federal de PPPs.

Nos termos do primeiro, "concessão administrativa é o contrato de prestação de serviços de que a Administração Pública seja a usuária direta ou indireta, ainda que envolva execução de obra ou fornecimento e instalação de bens". Do segundo, "é vedada a celebração de contrato de parceria público-privada: (...) que tenha como objeto único o fornecimento de mão de obra, o fornecimento e instalação de equipamentos ou a execução de obra pública".

Parece não haver grande consenso quanto à exigência da *complexidade* como característica indispensável do objeto do contrato de concessão administrativa.

Segundo alguns doutrinadores, a complexidade do objeto não poderá ser levada em conta como elemento essencial do conceito de concessão administrativa. Assim, Luiz Tarcísio Teixeira Ferreira afirma que a norma prevê apenas uma complexidade possível, nos casos em que a prestação de serviços deva ser conjugada com a realização de obra ou infraestrutura ou o fornecimento de bens; mas não já necessária, ao menos na prestação de certos serviços públicos que não demandem a execução de obras ou o fornecimento e a instalação de equipamentos.[33]

32. Alexandre Santos de Aragão, *Direito dos Serviços Públicos*, cit., 3ª ed., pp. 644-646.

33. Luiz Tarcísio Teixeira Ferreira, *Parcerias Público-Privadas: Aspectos Constitucionais*, Belo Horizonte, Fórum, 2006, p. 70. Exemplifica que o serviço de limpeza urbana poderia, a teor da locução da lei, ser contratado como concessão administrativa, sem que necessitasse conjugação com obras ou fornecimento e instalação de equipamentos, respeitadas as demais exigências legais quanto ao vulto e aos prazos mínimo e máximo (ob. cit., p. 70).

Maria Sylvia Zanella Di Pietro[34] e José dos Santos Carvalho Filho[35] também prelecionam que essa doutrina se afina melhor com o texto legal.

Outros advogam o entendimento de que o objeto da concessão administrativa é complexo, abrangendo necessariamente a prestação de um serviço e a execução de uma obra (ou uma concessão de uso). Na lição de Carlos Ari Sundfeld, tal característica foi imposta para evitar confusão com quaisquer dos contratos regidos pela Lei de Licitações – desorganizando, assim, o sistema legal. E enfatiza:

"A concessão administrativa não é um simples contrato de prestação de serviços – ao contrário do que pode parecer da leitura isolada do art. 2º, § 2º –, pois sempre incluirá a realização de investimentos pela concessionária para criação, ampliação ou recuperação de infraestrutura, a serem amortizados no prazo do contrato (art. 5º, I), em montante de ao menos 20 milhões de Reais.

"A concessão administrativa também não poderá restringir-se à execução de obra pública (art. 2º, § 4º, III), que é característica do contrato de obras da Lei de Licitações. É certo que a concessão administrativa poderá incluir a obra (art. 2º, § 2º), mas dois outros requisitos deverão estar presentes: a concessionária deverá fazer investimento de ao menos 20 milhões de Reais e, pronta a infraestrutura, ela deverá ser usada para a prestação de serviços por um período de ao menos cinco anos (art. 2º, § 4º, II). Esses requisitos não existem nos meros contratos de obras. As exigências de prestação de serviços por um tempo mínimo e de que a remuneração esteja sempre vinculada a essa prestação (art. 7º) – não, portanto, à execução de parcelas de obras – impedem que a concessão administrativa se transforme em simples contrato de obras com financiamento do empreiteiro.

"Ademais, a concessão administrativa, conquanto possa incluir o fornecimento de bens para criação da infraestrutura (art. 2º, § 2º), não poderá limitar-se a isso (art. 2º, § 4º, III). A lei quis impedir o uso da concessão como simples alternativa ao contrato de compra da Lei de Licitações, bem como para a aquisição financiada de bens. São indispensáveis o investimento mínimo de 20 milhões de Reais bem como a prestação de serviços vinculados a esses bens, por ao menos cinco anos.

"Por fim, quando se fala de serviços como objeto da concessão administrativa, está-se referindo à execução autônoma de prestações, para alcançar resultados predeterminados. A Lei das PPPs não considera como tal o mero fornecimento de força de trabalho humano (isto é, de 'mão de obra') para atuar sob a direção da Administração (art. 2º, § 4º, III)."[36]

Alexandre Aragão,[37] Gustavo Binenbojm,[38] Paulo Modesto[39] e Marçal Justen

34. Maria Sylvia Zanella Di Pietro, *Parcerias na Administração Pública: Concessão, Permissão, Franquia, Terceirização, Parceria Público-Privada e Outras Formas*, cit., 9ª ed., p. 153.

35. José dos Santos Carvalho Filho, *Manual de Direito Administrativo*, 26ª ed., São Paulo, Atlas, 2013, p. 431.

36. Carlos Ari Sundfeld, "Guia jurídico das parcerias público-privadas", cit., in Carlos Ari Sundfeld (coord.), *Parcerias Público-Privadas*, 2ª ed., p. 33.

37. Alexandre Santos de Aragão, *Direito dos Serviços Públicos*, cit., 3ª ed., p. 647. Para o autor, as concessões administrativas encontram-se no meio caminho entre a delegação e a terceirização. São, "de fato, delegações de atividades administrativas (não necessariamente de serviços públicos), não meras terceirizações, pois pressupõem a construção, expansão, reforma ou manutenção

Filho[40] também destacam a exigência dessa mencionada complexidade do objeto – combinação de obras, fornecimento de bens ou equipamentos e prestação de serviços – como sendo decorrência mesmo do art. 2º, § 2º, da Lei 11.079/2004.

A segunda posição doutrinária parece mais consentânea com a normação legal estabelecida para impedir a banalização da PPP ou a utilização do regime jurídico para contratos destinados a se submeterem à Lei 8.666/1993.[41]

2.3 *Vedações legais*

Para melhor delimitar o campo de aplicação de contratos de PPPs, a Lei de PPPs estatui hipóteses em que é vedada a celebração destes contratos, quais sejam (art. 2º, § 4º): (i) valor do contrato inferior a 20 milhões de Reais; (ii) prazo da contratação inferior a cinco anos; (iii) objeto único e exclusivo o fornecimento de mão de obra, o fornecimento e instalação de equipamentos ou a execução de obra pública.

Também está proibida a PPP quando seu objeto envolver a delegação de funções de regulação, jurisdicional, o exercício do poder de polícia e outras atividades exclusivas do Estado (nos termos do art. 4º, III, da Lei 11.079/2004).[42]

A questão pertinente às vedações à celebração de PPP é bastante relevante,

de infraestruturas por meio das quais também se prestará serviço, sendo vedada a sua utilização se tiver 'como objeto único o fornecimento de mão de obra, o fornecimento e instalação de equipamentos ou a execução de obra pública' (art. 2º, § 4º, III, da Lei 11.079/2004), com que teríamos, aí, sim, uma mera terceirização ou empreitada de obra pública, regidas pela Lei 8.666/1993 (ob. e loc. cits.).

38. Gustavo Binenbojm, "As parcerias público-privadas (PPPs) e a Constituição", *Revista Eletrônica de Direito Administrativo Econômico* 2/5, Salvador, maio/julho/2005 (disponível em *http://www.direitodoestado.com.br*, acesso em 29.12.2013).

39. Paulo Modesto anota que, "de ordinário, (...) a concessão administrativa deve ser qualificada como contrato administrativo misto, híbrido, envolvendo um contrato de prestação de serviços e uma concessão de uso ou de obra pública, nomeadamente quando envolver a utilização de instalações privativas do Poder Público ou a execução de obra ou o fornecimento de bens" ("Reforma do Estado, formas de prestação de serviços ao público e parcerias público-privadas: demarcando as fronteiras dos conceitos de 'serviço público', 'serviços de relevância pública' e 'serviços de exploração econômica' para as parcerias público-privadas", in Carlos Ari Sundfeld (coord.), *Parcerias Público-Privadas*, 2ª ed., São Paulo, Malheiros Editores, 2011, p. 519).

40. Marçal Justen Filho, *Curso de Direito Administrativo*, cit., 9ª ed., p. 828.

41. Não se nega, porém, nas palavras de Fernando Vernalha Guimarães, que "a prestação de serviços pode constituir-se em objeto único da concessão administrativa (...). Trata-se de reconhecer que 'serviço' na dicção daquela norma *[art. 2º da Lei federal de PPPs]* deve ser entendido como o provimento de utilidades geridas e organizadas com relativa independência e autonomia pelo concessionário, destinadas a produzir resultados encomendados pelo tomador. O parceiro privado incumbe-se de organizar, segundo uma gestão empresarial, um conjunto de atividades e bens que resultem na produção de certo serviço à Administração ou ao usuário. Um qualificador que se adiciona à noção (econômica) de serviço, portanto, reside numa certa autonomia de gestão e de organização dos meios a ser exercida pelo concessionário, pressupondo-se a gestão de um conjunto de atividades inter-relacionadas e articuladas em prol de certos resultados" (*Parceria Público-Privada*, São Paulo, Saraiva, 2012, pp. 196 e 198).

42. Sustenta Diógenes Gasparini que, "com exceção dessas últimas, as demais não são obrigatórias aos Estados, ao Distrito Federal e aos Municípios, pois seus dispositivos não podem ser caracterizados como normas gerais" (*Direito Administrativo*, 17ª ed., São Paulo, Saraiva, 2012, p. 473).

pois, se, de um lado, a figura da concessão administrativa permite o desenvolvimento de uma série de projetos que antes não era possível de implementar nos limites da Lei 8.666/1993, de outro, pode gerar fraude, e conceder indevidamente a prestador de serviço as garantias que a Lei de PPPs permite dar ao parceiro privado.

O estabelecimento de balizas para definição dos casos em que é conveniente a adoção da forma de PPP, e especialmente de concessão administrativa, em detrimento da prestação de serviços comuns, revela-se, assim, oportuno. Entretanto, o faz de maneira genérica, como sói a ato normativo fazê-lo. Requer, por isso, interpretação e aplicação atenta para que, nos casos concretos, seja verificada a conveniência de aplicação do regime de PPP.[43]

O valor mínimo do contrato justifica-se em face dos altos custos de transação (são os custos envolvidos na preparação para o fechamento de um contrato) e agência (são os custos envolvidos no gerenciamento de contratos celebrados) que a celebração de PPP envolve.[44]

A aplicação desse valor a todos os entes federativos tem propiciado forte controvérsia. Defendem alguns sua não configuração como norma geral sobre contratação pública, em virtude da autonomia local inerente à Federação e da impossibilidade de fixar regra restritiva da utilização de instrumentos contratuais em face de seu valor ou prazo de duração mínima. Essa é a lição de Gustavo Binenbojm.[45]

Entendem outros, como Luiz Tarcísio Teixeira Ferreira,[46] que se trata de norma geral de direito financeiro, e não de norma de caráter geral de contratação.

Fernando Vernalha Guimarães assevera, com propriedade, que a norma do inciso I do § 4º do art. 2º é norma geral de direito administrativo, uma vez que:

"(a) A exigência de valor-piso é peça constitutiva de aspectos essenciais do tipo legal da PPP. Como a Constituição outorgou competência privativa à União para legislar sobre normas gerais de modalidade de contrato administrativo, a veiculação de elemento central ou essencial da configuração do tipo legal é, fora de dúvida, matéria afeta à norma geral.

"(b) A exigência de valor-piso recobre um interesse nacional, que lhe exige a unificação de tratamento jurídico em todo o território nacional. O interesse transcendente se demonstra: (b.1) na própria configuração normativa de modalidade de contrato administrativo em seus traços formativos, como é o valor-piso. A subtração ou relativização do valor-piso poderá produzir a desfiguração do modelo, desequilibrando a relação de correspondência

43. Maurício Portugal Ribeiro e Lucas Navarro Prado, *Comentários à Lei de PPP – Parceria Público-Privada: Fundamentos Econômico-Jurídicos*, cit., 1ª ed., 2ª tir., p. 75.

44. Idem, ibidem.

45. Gustavo Binenbojm, "As parcerias público-privadas (PPPs) e a Constituição", cit., *Revista Eletrônica de Direito Administrativo Econômico* 2/10 (disponível em *http://www.direitodoestado.com.br*, acesso em 29.12.2013). Para o autor, "a ordem de grandeza dos projetos e empreendimentos levados a efeito no âmbito federal é consideravelmente maior que a da maioria dos demais entes federativos. Assim, embora isso possa parecer uma porta aberta a abusos, entendo que cada ente federativo deve fixar seus próprios limites mínimos, compatíveis com a sua realidade socioeconômica, mas sem descurar do fato de que as PPPs se destinam a situações excepcionais e que requeiram investimentos iniciais vultosos do parceiro privado".

46. Luiz Tarcísio Teixeira Ferreira, *Parcerias Público-Privadas: Aspectos Constitucionais*, cit., p. 36.

que há entre ele e certos comandos de regime jurídico da PPP; (b.2) na função organizacional do sistema jurídico do contrato administrativo, prestando-se o valor-piso a melhor delimitar o uso do modelo da PPP relativamente a outros regimes – o que ganha relevância na autonomização da PPP, vista sob o figurino da concessão administrativa, em contraste com o contrato administrativo geral (Lei 8.666/1993); (b.3) por recobrir a prescrição do valor-piso aplicação dos princípios da economicidade e da eficiência, ao prestigiar a concentração de recursos em grandes investimentos em infraestrutura e evitar a sua perda de escala e, ainda, ao promover (em todos os casos) altíssimos custos de projetos, insensíveis à grandeza do contrato, o que exige, para evitar seu uso antieconômico, que o contrato possua expressiva dimensão econômico-financeira."[47]

Indaga-se, ainda, se o valor de 20 milhões de Reais se refere aos valores dos investimentos do parceiro privado ou aos valores do desembolso do parceiro público.

Carlos Ari Sundfeld ressalta que a interpretação do art. 2º, § 4º, da Lei de PPPs, "que veda a celebração de contrato de PPP de 'valor inferior' a 20 milhões de Reais – como se estivesse referindo a soma das parcelas do preço a ser pago ao contratado durante toda a vigência do contrato, e não o investimento a ser por ele feito (...) não faz qualquer sentido, mesmo porque contraria a razão de ser do instituto, bem expressa no art. 5º, I: a obtenção de investimentos privados na criação de infraestrutura pública. Ademais, seria ridículo que a lei estivesse simplesmente pretendendo tornar mais caros os contratos administrativos, ao prever um 'valor mínimo' de 20 milhões de Reais. É óbvio, portanto, que o que o art. 2º, § 4º, I, proíbe é celebração de contrato de PPP em que não se preveja a realização, pelo parceiro privado, de investimentos de ao menos 20 milhões de Reais".[48]

Por sua vez, Floriano de Azevedo Marques Neto sustenta o oposto, "pois o art. 2º, § 4º, da lei veda parcerias cujo valor seja inferior a 20 milhões de Reais. Presume-se que este valor total da parceria seja correspondente ao montante a ser pago ao parceiro privado ao longo do prazo da PPP".[49]

Com Maurício Portugal Ribeiro e Lucas Navarro Prado sufraga-se o posicionamento de que as PPPs não podem ser contratadas quando o valor total do investimento for inferior a 20 milhões de Reais:

"O limite mínimo de 20 milhões de Reais do valor do contrato toca justamente duas razões, (...) pois, (i) se não há investimento relevante, também não é necessário prazo longo para sua amortização e remuneração, e (ii) a possibilidade de ganhos de eficiência fica tanto mais reduzida quanto menor for o valor do investimento. Portanto, para se justificar a

47. Fernando Vernalha Guimarães, "O conceito de norma geral e a regra do valor mínimo às parcerias público-privadas (inciso I do § 4º do art. 2º da Lei 11.079/2004)", *Revista Eletrônica de Direito Administrativo Econômico/REDAE* 18, Salvador, maio-julho/2009 (disponível em *http://www.direitodoestado.com/revista/REDAE-18-MAIO-2009-FERNANDO-VERNALHA.pdf*, acesso em 30.12.2013).

48. Carlos Ari Sundfeld, "Guia jurídico das parcerias público-privadas", cit., in Sundfeld, Carlos Ari Sundfeld (coord.), *Parcerias Público-Privadas*, 2ª ed., p. 28.

49. Floriano de Azevedo Marques Neto, "As parcerias público-privadas no saneamento ambiental", cit., in Carlos Ari Sundfeld (coord.), *Parcerias Público-Privadas*, 2ª ed., p. 327.

PPP é preciso que a adequada prestação do serviço requeira investimentos de relevo (mais de 20 milhões de Reais, segundo a fronteira estabelecida pela lei) do parceiro privado em uma infraestrutura.

"É bem verdade que a lei se refere a um valor mínimo de contrato. Ela estaria, contudo, melhor se a referência fosse a um valor mínimo de *investimento*. 'Valor de contrato' é uma expressão vaga e que abre espaço para algumas manipulações. Por exemplo, é possível aumentar-se artificialmente e sem justificativa o valor do contrato pelo mero aumento de prazo do contrato. Já, o valor do investimento não padece dessa fragilidade. De qualquer modo, a menção legal a um valor mínimo de contrato dá espaço para sua interpretação como valor mínimo de investimento, que nos parece a interpretação mais correta."[50]

Assim, o prazo mínimo de cinco anos de prestação do serviço justifica-se pela necessidade de permitir a amortização de investimentos da concessionária, sendo um modo de diluir a pressão financeira no tempo.[51] Permite-se que os prestadores de serviços financiem a criação da infraestrutura pública necessária para a prestação dos serviços que lhes foram concedidos (ou para a realização de investimentos relevantes naquela já existente), de forma que os dispêndios sejam amortizados paulatinamente, por meio da remuneração auferida ao longo da execução contratual.

A seu turno, o inciso III do § 4º do art. 2º da Lei de PPPs "traduz opção política do legislador de não utilizar a Lei de PPP para modificar os marcos legais aplicáveis à (i) realização de obra pública pura, (ii) compra e instalação de equipamentos ou (iii) contratação de mão de obra. (...).

"Doutra sorte, o dispositivo comentado deixa claro que os contratos de PPP são sempre contratos de prestação de serviços, ao usuário ou à Administração Pública. Isso não significa que os contratos de PPP, para a prestação adequada do serviço, não possam exigir que o parceiro privado realize investimento em obras, na contratação de pessoal e em compra de equipamentos.

"Do modo como está redigido o dispositivo, está proibida a realização de PPPs em que o fornecimento de equipamentos e as obras não estejam vinculados diretamente à prestação do serviço.

"A contratação de pessoal pura também está proibida. Não é permitida contratação de PPP meramente para suprir necessidade de pessoal. Dessa perspectiva, a contratação de PPP só é viável quando envolver capacidade operacional empresarial, que se traduz na organização de conjunto de bens, direitos e pessoal apto à eficiente prestação de dado tipo de serviço. Não cabe, por exemplo, PPP para contratação de serviço de limpeza de um edifício, ou para mera assistência a usuários de *software* de rede."[52]

Anote-se que a lei, em seu art. 4º, III, indicou algumas atividades que não estão compreendidas no âmbito das PPPs: ati-

50. Maurício Portugal Ribeiro e Lucas Navarro Prado, *Comentários à Lei de PPP – Parceria Público-Privada: Fundamentos Econômico-Jurídicos*, cit., 1ª ed., 2ª tir., p. 78.

51. Carlos Ari Sundfeld, "Guia jurídico das parcerias público-privadas", cit., in Carlos Ari Sundfeld (coord.), *Parcerias Público-Privadas*, 2ª ed., p. 37; Maurício Portugal Ribeiro e Lucas Navarro Prado, *Comentários à Lei de PPP – Parceria Público-Privada: Fundamentos Econômico-Jurídicos*, 1ª ed., 2ª tir., pp. 79-81.

52. Maurício Portugal Ribeiro e Lucas Navarro Prado, *Comentários à Lei de PPP – Parceria Público-Privada: Fundamentos Econômico-Jurídicos*, 1ª ed., 2ª tir., p. 81.

vidade jurisdicional, atividade regulatória, poder de polícia e atividades exclusivas do Estado.

Pela doutrina clássica, inspirado no direito administrativo francês, o poder de polícia, enquanto atividade revestida de potestade estatal, só pode ser desempenhado por pessoas jurídicas de direito público.[53] A propósito, Carlos Ari Sundfeld registra que, tendo em conta a falta de precisão quanto ao sentido da expressão "poder de polícia", "a melhor tendência é a de interpretá-la como sinônimo de 'exercício do poder de autoridade', isto é, de coação (exemplo: o de apreender veículos irregulares nas estradas). Ademais, a indelegabilidade também ficou vinculada a um conceito em branco ('outras atividades exclusivas do Estado'), cujo preenchimento depende de categorias – de resto, bastante polêmicas – que não se encontram na Lei das PPPs".[54]

3. A natureza da concessão administrativa

As características da concessão administrativa levam a questionar sua natureza de *concessão*.

Celso Antônio Bandeira de Mello a considera como *a falsa concessão*, porque o que a Administração teria que pagar para acobertar os dispêndios da prestação de serviço seria uma remuneração contratual como qualquer outra, e não uma tarifa – o que descaracteriza a parceria como uma concessão. E acrescenta que "o que a lei visa, na verdade, por meios transversos, não confessados, *é a realizar um simples contrato de prestação de serviços* – e não uma concessão –, segundo um regime diferenciado e muito mais vantajoso para o contratado que o regime geral dos contratos".[55]

Nessa mesma esteira caminha Luiz Tarcísio Teixeira Ferreira, para quem a concessão administrativa é inconstitucional, porque: (i) a denominação "concessão" não é "conceito vazio", que defere ao legislador ordinário liberdade ilimitada de conformação; (ii) só poderiam ser objeto da concessão serviços de titularidade da Administração e sobre os quais haveria a possibilidade de transferência; (iii) a relação jurídica da concessão é sempre tripartite (concedente/concessionária/usuários), o que não ocorre na concessão administrativa (parceiro público/parceiro privado); (iv) a concessão de serviços exige, minimamente, a possibilidade de a remuneração básica ser feita por meio de tarifa, e aqui há contraprestação pecuniária; (v) esta subtração da liberdade de conformação própria de uma política tarifária caracteriza ofensa ao princípio federativo e à autonomia administrativa dos entes federados.[56]

Importa, desde logo, salientar que a concessão administrativa configura uma

53. Alexandre Santos de Aragão, *Direito dos Serviços Públicos*, cit., 3ª ed., p. 645, nota 23.

54. Carlos Ari Sundfeld, "Guia jurídico das parcerias público-privadas", cit., in Carlos Ari Sundfeld (coord.), *Parcerias Público-Privadas*, 2ª ed., p. 40.

55. Celso Antônio Bandeira de Mello, *Curso de Direito Administrativo*, cit., 32ª ed., p. 801. Continua o autor: "(...). Deveras, não basta chamar um contrato de prestação de serviços como concessão para que ele adquira, como em um passe de mágica, esta qualidade. Também não basta chamar de tarifa o pagamento feito ao prestador de serviço em um contrato desta índole para que tal pagamento se converta em tarifa e o dito contrato se transforme em uma concessão; assim como não bastaria chamar uma cadeira de alto-falante para poder irradiar sons por meio dela".

56. Luiz Tarcísio Teixeira Ferreira, *Parcerias Público-Privadas: Aspectos Constitucionais*, cit., pp. 169-170.

contratação em que o termo "concessão" tem sentido diverso do tradicionalmente utilizado no nosso sistema jurídico.

Em verdade, a expressão "concessão" indica um gênero, que contempla várias espécies. Assim, em nossa opinião, não é, *v.g.*, não nos parece que a remuneração direta da concessionária por meio da tarifa paga pelos usuários, ou mesmo a prestação de serviços públicos diretamente a estes, que caracterizaria o instituto da *concessão*. Mais importante que isso é o fato de a remuneração da concessionária ser atrelada à fruição de uma utilidade concedida, independentemente de quem seja o utente (se a própria Administração ou se usuários) e sem qualquer vinculação à forma de remuneração pelas atividades concedidas.[57]

Neste sentido, vale destacar que o afastamento da remuneração como elemento definitório da concessão não é algo novo na doutrina brasileira. Geraldo Ataliba, em parecer publicado em 1989, lecionava que o Estado pode remunerar a concessionária diretamente, transferindo recursos seus, sem que isso viesse a desnaturar o instituto.

Em sua opinião – com a qual concordamos –, a remuneração seria um aspecto secundário da concessão. Nas palavras do autor, "costuma-se adotar o termo 'tarifa' sempre que o regime estabelecido preveja que o concessionário possa receber uma contraprestação dos usuários. Nada impede, entretanto – e por isso não se desconfigura a concessão –, que o Poder Público estabeleça regras segundo as quais ele mesmo assumirá a remuneração das atividades do concessionário. Não deixa de ser concessão a situação em que não haja pagamento dos usuários ao concessionário. O que importa é que o concessionário deve ser pago. A forma de pagamento é secundária; pode dar-se por qualquer processo. Essencial é o pagamento. Daí o sustentarmos que a expressão 'tarifa' usada no texto constitucional tem o significado genérico de preço contratual devido ao concessionário, podendo ser satisfeito (pago) pelo concedente ou pelo usuário, conforme o estabeleça a discrição legislativa, em função de considerações administrativas, financeiras ou outras, que não importa, agora, aprofundarmos, mesmo porque não afeta a essência da construção jurídica do instituto".[58]

Floriano de Azevedo Marques Neto esclarece que existem – e podem existir – regimes de concessão diversos que não apenas a concessão de serviço típica da Lei 8.987/1995, remunerada basicamente pela tarifa cobrada aos usuários (*v.g.*, a concessão de direito real de uso, a concessão de uso de bem público, a concessão de uso de espaço aéreo, a concessão de serviços de radiodifusão).[59]

57. Neste sentido, cf. Floriano de Azevedo Marques Neto, *A Concessão como Instituto do Direito Administrativo*, tese (concurso para provimento de cargo de Professor Titular do Departamento de Direito do Estado), São Paulo, Faculdade de Direito/USP, 2013, pp. 378-379.

58. Geraldo Ataliba, "SABESP – Serviço público – Delegação a empresa estatal – Imunidade de impostos – Regime de taxas", *RDP* 92/70-95, N. 22, São Paulo, Ed. RT, outubro-dezembro/1989 (p. 76). Cf., ainda, André Luiz Freire, *O Regime de Direito Público na Prestação de Serviços Públicos por Pessoas Privadas*, tese (Doutorado em Direito do Estado), São Paulo, Faculdade de Direito-PUC/SP, 2013, pp. 328-330.

59. Floriano de Azevedo Marques Neto, "As parcerias público-privadas no saneamento ambiental", cit., in Carlos Ari Sundfeld (coord.), *Parcerias Público-Privadas*, 2ª ed., pp. 310-311.

Para o autor, o costume de se tratar uma das espécies de concessão – aquela que tem por objeto a transferência, ao particular, da prestação de um

Assim, o fato de se atribuir às espécies de contratos de PPP criadas pela Lei 11.079/2004 a alcunha de "concessão" não é suficiente para condená-la. A *concessão administrativa* é apenas uma espécie do gênero *concessão* no ordenamento jurídico pátrio.[60]

4. Observações finais: causas dos avanços e retrocessos das PPPs brasileiras e panorama geral

Diante da crescente experiência internacional na criação de novas formas de parceria com a iniciativa privada na gestão dos negócios do Estado, a carência de recursos públicos para projetos de alto custo, o objetivo de atrair o capital privado para investimentos com segurança e lucratividade, o déficit de projetos estruturantes em áreas de segurança pública, saneamento básico, até as de infraestrutura viária ou elétrica, foi editada a Lei de PPPs.

No entanto – e passados praticamente 10 anos desde a publicação do referido diploma normativo –, observa-se que esse modelo não avançou na esfera federal. Apenas duas das concessões administrativas estudadas tiveram seus contratos assinados:

(i) Projeto Datacenter, concessão administrativa que tem por objeto a construção do centro de processamento de dados que vai prestar serviços ao Banco do Brasil e à Caixa Econômica Federal. O objeto também prevê a prestação de serviços de gerenciamento, manutenção e operação da infraestrutura predial do complexo que deverá ser compartilhado pelas duas instituições financeiras, dando maior segurança aos arquivos dos clientes e das duas instituições bancárias. O prazo de vigência do contrato é de 15 anos e o valor máximo do contrato será de pouco mais de 1 bilhão de Reais, sendo que o investimento inicial previsto supera 260 milhões de Reais.[61]

(ii) Projeto Pontal, concessão administrativa que objetiva a contratação de empresa para realização de serviço de irrigação no perímetro Pontal, em Petrolina/PE, para, dessa forma, desenvolver área do Semiárido pernambucano com agricultura irrigada intensiva.

Outros projetos, cujas tentativas de contratação tiveram início em âmbito federal, não foram contratados. Dentre eles, podem ser destacados os seguintes:

(i) Projeto Baixio de Irecê – foi considerado o maior projeto de irrigação do País, correspondente a uma área de 59.000ha, localizada entre os Municípios

serviço público – como se ela abarcasse todas as modalidades do instituto é um caso de sinédoque: "Na teoria da linguagem, sinédoque é um tipo de metonímia que permite expressar uma ideia a partir da relação lógica entre o significante e o significado. Especificamente, é a figura de linguagem fundada numa relação cognoscível que permite ao emissor da mensagem se expressar usando uma referência menor, mas facilmente compreensível pelo receptor na amplitude alvitrada pela mensagem. Uma das mais comuns das sinédoques é tomar a parte como se fosse o todo. Sem pretender aqui maiores digressões semióticas, temos que com o instituto da concessão ocorre fenômeno parecido. Não como recurso de linguagem, mas como vezo decorrente da importância mais saliente de uma espécie de concessão em relação às outras" (Floriano de Azevedo Marques Neto, *A Concessão como Instituto do Direito Administrativo*, cit., pp. 222-223).

60. Cf., ainda, Vera Monteiro, *Concessão*, São Paulo, Malheiros Editores, 2010, pp. 176-181.

61. Disponível em *http://www.planejamento.gov.br/hotsites/ppp/conteudo/projetos/nacionais/projetos_Datacenter. Html*, acesso em 31.12.2013.

de Itaguaçu e Xique-Xique (no Estado da Bahia), com captação de 61,3m³/s de água no Rio São Francisco.

A estruturação do projeto foi coordenada pelo Ministério da Integração Nacional e pela Cia. de Desenvolvimento dos Vales do São Francisco e Parnaíba/ CODEVASF. Em sua concepção inicial, a futura concessionária, após montar toda a infraestrutura, deveria arrendar lotes de terras a pequenos, médios e grandes produtores, além de operar o sistema de fornecimento de água.

A expectativa era a de que o contrato tivesse duração de 35 anos e que a infraestrutura estivesse totalmente concluída e em plena operação em 13 anos após a sua assinatura.[62]

(ii) Projeto Salitre – previa a implantação de perímetro de irrigação, em área total de 67.400ha, sendo 34.000ha irrigáveis.

Com capacidade para captar 32m³/s de água no rio São Francisco, o empreendimento já disporia de projetos executivos, licenciamento ambiental e outorga de utilização da água. Aproximadamente 45% das obras civis já teriam sido executadas. Estimou-se que seriam necessários investimentos da ordem de 325 milhões de Reais para a conclusão da infraestrutura comum de irrigação.[63]

(iii) Projeto Esplanada Sustentável – compreenderá os serviços de revitalização das instalações do Ministério do Planejamento, Orçamento e Gestão, na Esplanada dos Ministérios, Bloco K, incluindo a construção de edifício anexo e a prestação de serviços de gerenciamento, manutenção e operação de infraestrutura.[64]

(iv) Rede Nacional de Televisão Pública Digital/RNTPD – previa o fornecimento de materiais, meios, serviços e equipamentos indispensáveis à construção, implantação, gerenciamento, operação, ao monitoramento e à manutenção da infraestrutura RNTPD, que daria suporte aos serviços de televisão e retransmissão de televisão pública digital conforme o Sistema Brasileiro de Televisão Digital/ SBTVD, explorados por canais de radiodifusão integrantes da plataforma única de Televisão Pública Digital.

A concessão administrativa continha investimentos da ordem de 464 milhões de Reais, com prazo do contrato estimado em 20 anos.[65]

(v) Sistema Geoestacionário Brasileiro – previa a construção, lançamento e operação de satélite geoestacionário.[66]

Razões jurídicas, políticas e judiciais acabaram travando o otimismo inicial do Governo Federal à época da publicação da Lei 11.079/2004, quando se anunciava uma expansão de crescimento e desenvolvimento capiteaneada por meio da institucionalização das PPPs.

As justificativas invocadas para o atraso dos primeiros projetos referiam-se à complexidade dos contratos, que devem

62. Disponível em *http://www.planejamento.gov.br/hotsites/ppp/conteudo/projetos/nacionais/projetos_irece.html*, acesso em 31.12.2013.

63. Disponível em *http://www.planejamento.gov.br/hotsites/ppp/conteudo/projetos/nacionais/projetos_salitre. Html*, acesso em 31.12.2013.

64. Disponível em *http://www.planejamento.gov.br/hotsites/ppp/conteudo/eventos/esplanadasustentavel/index. Html*, acesso em 31.12.2013.

65. Disponível em *http://www.planejamento.gov.br/hotsites/ppp/conteudo/projetos/arquivos_down/projetos_ quadros.pdf*, acesso em 31.12.2013.

66. Disponível em *http://www.planejamento.gov.br/hotsites/ppp/conteudo/projetos/arquivos_down/projetos_ quadros.pdf*, acesso em 31.12.2013.

estabelecer regras claras e duradouras, visto que as concessões têm prazo de até 35 anos, e assegurar a viabilidade do projeto e a prestação contínua dos serviços de acordo com as especificações – exigem a montagem de um esquema financeiro adequado. Além disso, precisavam tomar todo o cuidado para que o primeiro projeto fosse o mais perfeito possível, pois serviria de modelo para os demais.

A demora na regulamentação total da lei também não é motivo suficiente para os reduzidos avanços no plano federal, pois já se passaram mais de sete anos desde que foi editada a Portaria 614, de 21.8.2006, da Secretaria do Tesouro Nacional, que estabelece normas gerais relativas à consolidação das contas públicas aplicáveis aos contratos de PPP. O funcionamento do Conselho de Gestor de PPPs foi regulamentado no mesmo ano,[67] o Fundo Garantidor de PPPs foi devidamente constituído, conta-se com uma unidade de PPPs, vinculada ao Ministério do Planejamento, Orçamento e Gestão, e mesmo a criação de forças-tarefa foi autorizada para a implementação de projetos de PPPs.[68]

A verdade é que o Governo Federal, em alguma medida, não conseguiu romper a barreira burocrática: um projeto de PPP precisa passar por, pelo menos, dois Ministérios,[69] ser submetido a consulta pública e enfrentar a aprovação pelo TCU.[70] A excessiva morosidade dos processos em âmbito federal não se justifica mesmo que contabilizadas todas as divergências de interesses entre os setores público e privado.

Os contratos de PPPs têm um escopo de regulação mais complexo do que os contratos de concessão comum, que requer um processo de elaboração e maturação. De conformidade com o art. 5º da Lei 11.079/2004, a par das cláusulas essenciais estipuladas no art. 23 da Lei 8.987/1995, os contratos deverão prever aspectos bastante peculiares, inviabilizando, dessa forma, a utilização de minutas padronizadas de contratos, pois cada caso conterá aspectos próprios, que requererão cuidado especial dos agentes envolvidos na preparação da licitação e na elaboração do contrato de uma PPP.

A análise sobre a escolha de PPP ou concessão comum para obras e serviços públicos é feita caso a caso. A PPP é, na verdade, uma alternativa que o Governo tem em relação à concessão tradicional.

Por outro lado, Estados, Distrito Federal e Municípios têm sido mais proeminentes na execução de projetos utilizando-se de PPPs, em sua modalidade de concessão administrativa. De todo modo, apenas quatro Estados da Federação conseguiram viabilizar, ao todo, menos de uma dezena de projetos – Bahia, São Paulo, Minas Gerais e Pernambuco.[71]

67. Por meio da edição do Decreto federal 5.385, de 4.3.2005.

68. Nos termos Resolução 2, de 19.9.2005, do Comitê Gestor de Parceria Público-Privada Federal/CGP.

69. De acordo com o Decreto federal 5.385/2005, o pedido de deliberação do CGP sobre a contratação de PPP, em especial a autorização para realização de licitação, deverá estar instruído com pronunciamento prévio, fundamentado e conclusivo: (i) do Ministério do Planejamento, Orçamento e Gestão, sobre o mérito do projeto; (ii) do Ministério da Fazenda, quanto à viabilidade da concessão de garantia e à sua forma, relativamente aos riscos para o Tesouro Nacional e ao cumprimento do limite fixado no art. 22 da Lei 11.079/2004 (art. 8º, § 2º).

70. A Instrução Normativa TCU-52, de 4.7.2007, dispõe sobre o controle e a fiscalização de procedimentos de licitação, contratação e execução contratual de PPPs, a serem exercidos pelo TCU.

71. Sistema Produtor do Alto Tietê, Sistema Produtor São Lourenço, Planta de Produção

De todo modo, é preciso impedir a banalização da PPP ou desvio no uso da concessão administrativa, com a utilização do regime jurídico para contratos que deveriam se submeter à Lei 8.666/1993, bem como o comprometimento irresponsável de recursos públicos futuros com contratos dessa espécie, seja pela assunção de compromissos impagáveis, seja pela escolha de projetos não prioritários.

Não nutramos, porém, ilusões quanto a ser a PPP verdadeira panaceia, a legitimar, por sua só existência, a solução para todos os problemas nacionais.

Referências bibliográficas

ANDRADE, Letícia Queiroz de. "A experiência brasileira nas concessões de rodovias". In: SUNDFELD, Carlos Ari (coord.). *Parcerias Público-Privadas*. 1ª ed., 2ª tir. São Paulo, Malheiros Editores, 2007.

————. *Teoria das Relações Jurídicas da Prestação de Serviço Público sob Regime de Concessão*. Tese (Doutorado em Direito Administrativo), São Paulo, Faculdade de Direito-PUC/SP, 2010.

ARAGÃO, Alexandre Santos de. *Direito dos Serviços Públicos*. 3ª ed. Rio de Janeiro, Forense, 2013.

ATALIBA, Geraldo. "SABESP – Serviço público – Delegação a empresa estatal – Imunidade de impostos – Regime de taxas". *RDP* 92/70-95. N. 22. São Paulo, Ed. RT, outubro-dezembro/1989.

Américo Brasiliense e CPTM Linha 8 – Diamante (no Estado de São Paulo); Complexo Penal, Unidade de Atendimento Integrado e Estádio do Mineirão (no Estado de Minas Gerais); Estádio da Fonte Nova, Hospital do Subúrbio, Emissário Submarino e Instituto Couto Maia (no Estado da Bahia); Arena Multiuso e Centro Integrado de Ressocialização de Itaquitinga (no Estado de Pernambuco).

BANDEIRA DE MELLO, Celso Antônio. *Curso de Direito Administrativo*. 32ª ed. São Paulo, Malheiros Editores, 2015.

BINENBOJM, Gustavo. "As parcerias público-privadas (PPPs) e a Constituição". *Revista Eletrônica de Direito Administrativo Econômico* 2. Salvador, maio-julho/2005 (disponível em *http://www.direitodoestado.com.br*, acesso em 29.12.2013).

CARVALHO FILHO, José dos Santos. *Manual de Direito Administrativo*. 26ª ed. São Paulo, Atlas, 2013.

COSSALTER, Philippe, "A *private finance initiative*" (trad. de Marçal Justen Filho). *Revista de Direito Público da Economia/* RDPE 6/127-180. Ano 2. Belo Horizonte, abril-junho/2004.

COUTO E SILVA, Almiro do. "Privatização no Brasil e o novo exercício de funções públicas por particulares. Serviço público 'à brasileira'?". *RDA* 230/45-74. Rio de Janeiro, outubro-dezembro/2002.

DI PIETRO, Maria Sylvia Zanella. *Parcerias na Administração Pública: Concessão, Permissão, Franquia, Terceirização, Parceria Público-Privada e Outras Formas*. 9ª ed. São Paulo, Atlas, 2012.

FERREIRA, Luiz Tarcísio Teixeira. *Parcerias Público-Privadas: Aspectos Constitucionais*. Belo Horizonte, Fórum, 2006.

FREIRE, André Luiz. *O Regime de Direito Público na Prestação de Serviços Públicos por Pessoas Privadas*. Tese (Doutorado em Direito do Estado). São Paulo, Faculdade de Direito-PUC/SP, 2013.

GASPARINI, Diógenes. *Direito Administrativo*. 17ª ed. São Paulo, Saraiva, 2012.

GUIMARÃES, Fernando Vernalha. "O conceito de norma geral e a regra do valor mínimo às parcerias público-privadas (inciso I do § 4º do art. 2º da Lei 11.079/2004)". *Revista Eletrônica de Direito Administrativo Econômico/REDAE* 18. Salvador, maio-julho/2009 (disponível em *http://www.direitodoestado.com/revista/REDAE-18-MAIO-2009-FERNANDO-VERNALHA.pdf*, acesso em 30.12.2013).

————. *Parceria Público-Privada*. São Paulo, Saraiva, 2012.

JUSTEN FILHO, Marçal. *Curso de Direito Administrativo*. 9ª ed. São Paulo, Ed. RT, 2013.

MARQUES NETO, Floriano de Azevedo. *A Concessão como Instituto do Direito Administrativo*. Tese (concurso para provimento de cargo de Professor Titular do Departamento de Direito do Estado). São Paulo, Faculdade de Direito/USP, 2013.

————. "As parcerias público-privadas no saneamento ambiental". In: SUNDFELD, Carlos Ari (coord.). *Parcerias Público-Privadas*. 2ª ed. São Paulo, Malheiros Editores, 2011.

————. "Concessão de serviço público sem ônus para o usuário". In: WAGNER JR., Luiz Guilherme da Costa (coord.). *Direito Público: Estudos em Homenagem ao Professor Adilson Abreu Dallari*. Belo Horizonte, Del Rey, 2004.

MODESTO, Paulo. "Reforma do Estado, formas de prestação de serviços ao público e parcerias público-privadas: demarcando as fronteiras dos conceitos de 'serviço público', 'serviços de relevância pública' e 'serviços de exploração econômica' para as parcerias público-privadas". In: SUNDFELD, Carlos Ari (coord.). *Parcerias Público-Privadas*. 2ª ed. São Paulo, Malheiros Editores, 2011.

MONTEIRO, Vera. *Concessão*. São Paulo, Malheiros Editores, 2010.

PORTO NETO, Benedicto. *Concessão de Serviço Público no Regime da Lei n. 8.987/1995: Conceito e Princípios*. São Paulo, Malheiros Editores, 1998.

————. "Concessão dos serviços municipais de coleta de lixo. Remuneração da concessionária diretamente pelo concedente". *RIASP* 5. Janeiro-junho/2000.

PRADO, Lucas Navarro, e RIBEIRO, Maurício Portugal. *Comentários à Lei de PPP – Parceria Público-Privada: Fundamentos Econômico-Jurídicos*. 1ª ed., 2ª tir. São Paulo, Malheiros Editores, 2010.

RIBEIRO, Maurício Portugal, e PRADO, Lucas Navarro. *Comentários à Lei de PPP – Parceria Público-Privada: Fundamentos Econômico-Jurídicos*. 1ª ed., 2ª tir. São Paulo, Malheiros Editores, 2010.

SUNDFELD, Carlos Ari (coord.). *Parcerias Público-Privadas*. 2ª ed. São Paulo, Malheiros Editores, 2011.

WAGNER JR., Luiz Guilherme da Costa (coord.). *Direito Público: Estudos em Homenagem ao Professor Adilson Abreu Dallari*. Belo Horizonte, Del Rey, 2004.

ZYMLER, Benjamin. *Direito Administrativo e Controle*. Belo Horizonte, Fórum, 2005.

IMPROBIDADE ADMINISTRATIVA: UMA LEITURA DO ART. 11 DA LEI 8.429/1992 À LUZ DO PRINCÍPIO DA SEGURANÇA JURÍDICA*

EDILSON PEREIRA NOBRE JR.

Professor da Faculdade de Direito do Recife/UFPE,
instituição na qual cursou Mestrado e Doutorado em Direito Público
– Desembargador do TRF-5ª Região
– Membro da Academia de Letras Jurídicas do Rio Grande do Norte

Resumo: O presente texto destina-se a examinar a definição de improbidade do art. 11 da Lei 8.429/1992 diante da necessidade de sua harmonização com o princípio da segurança jurídica

Palavras-chave: Improbidade administrativa, Princípios, Segurança jurídica

Summary: This text is intended to examine the definition of improbity in Legislative Act 8.429/1992, art. 11, against the need of its adjustment with the principle of legal certainty.

Keywords: Administrative improbity, Principles, Legal certainty

Não se é possível desconhecer que o Estado Brasileiro, sob o ponto de vista de suas instituições administrativas, notabiliza-se, ainda, pela versão patrimonialista, a qual continua, mesmo diante de algumas tentativas para o despertar de uma Administração gerencial, fortemente arraigada à cultura tanto das elites quanto das classes menos favorecidas. Isso favorece práticas contrárias à boa administração, evidenciando má-fé daquele a quem cabe gerir e concretizar o interesse público.[1]

* Um breve esclarecimento: este escrito teve sua origem e fonte de inspiração na atividade judicante do seu autor, a partir do exame de recursos oriundos de pretensões deduzidas para o reconhecimento da suposta prática de improbidade administrativa, nos quais, tendo em vista a não configuração de dano ao Erário, discutiu-se sobre a incidência da conduta do agente público no art. 11, *caput*, da Lei 8.429/1992, em face de maltrato a princípios regentes da Administração Pública, *tout court*.

1. Nunca é demasiado reviver a lição de Ruy Cirne Lima (*Princípios de Direito Administrativo*, 6ª ed., São Paulo, Ed. RT, 1987, pp. 20-21), ao frisar que Administração, seja nos confins do

Com o propósito de coibir algumas práticas que destoam da normalidade administrativa, veio a lume, ao depois do êxito porventura não obtido com a ação popular, a Lei 8.429/1992, tipificando uma série de atos a que denominou como configuradores de improbidade administrativa, tripartindo-os entre os que ensejam enriquecimento ilícito, os que produzem dano ao Erário e, finalmente, os que atentam contra os princípios da Administração Pública. O rol de tais categorias encontra-se enumerado nos vários incisos dos arts. 9º, 10 e 11 do diploma acima mencionado.

Nossa abordagem volta-se justamente ao último dos dispositivos referidos, em cujo enunciado se tem, no seu *caput*, a menção de que caracteriza "ato de improbidade administrativa que atenta contra os princípios da Administração Pública qualquer ação ou omissão que viole os deveres de honestidade, imparcialidade, legalidade e lealdade às instituições", para, logo depois, com o auxílio do advérbio "notadamente", listar, detalhadamente, outras condutas como tais.

Preocupa-me – e bastante – a maneira como alcançará aplicação o preceito em exame. Isso porque o objetivo de coibir, com o recurso ao *jus puniendi* estatal, práticas lesivas ao interesse coletivo não justifica o desapego a garantias que, historicamente, incorporou o Estado de Direito nas suas diversas fases. Em segundo lugar, a incidência de tal norma desprovida de ajustes objetivos poderá conduzir a um resultado contrário à dinâmica que deve pautar a função administrativa, retirando do administrador qualquer laivo de criatividade – o que decerto e jamais foi o objetivo pretendido pela Lei 8.429/1992.

Dentro da primeira ordem de razões, reforça a preocupação a circunstância – inegável, por sinal – de que a apuração de atos de improbidade administrativa, mesmo não guardando identidade com a apuração judicial de delitos ou crimes, alberga conteúdo nitidamente punitivo,[2] motivado pela violação da ordem jurídica administrativa.

Daí, então, o receio com o maltrato ao princípio da segurança jurídica, o qual caminha junto com o da legalidade, podendo-se afirmar que o segundo se afigura como uma exigência do primeiro. É que toda e qualquer punição a ser infligida pelo Estado a quem se encontra sob sua ordem jurídica, qualquer que seja a modalidade na qual é classificada, haverá de satisfazer o princípio da legalidade. Este, por sua vez, não se satisfaz pela existência de autorização em lei ou veículo normativo com força de lei.

A legalidade – como sói acontecer com os elementos estruturais de um sistema jurídico – não se perfaz sozinha, mas num concerto harmônico com outros valores, dentre os quais ressai, inelutavelmente, a segurança jurídica.

Essa inquietação – qual seja, a de conformar legalidade e segurança jurídica

direito privado ou do direito público, designa atividade de quem não é dono, ostentando como traço característico sua vinculação a um fim alheio à pessoa do agente ou órgão que a exercita. Especificadamente quanto à Administração Pública, interessante transcrever a seguinte passagem: "O fim – e não a vontade – domina todas as formas de administração. 4. Supõe, destarte, a atividade administrativa a preexistência de uma regra jurídica, reconhecendo-lhe uma finalidade própria. Jaz, consequentemente, a Administração Pública debaixo da legislação, que deve enunciar e determinar a regra de Direito" (ob. cit., p. 22).

2. Cf., nesse sentido, considerações que constaram dos pronunciamentos dos Min. Gilmar Mendes e Eros Grau por ocasião do julgamento da ADI 2.797-2-DF (Pleno, rel. Min. Sepúlveda Pertence, m.v., *DJU* 19.12.2006).

– tornou a frequentar o campo do direito público material, tendo em vista a inflação legislativa que se verifica nos dias atuais, e tem por objetivo evitar que, mais uma vez, a lei deixe de ser uma garantia para se transmudar em opressão, conforme sucedeu no período compreendido entre as duas conflagrações mundiais.

Bem observou o fenômeno García de Enterría,[3] ao visualizar a segunda grande crise da lei, e certamente a mais grave, com a multiplicação irreprimível de novas leis – em sua grande parte, "leis-ônibus" –, acompanhadas de um desenvolvimento, também enorme, de normas regulamentares, de maneira que, assim atuando, a competência normativa não responde a uma necessidade objetiva e cuidadosamente avaliada, mas, sim, a atender a impulsos imediatos dos serviços burocráticos. A produção massiva de normas jurídicas compromete seriamente os valores centrais da ordem jurídica, dentre os quais a justiça e a segurança jurídica. Diante disso, conclui para uma chamada de atenção para a primazia dos princípios gerais do Direito, os quais configuram um condensado da justiça e atuam como reguladores de todas e cada uma das instituições positivas de um ordenamento.[4]

Esse aspecto não passou despercebido a Manoel Gonçalves Ferreira Filho[5] ao notar o fenômeno da multiplicação das leis, a conduzir, inelutavelmente, à instabilidade do direito positivo e ao desprestígio de dito veículo. Com isso, verifica-se o desaparecimento da segurança, uma vez abalada a certeza do Direito.

Desse modo, não deve passar despercebido que a exigência de respeito à segurança jurídica, como forma de mais satisfatoriamente conduzir à aplicação das leis em compasso com as exigências da justiça material, reclama alguns cuidados quanto ao conteúdo da norma.

Por isso, a conexão entre a segurança jurídica e o teor das normas legais encontra sólido tratamento na doutrina. Dentre vários autores, realce é de ser conferido a José Luis Palma Fernández,[6] ao examinar, descritivamente, as características que uma norma jurídica há de possuir, por imposição da segurança jurídica, e enuncia as seguintes: (a) certeza da sua vigência; (b) clareza do texto da norma; (c) capacidade reguladora autossuficiente em seu âmbito; (d) ausência de motivações pedagógicas; (e) consequência de um depurado processo de elaboração.

Aqui nos interessam duas das qualidades acima descritas. A primeira delas é a clareza de seu conteúdo, a fim de que possa ser compreensível para os sujeitos

3. Eduardo García de Enterría, *Justicia y Seguridad Jurídica en un Mundo de Leyes Desbocadas*, Madri, Civitas, 2000, pp. 47-105. O autor explica o que se deve considerar por "lei-ônibus" – a que, em seu texto, dispõe sobre uma variedade de matérias.

4. Essa preocupação do doutrinador espanhol não é nova. Foi exposta há aproximadamente quatro décadas antes, em trabalho dirigido ao exame do controle da competência regulamentar (Eduardo García de Enterría, "La interdicción de la arbitrariedad en la potestad reglamentaria", *Revista de Administración* Pública 30/160 e 166, setembro-dezembro/1959), no qual condenou a legislação massificada, ultimando por propugnar pela primazia do império do Direito sobre a lei, de maneira a ser imposto ao mortífero e penetrante poder de fazer normas o respeito aos valores materiais do sistema jurídico – o que entende configurar, possivelmente, a mais alta das missões que cabe a um jurista.

5. Manoel Gonçalves Ferreira Filho, *Estado de Direito e Constituição*, 4ª ed., São Paulo, Saraiva, 2007, pp. 49-50.

6. José Luis Palma Fernández, *La Seguridad Jurídica Ante la Abundancia de Normas*, Madri, Centro de Estudios Políticos e Constitucionales, 1997, pp. 44-54.

de direito. Assim, a clareza, no dizer do autor, "obriga à identificação nítida dos destinatários da norma, à aproximação à sua realidade e à implantação de mandatos, proibições e autorizações dentro de uma linguagem simples e compreensível, o que não tem por que ser, em absoluto, sinônimo de vulgaridade ou ausência de técnica".[7]

A segunda, a qual robustece a já enunciada, é a capacidade de disciplinar seu objeto de forma autossuficiente. Portanto, a norma deve ser completa em sua formulação, bem como se projetar precisa e exata sobre o campo de atividade ao qual se reporta, definindo-o com rigor.

Outra observação é encontradiça em Canotilho,[8] ao anotar que o princípio da segurança jurídica se volta para uma necessidade de conformação formal e material dos atos legislativos, com vistas a associá-los à moderna teoria da legislação, a qual visa a racionalizar e otimizar as normas escritas.

Por isso, deve a segurança jurídica demandar observância, dentre outros, ao princípio da determinabilidade das leis, exigindo a elaboração de leis claras e densas.

Entre nós, Rafael Valim[9] deixa claro que, devendo inicialmente a segurança jurídica ser investigada sob a perspectiva da certeza jurídica, não se pode prescindir do exame da carga semântica das normas cuja observância é imposta a terceiros.

Daí resulta atentar, inicialmente, para o aspecto da densidade, a impor ao legislador, ao dirigir-se ao administrador, conferir competências de modo expresso e específico, ao invés de fazê-lo de forma excessivamente ampla.

De outro lado, há o imperativo da clareza, de sorte que as leis habilitadoras de competências devem ser claras, inteligíveis e coerentes.

A preocupação em comento não escapou à jurisprudência. Tal se manifestou mediante a *Sentencia* 27, de 20.7.1981, do Tribunal Constitucional espanhol,[10] a qual resultou de recurso de inconstitucionalidade promovido por um grupo de 54 deputados voltado à impugnação de preceitos da Lei do Orçamento Geral do Estado para o ano de 1981. Um dos questionamentos dirigia-se à Disposição adicional quinta da mencionada lei, justamente em virtude da suposta violação à segurança jurídica.

No que nos interessa de perto, o voto-condutor, após sustentar que os valores e princípios enunciados pelo art. 9.3 da Constituição de 1978 não devem ser encarados como compartimentos estanques, mas que, contrariamente, cada um deles possui seu valor em função dos demais, assentou que a segurança jurídica é a soma de certeza e legalidade, hierarquia e publicidade normativa, irretroatividade do não favorável e interdição da arbitrariedade, salientando que tais princípios se prestam, aplicados equilibradamente, a promover a justiça e a igualdade. No caso sob julgamento, compreendeu que a

7. "Obliga a la identificación nítida de los destinatarios de la norma, el acercamiento a su realidad y la implantación de mandatos, prohibiciones y autorizaciones dentro de un lenguaje sencillo y comprensible, o que no tiene por qué ser en absoluto sinónimo de vulgaridad o ausencia de técnica" (José Luis Palma Fernández, *La Seguridad Jurídica Ante la Abundancia de Normas*, cit., p. 47).

8. José Joaquim Gomes Canotilho, *Direito Constitucional*, 5ª ed., 2ª reimpr., Coimbra, Livraria Almedina, 1992, pp. 375-384.

9. Rafael Valim, *O Princípio da Segurança Jurídica no Direito Administrativo Brasileiro*, São Paulo, Malheiros Editores, 2010, pp. 99-103.

10. O inteiro teor da decisão referida acha-se disponível em *http://hj.tribunalconstitucional.es*.

Disposição adicional quinta, por ser norma certa e precisa, não portaria inconstitucionalidade.

Realce merece pronunciamento do Conselho Constitucional da França (DC 99-441, de 16.12.1999)[11] ao revelar que a segurança jurídica, sendo uma das finalidades do Direito, há de possuir valor constitucional implícito, à medida que ela protege do arbítrio e garante aos destinatários das normas elementos de certeza. Concluiu-se, na oportunidade, pela inconstitucionalidade de proposta de lei que autorizava o Governo, nos termos do art. 38 da Constituição de 1958, a modificar o texto de alguns códigos. Considerou-se, desse modo, que para atender à segurança jurídica é indispensável que os cidadãos possam determinar o conteúdo da lei aplicável sem esforços insuperáveis. Portanto, as leis promulgadas devem ser claras e inteligíveis.

Estando a segurança jurídica associada à legalidade, tem-se como elevado o papel que, na delimitação do seu conteúdo, evoca a certeza do Direito, fazendo-se imprescindível – para que a legislação possa ser não somente conhecida, mas, igualmente, assimilada pelos cidadãos – que seja elaborada com clareza e precisão. Com isso, supera-se a mera legitimidade formal, assegurando-se que a vontade do Estado seja produto duma normatividade devidamente formulada, e não resultante da vontade arbitrária dos homens.

O Estado Constitucional – o qual pressupõe o respeito a determinados valores –, na condição de produto duma elaboração que se inicia com os albores do movimento constitucionalista nos séculos XVI e XVII mas que se projeta, com aperfeiçoamento, até os dias atuais, não pode desprezar a ideia de garantia de direitos como forma de limitação do poder, na qual entra a legalidade.

O anseio de legalidade surgiu como um reclamo contra a arbitrariedade com a qual se revestia o direito penal do Antigo Regime, para o fim de que se delimitassem, com precisão, as situações nas quais fosse autorizado ao Estado exercitar sua competência de punir.[12]

Assim se impunha porque a definição das condutas puníveis se situava ao talante daquele que exercia o poder, seja por delegação do monarca ou da nobreza. Vigorava, desse modo, clima de insegurança total sobre o que se deveria, ou não, considerar infração penal.

À luz desse quadro é que Beccaria[13] susteve que, para o fim de evitar o despotismo, apenas as leis podem indicar as penas de cada delito, bem assim que o direito de estabelecer leis penais não pode ser senão do legislador, o qual representa a sociedade.

Por essa razão, aduz o autor que o magistrado, na condição de integrante da sociedade, não poderia aplicar a um partícipe desta uma pena que não esteja estabelecida em lei, porquanto, à medida

11. Referência explicativa a esse julgado consta de Carole Nivard, "L'ambivalence du traitement jurisprudentiel de la sécurité juridique", *Droit Administratif: les Revues JurisClasseur* 2/7, Ano 49, fevereiro/2010.

12. Colhe-se de Adolfo Merkl, em livro escrito em 1927 (*Teoría General del Derecho Administrativo*, Granada, Editorial Comares, 2007, p. 350), que a diferença básica entre a Justiça Penal do Estado de Direito e a do Estado de Polícia é obtida pelo princípio *nullum crimen* e *nulla poena sine lege*, porquanto no primeiro prevalecia a construção, nos casos particulares, pelo então detentor do poder político – o soberano, ou seus delegados – do que devia ser reputado um delito.

13. Cesare Beccaria, *Dos Delitos e das Penas*, São Paulo, Hemus Editora, 1983, pp. 15-16 (versão para o Português por Torrieri Guimarães).

que o juiz se faz mais severo do que a lei, ele se torna injusto, pois aplica um castigo que não se encontra prefixado. Assim, somente o soberano – posteriormente às revoluções liberais, o legislador parlamentar –, na qualidade de representante da coletividade, pode fazer leis gerais, às quais todos devem obediência.

Também crítico mordaz do direito penal praticado na Europa do Antigo Regime, Voltaire[14] noticiou que, mesmo a França não possuindo lei expressa contra o incesto, alguns tribunais, baseados unicamente em sua autoridade, puniram-no com a pena de morte. Por isso, realça a superioridade da Ciência Jurídica inglesa, a qual puniria qualquer juiz que viesse a infligir uma pena não prevista em lei. Remata, de forma semelhante, expondo, na mesma página, incumbir "à sabedoria dos governantes ditar as leis, tornar proporcional cada pena a cada delito e refrear réus e juízes".

Daí que, ainda às voltas com o direito penal, não se pode deixar de assentar que ostenta a legalidade, na sua essência, não somente a exigência de que, para se incriminar, haja lei anterior definindo um fato como crime, mas, como bem adverte Celso Delmanto,[15] afigura-se indispensável a taxatividade, ou seja, que as leis que definam crimes sejam precisas, delimitando exatamente a conduta que objetivam punir, não podendo, assim, ser aceitas leis vagas ou imprecisas.

Tanto é assim que Everardo da Cunha Luna, a propósito da conservação do princípio da legalidade, alertou: "O maior perigo atual, porém, para o dogma da reserva legal não é o sociologismo, inimigo declarado da lei; também não é a analogia, nem a sentença normativa, que pretendem partilhar, com a lei, aquilo que legitimamente só à lei pertence. O maior perigo atual para o princípio da legalidade, em virtude da forma com que se apresenta, são os chamados tipos penais abertos ou amplos, para os quais o direito consuetudinário não tem força restritiva. Aqui, o dogma da reserva legal é aparentemente mantido, porque a lei, em vez de falar, concede a palavra para quem dela quiser, ou, melhor, puder fazer uso".[16]

Colhe-se, num volver de olhos à jurisprudência estrangeira, precedente elucidativo na STC 194/2000,[17] emanado do Tribunal Constitucional hispânico, onde se compreendeu, a partir do princípio da legalidade, consagrado pelo art. 25 da Constituição de 1978, que a Disposição adicional quarta da *Ley* 08, de 13.4.1989, relativa à disciplina de taxas e preços públicos, portaria incompatibilidade vertical. Para tanto foi relevante o raciocínio consoante o qual se acha o legislador obrigado, quando do delinear dos contornos dos tipos penais, a levar a cabo uma descrição das condutas constitutivas do delito que cumpra as exigências do princípio da segurança jurídica.

Tal exigência, conforme se extrai da fundamentação do voto do Relator, Don Carles Viver Pisunyer, somente é satisfeita quando há possibilidade de se predizer, com grau suficiente de certeza, as condutas que constituem infração e o tipo e grau das correspondentes sanções.[18]

14. Voltaire, *O Preço da Justiça*, trad. de Ivone Castilho Benedetti, São Paulo, Martins Fontes, 2006, p. 70.

15. Celso Delmanto, *Código Penal Comentado*, 5ª ed., Rio de Janeiro, Renovar, 2000, p. 4.

16. Everardo da Cunha Luna, *Capítulos de Direito Penal – Parte Geral*, São Paulo, Saraiva, 1985, p. 33.

17. A íntegra do julgado pode ser objeto de consulta no endereço eletrônico *http://hj.tribunalconstitucional.es*.

18. Em recente escrito ("Seguridad jurídica", *RTDP* 55/14, São Paulo, Malheiros Editores,

Segue-se, então, a necessidade imperiosa de se preservar, mediante o legislador, a segurança jurídica, a qual se faz presente, na atualidade, igualmente com relação à definição do que deva ser considerado como ato de improbidade administrativa.

Um aspecto que evoca atenção para esse fim – não é exagero relembrar – é a incontestável natureza punitiva dos efeitos que a improbidade é capaz de acarretar para o agente público ou terceiro, bem como a singularidade de que, a exemplo do sucedido com o direito criminal, aqueles são aplicados pelo Judiciário – e não pela Administração –, o qual os dota da condição de definitivos, e não de meramente executórios.[19] Isso contribui, com maior razão, para tornar imperativa a observância do princípio da legalidade, o qual – vale frisar – não se esgota na descrição de uma conduta em lei, mas, acima de tudo, a lei, de forma precisa, deve objetivar qual o fato a ser punido.

Não é por outro motivo que galvaniza atenção, dentro do arcabouço típico dos atos de improbidade, o art. 11, *caput*, da Lei 8.429/1992, ao principiar considerando violador dos princípios da Administração Pública qualquer ato ou omissão que viole os deveres de honestidade, imparcialidade, legalidade e lealdade às instituições.

Pelo texto legal, reforçado com o emprego do pronome indefinido "qualquer", tem-se que toda decisão administrativa que atentasse contra um dispositivo de lei – ou, mesmo, de natureza regulamentar – poderia ser, necessariamente, ímproba. A denegação de um direito subjetivo, como um benefício previdenciário, a menor incapaz ou a idoso qualificar-se-ia, em tese, como ato de improbidade. Do mesmo modo, o lançamento tributário indevido, ou a denegação de uma vantagem funcional.

Poder-se-ia objetar, para o escopo de evitar exageros, que, no que concerne ao princípio da legalidade, somente seriam ímprobas as condutas que fossem apontadas como grave atentado à legalidade. Penso que não é a melhor solução, uma vez que a definição da matéria estaria, afinal, submetida ao juízo, excessivamente subjetivo, do aplicador do Direito, magistrado ou não, ao qual seria conferido, no exercício de sua competência, um verdadeiro "cheque em branco".

Da mesma forma – e com maior perigo – seria definir o que deverá consistir em violação à honestidade, à imparcialidade e à lealdade às instituições, pois aqui nos encontramos no plano dos conceitos indeterminados e, por isso, insuscetíveis de figurar como integrantes de um tipo punitivo, pena de risco à segurança jurídica.

Tais noções, em função do seu caráter plurissignificativo, não se submetem, para fins de sua caracterização, a uma delimitação objetiva predefinida, conforme se espera do tipo de uma conduta cujo enquadramento habilita o Estado a exercitar sua competência punitiva.

2011), Fernando Sainz Moreno deixa evidente, a partir do julgamento alvo de referência, que no âmbito sancionador – expressão que, obviamente, pode-se ver como endereçada às esferas criminal e administrativa – a segurança jurídica requer clareza e precisão da norma definidora das condutas e das sanções.

19. De fato, a apuração de improbidade administrativa visa, indiscutivelmente, a sancionar comportamento contrário ao sistema jurídico-administrativo, mas com uma peculiaridade que a faz se distanciar da simples competência disciplinar, consistente na sua verificação pelo Judiciário e não pela Administração. A decisão, portanto, faz coisa julgada, a evidenciar que a natureza punitiva de que se reveste a ação de improbidade administrativa possui maior gravidade do que a advinda do procedimento administrativo disciplinar, tendo em vista que as conclusões deste estão sujeitas a revisão judicial.

À guisa de exemplo, para um seguidor de determinada religião o fato de um servidor público, durante o intervalo para refeição, fazer o acompanhamento desta mediante uma ou, no máximo, duas taças de vinho tinto poderá representar um ato que atente contra a lealdade institucional, enquanto para um agnóstico tal poderá configurar um ato aprazível, capaz de gerar felicidade, e, portanto, motivador para um labor mais operante.

A admissão generalizada, e desprovida de parâmetros precisos, de atos de improbidade, aliada a um denuncismo exacerbado, poderá conduzir – ou, melhor, conduzirá – à implantação do reino da improbidade, onde a grande maioria das condutas dos administradores (e aqui me refiro aos probos) seria sancionada pelo color de sua reprovabilidade de acordo com a variação do semblante ocasional do integrante do Ministério Público ou do magistrado, inibindo a dinâmica que deve pautar a função administrativa. Nem tanto ao mar, nem tanto à terra.

Não é demasiado salientar que esse entendimento se impõe em decorrência da circunstância revelada seja pela doutrina tradicional, seja pela mais recente,[20] de que o direito de punir, confiado pela ordem jurídica ao Estado, além de uno, não abrange somente as ações reputadas como crimes ou delitos. Engloba, indiscutivelmente, as infrações ao segmento normativo que disciplina o liame entre a Administração e os administrados.

Disso decorre, inelutavelmente, que, a exemplo do direito criminal, no âmbito do direito administrativo é irrecusável a aplicação do princípio da legalidade. E tal se opera em toda a sua essência.

Esse ponto foi objeto de reconhecimento legislativo. Bem o explicita a *Ley* 30, de 27.11.1992, a qual, dispondo sobre o Regimento Jurídico das Administrações Públicas e do Procedimento Administrativo Comum, limita a competência sancionadora da Administração hispânica não somente ao princípio da legalidade, mas com o acréscimo do adorno do princípio da tipicidade. A "Exposição de Motivos" de tal diploma legal foi enfática ao justificar tal tutela.[21]

20. Nesse diapasão, Adolfo Merkl (*Teoría General del Derecho Administrativo*, cit., p. 348) deixou claro que a diferença conceitual entre o direito penal administrativo e o direito penal criminal reside unicamente na competência do segmento estatal incumbido de aplicar as correspondentes sanções – quais sejam: o Judiciário ou a Administração. Essa percepção advém de José María Quirós Lobo (*Principios de Derecho Sancionador*, Granada, Editorial Comares, 1996, pp. 25-28), a partir do exame da jurisprudência do Tribunal Supremo e do Tribunal Constitucional espanhol.

21. Isso é possível observar do item XIV da mencionada "Exposição de Motivos": "O Título IX regula os princípios básicos a que deve se submeter o exercício da competência sancionadora da Administração e os correspondentes direitos que de tais princípios se derivam para os cidadãos, extraídos do texto constitucional e da já consolidada jurisprudência sobre a matéria. Efetivamente, a Constituição, em seu art. 25, trata conjuntamente os ilícitos penais e administrativos, evidenciando a vontade de que ambos se sujeitem a princípios de básica identidade, especialmente quando o campo de atuação do direito administrativo sancionador foi recolhendo tipos de injusto procedentes do campo penal, não subsistentes no mesmo por força do princípio de mínima intervenção. Entre tais princípios destaca o da legalidade ou '*ratio* democrático', em virtude do qual é o Poder Legislativo o que deve fixar os limites da atividade sancionadora da Administração, e o da tipicidade, manifestação neste âmbito daquele da segurança jurídica, junto aos de presunção de inocência, informação, defesa, responsabilidade, proporcionalidade, interdição da analogia etc." ("El Título IX regula los principios básicos a que debe someterse el ejercicio de la potestad sancio-

Atento a tal reclamo, Rafael Valim[22] mostra que, em matéria de sanções administrativas, a densidade das normas legais assume importância transcendente, por força do princípio da tipicidade, impondo-se a delimitação suficientemente objetiva da infração e da sanção a ela correspondente. Do contrário haverá a subtração ao cidadão tanto da possibilidade de evitar a reprimenda quanto de controlar a atividade administrativa punitiva.

Por isso, não se mostrou em vão a advertência que, anteriormente, lançou Alejandro Nieto,[23] ao tornar indiscutível não bastar à lei se reportar simplesmente à infração, exigindo-se do tipo, por sua vez, que seja suficiente, ou seja, que contenha uma descrição de seus elementos essenciais. Daí se reclamar do legislador a maior precisão possível, para o fim de que o cidadão possa conhecer qual é a conduta que constitui uma infração e que resposta lhe reserva o ordenamento.

Enfocando o tema duma maneira mais adequada ainda, Manuel Atienza e Juan Manero,[24] valendo-se do préstimo do conceito de tipicidade formulado pelos penalistas, os quais distinguem dentre tipos de garantia e tipos sistemáticos, remata que os delitos – aqui, sem dúvida, se podem inserir as infrações à ordem administrativa – devem ser tipificados em regras, quer dizer, em padrões os mais específicos possíveis, e não em meros princípios, pois haveria quebrantamento do princípio da legalidade estrita. Daí discriminarem entre ilícitos típicos, consistentes em contradição a regras, e ilícitos atípicos, que seriam condutas violadoras de princípios, de que seriam exemplos o abuso de direito, a fraude à lei e o desvio de poder.[25]

A meu sentir, a lição dos autores acima longe está de permitir a conclusão de que os princípios não ostentem papel de relevo no que concerne à competência sancionadora do Estado. Absolutamente. O que se interdita aos princípios, em face do seu grau de indeterminação, é a função de servirem de tipo de infração penal ou à

nadora de la Administración y los correspondientes derechos que de tales principios se derivan para los ciudadanos extraídos del texto constitucional y de la ya consolidada jurisprudencia sobre la materia. Efectivamente, la Constitución, en su art. 25, trata conjuntamente los ilícitos penales y administrativos, poniendo de manifiesto la voluntad de que ambos se sujeten a principios de básica identidad, especialmente cuando el campo de actuación del derecho administrativo sancionador ha ido recogiendo tipos de injusto procedentes del campo penal no subsistentes en el mismo en aras al principio de mínima intervención. Entre tales principios destaca el de legalidad o '*ratio* democrático', en virtud del cual es el Poder Legislativo el que debe fijar los límites de la actividad sancionadora de la Administración, y el de tipicidad, manifestación en este ámbito del de seguridad jurídica, junto a los de presunción de inocencia, información, defensa, responsabilidad, proporcionalidad, interdicción de la analogía etc." – disponível em *noticias.jurídicas.com/base_datos/Admin/130-1992.html*, acesso em 19.6.2013).

22. Rafael Valim, *O Princípio da Segurança Jurídica no Direito Administrativo Brasileiro*, cit., 2010.

23. Alejandro Nieto, *Derecho Administrativo Sancionador*, 5ª ed., Madri, Tecnos, 2011, pp. 267-268 (a 1ª ed. edição é de 1993).

24. Manuel Atienza e Juan Ruiz Manero, *Ilícitos Atípicos*, 2ª ed., Madri, Trotta, 2006, pp. 25-27.

25. Nestas plagas, essa preocupação com possível maltrato à segurança jurídica quando da tipificação de atos de improbidade não é das mais recentes. A ela se reportou, a propósito de discorrer sobre a moralidade administrativa, Márcio Cammarosano (*O Princípio da Moralidade e o Exercício da Função Administrativa*, Belo Horizonte, Fórum, 2006, pp. 109-110). A publicação espelha tese de Doutoramento defendida perante a PUC/SP no ano de 1997.

ordem administrativa. No entanto, atuam – e isso é inquestionável e evidente em sede de improbidade administrativa – como lastro informador das regras que tipificam as infrações penais e a ordem administrativa. Basta notar que os vários tipos constantes da Lei 8.429/1992 encontram um liame com um princípio integrante do regime jurídico-administrativo.

Não quero, com a argumentação ora desenvolvida, sustentar a inconstitucionalidade do art. 11 da Lei 8.429/1992. Absolutamente. Apenas que este dispositivo necessita de um ajuste interpretativo, a partir de seu cotejo com os valores superiores do sistema jurídico, dentre os quais a legalidade e a segurança jurídica.

No meu sentir, versando a matéria discutida sobre a improbidade desafiadora dos princípios da Administração Pública, a definição típica do ato punível não pode se exaurir unicamente no *caput* do preceito legal, pois do contrário geraria situações de forte incompatibilidade com a segurança jurídica e a legalidade.

Portanto, a tipificação nesses casos não dispensa a integração com alguma das situações descritas nos incisos I a VII do art. 11 da Lei 8.429/1992,[26] as quais, sem sombra de dúvida, configuram maltrato aos deveres de honestidade, imparcialidade, legalidade e lealdade às instituições.[27]

A conclusão se vê reforçada quando se constata que o Direito Brasileiro acolhe, em várias referências na Norma Ápice, tanto o princípio da legalidade (art. 5º, II, e art. 37, *caput*) quanto o inerente à segurança jurídica ("Preâmbulo", art. 5º, *caput* e incisos XXXVI e XL, e art. 150, III, "a" a "c").

Ademais, esse conteúdo mínimo do princípio da legalidade, a implicar sua compulsória harmonização com a segurança jurídica, é inarredável quando se tem que os direitos fundamentais no Estado Constitucional não podem ser encarados sem a reminiscência das circunstâncias históricas que os motivaram, o que é justificável porque os fatos de hoje apresentam, na sua essência, as mesmas notas características daqueles de outrora, embora manifestados sob um rótulo diverso.

Outra não poderia ser a solução a ser seguida, pois assim o impõe o passado que fez originar a consagração da legalidade e da segurança jurídica no campo punitivo. Não se pode desprezar Gustavo Zagrebelsky[28] ao suster que numa Constituição baseada em princípios – como é o caso da promulgada em 5.10.1988 – a interpretação haverá de ser um ato que relacione um passado constitucional, assumido como um valor, com um futuro que se nos oferece como problema para resolver. As Constituições da atualidade – diz o Mestre peninsular – projetam o futuro tendo

26. Interessante a transcrição apenas de tais incisos do art. 11 da Lei 8.429/1992, a saber: "I – praticar ato visando fim proibido em lei ou regulamento ou diverso daquele previsto na regra de competência; II – retardar ou deixar de praticar, indevidamente, ato de ofício; III – revelar fato ou circunstância de que tem ciência em razão das atribuições e que deva permanecer em segredo; IV – negar publicidade aos atos oficiais; V – frustrar a licitude de concurso público; VI – deixar de prestar contas quando esteja obrigado a fazê-lo; VII – revelar ou permitir que chegue ao conhecimento de terceiro, antes da respectiva divulgação oficial, teor de medida política ou econômica capaz de afetar o preço de mercadoria, bem ou serviço".

27. Esse pensar foi sufragado em alguns julgados (TRF-5ª Região, 4ª Turma: AC 528.187-SE, rel. Des. Federal Edilson Nobre, v.u., *DJe* 8.11.2012; e AC 484.128-PB, rel. Des. Federal Edilson Nobre, v.u., *DJe* 31.10.2012).

28. Gustavo Zagrebelsky, *Historia y Constitución*, 2ª ed., Madri, Editorial Trotta, 2011, pp. 90-91.

firme o passado, isto é, o patrimônio de experiência histórico-constitucional que pretendem salvaguardar e fortalecer.

Poder-se-ia supor que tudo isso não passaria de uma compreensão delirante, pois é sabido que no campo punitivo vicejam tipos incompletos (normais penais em branco). Todavia, tal invocação não se presta para se justificar a tipificação pelo só art. 11, *caput*, da Lei 8.429/1992. Isto porque o complemento das normas penais em branco resulta, normalmente, de dados técnicos emanados dos órgãos competentes (doença de notificação compulsória, substância entorpecente etc.), externos ao processo judicial e que não seriam passíveis de prévia definição pelo legislador. Seriam elementos acidentais e não essenciais ao tipo. Diversamente, o que se vem verificando na experiência prática sobre improbidade administrativa, especialmente quanto à hipótese aqui comentada, é o juízo subjetivo do *Parquet* ou do magistrado como critério determinante e decisivo para fins de tipificação da conduta que deve ser reputada ímproba – o que se revela inconcebível, porquanto, sendo assim, corre-se o risco da implantação do reino da improbidade.

Não se desconhece, com o ponto de vista aqui exposto, a necessidade de reprimir posturas que destoam do padrão de conduta esperado pela sociedade dos agentes públicos. Contudo, tal anelo longe está de respaldar a atuação do direito de punir do Estado fora dos direitos e garantias fundamentais. E, nesse ponto, segue-se que a missão do aplicador da lei está em assegurar que a incidência desta seja realizada em harmonia com os valores basilares do ordenamento jurídico.

Referências bibliográficas

ATIENZA, Manuel, e MANERO, Juan Ruiz. *Ilícitos Atípicos*. 2ª ed. Madri, Trotta, 2006.

BECCARIA, Cesare. *Dos Delitos e das Penas*. Trad. para o Português de Torrieri Guimarães. São Paulo, Hemus Editora, 1983.

CAMMAROSANO, Márcio. *O Princípio da Moralidade e o Exercício da Função Administrativa*. Belo Horizonte, Fórum, 2006.

CANOTILHO, José Joaquim Gomes. *Direito Constitucional*. 5ª ed., 2ª reimpr. Coimbra, Livraria Almedina, 1992.

CIRNE LIMA, Ruy. *Princípios de Direito Administrativo*. 6ª ed. São Paulo, Ed. RT, 1987.

DELMANTO, Celso. *Código Penal Comentado*. 5ª ed. Rio de Janeiro, Renovar, 2000.

FERREIRA FILHO, Manoel Gonçalves. *Estado de Direito e Constituição*. 4ª ed. São Paulo, Saraiva, 2007.

GARCÍA DE ENTERRÍA, Eduardo. *Justicia y Seguridad Jurídica en un Mundo de Leyes Desbocadas*. Madri, Civitas, 2000.

————. "La interdicción de la arbitrariedad en la potestad reglamentaria". *Revista de Administración* Pública 30. Setembro-dezembro/1959.

LUNA, Everardo da Cunha. *Capítulos de Direito Penal – Parte Geral*. São Paulo, Saraiva, 1985.

MANERO, Juan Ruiz, e ATIENZA, Manuel. *Ilícitos Atípicos*. 2ª ed. Madri, Trotta, 2006.

MERKL, Adolfo. *Teoría General del Derecho Administrativo*. Granada, Editorial Comares, 2007.

NIETO, Alejandro. *Derecho Administrativo Sancionador*. 5ª ed. Madri, Tecnos, 2011.

NIVAR, Carole. "L'ambivalence du traitement jurisprudentiel de la sécurité juridique". *Droit Administratif: les Revues JurisClasseur* 2. Ano 49. Fevereiro/2010.

PALMA FERNÁNDEZ, José Luis. *La Seguridad Jurídica Ante la Abundancia de Normas*. Madri, Centro de Estudios Políticos e Constitucionales, 1997.

QUIRÓS LOBO, José María. *Principios de Derecho Sancionador*. Granada, Editorial Comares, 1996.

SAINZ MORENO, Fernando. "Seguridad jurídica". *RTDP* 55/13-27. São Paulo, Malheiros Editores, 2011.

VALIM, Rafael. *O Princípio da Segurança Jurídica no Direito Administrativo Brasileiro*. São Paulo, Malheiros Editores, 2010.

VOLTAIRE. *O Preço da Justiça*. Trad. de Ivone Castilho Benedetti. São Paulo, Martins Fontes, 2006.

ZAGREBELSKI, Gustavo. *Historia y Constitución*. 2ª ed. Madri, Editorial Trotta, 2011.

DESAPROPRIAÇÃO – MOMENTO PARA O RECONHECIMENTO DO DESCUMPRIMENTO DE SUA FUNÇÃO SOCIAL – IMÓVEL REVERTIDO À CONDIÇÃO DE PRODUTIVO – JUSTA INDENIZAÇÃO – ART. 4º, § 3º, DA LEI FEDERAL 8.177/1991

CELSO ANTÔNIO BANDEIRA DE MELLO

Professor Titular de Direito Administrativo da PUC/SP
e Professor Emérito da mesma Universidade

O Sr. "X", proprietário de imóvel rural, expõe-nos os fatos subsequentes, formulando ao depois a seguinte

CONSULTA

1. O Consulente foi notificado, em 14.5.2008, de que sua propriedade rural seria vistoriada tendo em vista desapropriação para fins de Reforma Agrária. Dita vistoria se realizou entre 3.6.2008 e 20.6 do mesmo ano. Somente em agosto/2010 foi publicado o decreto expropriatório por interesse social, e a correspondente ação foi proposta em 16.8.2012. Ou seja: decorreram mais de dois anos entre a comunicação e averiguação da situação do imóvel e a publicação da declaração de interesse social e mais de quatro anos entre dita avaliação e a propositura da ação.

Como é sabido e ressabido, de acordo com o § 4º do art. 2º da Lei 8.629, de 25.2.1993, que dispõe sobre a regulamentação dos dispositivos constitucionais relativos à Reforma Agrária: "Não será considerada, para os fins desta Lei, qualquer modificação, quanto ao domínio, à dimensão e às condições de uso do imóvel, introduzida ou ocorrida até 6 (seis) meses após a data da comunicação para levantamento de dados". Consequentemente, como se depreende *a contrario sensu*, é óbvio que as alterações subsequentes aos aludidos seis meses serão consideradas para fins de verificar-se se o bem é ou não produtivo.

Ora bem, transcorridos os seis meses a que alude o mencionado § 4º do art. 2º da referida lei, houve modificações na sobredita propriedade rural em relação à sua produtividade, tornando-a produtiva, as quais, todavia, em desobediência ao que se infere do sobredito preceptivo, não foram tomadas em consideração, de sorte que a propriedade em causa foi indevidamente tida como improdutiva, por ilegal desconhecimento das alterações legitimamente ocorridas.

2. Isto posto, formula as seguintes indagações

I – Qual a ocasião juridicamente adequada para o reconhecimento de que um imóvel descumpre sua função social, tornando justificável desapropriá-lo para fins de Reforma Agrária?

II – Alterações introduzidas quanto ao "domínio, dimensão e condições de uso do imóvel" após o período de seis meses subseqüentes à comunicação para levantamento de dados e informações sobre ele terão de ser obrigatoriamente tomadas em conta para fins de se avaliar se a propriedade é ou não produtiva? Se não o forem, quais os efeitos jurídicos que daí decorrem?

*III – O § 3º do art. 5º da Lei 8.177/1991, que fixa juros moratórios de até 3% ao ano para pagamento dos Títulos da Dívida Agrária/TDA, é compatível com os princípios da igualdade e indenização por justo preço (*caput *e incisos XXII e XXIV do art. 5º e art. 184 da CF)?*

Às indagações respondo nos termos que seguem.

PARECER

1. Dispõe o art. 184 da CF:

"Art. 184. Compete à União desapropriar por interesse social, para fins de Reforma Agrária, o imóvel rural que *não esteja cumprindo sua função social*, mediante prévia e justa indenização em Títulos da Dívida Agrária, com cláusula de preservação do valor real, resgatáveis no prazo de até 20 (vinte) anos, a partir do segundo ano de sua emissão, e cuja utilização será definida em lei.

"§ 1º. As benfeitorias úteis e necessárias serão indenizadas em dinheiro."

De seu turno, a Lei 8.629, de 25.2.1993, que regulamenta os dispositivos constitucionais atinentes à sobredita Reforma, estatui em seu art. 2º:

"Art. 2º. A propriedade rural que não cumprir a função social prevista no art. 9º é passível de desapropriação, nos termos desta Lei, respeitados os dispositivos constitucionais.

"§ 1º. Compete à União desapropriar por interesse social, para fins de Reforma Agrária, o imóvel rural *que não esteja cumprindo* sua função social."

Basta ler os dispositivos em apreço, com realce ao art. 184 da CF, para ver-se que ali se disse "*que não esteja cumprindo* sua função social" e não que "não haja cumprido" sua função social ou que "não esteve cumprindo sua função social". Vale dizer: é induvidoso para quem conhece a língua portuguesa que o preceptivo em questão está se referindo a uma situação presente, e não a uma situação pretérita.

Em suma: o que a norma veio dispor é que um dado imóvel rural pode ser desapropriado quando *no momento atual, ou seja, naquele momento em que se vai desapropriá-lo*, ele está em descompasso com a função social que deveria estar cumprindo. Ela, pois, não autoriza que se desaproprie imóvel que em momento anterior ao da pretendida desapropriação haja descumprido a função social.

Só é preciso muita atenção para o fato de que *a atividade agropastoril vive de ciclos.*

Assim, se o proprietário acaba de realizar a colheita ou se está no período em que terminou de vender os animais que produziu ou engordou, para reiniciar o ciclo produtivo, é óbvio que não poderá estar naquela ocasião atingindo a produtividade exigida, *mas isto, a toda evidência,* não significa que se trate de propr*iedade improdutiva*, isto é, que não esteja cumprindo sua função social. Caso contrário o ruralista jamais poderia colher o que plantou e o pecuarista nunca poderia alienar os animais que criou ou engordou. Donde uma visão retrospectiva, *em tal caso, será sempre necessária* para apurar a correção do uso social do bem.

Aliás, não só a dicção da norma, seu significado semântico, mas também a razão de existir dela apontam neste mesmo sentido assinalado. Deveras, qual é o objetivo da instituição da desapropriação para Reforma Agrária? É constranger os proprietários rurais a tornarem produtivos seus imóveis, pena de serem deles demitidos, ou é desapropriar? Parece óbvio que a finalidade é alcançar um uso social da propriedade, fazendo-a cumprir uma função de desenvolvimento agropastoril, e não pura e simplesmente despojar proprietários rurais de bens que possuam. Daí que descabe outra inteligência das normas atinentes à desapropriação para fins de Reforma Agrária senão aquela que concorra neste mesmo sentido. A intelecção que abique nesta linha é que terá sempre de ser prestigiada, e não entendimento que apenas favoreça a destituição da propriedade do bem.

2. Encareça-se, liminarmente, que toda e qualquer interpretação tem como base e ponto de partida o próprio texto interpretando, pois não seria possível fazer-lhe a exegese senão em face das proposições ali versadas e, pois, das palavras que a exteriorizam e permitem captar-lhe o sentido.

A interpretação teleológica, como é óbvio, também se constitui com base na formulação da regra de Direito. Entretanto, por guiar-se pela finalidade abrigada *naquela mesma formulação* – ou seja, tal como existe, e não tal como o intérprete consideraria adequado –, depreende-se que, para atender à sobredita finalidade residente na lei (e dessumida *da própria dicção dela*), cumpre extrair uma intelecção afinada com o objetivo dessarte identificado. Pretende que sob a égide da norma estarão todos os casos concretos (mas tão só e unicamente eles) que lhe correspondam ao intento.

Segue-se que, em nome da finalidade do preceptivo *sub examine*, admite-se incluir sob sua regência situações que, se tivessem sido figuradas na ocasião da expedição da regra, certamente a linguagem normativa haveria sido mais abrangente, justamente para colhê-las, dada a identidade de razão com os casos induvidosamente abarcados pela dicção legal. Reversamente, considera que não estarão sob seu império casos concretos que, embora passíveis de se abrigarem, em tese, sob o teor das palavras normativas interpretandas, por certo são estranhos ao desígnio legal ou até mesmo substanciam situações contrapostas ao que nele se propõe alcançar, e por isto a regra, se os houvesse pressentido, teria sido redigida em termos menos latos.

Eis, pois, em que difere a interpretação gramatical da teleológica. Na primeira a dicção normativa é dada como suficiente e, pois, preponderante em relação ao que se poderia identificar como a finalidade *extraível da linguagem* em que se vazou seu comando, já que a perquirição sobre o objetivo da regra é considerada prescindenda. Na interpretação teleológica o escopo reconhecível *na própria dicção da regra*, isto é, o espírito que a anima, ou que anima a *integralidade do texto no qual esta se aloja*, é que é tomado como preponderante, de tal sorte que prevalece, ou completa a literalidade da lei, *desde que não a afronte, não contenda com ela*, pois apenas se propõe a captar-lhe a tônica e reconhecer-lhe o âmbito de abrangência.

Não é, pois, interpretação teleológica, mas abuso do intérprete – conquanto revestido das aparências formais da "interpretação" –, atribuir à lei uma finalidade que não possa ser extraída *da própria linguagem dela* ou da *totalidade normativa onde ela se encarte*, para fins de dar como integradas implicitamente em um texto legal proposições que não foram por ele enunciadas, com a intenção de restringir ou dilargar o alcance daquilo que na lei esteja dito. Procedimento desta ordem contende com a lei, viola sua integridade e implica substituição do legislador pelo pretendido hermeneuta.

Com efeito: interpretar é desvendar um pensamento *alheio*. Não é, pois, inserir na regra de Direito o *próprio juízo* – por mais sensato que seja – sobre a finalidade que "conviria" fosse por ela perseguida. Interpretar é trazer a lume o propósito *já cristalizado em regra que objetivamente existe*, para o efeito de desvelar o conteúdo que nela mesma reside. Não é, então, compor, para a lei, segundo os critérios pessoais de quem a examina, uma finalidade que se reputa prezável ou mais prezável do que a que está vertida no preceito examinando.

3. Tomem-se, em guisa de exemplos, as seguintes passagens de Black relativas à busca do significado residente em disposições postas sob interpretação:

"This meaning and intention must be sought first of all in the language of the statute itself. For it must be presumed that the means employed by the legislature to express its will are adequate to the purpose and do express that will correctly.

"If the language of the statute is plain and free form ambiguity, and express a single, definite, and sensible meaning *is conclusively presumed to be the meaning which the legislature intended to convey*" (*Handbook on the Construction and Interpretation of the Laws*, West Publishing Co., 1896, pp. 85-86 – o grifo é nosso).

Considerem-se também as seguintes sábias palavras da Suprema Corte dos Estados Unidos no caso "Mc Cluskey *versus* Cromwell", coligidas por Black: "But in the construction, both of statutes and contracts, the intent of the framers and parties is to be sought, first of all, in the words employed, and if the words are free from ambiguity and doubt, and express plainly, clearly, and distinctly the sense of the framers of the instrument, *there is no ocasion to resort to other means of interpretation. It is not allowable to interpret what has no need of interpretation, and, when the words have a definite and precise meaning, to go elsewhere in search of conjecture in order to restrict or extend the meaning.* Statutes and contracts should be read and understood according to the natural and most obvious import of the language, *without resorting to subtle and forced construction for the purpose of either limiting or extending their operation* (...). The object of interpretation is to bring sense out of the words used, *not to bring a sense into them*" (ob. cit., pp. 36-37 – os grifos são nossos).

Black observou, ainda, que: "When an act is expressed in clear and concise terms, and *the sense is manifest and leads to nothing absurd, there can be no reason not to adopt the sense which is naturally presents*. To go elsewhere in search of conjectures, in order to find a diferent meaning, *is not so much to interpret the statute as to elude it*" (ob. e p. cits. – grifos nossos).

Estas averbações ele comprova serem confirmadas pela Suprema Corte trazendo à colação a seguinte passagem, remetendo-se aos casos Vattel, Law of Nat., bk. 2. c. 17, § 263; Jackson *versus* Lewis, 17 Johns. 475; People *versus* New York Cent. R. Co., 13 N.Y.78: "When the words of an act are doubtful and uncertain, it was proper to inquire what was the intent of the legislature; but is very dangerous for judges to launch out too far in searching into the intent of the legislature *when they have expressed themselves in clear and plain words*" (ob. e loc. cits. – grifos nossos).

Em suma: é arbitrário inserir em uma regra de Direito – sobretudo em regra que confere garantias, mormente constitucionais – ideias, intenções, *que nela não se encontram enunciadas*, sobreposse quando: (a) inexistem no dispositivo interpretando ou no texto em que este se encarta outras regras ou expressões que supeditem a inclusão destas ideias não enunciadas pelo legislador (constituinte, no caso), tanto mais quando lhe teria sido natural e fácil fazê-lo, se acaso tivesse tal intento; (b) falece uma razão sólida, inconfutável, capaz de servir de calço ao intérprete para agregar à dicção do legislador proposições novas, presumidas como se estivessem abrigadas implicitamente em enunciado cuja dicção, a toda evidência, semanticamente não as contém.

Estas citações e comentos que se fez corroboram inteiramente que não há, *in casu*, senão acatar rigorosamente as expressões constitucionais que dizem cabível a desapropriação para Reforma Agrária quando incidente sobre imóvel "que não *esteja cumprindo a sua função social*" – o que, como é claro a todas as luzes, não a autoriza sobre imóvel rural que *anteriormente* não cumpria sua função social.

De resto, é isto mesmo que já há alguns anos vimos reiteradamente sustentando nas várias edições de nosso *Curso de Direito Administrativo* (30ª ed., São Paulo, Malheiros Editores, 2013, pp. 882-884). Assim se confirmam as assertivas iniciais expressadas neste parecer.

4. Recorde-se a dicção do precitado art. 2º da Lei 8.629, de 25.2.1993, para salientar o que consta de seus §§ 1º, 2º e 4º:

"Art. 2º. A propriedade rural que não cumprir a função social prevista no art. 9º é passível de desapropriação, nos termos desta Lei, respeitados os dispositivos constitucionais.

"§ 1º. Compete à União desapropriar por interesse social, para fins de Reforma Agrária, o imóvel rural que não esteja cumprindo sua função social.

"§ 2º. Para os fins deste artigo, fica a União, através do órgão federal competente, autorizada a ingressar no imóvel de propriedade particular para levantamento de dados e informações, mediante comunicação escrita ao proprietário, preposto ou representante. *[Redação dada pela Medida Provisória 2.109-50, de 27.3.2001]*

"(...).

"§ 4º. Não será considerada, para os fins desta Lei, qualquer modificação, quanto ao domínio, à dimensão e às condições de uso do imóvel, *introduzida ou ocorrida até 6 (seis) meses após a data da comunicação para levantamento de dados e informações de que trata o § 2º*." *[Incluído pela Medida Provisória 1.577-04, de 2.10.1997]*

Consoante se lê no § 4º, retrotranscrito, modificações introduzidas quanto ao "domínio, dimensão e condições de uso do imóvel", se ocorridas *durante os seis meses* subsequentes à comunicação para levantamento de dados e informações sobre ele, não serão levadas em conta para fins de avaliação de sua utilização conforme ou desconforme com o uso social que necessita atender. Ou seja: a apreciação concernente ao cumprimento ou descumprimento da função social do bem fica estratificada ao longo deste interregno.

Inversamente, *a contrario sensu*, as alterações introduzidas quanto ao "domínio, dimensão e condições de uso do imóvel" uma vez transcorrido este mencionado interregno serão consideradas "para os fins desta Lei", *ou seja, para fins de caracterização do imóvel* como sendo cumpridor ou descumpridor de sua função social. Vale dizer: passados os seis meses que sucederem a aludida comunicação, se o imóvel sofrer modificações que o façam produtivo, como é claro a todas as luzes, não mais estará sujeito à desapropriação para fins de Reforma Agrária; não mais se enquadrará entre os bens sobre os quais incidem as normas constitucional e legalmente previstas para regular dito instituto. Nada mais evidente do que isto. Em suma: terá decaído a declaração de interesse social para fins de desapropriação.

No caso vertente, como consta da Consulta, houve alterações muito depois dos seis meses referidos no art. 2º, § 4º, da Lei 8.629, que tornaram o bem produtivo. Como, ao arrepio da lei, estas modificações não foram tomadas em consideração, a referida declaração para fins de Reforma Agrária, como é claro a todas as luzes, caducou, pois não está referida a imóvel descumpridor de sua função social. Pelo contrário, está incidindo sobre imóvel rural cumpridor de sua função social, em rigorosa antítese, pois, ao que preveem tanto a Constituição do País quanto a legislação infraconstitucional respeitante ao tema.

5. Indaga, por , o Consulente se o § 3º do art. 4º da Lei 8.177/1991, que fixa juros moratórios de até 3% ao ano para pagamento dos TDA, é compatível com os princípios da igualdade e indenização por justo preço (*caput* e incisos XXII e XXIV do art. 5º e art. 184 da CF).

A resposta a tal questionamento não demanda qualquer delonga, pois é evidente que ela afronta à escala vista os princípios constitucionais da indenização por justo preço e da igualdade.

Deveras, o texto constitucional é claro em dizer que a indenização na desapropriação para fins de Reforma Agrária não dispensa a justa indenização. Pelo contrário: é explícito em fazer tal exigência. Com efeito, consta do art. 184 da Lei Maior: "Compete à União desapropriar por interesse social, para fins de Reforma Agrária, o imóvel rural que não esteja cumprindo sua função social, mediante prévia e *justa indenização* em Títulos da Dívida Agrária, com cláusula de preservação do valor real, resgatáveis no prazo de até 20 (vinte) anos, a partir do segundo ano de sua emissão, e cuja utilização será definida em lei".

Ora, se a indenização há de ser justa, não se pode atribuir aos juros dos Títulos da Dívida Pública relativos ao pagamento da desapropriação por Reforma Agrária valor inferior ao que é considerado legalmente justo. Notoriamente, 3% ao ano não é o valor dos juros legais em geral havidos como justa remuneração do capital.

Por outro lado, isto significaria também um agravo ao princípio da igualdade em relação ao que é reconhecido como devido a título de juros em geral, colocando os proprietários de imóveis rurais em situação de inferioridade no que concerne ao direito em relação a juros, sem qualquer justificativa que possa ser aduzida. Com efeito, não há na ordem jurídica brasileira nenhuma, absolutamente nenhuma, indicação depreciativa do exercício da atividade agropecuária. Logo, sem ofensa ao princípio da igualdade é impossível atribuir tratamento mais gravoso aos proprietários que exercem tão importante empreendimento econômico.

6. Isto tudo posto e considerado, às indagações da Consulta respondo:

I – A ocasião juridicamente adequada para o reconhecimento de que um imóvel descumpre sua função social, tornando justificável desapropriá-lo para fins de Reforma Agrária, é o momento em que se vai declará-lo de interesse social para tal fim, com atenção, entretanto, ao fato de que a atividade agropecuária se realiza por ciclos que não podem ser ignorados, caso em que é indispensável uma avaliação retrospectiva. Com efeito, se não forem tomados em conta, há o risco de serem havidas como improdutivas propriedades que efetivamente cumprem de modo pleno sua função social mas se encontram em ocasião de transição de um para outro ciclo.

II – Alterações introduzidas quanto ao "domínio ou condições de uso do imóvel" após o período de seis meses subsequentes à comunicação para levantamento de dados e informações sobre ele terão de ser obrigatoriamente tomadas em conta para fins de se avaliar se a propriedade é, ou não, produtiva. Se não o forem, a declaração caduca e a desapropriação, caso efetuada sem considerá-las, será nula. No caso vertente, como consta da Consulta, houve alterações muito depois dos seis meses referidos no art. 2º, § 4º, da Lei 8.629, que tornaram o bem produtivo. Como, ao arrepio da lei, estas modificações não foram tomadas em consideração, a referida declaração para fins de Reforma Agrária, como é claro a todas as luzes, caducou.

III – O § 3º do art. 4º da Lei 8.177/de 1991, que fixa juros moratórios de até 3% ao ano para pagamento dos TDA, é obviamente incompatível com os princípios da igualdade e indenização por justo preço (*caput* e incisos XXII e XXIV do art. 5º e art. 184 da CF), pelo quê há de ser havido como desenganadamente inconstitucional.

É o meu parecer.

São Paulo, 8 de abril de 2013

DO CABIMENTO DE RECURSO À CORTE INTERAMERICANA DE DIREITOS HUMANOS NAS CAUSAS JULGADAS EM ÚNICA INSTÂNCIA PELO STF DO BRASIL – O "CASO DO MENSALÃO"[1]

Raphael Augusto Sofiati de Queiroz

Mestre em Direito pela Universidade Federal Fluminense
– Doutorando em Direito pela *Universidad Nacional Lomas de Zamora*
– Procurador do Estado e Advogado no Rio de Janeiro
(*raphaelsofiati@hotmail.com*)

1. Introdução. 2. Os fatos: "Caso do Mensalão". 3. O Sistema Interamericano de Direitos Humanos. 4. A internalização do Direito Internacional no Brasil e o § 2º do art. 5º da Constituição da República. 5. Julgamento em única instância: foro por prerrogativa de função. 6. Direito fundamental ao recurso ordinário nas causas julgadas em única instância. 7. A necessária harmonização entre normas: duplo grau (art. 5º, § 2º) e competência originária (art. 102, I, "b"). 8. Medidas cabíveis perante a Comissão e a Corte Interamericana de Direitos Humanos. 9. A competência para processar e julgar recurso ordinário nas hipóteses do art. 102, I, "b", da CF e a alegação de falta de previsão no Direito interno. 10. A execução da decisão internacional no Brasil e a definição do procedimento para o recurso ordinário no STF. 11. Conclusão.

1. Rio de Janeiro, 23 de dezembro de 2013.

"(...) esse retrocesso provinciano põe em risco a inter-relação ou indivisibilidade dos direitos protegidos em nosso País (previstos nos tratados que o vinculam), ameaçando-os de fragmentação ou atomização, em favor dos excessos de um formalismo e hermetismo jurídicos eivados de obscurantismo."
(Antônio Augusto Cançado Trindade, "Desafios e conquistas do direito internacional dos direitos humanos no início do século XXI", in *Desafios do Direito Internacional Contemporâneo*, Brasília, Fundação Alexandre de Gusmão, 2007, p. 209)

1. Introdução

Muito se discute acerca da possibilidade de uma Corte Internacional decidir questão local, e é ainda mais controvertida a possibilidade de revisão internacional de decisão proferida por órgão de jurisdição nacional.

No Brasil, a controvérsia, que parecia ter perdido importância quando deixou de ser novidade, voltou a frequentar os debates jurídicos e os principais jornais do País por conta do julgamento, pelo STF, de processo de grande relevância e comumente chamado de "Caso do Mensalão".

Este artigo tem por objetivo situar o referido caso no plano do Sistema Interamericano de Direitos Humanos e questionar a subsistência dos julgamentos em única instância ante o que dispõem as normas que tratam dos direitos humanos no âmbito internacional.

Para tanto, há que se tratar do Sistema Interamericano de Direitos Humanos, suas normas e seu mecanismo de internalização no Brasil, bem como, também, identificar os casos para os quais há regra de julgamento em única instância no Brasil.

Relevante será, igualmente, definir o recurso ordinário e, para o caso em exame, se os recursos já manejados pelos réus – embargos de declaração e infringentes – se inserem no conceito de recurso ordinário; e, em caso negativo, como provocar julgamento pela Corte Interamericana. A partir de eventual decisão internacional favorável, como executá-la e obter, perante o STF, julgamento de recurso não previsto no ordenamento jurídico brasileiro.

Como o propósito deste texto é analisar hipóteses de cabimento de recursos, processo e procedimentos, não será relevante o mérito julgado da AP 470 (chamado "Processo do Mensalão" perante o STF).

Há que se começar, contudo, por uma apresentação sumária dos fatos tratados no processo.

2. Os fatos: "Caso do Mensalão"[2]

Os fatos que deram origem ao Inq 2.245-MG são extremamente complexos, e fogem ao objeto do presente. Só a narrativa desses demandaria um texto autônomo.

Aqui se apresentará uma versão resumida do caso, sem menção a nomes ou

2. Fontes úteis sobre os fatos: jornal *O Globo*, edições dos dias: 13.9.2013 (pp. 1, 3, 4, 5 e 6), 18.9.2013 (pp. 1 e 19), 19.9.2013 (pp. 1, 3, 4, 6, 7, 8 e 9); *site* G1, edição de 13.11.2013, com o resumo dos votos dos Ministros; *Wikipedia*, verbete "O Escândalo do Mensalão"; Acervo Digital da revista *Veja*, verbete "Mensalão", publicações a contar de 15.6.2011; *http://www.ebc.com.br/noticias/politica/2012/08/entenda-o-caso-do-mensalao*; *http://topicos.estadao.com.br/mensalao*.

qualquer outro item que possa identificar qualquer dos sujeitos do processo.

O "Caso do Mensalão" é o nome atribuído pela mídia a uma complexa rede de corrupção envolvendo a compra de votos no Parlamento Brasileiro durante os anos de 2005 e 2006, e envolveu ministros de Estado, parlamentares, servidores de alto escalão, empresários, banqueiros e membros do Partido dos Trabalhadores/PT, partido do então Presidente da República, Luís Inácio Lula da Silva, e da atual Presidente da República, Dilma Rousseff.

O primeiro fato relevante se deu no dia 10.5.2005, quando a imprensa teve acesso a um vídeo que indicava haver um esquema de corrupção na Empresa Brasileira de Correios e Telégrafos. Um deputado e presidente de partido é apontado como organizador do esquema e responsável pelo crime.

Em 6 de junho o referido deputado, em entrevista, denuncia um suposto esquema ainda maior, que serviria para a compra de votos no Congresso Nacional, e chama tal esquema de "Mensalão".

No dia 9 do mesmo mês o Congresso instala a Comissão Parlamentar de Inquérito/CPI para investigar a suposta corrupção nos Correios. No dia 16, o já referido deputado, em depoimento na CPI, denuncia um Ministro de Estado como sendo o operador do "Mensalão". Tal denúncia culmina com a renúncia desse Ministro e a instalação da CPI do Mensalão, em 20.7.2005.

Depois de desdobramentos políticos e burocráticos, a CPI do Mensalão é encerrada sem apontar culpados ou aprovar relatório final. Em 5.4.2006 a CPI dos Correios tem relatório final sugerindo o indiciamento de mais de 100 pessoas.

Em 11.4.2006 a Procuradoria-Geral da República (Ministério Público Federal no Brasil) oferece denúncia ao STF e pede a condenação de 40 pessoas envolvidas no "Caso do Mensalão".

Aos 11 dias do mês de agosto o STF inicia a apreciação da denúncia, recebendo-a no dia 22 do mesmo mês.

De 2008 a 2011 o processo passa pela instrução probatória, e em 19.12.2011 o Ministro-Relator entrega o relatório do caso, passando-o ao Ministro-Revisor.

Em 2.8.2012 inicia-se o julgamento do processo. A ementa do acórdão foi publicada em 19.4.2013,[3] desafiando a interposição de inúmeros embargos de declaração e, após, de embargos infringentes. Dos 37 réus ao fim do julgamento, 12 foram absolvidos e 25 foram condenados.

No dia 14.8.2013 o STF iniciou o julgamento dos recursos apresentados pelas Defesas.

Inicialmente a Corte julgou os embargos de declaração, recursos opostos quando na decisão há, em tese, obscuridade, contradição ou tiver sido omitido ponto sobre o qual o Tribunal deveria ter se pronunciado, conforme o art. 535 do CPC.

O art. 619 do CPP igualmente fala de omissão, contradição e obscuridade, mas vai além, e se refere à ambiguidade como outra causa a desafiar embargos de declaração.

Note-se que seu âmbito de incidência é bastante restrito e tem por objetivo eliminar eventual contradição, esclarecer ou dirimir dúvida. De forma bastante sintética, na prática, ele se presta normalmente a preparar a via certa para a interposição do recurso que poderá discutir de forma mais ampla o que foi decidido.

Posteriormente, o STF apreciou o cabimento dos recursos de embargos in-

3. A ementa do acórdão, com 18 páginas, pode ser encontrada na íntegra em *http://oglobo.globo.com/arquivos/ementa-mensalao.pdf.*

fringentes no caso. Tal recurso é utilizado quando a decisão não for unânime, e seu cabimento se restringe aos aspectos não unânimes da decisão, conforme se verifica pelos comandos do art. 530 do CPC.

Os Ministros do STF tiveram que se debruçar, então, sobre questão de ordem acerca do cabimento dos embargos infringentes em sede de ação penal originária, já que a Lei 8.038/1990 deixou de tratar do tema, muito embora o Código de Processo Civil tenha disposições expressas quanto ao recurso.

Prevaleceu a tese do cabimento dos embargos infringentes, e que até a presente data pendem de julgamento.

A toda evidência, tal como os de declaração, os embargos infringentes também têm cabimento restrito, e não raro eles se prestam como instrumento processual a preparar a causa para outro recurso, de maior alcance.

Em momento oportuno se abordará o tema de ambos os recursos sob a perspectiva da recorribilidade da decisão e principalmente se pelo menos um deles poderia ser chamado de "ordinário" para os efeitos da garantia mencionada na parte introdutória deste texto.

Segue a ementa da decisão que recebeu a denúncia relativa ao Inq 2.245 e que deu origem à AP 470:[4]

"**Ementa:** Primeira preliminar – Incompetência – Foro por prerrogativa de função – Desmembramento indeferido pelo Pleno – Preclusão. *Rejeitada a preliminar de incompetência do STF para julgar a acusação formulada contra os 34 acusados que não gozam de prerrogativa de foro* – Matéria preclusa, tendo em vista que na sessão plenária realizada no dia 6.12.2006 decidiu-se, por votação majoritária, pela necessidade de manter-se um processo único, a tramitar perante o STF. Segunda preliminar – Constatação, pelo Ministério Público, da existência de indícios de autoria e materialidade de crimes – Oferecimento da denúncia – Investigações não concluídas – Óbice inexistente – Ausência do relatório policial – Peça dispensável para efeito de oferecimento da denúncia (...). Terceira preliminar – Quebra de sigilo bancário decretada pelo Magistrado de primeiro grau – Inexistência, à época, de investigados com foro privilegiado – Competência – Validade dos atos – Posterior ratificação pelo STF (...). Quarta preliminar – Prova emprestada – 'Caso BANESTADO' – Autorização de compartilhamento tanto pela Comissão Parlamentar Mista de Inquérito como pelo STF – Legalidade (...). Quinta preliminar – Ampliação do objeto de investigação de Comissão Parlamentar de Inquérito no curso dos trabalhos – Possibilidade – Precedentes (...). Sexta preliminar – Quebra de sigilo pela CPMI – Fundamento exclusivo em matéria jornalística – Alegação inconsistente – Posterior autorização para quebra também pelo Relator, no âmbito do inquérito e das ações cautelares incidentais (...). Sétima preliminar – Dados de empréstimo fornecidos pelo Banco Central – Pedido direto do Ministério Público – Ilegalidade – Ausência – Requisição feita pela CPMI dos Correios – Posterior autorização de compartilhamento com o Ministério Público para instrução do inquérito – Legalidade (...). Oitava preliminar – Dados fornecidos ao Ministério Público pelo Banco BMG – Existência de decisão judicial de quebra de sigilo proferida pelo Presidente do STF e, posteriormente, de modo mais amplo, pelo Relator do inquérito – Ausência de ilegalidade (...). Nona preliminar – Alegação de ilegalidade na utilização de dados obtidos com base

4. Tribunal Pleno, Inq 2.245-MG, rel. Min. Joaquim Barbosa, j. 28.8.2007, *DJe*-139, *divulg.* 8.11.2007, publ. 9.11.2007, p. 00038, *Ement.* 02298-01/00001, *RTJ* 00203-02/00473.

no Acordo de Assistência Judiciária em Matéria Penal entre Brasil e Estados Unidos – Decreto n. 3.810/2001 – Possibilidade de imposição de restrições – Dados fornecidos para os procuradores federais brasileiros e para a polícia federal Brasileira, sem restrição quanto aos processos que deveriam instruir – Impossibilidade de compartilhamento com outros órgãos – Inexistência de violação (...). Décima preliminar – Cerceamento de defesa – Ausência de juntada aos autos, pelo Ministério Público, de documentos requisitados à Polícia Federal – Diligência que ainda não estava concluída no momento da apresentação da resposta pelo denunciado – Acusação com base em outros indícios – Nulidade inexistente (...). Décima primeira preliminar – Acusação política – Inocorrência – Inexistência de alusão a atos políticos ou posicionamentos ideológicos do acusado – Imputação de fatos, em tese, criminosos – Indicação de prova mínima de autoria e materialidade (...). Capítulo II da denúncia – Falsidade ideológica (art. 299 do CP) – Dolo específico – Ausência de descrição – Inépcia – Denúncia não recebida (...). Capítulo II da denúncia – Imputação do crime de formação de quadrilha ou bando (art. 288 do CP) – Circunstâncias de tempo, modo e lugar do crime adequadamente descritas – Elemento subjetivo especial do crime devidamente indicado – Estabilidade da suposta organização criminosa constatada – Comunhão de desígnios demonstrada na inicial – Tipicidade, em tese, das condutas narradas – Individualização das condutas – Existentes suficientes indícios de autoria e materialidade – Denúncia recebida (...). Capítulo III da denúncia – Subitem III.1 – Corrupção ativa e passiva – Supostas irregularidades na contratação de serviços de publicidade – Presente a justa causa para a propositura da ação penal (...). Capítulo III da denúncia – Subitem III.1, a.2 – Lavagem de dinheiro – Ocultação da origem, natureza e real destinatário de valor pago como propina – Configuração, em tese, do delito previsto no art. 1º, incisos V, VI e VII, da Lei n. 9.613/1998 – Presença de justa causa para a instauração da ação penal – Denúncia recebida (...). Capítulo III da denúncia – Subitens III.1, a.3 e b.2 – Peculato – Desvio de recursos públicos – Presença de justa causa – Denúncia recebida, excluído o oitavo denunciado (...). Capítulo III da denúncia – Subitem III.2 – Peculato – Suposto desvio de recursos públicos decorrentes de bônus de volume em contratos com agência de publicidade – Presença de justa causa – Denúncia recebida, exceto quanto ao oitavo denunciado (...). Capítulo III da denúncia – Subitem III.3 – Corrupção ativa, corrupção passiva, peculato e lavagem de dinheiro – Presença de justa causa – Denúncia recebida, exceto com relação ao oitavo acusado (...). Capítulo IV da denúncia – Lavagem de dinheiro – Núcleo publicitário-financeiro da suposta quadrilha – Transferência dissimulada de grandes somas em dinheiro para os beneficiários finais do hipotético esquema – Emissão de notas fiscais frias para dar suporte ao recebimento de grandes valores, simulando prestação de serviços – Aparente fraude na contabilidade de empresas do denominado núcleo publicitário – Esquema aparentemente idealizado e viabilizado pelos acusados do denominado núcleo financeiro (...). Capítulo V da denúncia – Gestão fraudulenta de instituição financeira – Operações de crédito de nível de risco elevado, com classificação completamente incompatível com a determinada pelo Banco Central – Garantias oferecidas pelos tomadores do empréstimo evidentemente insuficientes – Renovações sucessivas sem amortização e sem a necessária elevação do nível de risco – Burla à Fiscalização – Indícios de fraude (...). Capítulo VI da denúncia – Corrupção passiva – Propina em troca de apoio político –

Enquadramento típico da conduta – Destinação alegadamente lícita dos recursos recebidos – Irrelevância – Responsabilidade objetiva – Inexistência – Condutas devidamente individualizadas – Existência de indícios de autoria e materialidade – Denúncia recebida (...). Capítulo VI da denúncia – Lavagem de dinheiro – Ocultação e dissimulação da origem, movimentação, localização e propriedade de valores – Recebimento de milhares de Reais em espécie – Utilização de interposta pessoa – Tipicidade da conduta – Mero exaurimento do crime anterior – Improcedência – Crimes autônomos – Existência de indícios de autoria e materialidade – Denúncia recebida (...). Capítulo VI da denúncia – Formação de 'quadrilhas autônomas' – Existência de mero concurso de agentes – Tese insubsistente – Conformação típica dos fatos narrados ao art. 288 do CP – Associação estável formada, em tese, para o fim de cometer vários crimes de lavagem de dinheiro e corrupção passiva, ao longo do tempo – Delação premiada – Ausência de denúncia contra dois envolvidos – Princípio da indivisibilidade – Ação penal pública – Inaplicabilidade – Mínimo de quatro agentes – Narrativa fática – Tipicidade em tese configurada – Existentes indícios de autoria e materialidade – Denúncia recebida (...). Capítulo VI da denúncia – Corrupção ativa – Ato de ofício – Voto dos parlamentares – Tipicidade, em tese, das condutas – Complexidade dos fatos – Individualização suficiente ao exercício do direito de defesa – Concurso de vários agentes – Teoria do domínio do fato – Divisão de tarefas – Obediência ao art. 41 do CPP – Existência de justa causa – Denúncia recebida (...). Capítulo VII da denúncia – Lavagem de dinheiro – Entrega de somas elevadas de dinheiro em espécie, sem registro formal, por interposta pessoa, nos moldes utilizados pela suposta quadrilha acusada – Indícios existentes – Denúncia recebida (...). Capítulo VIII da denúncia – Lavagem de dinheiro – Sistemática de transferência vista no Capítulo IV da denúncia – Milhões de Reais repassados, em espécie, aos acusados, pelo denominado núcleo publicitário-financeiro – Inobservância dos procedimentos típicos da praxe bancária para saque de tais montantes em espécie – Ocultação da origem, movimentação, localização e propriedade de valores provenientes, em tese, de crimes contra a Administração Pública e o Sistema Financeiro Nacional – Denúncia recebida (...). Capítulo VIII da denúncia – Evasão de divisas – Manutenção de conta no Exterior – Alegada atipicidade da conduta – Constituição de empresa *offshore* que, por não ter sede no Brasil, não teria obrigação de declarar ao Banco Central qualquer depósito de sua titularidade – Suficiente a declaração à Receita Federal da participação na referida empresa, com o recolhimento dos tributos devidos – Improcedência da alegação – Indícios de autoria e materialidade – Acusação recebida (...). Capítulo VIII da denúncia – Evasão de divisas – Execução das remessas pelo chamado núcleo publicitário-financeiro – Ausência de individualização da conduta do oitavo acusado – I – Envolvimento do Banco Rural nas remessas – Dirigentes que ocupam ou ocuparam posições de gerência na área internacional da instituição financeira – Recebimento da denúncia quanto a estes – Décima quarta acusada que não ocupava qualquer cargo no Banco à época das remessas – Denúncia rejeitada quanto a ela (...)"[5] (grifou-se).

Destaca-se, por relevante ao presente estudo, a primeira preliminar suscitada e afastada pelo Tribunal: 37 réus foram submetidos a um julgamento em única

5. Foram omitidas as razões entre as ementas de cada preliminar e os capítulos da denúncia (fonte: *www.stf.jus.br*).

instância, supostamente sem direito a recurso, pelas vantagens práticas de se manter a unidade do processo.[6]

3. O Sistema Interamericano de Direitos Humanos[7]

A existência de normas sem um sistema que as aplique impede a efetividade do Direito. Somente com a criação de órgãos de controle e órgãos de aplicação se tem um sistema.

A despeito de existirem normas de proteção universal e um sistema de proteção a elas correspondente, foi necessário criar, a partir das normas internacionais, um sistema regional para torná-las eficazes também regionalmente.

Ao lado do Tribunal Europeu de Direitos Humanos (1953) e da Corte Africana de Direitos Humanos (criada em 1998 e ativa a partir de 2006), há o Sistema Interamericano de Direitos Humanos, formado pela Comissão Interamericana de Direitos Humanos (1959) e pela Corte Interamericana de Direitos Humanos (1969), tendo por seus principais instrumentos normativos a Declaração Americana dos Direitos e Deveres do Homem (1948) e a Convenção Americana sobre Direitos Humanos (1969), comumente chamada de Pacto de San José da Costa Rica.

A Comissão Interamericana de Direitos Humanos/CIDH é uma das entidades do sistema interamericano de proteção e promoção dos direitos humanos e investiga as violações provocadas por autoridades e governos aos direitos protegidos pelas normas internacionais, bem como formula recomendações ao Estado responsável pela violação para que reestabeleça o gozo de tais direitos e também para que se evitem novas violações. A Comissão ocupa-se igualmente de determinar que se reparem os danos eventualmente provocados.

"La Comisión hará las recomendaciones pertinentes y fijará un plazo dentro del cual el Estado debe tomar las medidas que le competan para remediar la situación examinada. Transcurrido el período fijado, la Comisión decidirá, por la mayoría absoluta de votos de sus miembros, si el Estado ha tomado o no medidas adecuadas y si publica o no su informe."[8]

Diante da inexistência de solução junto à CIDH, o caso é submetido à Corte Interamericana.

A Corte, contudo, não é instância recursal da Comissão; esta é parte naquela e sujeito na representação processual de um caso.

"(...). O sea que la Comisión es el primer órgano que conoce del procedimiento de peticiones individuales a través de un proceso contradictorio entre el Estado y los peticionarios.

"La Comisión comparecerá en todos los casos ante la Corte. Sólo los Estados -Partes y la Comisión tienen derecho a someter un caso a decisión de la Corte."[9]

Ao fim do processo, não tendo havido solução amigável, a Corte, por sentença: garantirá o gozo do direito violado, deter-

6. Ao fim do julgamento, restaram 12 réus absolvidos e 25 réus condenados.

7. Para noções gerais e históricas a respeito dos direitos humanos, consultar Claudio Jesús Santagati, *Manual de Derechos Humanos*, 3ª ed., Buenos Aires, Ediciones Jurídicas, 2012, pp. 53-90.

8. Claudio Jesús Santagati, *Manual de Derechos Humanos*, cit., 3ª ed., p. 165.

9. Jorge R. Gonzáles Novillo, *El Debido Proceso en la Corte Interamericana de Derechos Humanos*, Buenos Aires, Ediciones Jurídicas, 2012, p. 86.

minará que se reparem as consequências do ato violador e determinará também, e se for o caso, pagamento de justa indenização.[10]

Em alguns processos o próprio Estado violador do direito se vale da inexistência de normas internas[11] para dar plena efetividade às sentenças da Corte Interamericana de Direitos Humanos e tenta burlar seu cumprimento. Contudo, as sentenças da Corte podem ser executadas segundo as normas específicas que regem o processo de execução em cada País[12] (art. 68, inciso 2º, da Convenção Americana de Direitos Humanos), pelo menos no que tange às reparações de danos.

Se é verdade que a Corte Interamericana não invade o mérito de sentenças locais, também é verdade que ela se pronuncia acerca de vícios do procedimento. Ora, reconhecer que houve, por exemplo, cerceamento de defesa de um acusado em um processo pode não significar a revisão da pena para mais ou menos anos de reclusão, mas por certo sugere novo julgamento, com observância do direito de defesa.[13]

Mesmo sem adentrar o mérito da causa, ao se pronunciar sobre causa de nulidade (violação de direito fundamental), a Corte, por vezes, acaba por sugerir novo julgamento ou prosseguimento de processo findo (recomeço com o retorno à fase anterior ou por recurso inicialmente não admitido).

Mais que isto, a Corte Interamericana já teve oportunidade de determinar em sentença que o Estado violador adaptasse o Direito interno às normas do Sistema às quais ele próprio se submeteu ao se tornar signatário do Pacto de San José, conforme se pode verificar em *Corte IDH: Fallo* 155, 26.9.2006, "Vargas Areco *versus* Paraguay",[14] em cumprimento ao que expressamente dispõe o art. 2º da Convenção Americana ("Dever de Adotar Disposições de Direito Interno").

No item "f", parágrafos 163 e 164, da fundamentação e item 14 do dispositivo da decisão acima referida, a Corte expressamente determina que o Paraguai adapte sua legislação interna ao que dispõe o Pacto de San José da Costa Rica, em caso que tratava de alistamento de menor de 18 anos de idade em serviço militar.

Em capítulo próprio serão abordadas as eventuais consequências práticas de recomendação de tal natureza no "Caso do Mensalão".

4. A internalização do Direito Internacional no Brasil e o § 2º do art. 5º da Constituição da República

Fugiriam ao propósito deste texto longas digressões acerca das teorias monistas e dualistas que tratam de soberania

10. Idem, p. 520.

11. Incluam-se também nestes casos aqueles nos quais o País signatário das normas que regem o sistema de proteção aos direitos humanos não tem em sua legislação interna instrumento jurídico capaz de garantir direito insculpido naquelas e protegido por este (por exemplo: duplo grau em casos de ação penal de competência originária do STF no Brasil).

12. Cf. Josefina Margaroli e Sergio L. Maculan, *Procedimiento ante el Sistema Interamericano de Derechos Humanos*, Buenos Aires, Cathedra Jurídica, 2011, p. 38.

13. O Presidente da Corte Interamericana de Direitos Humanos, em entrevista ao jornal *O Globo*, edição de 11.11.2013, p. 7, afirma que a Corte não modifica uma sentença, mas pode sugerir retificação de parte de processo onde se violou direito ou, então, compensar economicamente a vítima por tal violação.

14. *http://www.corteidh.or.cr/docs/casos/articulos/seriec_155_esp.pdf.*

e internalização de normas no direito internacional.[15]

Em verdade: "Com efeito, como consignado logo no introito deste estudo, a dicotomia entre monistas e dualistas, após sua mitigação, gerou sistemas híbridos – o monismo moderado e o dualismo moderado – que se classificam por critérios distintos. Daí a possibilidade de se classificar o sistema brasileiro, sem qualquer contradição, como monista moderado ou dualista moderado".[16]

Seja lá qual for a classificação que se adotar, no Brasil há um rito próprio para a internalização de uma norma internacional: aprovação pelo Congresso Nacional e promulgação pelo Presidente da República (arts. 49, I, e 84, VIII, da Constituição da República).

O que é relevante para o que aqui se pretende é a discussão acerca da hierarquia das normas internacionais quando acolhidas pelo Direito interno: teriam as primeiras o mesmo *status* das demais leis infraconstitucionais, ou estariam em um diferente patamar?

Desde o julgamento do RE 80.004-SE,[17] em 1.6.1977, o STF vinha se filiando à corrente que defende que, uma vez incorporadas ao Direito interno, as normas de um tratado se equiparam às demais leis ordinárias. Sem abrir exceções.

Embora o entendimento tenha se firmado antes da promulgação da Constituição de 1988, mesmo anos depois, em 4.9.1997, o STF manteve seu posicionamento no acórdão da ADI 1.480-DF.[18]

Entre os anos de 2008 e 2009, porém, o STF julgou uma série de causas (*v.g.*, RE 349.703-RS, RE 466.343-SP, HC 87.585-TO,[19] HC 92.566-SP)[20] que tratavam da prisão civil por dívida (alienação fiduciária em garantia), e em tais julgamentos foi conclamado a se manifestar especificamente acerca da hierarquia dos tratados internacionais frente ao que dispõe o § 2º do art. 5º da Constituição da República, *verbis*: "§ 2º. *Os direitos e garantias expressos nesta Constituição não excluem outros decorrentes* do regime e dos princípios por ela adotados, ou *dos tratados internacionais em que a República Federativa do Brasil, seja parte*" (grifou-se).

O art. 5º da CF trata dos direitos e garantias fundamentais, e, ao expressamente receber em seu bojo outros direitos de igual natureza, decorrentes de tratados, os recebeu na mesma hierarquia que os demais originariamente inscritos em seu texto, desde sua promulgação.

Em outras palavras: o dispositivo criou duas categorias de tratados – os comuns, que, uma vez internalizados, seguem com hierarquia legal, e os que cuidam de direitos humanos, que, interna-

15. Sobre o tema, cf.: Claudio Jesús Santagati, *Manual de Direitos Humanos*, cit., 3ª ed., p. 151.

16. Gustavo Binenbojm, "Monismo e dualismo no Brasil: uma dicotomia afinal irrelevante", in Lauro da Gama e Souza Jr. (coord.), *Revista de Direito da Associação dos Procuradores do Novo Estado do Rio de Janeiro* XV/28, Direito Internacional, Rio de Janeiro, Lumen Juris, 2005.

17. Cf. inteiro teor do acórdão em *http://redir.stf.jus.br/paginadorpub/paginador.jsp?docTP=AC&docID=175365.*

18. Cf. inteiro teor do acórdão em *http://redir.stf.jus.br/paginadorpub/paginador.jsp?docTP=AC&docID=347083.*

19. Trecho do voto do Min. Celso de Mello no julgamento desse *habeas corpus*: "Proponho que se reconheça natureza constitucional aos tratados internacionais de direitos humanos (...)" (Pleno do STF, 3.12.2008, fl. 341).

20. Cf. acórdão do HC 96.772-8-SP, no qual há expressa referência aos demais acórdãos aqui indicados, em *http://redir.stf.jus.br/paginadorpub/paginador.jsp?docTP=AC&docID=601192.*

lizados, passam a integrar o rol dos direitos e garantias fundamentais já existentes na Constituição de 1988.[21]

Celso de Albuquerque Mello, filiando-se a essa teoria e citando Cançado Trindade, vai além, defendendo que a distinção entre os tratados tradicionais e os tratados de direitos humanos decorre da lógica e da própria natureza dos temas:

"Cançado Trindade em um magnífico trabalho afirma que não se pode tratar de modo igual um acordo internacional sobre exportação de laranjas e um tratado de direitos humanos. Acrescenta: 'À hierarquia de valores deve corresponder uma hierarquia de normas, nos planos tanto nacional quanto internacional, a serem interpretadas e aplicadas mediante critérios apropriados. Os tratados de direitos humanos têm um caráter especial, e devem ser tidos como tais'.

"E mais adiante escreve: 'O propósito do disposto nos §§ 2º e 1º do art. 5º da Constituição não é outro que o de assegurar a aplicabilidade direta pelo Poder Judiciário nacional da normativa internacional de proteção, alçada a nível constitucional'."[22]

Como já mencionado, a mudança na orientação da mais alta Corte do País é recente e deveu-se primordialmente aos casos de prisão civil por dívida. Até o presente momento não se tem notícia de julgado que tenha avançado sobre o tema, confrontando algum outro tema da legislação interna com as normas protetivas dos direitos humanos.

Para efeito do que se pretende com este texto, a inclusão do § 3º ao art. 5º da CF, pela Emenda Constitucional 45/2004, não terá relevância. Isso porque os tratados de direitos humanos, independentemente das formalidades legislativas criadas, já são materialmente considerados normas constitucionais desde sua assinatura pelo Estado-Parte, e sua aplicabilidade é imediata: "Por fim, *registre-se ainda que, além de o novo § 3º do art. 5º da Constituição não prejudicar o* ***status*** *constitucional que os tratados de direitos humanos em vigor no Brasil já têm de acordo com o § 2º desse mesmo artigo, ele também não prejudica a aplicação imediata dos tratados de direitos humanos já ratificados* ou que vierem a ser ratificados pelo nosso País no futuro. Isso porque a regra constitucional que garante aplicação imediata às normas definidoras dos direitos e garantias fundamentais, insculpida no § 1º do art. 5º da Carta (...) sequer remotamente induz a pensar que os tratados de direitos humanos só terão tal aplicabilidade imediata (...) depois de aprovados pelo Congresso Nacional pelo quórum estabelecido pelo § 3º do art. 5º. Pelo contrário: *a Constituição é expressa em dizer que as 'normas definidoras de direitos e garantias fundamentais' têm aplicação imediata*, mas não diz quais são ou quais deverão ser essas normas. *A Constituição não especifica se elas devem provir do Direito interno ou do direito internacional* (...)"[23] (grifou-se).

21. Em 1999 o professor Celso de Albuquerque Mello já defendia esta posição em artigo publicado ("O § 2º do art. 5º da Constituição Federal", in Ricardo Lobo Torres (org.), *Teoria dos Direitos Fundamentais*, Rio de Janeiro, Renovar, 1999, pp. 1-29).

22. Celso de Albuquerque Mello, "O § 2º do art. 5º da Constituição Federal", cit., in Ricardo Lobo Torres (org.), *Teoria dos Direitos Fundamentais*, pp. 27-28.

23. Valério de Oliveira Mazzuoli, *O Controle Jurisdicional da Convencionalidade das Leis*, 2ª ed., São Paulo, Ed. RT, 2011, pp. 69-70. Cf., ainda, na mesma obra, pp. 35 e ss., a proposta do autor para o § 3º do art. 5º da CF; de melhor técnica e de acordo com o direito internacional moderno.

Mesmo diante de todos os argumentos acima expostos e citados, há ainda quem defenda a aplicação de regras diversas para direitos que ingressaram na Constituição da República da mesma forma e com mesma hierarquia.[24]

Antes de se confrontar regra inserida no Direito pátrio pela Convenção Americana com as normas que tratam do foro por prerrogativa de função, impõe-se tratar, ainda que brevemente, desta regra especial de competência originária.

5. Julgamento em única instância: foro por prerrogativa de função

Compete aos tribunais (no Brasil, STF, STJ, TRFs e Tribunais de Justiça) processar e julgar as infrações penais cometidas por pessoas que, em virtude das funções públicas que exercem, estão sujeitas à sua jurisdição originária, conforme dispõem as Constituições da República e estaduais.

A Constituição da República prevê hipóteses de competência originária dentro dos capítulos nos quais trata das competências específicas de cada tribunal. As normas do Código de Processo Penal que dispunham sobre o tema foram substituídas pelos arts. 1º a 12 da Lei 8.038/1990, que versa sobre os recursos nos Tribunais Superiores e que também cuida da ação penal originária.

Em outras palavras: a lei, por considerar relevante a função a qual determinado cargo corresponde, impõe ao ocupante de tal cargo o julgamento em única instância por um tribunal.

A título de exemplo, e aplicado ao caso aqui em exame, compete ao STF julgar, nos crimes comuns, membros do Congresso Nacional (art. 102, I, "b", da CF). Dos 40 réus inicialmente submetidos ao julgamento do "Caso do Mensalão", somente 6 deveriam ser julgados em única instância pelo STF. Trinta e quatro réus foram originariamente submetidos – em tese – a um julgamento em única instância "pela necessidade de manter-se um processo único".[25]

Comumente chamada de *foro privilegiado*, essa regra especial de competência, em verdade, não privilegia ninguém, ainda que possa ter trazido alguma vantagem em passado remoto.

Talvez pudesse se tratar como privilégio o foro do domicílio do consumidor nas causas envolvendo interesses vinculados à relação de consumo (art. 101, I, do Código de Defesa do Consumidor/CDC, que privilegia o consumidor em relação ao fornecedor), ou o foro do domicílio da mulher nas ações de separação (art. 100, I, do CPC, que privilegia a mulher em detrimento do marido), pois, com razão, a lei estabelece regras excepcionais para proteger os interesses daqueles que julgou estarem em situação desfavorável.

Ao revés, determinar que uma classe de pessoas, em razão da função que possuam, sejam julgadas em única instância, sem direito a recurso, não é privilégio para nenhum acusado.

24. O professor Oscar Vilhena, em entrevista ao jornal *O Globo*, edição de 13.9.2013, p. 6, estabeleceu distinção específica para o caso do duplo grau de jurisdição como regra geral, direito que consta da Convenção Americana, da qual o Brasil é signatário e que, então, faz parte do rol do art. 5º da CF. Afirma o jurista que "a Constituição não acolheu o duplo grau para o foro privilegiado. E não previu, muito menos, uma regra geral de que todo julgamento deveria ter esse duplo grau de análise".

25. Expressão retirada da ementa do acórdão do caso, cf. *http://redir.stf.jus.br/paginadorpub/paginador.jsp?docTP=AC&docID=494478.*

Tampouco o termo "prerrogativa" seria o mais recomendável para definir essa regra de competência, mas é usual, e não gera uma contradição tão evidente quanto o uso da palavra "privilégio" para situação mais gravosa.

Nas causas julgadas em única instância não há previsão de recurso ordinário. Tratando-se de ações julgadas pelos Tribunais Federais e de Justiça, poderia o sucumbente interpor os recursos excepcionais, endereçados às Cortes Superiores e que não permitem reexame de provas. Das decisões proferidas em única instância pelo STJ só caberia o recurso extraordinário ao STF; e, por fim, as decisões do STF em ações de competência originária somente desafiariam os recursos de embargos declaratórios e embargos infringentes, com as limitações inerentes a ambos, conforme já exposto.

6. Direito fundamental ao recurso ordinário nas causas julgadas em única instância

Assim dispõe o art. 8.2.h da Convenção Americana sobre Direitos Humanos (Pacto de San José da Costa Rica): "Toda pessoa acusada de delito tem direito a que se presuma sua inocência enquanto não se comprove legalmente a sua culpa. Durante o processo, toda pessoa tem direito, em plena igualdade, às seguintes garantias mínimas: (...); h) direito de recorrer da sentença para juiz ou tribunal superior".

A Corte Interamericana de Direitos Humanos, ao julgar o caso "Herrera Ulloa *versus* Costa Rica",[26] em 2.7.2004, definiu o que se entende por *direito de recorrer*, conforme a Convenção Americana.

A Corte tratou das violações às garantias judiciais, e cuidou especificamente do direito de recorrer de uma decisão. Confira-se: "j) em otra oportunidad la Comisión señaló que la apelación como mecanismo de revisión de sentencias tiene características: (a) formales: (...) y (b) materiales: (...); k) la jurisprudencia internacional ha tenido a considerar *contrarios al derecho internacional de los derechos humanos los recursos que no permitan una revisión de los hechos y del Derecho aplicado* (...)"[27] (grifou-se).

E, em outro ponto:

"158. La Corte considera que el derecho de recurrir del fallo es una garantía primordial que se debe respetar en el marco del debido proceso legal, en aras de *permitir que una sentencia adversa pueda ser revisada por un juez o tribunal distinto y de superior jerarquía orgánica* (...).

"La Corte ha indicado que el derecho de recurrir del fallo, consagrado por la Convención, no se satisface con la mera existencia de un órgano de grado superior al que juzgó y condenó al inculpado, ante el que éste tenga o pueda tener acceso. Para que haya una verdadera revisión de la sentencia, en el sentido requerido por la Convención, es preciso que el tribunal superior reúna las características jurisdiccionales que lo legitiman para conocer del caso concreto. Conviene subrayar que el proceso penal es uno solo a través de sus diversas etapas, incluyendo la tramitación de los *recursos ordinarios que se interpongan contra la sentencia.*

"(...).

"161. De acuerdo al objeto y fin de la Convención Americana, cual es la eficaz

26. *http://joomla.corteidh.or.cr:8080/joomla/es/jurisprudencia-oc-simple/40-resumen/1278-ficha-tecnica-caso-herrera-ulloa-vs-costa-rica* e *http://www.corteidh.or.cr/docs/casos/articulos/seriec_107_esp.pdf.*

27. Sentença oficial do caso: *http://www.corteidh.or.cr/docs/casos/articulos/seriec_107_esp.pdf.*

protección de los derechos humanos, *se debe entender que el recurso que contempla el art. 8.2.h de dicho tratado debe ser un recurso ordinario eficaz* mediante el cual un juez o tribunal superior procure la corrección de decisiones jurisdiccionales contrarias al Derecho.

"(...).

"165. *Independientemente de la denominación que se le dé al recurso existente para recurrir un fallo, lo importante es que dicho recurso garantice un examen integral de la decisión recorrida*"[28] (grifou-se).

Não resta dúvida de que o direito internacional exige que a legislação interna dos Países signatários da Convenção Americana preveja, para cada caso de sentença condenatória, um recurso ordinário. Resta definir o que exatamente torna ordinário um recurso.

A distinção entre recursos ordinários e extraordinários já foi objeto de muita discussão, e as propostas de classificação eram controvertidas, inclusive no Direito Comparado.[29] Hoje em dia o tema não desperta a atenção dos juristas e não mais é motivo de controvérsias.

No Brasil, atualmente, a mencionada distinção não tem mais qualquer relevância, eis que não há, ao contrário do que parece indicar o art. 467, parte final, do CPC, uma classe de recursos extraordinários no Direito pátrio.[30]

Para efeito do que aqui se pretende, melhor seria separar os recursos ordinários (na acepção que lhes deu a Corte Interamericana) daqueles ditos excepcionais, desta forma: "Naturalmente, esses requisitos *[de admissibilidade]* são mais rigorosos nos casos dos recursos excepcionais, ou de direito estrito, do que nos recursos ordinários, como a apelação, *onde se possa discutir a matéria de fato e de direito e protestar contra a injustiça da decisão recorrida*"[31] (grifou-se).

Desta feita, excepcionais seriam os recursos que restringem de qualquer forma a amplitude material da impugnação, quer seja por impor requisitos específicos (violação à lei federal, por exemplo), quer seja por limitar a abrangência da revisão (embargos infringentes, cabíveis somente quanto à parcela não unânime da decisão), e igualmente quanto ao proveito obtido com o recurso (embargos de declaração, que se prestam a corrigir omissão, contradição ou obscuridade da decisão recorrida).

O que exige, então, o art. 8.2.h do Pacto de San José é que o acusado tenha direito a interpor recurso de amplo alcance, com reapreciação e valoração de todas as provas, cujo objeto será o mesmo da decisão recorrida, como um prolongamento do processo.

No Brasil o recurso que preenche tais requisitos, e está em consonância com as normas do Pacto, é o recurso de apelação.

"*A leitura dessa norma do tratado internacional* ***[referindo-se ao artigo 8.2.h do Pacto de San José]*** *indica a adoção da garantia do duplo grau de jurisdição em matéria penal, isto é, o direito de o réu, no processo penal, interpor recurso de*

28. Resumo oficial do caso, contido na ficha completa: *http://www.corteidh.or.cr/docs/resumen/herrera_ulloa.pdf.*

29. Acerca das propostas para distinção no Direito Comparado, cf. José Afonso da Silva, *Do Recurso Extraordinário no Direito Processual Brasileiro*, São Paulo, Ed. RT, 1963, pp. 88 e ss.

30. Neste mesmo sentido: José Carlos Barbosa Moreira, *O Novo Processo Civil Brasileiro*, 20ª ed., Rio de Janeiro, Forense, 1999, p. 116.

31. Rodolfo de Camargo Mancuso, *Recurso Extraordinário e Recurso Especial*, 2ª ed., São Paulo, Ed. RT, 1991, p. 65.

apelação. No entanto, a garantia expressa no tratado parece não alcançar o direito processual como um todo, do que é *lícito concluir que o duplo grau de jurisdição, como garantia constitucional absoluta, existe no âmbito do direito processual penal*, mas não no direito processual civil ou do trabalho"[32] (grifou-se).

Trazendo-se o raciocínio para o caso concreto, não parece ser correta a conclusão de que, com o manejo dos embargos de declaração e dos embargos infringentes,[33] os réus do "Caso do Mensalão" teriam tido direito a recurso ordinário. Ambos os embargos são recursos de motivação vinculada,[34-35] e por isso não se prestam ao reexame amplo exigido pelo Pacto de San José.

O recurso, como "forma de renovar o exercício do direito de ação",[36] goza do *status* de extensão ou prolongamento do próprio direito de ação, e merece ser interpretado, guardadas as devidas proporções, com a mesma generosidade que esse direito.

Destarte, notadamente no processo penal, o recurso deve ser sempre analisado sob a perspectiva do direito de ação, do direito de defesa e do direito de provar a veracidade de uma alegação.

O direito ao duplo grau de jurisdição, ou *doble conforme* para os Países de língua espanhola, é mais que um prolongamento do direito de ação ou de defesa; é também um direito a ter toda a causa reapreciada, todas as provas valoradas e uma nova chance de provar o alegado.

O recurso é baseado não só no inconformismo do derrotado, mas igualmente na crença na falibilidade humana.[37] E é comumente falível qualquer atividade que dependa de apreciar fatos e de dar a eles alguma interpretação.

Não por capricho o sistema de proteção internacional de direitos humanos resolveu garantir ao condenado a possibilidade de recorrer de decisão desfavorável: no processo penal o erro pode provocar danos irreparáveis.

Um recurso de amplo alcance, e que provoque nova apreciação das provas, é a forma que a lei buscou de minorar os riscos da apreciação equivocada dos fatos, já que a apreciação do que se chama de verdade depende em muito da perspectiva do observador.

"A verdade, em geral, é a conformidade da noção ideológica com a realidade; a crença na percepção desta conformidade é a certeza. Ela é, portanto, *um estado subjetivo da alma, podendo não corresponder à verdade objetiva. Certeza e verdade nem sempre coincidem* (...)"[38] (grifou-se).

32. Nelson Nery Jr., *Princípios do Processo Civil na Constituição Federal*, 5ª ed., São Paulo, Ed. RT, 1999, p. 171.

33. Acerca dos embargos de declaração e dos embargos infringentes em matéria penal e perante o STF, cf. Fernando da Costa Tourinho Filho, *Prática de Processo Penal*, 34ª ed., São Paulo, Saraiva, 2013, p. 677.

34. Sobre a limitação natural dos embargos de declaração, cf. Teresa Arruda Alvim Wambier, *Omissão Judicial e Embargos de Declaração*, São Paulo, Ed. RT, 2005, p. 63. Acerca da vinculação dos embargos infringentes, cf.: Egas Dirceu Moniz de Aragão, *Embargos Infringentes*, 2ª ed., São Paulo, Saraiva, 1974, p. 113.

35. Sobre a distinção entre motivação livre e motivação vinculada, cf.: Araken de Assis, *Manual dos Recursos*, São Paulo, Ed. RT, 2007, pp. 53 e ss.

36. Flávio Cheim Jorge, *Teoria Geral dos Recursos Cíveis*, 2ª ed., Rio de Janeiro, Forense, 2004, p. 6.

37. Fernando Capez, *Curso de Processo Penal*, 3ª ed., São Paulo, Saraiva, 1999, p. 364.

38. Nicola Framarino dei Malatesta, *A Lógica das Provas em Matéria Criminal*, Campinas, LZN Editora, 2003, p. 7.

Em palavras ainda mais contundentes: "Admitimos que a certeza deriva normalmente do influxo da verdade objetiva: mas dizemos que, provindo normalmente da verdade, não é verdade: *não é mais que um estado da alma, podendo, às vezes, devido à nossa própria imperfeição, não corresponder à verdade objetiva*"[39] (grifou-se).

A atividade de julgar parte necessariamente da perspectiva subjetiva do próprio julgador, que precisa dos seus valores (ou "alma", conforme a citação acima) para "valorar" a prova e as alegações. E apreciar o outro conforme si mesmo é admitir a possibilidade de erro.

"O perigo mais grave é o de atribuir ao outro a nossa alma, ou seja, aquilo que ele sentiu, compreendeu, quis, segundo aquilo que nós sentimos, compreendemos, queremos."[40]

Necessário é que se relembre, sempre que possível, que, por mais que pareça evidente, a prova é valorada em graus de probabilidade, já que *certeza* e *verdade* são conceitos intangíveis. Esta a razão de ser do direito ao recurso ordinário.[41]

7. A necessária harmonização entre normas: duplo grau (art. 5º, § 2º) e competência originária (art. 102, I, "b")

Há quem afirme[42] que o simples fato de a Constituição ter criado a competência originária do STF para julgar determinados crimes, por si só, já seria argumento suficiente para negar a existência do direito ao duplo grau de jurisdição nos processos que tratem de tais crimes no Brasil. Não parece ser o caso, salvo melhor juízo.

Ao comparar a regra do direito ao recurso ordinário com a regra da competência originária, confrontam-se duas normas de mesma hierarquia, conforme já se pôde afirmar em item anterior. A garantia do duplo grau foi inserida no rol dos direitos e garantias fundamentais, por expressa determinação do § 2º do art. 5º da CF.

Ao se deparar com duas regras de mesma hierarquia, ambas constitucionais, deve o intérprete buscar solução que preserve a integralidade do texto e a harmonia das normas, em observância ao princípio da unidade constitucional.

"A Constituição deve ser apreendida, a qualquer instante, como um todo, na busca de uma unidade e harmonia de sentido."[43]

Em princípio, e em abstrato, não existem contradições no texto constitucional,

39. Idem, ibidem.

40. Francesco Carnelutti, *As Misérias do Processo Penal*, 2ª ed., Campinas, Bookseller, 2002, p. 51.

41. Em entrevista ao jornal *Folha de S. Paulo* no dia 24.11.2013, o professor José Joaquim Gomes Canotilho, ilustre constitucionalista português, expressamente afirmou que assiste razão aos réus do "Caso do Mensalão" quando sugerem que irão recorrer à Corte Interamericana de Direitos Humanos alegando violação ao direito de recorrer de sentença condenatória – direito ao duplo grau –, assim sustentando: "(...) na questão penal, é também dado como certo que o duplo grau de jurisdição é quase uma dimensão material do direito de ir aos tribunais. Há alguma razão *[dos réus]* aí" (cf.: *http://www1.folha.uol.com.br/poder/2013/11/1375636-os-reus-do-mensalao-tem-alguma-razao-diz-jurista-guru-dos-ministros-do-stf.shtml*).

42. Com o sempre necessário cuidado ao se utilizar como fonte entrevista a periódico, filiado a tal entendimento está o professor Oscar Vilhena, conforme consta de matéria publicada no jornal *O Globo* de 13.9.2013, p. 6.

43. Jorge Miranda, *Teoria do Estado e da Constituição*, Rio de Janeiro, Forense, 2002, p. 451.

e cabe ao aplicador do Direito interpretar as normas buscando a harmonia entre elas.

Não há no texto constitucional vigente uma regra que diga mais acerca da competência originária aqui tratada do que o que já consta do art. 102, I, "b". Ou, em outras palavras: não há nada na Constituição que permita ao intérprete afirmar, com absoluta convicção, que para os casos de competência originária do STF não se poderia aplicar a regra da garantia do *doble conforme*.

Na Constituição, os dispositivos que tratam do julgamento em "única instância" (por exemplo, art. 102, II, "a", e III) cuidam de processos de competência de outras Cortes, e, ao tratar dos crimes do inciso I, "b", do art. 102 o constituinte dispôs sobre o que chamou de "competência originária".

O legislador constituinte usou ambos os termos – "competência originária" e "única instância" – como sinônimos.[44] Se para os casos que chamou de "única instância" a Constituição dispôs sobre os recursos eventualmente cabíveis (ainda que não ordinários), não estaria o intérprete autorizado a criar distinção onde o legislador não o fez. Para o caso do art. 102, I, "b", o constituinte silenciou.

Ainda que se admita que o silêncio, à época da elaboração do texto, decorria da lógica da inexistência de tribunal hierarquicamente superior para apreciar eventual recurso, tal interpretação, nos dias atuais, careceria de coerência, pois, ao mesmo tempo em que criaria conflito inexistente entre normas constitucionais, exigiria para a garantia do duplo grau um requisito não essencial (tribunal superior).

Por certo que a Convenção Americana – e a própria Corte Interamericana –, em seus julgados, parte do princípio de que o recurso ordinário deva ser apreciado por juiz ou tribunal hierarquicamente superior. Mas, por mero exercício de argumentação, que se admita ser silente o direito internacional sobre o assunto.

Autores, nacionais[45] e estrangeiros, afirmam que não é necessário, como corolário do duplo grau, que o julgamento do recurso seja atribuído a órgão diverso.

"A função da apelação está em submeter a lide ou o negócio a um segundo exame que ofereça maiores garantias do que o primeiro, já que se serve da experiência deste e realiza um ofício superior; mas esse último *não é um caráter essencial*, já que a apelação pode ser feita também perante um juiz de mesmo grau daquele que pronunciou a sentença impugnada; o essencial é que se trata de um exame reiterado, isto é, de uma revisão de tudo quanto se fez na primeira vez, e essa reiteração permite evitar os erros e suprir as lacunas em que eventualmente se incorreu no exame anterior"[46] (grifou-se).

Portanto, afirmar que o constituinte teria silenciado para o "óbvio", além de não ser óbvio, geraria conflito entre normas, o que deve, a todo custo, ser evitado, para preservação da harmonia constitucional.

44. Neste sentido: José Afonso da Silva, *Curso de Direito Constitucional Positivo*, 38ª ed., São Paulo, Malheiros Editores, 2015, pp. 565-566. E, também, o próprio STF se utiliza indistintamente de ambos os termos, equiparando-os, conforme se verifica nos seguintes julgados: HC 61.920-DF, MI 4-DF, HD 1-DF, HC 77.945-RS.

45. Nelson Nery Jr., *Princípios Fundamentais – Teoria Geral dos Recursos*, 5ª ed., São Paulo, Ed. RT, 2000, p. 41; e Flávio Cheim Jorge, *Teoria Geral dos Recursos*, cit., p. 7.

46. Francesco Carnelutti, *Instituições do Processo Civil*, vol. II, Campinas, Servanda, 1999, p. 250.

Em item específico cuidar-se-á do julgamento em mesma instância do recurso ordinário para o caso em tela e de sua conformação às regras constitucionais e de direito internacional. Por ora, cabe frisar, por oportuno: não há regra expressa que impeça o manejo de recurso nas causas de competência originária.

No caso concreto, há que se buscar uma forma de harmonizar as regras que estão em aparente conflito.

"Isto aplica-se particularmente ao chamado fenómeno das 'contradições de princípios', presentes nas Constituições compromissórias e, não raro, noutros sectores além do direito constitucional. Tais contradições hão de ser superadas, nuns casos, mediante a redução adequada do respectivo alcance e âmbito e da cadência de parte a parte e, noutros casos, mediante a preferência ou a prioridade, na efectivação, de certos princípios frente aos restantes – nuns casos, pois, através de coordenação, noutros através de subordinação. Tem de fazer-se, por conseguinte, um esforço de concordância prática, assente num critério de proporcionalidade. E pode ter de se solicitar (mesmo sem se aderir a todas as premissas do puro método valorativo) a ponderação ou a hierarquização dos valores inerentes aos princípios constitucionais."[47]

A ponderação de valores[48] é técnica utilizada quando se está diante de conflito entre pelo menos dois princípios constitucionais em um dado caso concreto. Há que se verificar, então, se as duas regras em confronto têm *status* de princípio.

O caráter principiológico dos direitos humanos não é novidade na doutrina e, em linhas gerais, deve sua atual conformação a Robert Alexy,[49] revisitado por alguns autores:[50]

"*Os direitos fundamentais*, mesmo quando expressados sob a forma de regras, *reconduzem-se a princípios*, tendo em vista o valor ou bem jurídico que visam a proteger.

"O caráter principiológico das normas de direitos fundamentais implica, por si só, a proporcionalidade em sentido amplo ou a existência de seus elementos ou subprincípios: adequação, necessidade e proporcionalidade em sentido estrito"[51] (grifou-se).

Já admitida a natureza principiológica das normas que se traduzem em direitos humanos, resta saber o *status* constitucional da norma que criou causa de competência funcional hierárquica, atribuída em razão das pessoas[52-53] – foro por prerrogativa de função.

47. Jorge Miranda, *Teoria do Estado e da Constituição*, cit., pp. 451-452.

48. Sobre a distinção entre *razoabilidade* e *proporcionalidade*, bem como a técnica de aplicação prática de ambos os conceitos no controle de constitucionalidade, cf. Raphael Augusto Sofiati de Queiroz, *Os Princípios da Razoabilidade e Proporcionalidade das Normas e sua Repercussão no Processo Civil Brasileiro*, Rio de Janeiro, Lumen Juris, 2000.

49. Robert Alexy, *Teoría de los Derechos Fundamentales*, Madri, Centro de Estudios Constitucionales, 1993.

50. Guilherme Peña de Moraes, *Direitos Fundamentais. Conflitos e Soluções*, São Paulo, Labor Iuris, 2000. O autor expressamente se vale das lições de Alexy para afirmar que os direitos fundamentais têm natureza de princípios constitucionais.

51. Susana de Toledo Barros, *O Princípio da Proporcionalidade e o Controle de Constitucionalidade das Leis Restritivas de Direitos Fundamentais*, 2ª ed., Brasília, Brasília Jurídica, 2000, p. 157.

52. Flávio Cheim Jorge, *Teoria Geral dos Recursos Cíveis*, cit., 2ª ed., p. 67.

53. Cf., ainda, sobre a competência em tais casos: Ada Pellegrini Grinover, Antônio Scarance

Após apresentar os critérios mais difundidos, Humberto Ávila sugere método sistemático e conceitual para regras e princípios, e assim os distingue:

"***As regras são normas imediatamente descritivas***, *primariamente* ***retrospectivas*** *e com pretensão de decidibilidade e abrangência,* ***para cuja aplicação se exige a avaliação da correspondência***, *sempre centrada na finalidade que lhes dá suporte ou nos princípios que lhes são axiologicamente sobrejacentes, entre a construção conceitual da* ***descrição normativa e a construção conceitual dos fatos***.

"***Os princípios são normas imediatamente finalísticas***, *primariamente* ***prospectivas*** *e com pretensão de complementariedade e parcialidade,* ***para cuja aplicação se demanda uma avaliação da correlação entre o estado de coisas a ser promovido e os efeitos decorrentes da conduta havida como necessária à sua promoção***"[54] (grifou-se).

Em outras palavras, de forma resumida e com base no quadro apresentado pelo autor acima citado: os princípios promovem um estado ideal de coisas, e as regras exigem a adoção de uma conduta descrita.

Ao estipular hipótese de competência originária de tribunal para processar e julgar determinadas pessoas ocupantes de cargos específicos, em razão da relevância de suas funções, a Constituição criou norma descritiva, abrangente, e que exige a avaliação da correspondência entre o que está descrito com os fatos narrados. Ou seja: se está diante de regra constitucional.

Como o aparente conflito sob exame se dá entre um princípio – direito fundamental – e uma regra – descritiva de competência –, não há que se falar em ponderação de interesses.[55]

Não estando o intérprete diante de conflito entre princípios, mas entre regra e princípio, cabe a este a tarefa de respeitar o princípio da unidade constitucional, partindo do suposto de que as normas estão em harmonia e entre elas há possibilidade de aplicação conjunta.

"O princípio da unidade da Constituição ganha relevo autónomo como princípio interpretativo quando com ele se quer significar que a Constituição deve ser interpretada de forma a evitar contradições (antinomias, antagonismos) entre suas normas."[56]

O princípio da unidade exige, então, que se harmonize o princípio do direito ao recurso ordinário com a regra de competência originária do STF. Além da unidade, o princípio da máxima efetividade, também aplicável ao caso, impõe que "a uma norma constitucional deve ser atribuído o sentido que maior eficácia lhe dê",[57] e a máxima efetividade é, sobretudo, invocada no âmbito dos direitos fundamentais.

Ao se buscar a coordenação e a combinação das normas em conflito, a fim de evitar o sacrifício total ou parcial do texto, aplica-se técnica de harmonização de normas.[58]

Como, então, harmonizar as regras em comento? Bastaria interpretar o con-

Fernandes e Antônio Magalhães Gomes Filho, *As Nulidades no Processo Penal*, 5ª ed., São Paulo, Malheiros Editores, 1996, pp. 50-52.

54. Humberto Ávila, *Teoria dos Princípios*, 15ª ed., São Paulo, Malheiros Editores, 2014, p. 102.

55. Daniel Sarmento, *A Ponderação de Interesses na Constituição Federal*, Rio de Janeiro, Lumen Juris, 2000, pp. 99-100.

56. José Joaquim Gomes Canotilho, *Direito Constitucional*, 6ª ed., Coimbra, Livraria Almedina, 1993, p. 226.

57. Idem, p. 227.

58. Idem, p. 228.

teúdo da norma insculpida no art. 102, I, "b", da CF com o complemento do art. 5º, § 2º, da mesma CF, este em referência sistêmica ao art. 8.2.h do Pacto de San José da Costa Rica, e assim se teria a seguinte leitura: "Compete ao Supremo Tribunal Federal, precipuamente, a guarda da Constituição, cabendo-lhe: I – processar e julgar, originariamente, *respeitado o direito ao duplo grau pela interposição de recurso ordinário*" (proposição interpretativa e não textual).

As questões do órgão competente para julgar o recurso ordinário em tais situações e da inexistência de regras no Direito interno sobre este recurso serão abordadas em tópico próprio.

8. Medidas cabíveis perante a Comissão e a Corte Interamericana de Direitos Humanos

Na forma do exposto, e em consonância com a doutrina moderna,[59] tem-se que os Países nos dias de hoje estão também adstritos aos limites jurídicos estabelecidos nas normas internacionais. Tais normas são recebidas e incorporadas no Direito interno, e nenhum Estado se arriscaria a permanecer fora do contexto da comunidade internacional. Por isso mesmo, o Estado deve "submeter-se às normas de direito internacional quer nas relações internacionais, quer no próprio actuar interno".[60]

Submeter-se no atuar interno significa respeitar as regras às quais se vinculou de livre e espontânea vontade, principalmente nas relações entre o próprio Estado e o seu povo. Não há mais espaço, no mundo moderno, para violação de direitos estatuídos em normas internacionais ao singelo argumento de respeito à soberania.[61]

Um Estado não pode, ao mesmo tempo, se valer de sua soberania para livremente se tornar signatário de um tratado e depois, com base no mesmo argumento, negar-se a aplicá-lo. O Estado que assim age não pode ser considerado um Estado de Direito.

"(...) *os direitos fundamentais*, tal como estruturaram o Estado de Direito no plano interno, surgem também, nas vestes de direitos humanos ou de direitos do homem, *como um núcleo básico do direito internacional vinculativo das ordens internas. Estado de Direito é o Estado que respeita e cumpre os direitos do homem consagrados nos grandes pactos internacionais* (...)"[62] (grifou-se).

Diante de uma violação no âmbito do sistema americano de direitos humanos, caberá ao titular do direito (ou outros casos de legitimidade ativa[63]) buscar o livre exercício do seu direito e eventual reparação mediante provocação da Comissão Interamericana de Direitos Humanos.

59. Cf., além das fontes já referidas, Flávia Piovesan, *Direitos Humanos e o Direito Constitucional Internacional*, 14ª ed., São Paulo, Saraiva, 2013, pp. 113 e ss.

60. José Joaquim Gomes Canotilho, *Direito Constitucional e Teoria da Constituição*, 3ª ed., Coimbra, Livraria Almedina, 1999, p. 228.

61. Cf., acerca da flexibilização do conceito de soberania e o direito internacional moderno, Rogério Greco, *Direitos Humanos, Sistema Prisional e Alternativas à Privação de Liberdade*, São Paulo, Saraiva, 2011, pp. 28 e ss.

62. José Joaquim Gomes Canotilho, *Direito Constitucional e Teoria da Constituição*, cit., 3ª ed., pp. 228-229.

63. Arts. 44 e 45 da Convenção Americana, combinados com os arts. 23 e 24 do Regulamento da Comissão. Tratam da legitimidade de pessoa, grupo de pessoas, entidade não governamental legalmente reconhecida, Estado e a própria Comissão.

Em linhas gerais e bastante resumidas,[64] se apresentará o procedimento perante a Comissão, a partir da formulação inicial por petição até o momento final de solução amistosa ou de submissão do caso à Corte Interamericana, e, nesta última hipótese, o rito contencioso desenvolvido a partir do recebimento do caso.

Protocolizada a petição inicial, esta será analisada somente sob a perspectiva do preenchimento dos requisitos iniciais, previstos pelos arts. 23 a 27 do Regulamento da Comissão, e que tratam de forma, legitimidade ativa, legitimidade passiva e causa de pedir. A revisão inicial (art. 26) é feita pela Secretaria Executiva, que poderá solicitar informações adicionais ou, conforme o caso, determinar de pronto o arquivamento do pleito inicial, pelo não preenchimento dos requisitos gerais.

Recebida de pronto ou após pedido de informações, a petição passa pelo exame de admissibilidade, previsto nos arts. 46 da Convenção e 27 e 28 do Regulamento.

São os seguintes os requisitos de admissibilidade da petição: prazo (de até seis meses desde o conhecimento da violação), esgotamento dos recursos previstos no Direito interno, matéria ainda não julgada e não pendente de julgamento em outro procedimento (coisa julgada e litispendência), qualificação do denunciante, qualificação da vítima, pedido de sigilo de identidade (facultativo), autoridade pública que conheceu do caso e detalhes fáticos da causa.

Inúmeros julgados de relevância para o direito internacional abordam casos extremos e controversos no exame de admissibilidade das petições, como, por exemplo, de legitimidade passiva de pessoa jurídica[65] ou de pendência de recursos extraordinários como não esgotamento de instância,[66] mas que fogem dos limites do presente texto.

Sendo inadmitida a petição, será publicado o informe, e o caso será arquivado. Ultrapassado o exame e a petição sendo admitida, há, igualmente, publicação da decisão, e o caso é submetido à apreciação da Comissão, que irá examinar o mérito da causa, passando ao exame de fundo do direito, conforme os arts. 48 a 50 da Convenção e 43.1 do Regulamento. Importante salientar que a admissibilidade do caso pela Comissão não vincula a Corte Interamericana, que poderá inadmiti-lo;[67] mas a inadmissão pronunciada pela Comissão impede que o caso chegue à Corte.[68]

Em resumo: com respeito à dialética típica do processo, as partes se manifestam, há instrução probatória, inclusive com exame *in loco*, quando o caso recomendar, e, por fim, a Comissão decide, publicando informe conclusivo acerca da ocorrência, ou não, de violação.

Se a Comissão concluir pela não violação, o informe é publicado, e o caso arquivado. Ainda com base no informe provisório do art. 50 da Convenção, há previsão para solução amigável do litígio.

64. Para uma noção geral, sistemática e bastante didática do *iter* processual, cf. Claudio Jesús Santagati, *Manual de Derechos Humanos*, cit., 3ª ed., pp. 171-172.

65. "Bernard Merens y Familia *versus* Argentina", *Comisión IDH: Informe* 103/1999.

66. "Christian D. Domínguez Domenichetti *versus* Argentina", *Comisión IDH: Informe* 51/2003.

67. "Velásquez Rodríguez *versus* Honduras", *Corte IDH: Fallo* 1, 26.6.1987.

68. "República Argentina y República Oriental del Uruguay", *Corte IDH: OC* 13/1993, 16.7.1993.

Reconhecendo que houve violação, as recomendações da Comissão serão publicadas em informe definitivo, conforme o art. 51. Nesta oportunidade o caso pode ser levado à Corte por decisão fundamentada da Comissão ou por iniciativa do próprio Estado-membro da OEA.[69]

Ultrapassadas as fases de recebimento e admissibilidade, similares às existentes no processo perante a Comissão, as partes são notificadas da demanda e apresentarão por escrito as suas razões. Sendo arguidas exceções, as partes terão prazo para se manifestar sobre preliminares.

Passa-se, então, à fase das audiências, que poderão ser específicas para preliminares, mérito e reparações, ou audiência única, tratando dos três aspectos. Segue-se a fase decisória, que igualmente pode gerar três sentenças em separado, ou uma, abordando todos os aspectos da causa.

Frise-se, por oportuno, que o trâmite aqui descrito foi sumariamente apresentado. O tema já mereceu e ainda carece de abordagens amplas e definitivas, e envolve inúmeros desdobramentos.

Relevante para o caso concreto aqui tratado é saber como vem sendo tratado o tema de fundo deste texto pela Comissão e pela Corte Interamericana de Direitos Humanos.

O direito ao recurso ordinário como corolário do duplo grau de jurisdição, a obrigação do Estado de prever tal recurso, que instrumento jurídico pode efetivamente ser qualificado como recurso ordinário, as consequências da inexistência de recurso próprio e o órgão competente para processar e julgar o recurso ordinário são temas tratados pela jurisprudência internacional e serão objeto de comparação, quando cabível, ao que é previsto no Direito interno brasileiro, nos próximos itens.

Contudo, é necessário abordar, ainda neste tópico, as consequências da provocação da jurisdição internacional no "Caso do Mensalão".

Tradicional na jurisprudência internacional, as Cortes reiteradas vezes decidem com base na fórmula de "quarta instância" (*la cuarta instancia*). Muito embora o erro judicial violador de direito fundamental possa ser submetido à apreciação dos órgãos internacionais, a pretensão de substituição da decisão reputada como violadora por outra é tida como pretensão de nova instância, ou de quarta instância, e tal iniciativa é repelida pelo direito internacional.

"Como ya dijimos, una resolución judicial definitiva violatoria de los instrumentos del sistema habilita el acceso a éste, por el contrario, el acceso al sistema no corresponde cuando la pretensión se inscribe dentro de la denominada 'fórmula de la cuarta instancia'."[70]

Inúmeros são os julgados que afirmam o caráter subsidiário do sistema interamericano e afastam a pretensão à quarta instância, tais como:

"El carácter de esa función constituye también la base de la denominada 'formula de cuarta instancia' aplicada por la Comisión, que es congruente con la práctica del sistema europeo de derechos humanos (...)".[71]

"(...). Sin embargo, la protección internacional que otorgan los órganos de su-

69. "Bueno Alves *versus* Argentina", *Corte IDH: Fallo* 164, 11.5.2007.

70. Josefina Magaroli e Sergio L. Maculan, *Procedimiento ante el Sistema Interamericano de Derechos Humanos*, cit., p. 160.

71. "Santiago Marzioni *versus* Argentina", *Comisión IDH: Informe* 39/1996, *Caso* 11.673, 15.10.1996.

pervisión de la Convención es subsidiaria de la que proveen los órganos nacionales que han actuado dentro de los límites de su competencia (...)."[72]

Apressado e equivocado o entendimento de que o sistema interamericano não admite causas que tenham por objeto direito violado em processo judicial. O que o direito internacional não admite é atuar como tribunal de revisão dos julgados nacionais, mas isto definitivamente não impede tanto a Comissão quanto a Corte de apreciar e julgar causas sobre violações perpetradas por tribunais locais.

"Como ya se ha determinado en anteriores oportunidades, al aplicar la llamada 'formula de la cuarta instancia': *la Comisión no puede revisar las sentencias dictadas por los tribunales nacionales* que actúen en la esfera de su competencia y aplicando las debidas garantías judiciales, *a menos que considere la posibilidad de que se haya cometido una violación de la Convención Americana*"[73] (grifou-se).

"Em las sociedades democráticas, en que los tribunales funcionan en el marco de un sistema de organización de los Poderes Públicos establecido por la Constitución y legislación interna, corresponde a los tribunales competentes considerar los asuntos que ante ellos se plantean. Cuando es evidente que ha existido la violación de uno de los derechos protegidos por la Convención, la Comisión tiene competencia para entender el caso."[74]

Pode-se formular regra de grande valia a partir da análise dos julgados: a Corte Interamericana entende não ser cabível a revisão do mérito da causa julgada em âmbito nacional, mas não se furta de rever o processo originário em busca de causas de violações de direitos fundamentais.

"Esta Corte ha señalado recientemente que el esclarecimiento de si el Estado ha violado o no sus obligaciones internacionales por virtud de las actuaciones de sus órganos judiciales *puede conducir a que el Tribunal deba ocuparse de examinar los respectivos procesos internos*"[75] (grifou-se).

A jurisprudência internacional evita classificar as violações detectadas no processo, para que não necessite tratar das consequências de seu reconhecimento em cada legislação de seus Estados-Partes. Contudo, no Direito interno brasileiro sabe-se que: "Toda vez que houver infringência a princípio ou norma constitucional-processual, que desempenhe função de garantia, a ineficácia do ato praticado em violação à Lei Maior será a sanção que surgirá da própria Constituição ou dos princípios gerais do ordenamento".[76]

Ao rever os atos de processo que tramitou perante órgão jurisdicional nacional a Corte pode detectar eventual violação de direito protegido pelo sistema interamericano e reconhecer a lesão, publicando e divulgando informe sobre o caso. Fazem parte da sentença, e, por conseguinte, do informe, as recomendações, as determinações e, também, as condenações impostas pela Corte.

72. "Yamileth Rojas Piedra *versus* Costa Rica", *Comisión IDH: Informe* 43/04, *Petición* 306/1999, 13.10.2004.

73. "Ernesto Máximo Rodrigues *versus* Argentina", *Comisión IDH: Informe* 6/1998, *Caso* 10.382, 21.2.1998.

74. "Santiago Marzioni *versus* Argentina", *Comisión IDH: Informe* 39/1996, *Caso* 11.673, 15.10.1996.

75. "Bámaca Velásquez *versus* Guatemala", *Corte IDH: Fallo* 70, 25.11.2000.

76. Ada Pellegrini Grinover, Antônio Scarance Fernandes e Antônio Magalhães Gomes Filho, *As Nulidades no Processo Penal*, cit., p. 20.

Por expressa determinação da Convenção, a parcela condenatória – reparação de danos – é considerada título executivo e se presta a fundamentar processo de execução civil, de acordo com a legislação nacional (arts. 10 e 68.2).

Não havendo solução amigável para o caso, o que poderia decidir a Comissão Interamericana, diante do "Caso do Mensalão", se verificar a violação ao art. 8.2.h?

A teor do que consta do art. 51.2 da Convenção, a Comissão fará recomendações no sentido de se permitir que os acusados possam efetivamente gozar do direito ao recurso ordinário e fixará um prazo dentro do qual o Estado deverá tomar as medidas que lhe competem para dar fiel cumprimento ao que foi recomendado.

Findo o prazo a que se refere o dispositivo acima mencionado, a Comissão decidirá se o Estado – no caso em tela, a República Federativa do Brasil – tomou, ou não, as medidas adequadas e se publicará, ou não, seu relatório.

Publicado o relatório, o caso poderá ser submetido à Corte, que, verificando igualmente a violação do art. 8.2.h, como já assinalado, determinará que se assegure aos prejudicados o gozo dos seus direitos, conforme o art. 63 da Convenção.

O art. 68.1 afirma que os Estados -Partes na Convenção se comprometem a cumprir a decisão da Corte em todo caso em que forem partes. O Brasil é parte no Sistema Interamericano e signatário do Pacto de San José, que é válido e eficaz no País desde 6.11.1992. O Brasil tornou-se signatário do Pacto de forma livre e em pleno exercício de sua soberania, tendo feito única e exclusivamente uma ressalva, que sequer chega a ser uma reserva, mas tão somente uma declaração interpretativa acerca dos arts. 43 e 48.d, sobre prévia anuência para inspeções *in loco*.

Para o Brasil, assim como todo e qualquer outro Estado-Parte, a decisão da Corte é vinculativa e gera obrigações inescusáveis. Negar vigência ao Pacto de San José da Costa Rica ou, em fase posterior, negar-se a cumprir decisão da Comissão ou da Corte Interamericana é apresentar-se à comunidade internacional como Estado de exceção, não cumpridor de seus compromissos, e portanto, indigno da confiança de outros Estados e de seu próprio povo.

Já é ultrapassada a hora de romper com entendimentos desprovidos de lógica comunitária e que resistem à aplicação de normas internacionais. Como nota final deste tópico, transcreve-se esclarecedora opinião de Francisco Rezek, ex-Ministro do STF e ex-Juiz da Corte Internacional de Justiça, ao criticar posição do STF acerca do Pacto de San José: "Alguém estava ali raciocinando como se a Convenção de São José da Costa Rica fosse um produto que por obra nefanda de alienígenas desabasse sobre nossas cabeças, à nossa revelia, como se aquilo não fosse um pleno exercício de legislação ordinária, como se pudesse o texto de São José valer para nós se o Congresso Nacional não o tivesse aprovado, e se o Presidente da República não o tivesse ratificado. Parece que não se sabe ainda, aqui ou ali, que o direito internacional público não é uma imposição de criaturas exóticas à nossa brasilidade".[77]

9. A competência para processar e julgar recurso ordinário nas hipóteses do art. 102, I, "b", da CF e a alegação de falta de previsão no Direito interno

Partindo-se do princípio de que tenha havido reconhecimento de violação do

77. José Francisco Rezek, "Direito comunitário no MERCOSUL", *Cadernos de Direito Constitucional e Ciência Política* 18/226, Ano 5, São Paulo, Ed. RT, 1997.

direito ao duplo grau, e que, por conta de tal reconhecimento, antes a Comissão e posteriormente a Corte tenham determinado ao Brasil que tomasse todas as medidas necessárias para que os acusados no caso *sub examine* possam fazer uso do recurso ordinário, restam pontos a serem elucidados e que funcionam como antecedentes lógicos ao atendimento da decisão internacional.

Poderia o Brasil esquivar-se de cumprir a decisão sob a alegação de inexistir no Direito interno previsão para recurso ordinário das decisões proferidas em sede de competência originária do STF? E, ainda, como compatibilizar a regra de julgamento do recurso por órgão de hierarquia superior, se o STF é a mais alta Corte do País?

Antes de prosseguir, é preciso distinguir o que pode ser adotado como medida adequada para impedir novas violações do mesmo direito do que pode ser efetivamente feito para remediar a situação concreta já existente e em exame. O primeiro caso recebe tratamento propositivo; o segundo desafia aplicação das regras já existentes, mas em conformidade com o exigido pela Corte.

O Brasil aderiu à Convenção Americana em 25.9.1992, tendo internalizado o Pacto, por decreto, em 6.11.1992. O art. 2º da Convenção dispõe que os Estados-Partes se comprometem, no ato de adesão, a adotar as medidas legislativas necessárias para tornar efetivos os direitos e liberdades protegidos pelo sistema.

Em outras palavras: como a competência originária do STF, sem previsão de recurso ordinário, existe no Direito interno atual desde antes de o Brasil aderir ao Pacto (desde 1988), o País está em mora com a comunidade internacional há mais de 20 anos.

Tal raciocínio decorre da aplicação dos arts. 2º, 25.1 e 25.2 da Convenção, e é também corroborado pela jurisprudência do célebre caso "Herrera Ulloa *versus* Costa Rica", já referido neste texto:

"(...); "e) en el ordenamiento jurídico costarricense el único régimen procesal que carece de recurso de apelación es el correspondiente a la jurisdicción penal. *En el proceso penal no existe la segunda instancia, lo cual viola los arts. 8.2.h y 2 de la Convención*; (...); i) (...). Además, *la falta de un recurso de apelación infringe el art. 25.2.b de la Convención*, mediante el cual las partes se obligan a 'desarrollar las posibilidades de recurso judicial'" (grifou-se).

Mas não é só a Convenção Americana que impede que o Brasil use seu Direito interno para não cumprir normas internacionais.[78] A Convenção de Viena sobre o Direito dos Tratados, internalizada em 14.12.2009, em seu art. 27, também afirma a impossibilidade de invocar Direito interno como justificativa para inadimplemento de um tratado.

Não podendo, portanto, usar seu Direito interno como escusa, o Brasil, para cumprir eventual determinação da Corte, precisaria: (1) definir o órgão de jurisdição que ficaria encarregado de processar e julgar recurso ordinário nas causas de competência originária do STF; e (2) diante da inexistência de previsão legal, definir como se daria forma jurídica ao recurso e, também, definir seu procedimento.

Diante da mora de mais de duas décadas, o Brasil precisaria alterar sua legislação atual para criar, para os processos futuros, hipótese de recurso para aquelas causas acima citadas.

Há no Brasil pelo menos duas propostas de emendas constitucionais/PECs

78. Sobre a hipótese, cf.: "Cantos *versus* Argentina", *Corte IDH: Fallo* 97, 28.11.2002.

que alteram as regras do chamado "foro por prerrogativa de função": são elas a PEC 470/2005[79] e a PEC 312/2013[80] – esta, atualmente, encontra-se apensada à primeira, para tramitação e discussão conjuntas.

No segundo caso, a proposta simplesmente sugere a extinção das hipóteses de foro por prerrogativa de função; o primeiro caso é mais específico, e sugere a extinção somente para deputados e senadores, mantendo um juízo de admissibilidade especial em seu lugar.

Em ambos os casos os argumentos apresentados nas justificativas são simplistas e falam em desde "prestigiar a Magistratura de primeiro grau" até suposta contrariedade ao princípio da igualdade.

Curiosamente, nenhum dos projetos funda-se na necessidade de respeitar as normas dos tratados e convenções assinados pelo Brasil, nem de se defender o direito fundamental ao *doble conforme*.

Proposta mais adequada juridicamente ao Direito interno e prestigiadora do direito internacional foi apresentada pelo Ministro do STF Luís Roberto Barroso: "Minha ideia é a seguinte. Criar duas Varas Federais em Brasília: uma com competência para julgar ações penais contra parlamentares e outras autoridades; e outra para julgar ações de improbidade contra as mesmas autoridades. O juiz titular de cada uma dessas Varas seria escolhido pelo STF. Ele lá ficaria por quatro anos, ao final dos quais seria automaticamente promovido para o TRF da sua Região. Assim, ficaria livre de qualquer contágio político. Pela mesma razão, não poderia ir para tribunal superior. As Varas teriam um juiz titular e quantos juízes auxiliares fossem necessários. Da decisão proferida pelo juízo dessas Varas caberia recurso ordinário para o STF. Assim, o STF não perderia a competência para dar a palavra final, mas deixaria de exercer a instrução processual, atividade para a qual não tem vocação nem estrutura. Claro que esse é um formato básico, que poderia ser refinado no debate público".[81]

Por óbvio, seja adotada esta ou aquela proposta, elas só serviriam eventualmente para atender, de imediato, ao comando do art. 2º da Convenção e, mediatamente, em relação aos conflitos futuros, aos comandos dos arts. 25.1 e 25.2.b. Não se prestariam como medidas adequadas a garantir a fruição do direito violado em caso julgado ou pendente de julgamento.

Para o caso em estudo, o que se propõe seria determinar que o Brasil tome "as medidas que lhe competirem para *remediar* a situação examinada", nas palavras do art. 51.2 da Convenção. Além disso, só caberia reparação à parte lesada, conforme o art. 63.1. Aqui, fala-se, portanto, em remediação e reparação.

Em tópico anterior se utilizou, como mera técnica argumentativa, a hipótese de o recurso ordinário ser julgado não por órgão superior, como determina a Convenção, mas pelo mesmo órgão que proferiu a decisão recorrida. O que foi, naquele item, um exercício argumentativo neste ponto se impõe como única medida a dar efetividade, ainda que parcial, mas imediata, ao direito violado.

79. *http://www.camara.gov.br/proposicoesWeb/prop_mostrarintegra?codteor=349314&filename=PEC+470/2005.*

80. http://www.camara.gov.br/proposicoesWeb/prop_mostrarintegra;jsessionid= D35B93F846F95FE4D67D58F50BF662E7.node2?codteor=1132740&filename=PEC+312/2013

81. Proposta apresentada em entrevista à revista *Tribuna do Advogado* 533/7, da OAB/Seccional Rio de Janeiro (OAB/RJ), edição de dezembro/2013-janeiro/2014.

No "Caso do Mensalão", atualmente pendente de julgamento de embargos infringentes, não haveria tempo para qualquer alteração legislativa que pudesse significar ampla fruição do direito violado. Para que os acusados pudessem fruir do direito de revisão de sua causa o Brasil teria que adotar medida adequada para remediar a violação, que, no caso, seria permitir o julgamento do recurso pelo mesmo Tribunal que julgou a causa.

Ao analisar caso de uma associação indígena contra a Nicarágua, a Corte afirmou que, ainda que a Constituição de um País estabeleça que não é cabível qualquer recurso de determinada decisão, há que se garantir o controle jurisdicional desta, em respeito à proteção dos direitos humanos.[82]

No caso, o dano provocado pela inexistência do recurso já havia sido consumado, e, portanto, a Corte entendeu que: "232. La reparación del daño ocasionado por la infracción de una obligación internacional requiere, siempre que sea posible, la plena restitución (*restitutio in integrum)*, que consiste en el restablecimiento de la situación anterior. De no ser esto factible, como ocurre en la mayoría de los casos, entre ellos éste, el Tribunal Internacional determinará medidas para garantizar los derechos conculcados, reparar las consecuencias que las infracciones produjeron y establecer una indemnización que compense por los daños ocasionados (...)".[83]

Em outras palavras, e em resumo final do tópico: diante de decisão da Corte, o Brasil adaptaria seu procedimento atualmente existente para que o STF processe e julgue recurso ordinário de decisão proferida em sede de competência originária no "Caso do Mensalão", por via própria, e se comprometeria a alterar, por proposições legislativas, as hipóteses de competência originária, para garantir nos processos futuros direito de recurso ordinário a ser apreciado por órgão superior.

A Corte Interamericana já sugeriu que se adaptasse o funcionamento de um órgão jurisdicional com competência originária para que o julgamento em única instância pudesse propiciar direito ao recurso ordinário: "(...). Así sucedería, por ejemplo, si se dispusiera que el juzgamiento en primera instancia estará a cargo del presidente *[do tribunal]* o de una sala del órgano colegiado superior y el conocimiento de la impugnación corresponderá al Pleno de dicho órgano, con exclusión de quienes ya se pronunciaron sobre el caso".[84]

Tanto naquela decisão da Corte como na proposta aqui formulada, em observância ao art. 29 da Convenção[85] e diante da impossibilidade imediata de se garantir total fruição do direito violado, buscou-se *remediar e reparar* em parte a lesão provocada, ao invés de simplesmente negar-se qualquer fruição e resolver-se o caso em perdas e danos. Garantir plena eficácia aos direitos fundamentais é obrigação de todos os órgãos do Estado.

Resta saber, então, qual seria a via própria para permitir que o STF processe e julgue recurso ordinário no "Caso do Mensalão".

82. "Yatama *versus* Nicarágua", *Corte IDH: Fallo* 127, 23.6.2005, em especial parágrafos 173 e 174.

83. "Yatama *versus* Nicarágua", *Corte IDH: Fallo* 127, 23.6.2005, em especial parágrafo 232.

84. "Barreto Leiva *versus* Venezuela", *Corte IDH: Sentencia de 17.11.2009*, parágrafo 90.

85. O art. 29 impede que se interprete a Convenção de forma a restringir ou limitar o gozo dos direitos humanos; a ideia de se buscar fruição ainda que parcial do direito é uma forma de prestigiar o conteúdo da norma, na medida em que evita a simplicidade da conversão em perdas e danos.

10. A execução da decisão internacional no Brasil e a definição do procedimento para o recurso ordinário no STF

Emprega-se, neste item, a acepção mais ampla do termo "execução", e não somente aquela reservada ao processo de execução propriamente dito, seja ele penal ou civil.

O adimplemento voluntário pode ser tratado como o executar de uma obrigação; a execução forçada, e seu caráter subsidiário do adimplemento, também é um executar da obrigação. Tratando-se de sentido *lato* de execução: "Finalmente, amplia-se também o significado do vocábulo 'execução' quando vem empregado para designar *todos os casos de realização do que a sentença contém*. Assim, não só a execução forçada é execução, como também todos os atos de cumprimento do dispositivo de sentenças constitutivas ou meramente declaratórias. (...)"[86] (grifou-se).

Obtendo-se decisão favorável da Corte Interamericana, o que se espera é que o Estado (neste caso, o Brasil) cumpra integralmente a sentença, já que se comprometeu a "cumprir a decisão da Corte em todo caso em que" for parte (art. 68 da Convenção).

Não obstante, diante do descumprimento da decisão, há que se buscar uma forma de "executá-la".

Antes, porém, um necessário esclarecimento. Não se aplica às sentenças da Corte a regra contida no art. 105, I, "i", da CF, que exige que a sentença estrangeira seja homologada pelo STJ para que tenha eficácia no Brasil.

A sentença da Corte dispensa homologação, pois há evidente diferença entre as expressões "sentença estrangeira" e "sentença internacional". Ambas não são sinônimas, e não podem ser tratadas como tal, sob pena de se atestar que direito internacional e direito estrangeiro são a mesma coisa.

"Por 'sentença estrangeira' deve-se entender aquela proferida por um tribunal afeto à soberania de determinado Estado, e não a emanada de um tribunal internacional que tem jurisdição *sobre* os seus próprios Estados-Partes.

"(...).

"Em suma, as sentenças da Corte Interamericana, pelo teor do art. 68, I, da Convenção Americana, têm eficácia *imediata* na ordem jurídica interna, devendo ser cumpridas de plano (*sponte sua*) pelas autoridades do Estado condenado."[87]

Quando se trata de eventual parte condenatória da sentença e que trate de compensação indenizatória em dinheiro, há dispositivo que expressamente trata do tema e que permite que a decisão seja executada no País seguindo a lei que regula a execução de sentenças contra o Estado.

O Brasil já teve oportunidade de cumprir espontaneamente decisão da Corte que impunha o dever de indenizar – "Damião Ximenes Lopes *versus* República Federativa do Brasil", *Fallo* 12.237, 1.10.2004. Mas, diante do não cumprimento espontâneo, "(...) cabe à vítima ou ao Ministério Público Federal (com fundamento no art. 109, III, da Constituição, segundo o qual 'aos juízes federais compete processar e julgar as causas fundadas em tratado ou contrato da União com Estado estrangeiro

86. Cândido Rangel Dinamarco, *Execução Civil*, 8ª ed., São Paulo, Malheiros Editores, 2001, p. 107.

87. Valério de Oliveira Mazzuoli, *Os Sistemas Regionais de Proteção dos Direitos Humanos*, São Paulo, Ed. RT, 2011, pp. 39 e 41.

ou organismo internacional') deflagrar ação judicial a fim de garantir o efetivo cumprimento da sentença, uma vez que as mesmas também valem como título executivo no Brasil, tendo aplicação imediata, devendo tão somente obedecer aos procedimentos internos relativos à execução de sentença desfavorável ao Estado".[88]

Como se daria, então, a execução (*lato sensu*) de parcela não condenatória em pecúnia?

Também é possível, via de regra, executar decisões que contenham condenação em obrigação de fazer ou entregar coisa (são comuns nas decisões da Corte obrigações que tenham por conteúdo exigir que a vítima seja homenageada mediante entrega de placa comemorativa, ou que o Estado implemente um programa de capacitação ou formação ou, ainda, que a sentença seja publicada por um longo período em jornais de grande circulação).

Contudo, a execução de sentença favorável no caso em exame não parece ser de fácil eleição. Não seria simples – sequer possível – a tarefa de promover execução para se obter do Estado Brasileiro procedimento para o manejo de recurso ordinário, e provavelmente seria convertida em perdas e danos, já que a legitimação passiva impediria que fossem adotadas medidas concretas para criação do referido procedimento. A execução seria promovida contra a União Federal, mas é o Congresso Nacional que se encontra em mora, e o que se espera é que o STF dê efetiva fruição ao direito violado.

Ao que tudo indica, o recomendável, na hipótese, seria buscar a execução *lato sensu* da obrigação, buscando extrair dela a maior efetividade possível.

88. Idem, p. 43.

Tanto a Convenção (art. 25) como a Corte, em seus julgados, referem-se ao direito ao recurso como sendo um direito a um recurso *efetivo*. Assim sendo, o instrumento jurídico a ser processado e julgado pelo STF deverá ser capaz de promover ampla revisão da decisão condenatória já imposta. Ambos, instrumento e procedimento, deverão propiciar plena efetividade ao direito de recorrer.

O recurso extraordinário, apesar de ser da competência do STF, é recurso de hipóteses limitadas, e sequer permite reexame de provas. A Corte não considera o recurso extraordinário como um recurso capaz de promover o direito ao duplo grau e sequer considera seu manejo como indispensável para o preenchimento do requisito de esgotamento dos recursos internos para provocar a jurisdição internacional.[89]

A Corte, em verdade, não considera capaz de revisar a causa penal nenhum dos instrumentos jurídicos vinculados exclusivamente à questão constitucional.[90]

Não se cogita de mandado de segurança por conta de seu procedimento restrito. Igualmente, o *habeas corpus* tem procedimento bastante específico, com propósito diverso[91] daquele exigido pela Corte para os casos de *doble instancia*.[92]

89. "Christian D. Dominguez Domenichetti *versus* Argentina", *Comisión IDH: Informe* 51/2003, *Petición* 11.819, 24.10.2003.

90. "Eolo Margaroli y Josefina Ghiringhelli *versus* Argentina", *Comisión IDH: Informe* 104/1999, *Caso* 11.400, 27.9.1999.

91. "O *habeas corpus* é *remedium juris* destinado a tutelar, de maneira rápida e imediata, a liberdade de locomoção. Trata-se de verdadeira garantia constitucional para amparar o direito à liberdade ambulatória" (Fernando da Costa Tourinho Filho, *Prática de Processo Penal*, cit., 34ª ed., p. 714).

92. "Iván Eladio Torres *versus* Argentina", *Comisión IDH: Informe* 69/2005, *Petición* 960/2003, 13.10.2005.

Em princípio poder-se-ia cogitar do instituto da revisão criminal, já que se trata de "uma ação penal que se destina a corrigir decisão judicial de que já não caiba recurso".[93]

Ocorre que, tal como a ação rescisória do processo civil, a revisão criminal, para ser admitida, exige, em homenagem à coisa julgada, que tenha ocorrido pelo menos uma das causas de seu cabimento, conforme o ar. 621 do CPP (sentença contrária à evidência dos fatos ou à lei, sentença que se funda em prova falsa ou descoberta de novas provas que possam absolver o condenado ou atenuar a pena).

Limitada sua admissibilidade aos casos descritos em lei, a revisão criminal, como ação que é, não se enquadra no conceito de recurso ordinário para efeito do art. 8.2.h do Pacto de San José da Costa Rica.

O único procedimento de revisão de decisões condenatórias que possui ampla abrangência, permitindo nova apreciação das provas, é a apelação. "É um recurso amplo, porque, em regra, devolve o conhecimento pleno da matéria impugnada."[94]

Com a interposição da apelação, o recorrente devolve ao órgão jurisdicional revisor toda a matéria impugnada, que pode ser a integralidade da sentença, pedindo sua reforma *in totum*. Além disso, há outro fator relevante na utilização do procedimento da apelação: seu efeito suspensivo.

O recurso *ordinariamente* cabível contra as decisões condenatórias em primeira instância é a apelação, via de regra. Sendo o caso de competência originária do STF, suas decisões devem desafiar recurso de igual valor, ou, melhor, que se preste a alcançar os mesmos efeitos de todo recurso interposto em causas similares, porém julgadas com obediência ao duplo grau de jurisdição.

Dessa forma, a primeira consequência prática do uso do procedimento da apelação seria a de os réus recorrerem em liberdade, em razão do efeito suspensivo característico deste (arts. 387, § 1º, e 597 do CPP e Súmula 347 do STJ). Aliás, a rigor, nem mesmo para a interposição dos embargos infringentes os réus precisariam se recolher à prisão.[95]

Seria preciso, então, encontrar a forma de se "executar" a sentença da Corte que determinaria ao Brasil permitir que os réus do "Caso do Mensalão" pudessem recorrer – recurso ordinário – da decisão condenatória, utilizando-se, para tanto, o procedimento da apelação prevista no Código de Processo Penal (que, como já se viu, seria o único procedimento capaz de tornar efetivo o recurso).

Atente-se para o fato de não ser inédito para a Corte determinar que um Estado-Parte conceda direito a recurso ordinário a réus condenados e julgados em única instância por serem ocupantes de altos cargos, mesma hipótese do caso em exame:

"88. *La jurisprudencia de esta Corte ha sido enfática al señalar que el derecho de impugnar el fallo busca proteger el derecho de defesa*, en la medida en que otorga la posibilidad de interponer un recurso para evitar que quede firme una decisión adoptada en un procedimiento viciado y que contiene errores que ocasio-

93. Marco Antônio de Barros, *A Busca da Verdade no Processo Penal*, 2ª ed., São Paulo, Ed. RT, 2010, p. 344.

94. Fernando Capez, *Curso de Processo Penal*, cit., 3ª ed., p. 382.

95. Fernando da Costa Tourinho Filho, *Prática de Processo Penal*, cit., 34ª ed., p. 677.

narán un perjuicio indebido a los intereses del justiciable.

"(...).

"90. Si bien los Estados tienen un margen de apreciación para regular el ejercicio de ese recurso, no pueden establecer restricciones o requisitos que infrinjan la esencia misma del derecho de recurrir del fallo. *El Estado puede establecer fueros especiales para el enjuiciamiento de altos funcionarios públicos*, y esos fueros son compatibles, en principio, con la Convención Americana (supra, parr. 74). *Sin embargo, aun en estos supuestos el Estado debe permitir que el justiciable cuente con la posibilidad de recurrir del fallo condenatorio*"[96] (grifou-se).

Como seria possível, a partir das argumentações apresentadas, pleitear ao STF que julgue recurso ordinário previsto na Constituição da República, por força de dispositivo da Convenção Americana, seguindo o procedimento da apelação, por não existir no ordenamento jurídico procedimento próprio para garantir o gozo de tal direito fundamental? Resposta: por aplicação analógica.

Não seria a primeira vez que o STF aplicaria analogicamente o procedimento de outro instituto a um direito sem procedimento previsto, reconhecendo que os direitos e garantias fundamentais têm aplicabilidade imediata.

Em Questão de Ordem decidida incidentalmente no julgamento do MI 107-DF,[97] em 23.11.1989, o STF decidiu que a norma que previa o mandado de injunção é autoaplicável e que para fruir de tal direito o indivíduo não dependia de procedimento próprio, utilizando-se, no que couber e por analogia, o procedimento do mandado de segurança.

O que restou decidido pelo STF acabou sendo incorporado à Lei 8.038/1990, que expressamente dispõe que se aplicam ao mandado de injunção os dispositivos da Lei do Mandado de Segurança, no que couber (art. 24, parágrafo único) e enquanto não editada lei específica.

Bastaria, portanto, que o STF, diante de sentença da Corte Interamericana, reconhecesse aos réus o direito de interpor recurso ordinário e, analogicamente, aplicasse a este o procedimento da apelação. Isto se daria por "execução" própria, como reconhecimento da autoridade da decisão internacional e, igualmente, reconhecendo que "(...) não se outorga direito sem que, necessariamente, para ele exista remédio ou procedimento aplicável. *Se inexiste algo expressamente previsto, constrói-se analogicamente*, atendidos os princípios pertinentes e as prescrições compatíveis"[98] (grifou-se).

Mas, diante de eventual descumprimento da decisão da Corte, o que por si só já caracterizaria nova violação de direito (art. 68 da Convenção), poderiam os acusados propor mandado de injunção com o fito de obter, para o caso concreto, normas que possibilitem a fruição do direito constitucionalmente garantido.

Que não se afirme que o mandado de injunção se prestaria somente a garantir o exercício de direitos relacionados à soberania, cidadania e nacionalidade. Há

96. *Corte IDH: "Fallo Barreto Leiva* versus *Venezuela"*, sentença de 17.11.2009, parágrafos 87-90.

97. *http://redir.stf.jus.br/paginadorpub/paginador.jsp?docTP=AC&docID=81908.*

98. José Joaquim Calmon de Passos, *Mandado de Segurança, Mandado de Injunção,* ***Habeas Data****: Constituição e Processo*, Rio de Janeiro, Forense, 1989, p. 122.

muito que tal entendimento é minoritário na doutrina,[99] e já foi inclusive afastado pelo próprio STF. O mandado de injunção presta-se à fruição de todo e qualquer direito ou garantia fundamental.

"(...) certo é que a mesma razão que justifica a concessão do mandado de injunção aos direitos e garantias previstos neste art. 5º existe com relação aos outros direitos e garantias constitucionais (inclusive os sociais) cujo exercício seja inviabilizado pela falta de norma regulamentadora."[100]

Igualmente não se poderia negar o uso do mandado de injunção para os fins aqui propostos utilizando-se os argumentos apresentados no julgamento do MS 22.483-DF pelo STF. Explica-se.

Nesse julgamento, o STF afirmou que não cabe "(...) ação injuncional, com a finalidade de compelir o Congresso Nacional a colmatar omissões normativas alegadamente existentes na Convenção Americana sobre Direitos Humanos, em ordem a viabilizar a instituição de um sistema articulado de recursos judiciais, destinado a dar concreção ao que prescreve o art. 25 do Pacto de San José da Costa Rica".

Tal julgado não se aplica ao presente caso, por três razões: (1) a decisão referiu-se a pedido genérico e abstrato de prover recursos; (2) a ação foi proposta sem guarida de uma sentença da Corte, que, minimamente, serviria para reforçar a tese; e, por último, e mais relevante, (3) a decisão se deu em 9.4.1996 – anterior, portanto, ao atual entendimento do STF acerca do *status* constitucional dos direitos incorporados ao art. 5º pelo Pacto de San José.

A jurisprudência do STF passou por mudanças no que concerne ao conteúdo da decisão no mandado de injunção. Adotou, inicialmente, a corrente abstrata, que praticamente equiparou o mandado de injunção à ação de inconstitucionalidade por omissão, retirando todo o efeito prático da ação injuncional;[101] após, filiou-se à corrente concretista individual, por ocasião do julgamento do MI 721,[102] firmando-se, atualmente, à corrente concretista geral, conforme se verifica no MI 670, de 25.10.2007.

Seja como for, a corrente abstrata foi abandonada pelo STF, o que significa que, proposto o mandado de injunção neste caso, haveria que se garantir a efetividade do direito, seja pela edição de regras exclusivas para o "Caso do Mensalão", seja pela normatização em caráter geral, o que beneficiaria outros em situação equivalente.

99. Cf., adotando o entendimento de aplicabilidade irrestrita do mandado de injunção a qualquer direito ou garantia: Carlos Augusto Alcântara Machado, *Mandado de Injunção*, São Paulo, Atlas, 1999, p. 70; Alexandre de Moraes, *Direito Constitucional*, 13ª ed., São Paulo, Atlas, 2003, p. 180; J. M. Othon Sidou, ***Habeas Corpus**, Mandado de Segurança, Mandado de Injunção, **Habeas Data**, Ação Popular*, 5ª ed., Rio de Janeiro, Forense, 1998, p. 273; Nagib Slaibi Filho, *Direito Constitucional*, Rio de Janeiro, Forense, 2004, p. 526; André Ramos Tavares, *Curso de Direito Constitucional*, São Paulo, Saraiva, 2002, p. 714; e Rodrigo Mazzei, "Mandado de injunção", in Fredie Didier Jr. (org.), *Ações Constitucionais*, 3ª ed., Salvador, JusPodium, 2008, p. 213.

100. MI 107-DF, rel. Min. Moreira Alves, 23.11.1989.

101. Cf.: José Roberto dos Santos Bedaque, *Direito e Processo*, 6ª ed., São Paulo, Malheiros Editores, 2011, pp. 180-186.

102. Julgado em 30.8.2007, cf.: *http://redir.stf.jus.br/paginadorpub/paginador.jsp?docTP=AC&docID=497390.*

11. Conclusão

10.1 O "Caso do Mensalão" é o nome atribuído pela mídia a uma complexa rede de corrupção envolvendo a compra de votos no Parlamento Brasileiro durante os anos de 2005 e 2006. Dos 37 réus ao fim do julgamento, 12 foram absolvidos e 25 foram condenados.

10.2 Ao lado do sistema universal, foram criados sistemas regionais de proteção aos direitos humanos, e dentre estes o Sistema Interamericano de Direitos Humanos, do qual fazem parte a Comissão e a Corte Interamericana de Direitos Humanos.

10.3 A Corte Interamericana aprecia os casos submetidos a ela, segundo regras próprias, e recomenda formas de se viabilizar o gozo do direito violado e, também, a reparação dos danos provocados.

10.4 Há casos nos quais a Corte determinou que o Estado violador adaptasse seu Direito interno para que o direito violado pudesse ser fruído pela vítima.

10.5 Após evolução jurisprudencial, o STF passou a adotar o entendimento de que o art. 5º da CF trata dos direitos e garantias fundamentais e, ao expressamente (§ 2º) receber em seu bojo outros direitos de igual natureza, decorrentes de tratados, os recebeu na mesma hierarquia que os demais originariamente inscritos em seu texto, desde sua promulgação.

10.6 No foro por prerrogativa de função, a lei, por considerar relevante a função à qual determinado cargo corresponde, impõe ao ocupante de tal cargo o julgamento em única instância por um tribunal.

10.7 O que se entende por direito ao recurso ordinário, conforme previsto no art. 8.2.h do Pacto de San José, é que o acusado tenha direito a interpor recurso de amplo alcance, com reapreciação e valoração de todas as provas, cujo objeto será o mesmo da decisão recorrida, como um prolongamento do processo.

10.8 A atividade de julgar parte necessariamente da perspectiva subjetiva do próprio julgador, que precisa dos seus princípios para "valorar" a prova e as alegações. Apreciar o outro conforme a si mesmo é admitir a possibilidade de erro, e, portanto, é necessário que se mantenha em mente que, por mais que pareça evidente, a prova é valorada em graus de probabilidade, já que certeza e verdade são conceitos intangíveis. Esta a razão de ser do direito ao recurso ordinário.

10.9 Ao se deparar com duas regras de mesma hierarquia, ambas constitucionais, deve o intérprete buscar solução que preserve a integralidade do texto e a harmonia das normas, em observância ao princípio da unidade constitucional.

10.10 Não há na Constituição regra que permita ao intérprete afirmar que para os casos de competência originária do STF não se poderia aplicar a regra da garantia do duplo grau de jurisdição.

10.11 Bastante difundido o caráter principiológico das normas que conferem direitos fundamentais, ao estipular hipótese de competência originária de tribunal para o foro por prerrogativa de função a Constituição criou norma descritiva, abrangente, e que exige a avaliação da correspondência entre o que está descrito com os fatos narrados; ou seja: se está diante de regra constitucional. Portanto, eventual conflito entre as normas mencionadas é conflito entre princípio e regra, o que se resolve pela harmonização entre ambos (e não pela ponderação de valores).

10.12 Proposta interpretativa não textual de harmonização entre as normas do art. 102, I, "b", da CF com a do art. 5º, § 2º, também da CF (em relação ao art. 8.2.h do Pacto de San José da Costa

Rica): "Art. 102. Compete ao Supremo Tribunal Federal, precipuamente, a guarda da Constituição, cabendo-lhe: I – processar e julgar, originariamente, *respeitado o direito ao duplo grau pela interposição de recurso ordinário*".

10.13 Um Estado não pode, ao mesmo tempo, se valer de sua soberania para livremente tornar-se signatário de um tratado e depois, com base no mesmo argumento, negar-se a aplicá-lo. O Estado que assim age não pode ser considerado um Estado de Direito.

10.14 A Corte Interamericana entende não ser cabível a revisão do mérito da causa julgada em âmbito nacional, mas não se furta de rever o processo originário, em busca de causas de violações de direitos fundamentais.

10.15 Para o Brasil, assim como todo e qualquer outro Estado-Parte, a decisão da Corte é vinculativa e gera obrigações inescusáveis. Negar vigência ao Pacto de San José da Costa Rica ou, em fase posterior, negar-se a cumprir decisão da Comissão ou da Corte Interamericana é apresentar-se à comunidade internacional como Estado de exceção, não cumpridor de seus compromissos, e, portanto, indigno da confiança de outros Estados e de seu próprio povo.

10.16 A competência originária do STF, sem previsão de recurso ordinário, existe no Brasil desde antes de o Brasil aderir ao Pacto de San José (desde 1988), o que significa que o País está em mora com a comunidade internacional há mais de 20 anos. Tal raciocínio decorre da aplicação dos art. 2º, 25.1 e 25.2 da Convenção, e é também corroborado pela jurisprudência do célebre caso "Herrera Ulloa *versus* Costa Rica".

10.17 Não podendo, portanto, usar seu Direito interno como escusa, o Brasil, para cumprir eventual determinação da Corte, precisaria: (1) definir o órgão de jurisdição que ficaria encarregado de processar e julgar recurso ordinário nas causas de competência originária do STF; e (2) diante da inexistência de previsão legal, definir como se daria forma jurídica ao recurso e, também, definir seu procedimento.

10.18 No "Caso do Mensalão", atualmente pendente de julgamento de embargos infringentes, não haveria tempo para qualquer alteração legislativa que pudesse significar ampla fruição do direito violado. Para que os acusados pudessem fruir do direito de revisão de sua causa, o Brasil teria que adotar medida adequada para remediar a violação, que, no caso, seria permitir o julgamento do recurso pelo mesmo tribunal que julgou a causa.

10.19 Diante de decisão favorável da Corte, o Brasil adaptaria seu procedimento atualmente existente para que o STF processe e julgue recurso ordinário de decisão proferida em sede de competência originária no "Caso do Mensalão", por via própria, e se comprometeria a alterar, por proposições legislativas, as hipóteses de competência originária, para garantir aos processos futuros o direito de recurso ordinário a ser apreciado por órgão superior.

10.20 Não seria simples – sequer, possível – a tarefa de promover execução para se obter do Estado Brasileiro procedimento para o manejo de recurso ordinário, e provavelmente seria convertido em perdas e danos, já que a legitimação passiva impediria que fossem adotadas medidas concretas para criação do referido procedimento. A execução seria promovida contra a União Federal, mas é o Congresso Nacional que se encontra em mora, e o que se espera é que o STF dê efetiva fruição ao direito violado.

10.21 O único procedimento de revisão de decisões condenatórias que possui ampla abrangência, permitindo nova apreciação das provas, é a apelação.

10.22. O recurso *ordinariamente* cabível contra as decisões condenatórias em primeira instância é a apelação, via de regra. Sendo o caso de competência originária do STF, suas decisões devem desafiar recurso de igual valor, ou, melhor, que se preste a alcançar os mesmos efeitos de todo recurso interposto em causas similares, porém julgadas com obediência ao duplo grau de jurisdição.

10.23 A primeira consequência prática do uso do procedimento da apelação no caso seria a de os réus recorrerem em liberdade, em razão do efeito suspensivo da apelação (arts. 387, § 1º, e 597 do CPP e Súmula 347 do STJ). Aliás, a rigor, os réus sequer precisariam se recolher à prisão mesmo para a interposição dos embargos infringentes.

10.24 Para aplicar o procedimento da apelação ao recurso ordinário bastaria que o STF, diante de sentença da Corte Interamericana, aplicasse analogia, tal como o fez quando aplicou ao mandado de injunção o procedimento do mandado de segurança. Isto se daria por "execução" própria, como reconhecimento da autoridade da decisão internacional e, igualmente, reconhecendo que os direitos e garantias têm aplicabilidade imediata e não dependem de lei que os regulamente.

10.25 Mesmo diante de eventual descumprimento da decisão da Corte – o que por si só já caracterizaria nova violação de direito (art. 68 da Convenção) –, poderiam os acusados propor mandado de injunção com o fito de obter, para o caso concreto, normas que possibilitem a fruição do direito constitucionalmente garantido.

10.26 Proposto o mandado de injunção neste caso, haveria que se garantir a efetividade do direito, seja pela edição de regras exclusivas para o "Caso do Mensalão", seja pela normatização em caráter geral, o que beneficiaria outros em situação equivalente.

Rio de Janeiro, 23 de dezembro de 2013

Bibliografia

ALEXY, Robert. *Teoría de los Derechos Fundamentales*. Madri, Centro de Estudios Constitucionales, 1993.

ASSIS, Araken de. *Manual dos Recursos*. São Paulo, Ed. RT, 2007.

ÁVILA, Humberto. *Teoria dos Princípios*. 15ª ed. São Paulo, Malheiros Editores, 2014.

BARBOSA MOREIRA, José Carlos. *O Novo Processo Civil Brasileiro*. 20ª ed. Rio de Janeiro, Forense, 1999.

BARROS, Marco Antônio de. *A Busca da Verdade no Processo Penal*. 2ª ed. São Paulo, Ed. RT, 2010.

BARROS, Susana de Toledo. *O Princípio da Proporcionalidade e o Controle de Constitucionalidade das Leis Restritivas de Direitos Fundamentais*. 2ª ed. Brasília, Brasília Jurídica, 2000.

BEDAQUE, José Roberto dos Santos. *Direito e Processo*. 6ª ed. São Paulo, Malheiros Editores, 2011.

BINENBOJM, Gustavo. "Monismo e dualismo no Brasil: uma dicotomia afinal irrelevante". In: SOUZA JR., Lauro da Gama e (coord.). *Revista de Direito da Associação dos Procuradores do Novo Estado do Rio de Janeiro* XV – Direito Internacional. Rio de Janeiro, Lumen Juris, 2005.

CALMON DE PASSOS, José Joaquim. *Mandado de Segurança, Mandado de Injunção,* ***Habeas Data****: Constituição e Processo*. Rio de Janeiro, Forense, 1989.

CANÇADO TRINDADE, Antônio Augusto. "Desafios e conquistas do direito internacional dos direitos humanos no início do século XXI". In: *Desafios do Direito Internacional Contemporâneo*. Brasília, Fundação Alexandre de Gusmão, 2007.

CANOTILHO, José Joaquim Gomes. *Direito Constitucional*. 6ª ed. Coimbra, Livraria Almedina, 1993.

————. *Direito Constitucional e Teoria da Constituição*. 3ª ed. Coimbra, Livraria Almedina, 1999.

CAPEZ, Fernando. *Curso de Processo Penal*. 3ª ed. São Paulo, Saraiva, 1999.

CARNELUTTI, Francesco. *As Misérias do Processo Penal*. 2ª ed. Campinas, Bookseller, 2002.

————. *Instituições do Processo Civil*. vol. II. Campinas, Servanda, 1999.

DIDIER JR., Fredie (org.). *Ações Constitucionais*. 3ª ed. Salvador, JusPodium, 2008.

FERNANDES, Antônio Scarance, GOMES FILHO, Antônio Magalhães, e GRINOVER, Ada Pellegrini. *As Nulidades no Processo Penal*. 5ª ed. São Paulo, Malheiros Editores, 1996.

GOMES FILHO, Antônio Magalhães, FERNANDES, Antônio Scarance, e GRINOVER, Ada Pellegrini. *As Nulidades no Processo Penal*. 5ª ed. São Paulo, Malheiros Editores, 1996.

GRECO, Rogério. *Direitos Humanos, Sistema Prisional e Alternativas à Privação de Liberdade*. São Paulo, Saraiva, 2011.

GONZÁLES NOVILLO, Jorge R. *El Debido Proceso en la Corte Interamericana de Derechos Humanos*. Buenos Aires, Ediciones Jurídicas, 2012.

GRINOVER, Ada Pellegrini, FERNANDES, Antônio Scarance, e GOMES FILHO, Antônio Magalhães. *As Nulidades no Processo Penal*. 5ª ed. São Paulo, Malheiros Editores, 1996.

JORGE, Flávio Cheim. *Teoria Geral dos Recursos Cíveis*. 2ª ed. Rio de Janeiro, Forense, 2004.

MACHADO, Carlos Augusto Alcântara. *Mandado de Injunção*. São Paulo, Atlas, 1999.

MACULAN, Sergio L., e MARGAROLI, Josefina. *Procedimiento ante el Sistema Interamericano de Derechos Humanos*. Buenos Aires, Cathedra Jurídica, 2011.

MALATESTA, Nicola Framarino dei. *A Lógica das Provas em Matéria Criminal*. Campinas, LZN Editora, 2003.

MANCUSO, Rodolfo de Camargo. *Recurso Extraordinário e Recurso Especial*. 2ª ed. São Paulo, Ed. RT, 1991.

MARGAROLI, Josefina, e MACULAN, Sergio L. *Procedimiento ante el Sistema Interamericano de Derechos Humanos*. Buenos Aires, Cathedra Jurídica, 2011.

MAZZEI, Rodrigo. "Mandado de injunção". In: DIDIER JR., Fredie (org.). *Ações Constitucionais*. 3ª ed. Salvador, JusPodium, 2008.

MAZZUOLI, Valério de Oliveira. *O Controle Jurisdicional da Convencionalidade das Leis*. 2ª ed. São Paulo, Ed. RT, 2011.

————. *Os Sistemas Regionais de Proteção dos Direitos Humanos*. São Paulo, Ed. RT, 2011.

MELLO, Celso de Albuquerque. "O § 2º do art. 5º da Constituição Federal". In: Ricardo Lobo TORRES (org.). *Teoria dos Direitos Fundamentais*. Rio de Janeiro, Renovar, 1999 (pp. 1-29).

MIRANDA, Jorge. *Teoria do Estado e da Constituição*. Rio de Janeiro, Forense, 2002.

MONIZ DE ARAGÃO, Egas Dirceu. *Embargos Infringentes*. 2ª ed. São Paulo, Saraiva, 1974.

MORAES, Alexandre de. *Direito Constitucional*. 13ª ed. São Paulo, Atlas, 2003.

NERY JR., Nelson. *Princípios do Processo Civil na Constituição Federal*. 5ª ed. São Paulo, Ed. RT, 1999.

————. *Princípios Fundamentais – Teoria Geral dos Recursos*. 5ª ed. São Paulo, Ed. RT, 2000.

PEÑA DE MORAES, Guilherme. *Direitos Fundamentais. Conflitos e Soluções*. São Paulo, Labor Iuris, 2000.

PIOVESAN, Flávia. *Direitos Humanos e o Direito Constitucional Internacional*. 14ª ed. São Paulo, Saraiva, 2013.

REZEK, José Francisco. "Direito comunitário no MERCOSUL". *Cadernos de Direito Constitucional e Ciência Política* 18. Ano 5. São Paulo, Ed. RT, 1997.

SANTAGATI, Claudio Jesús. *Manual de Derechos Humanos*. 3ª ed. Buenos Aires, Ediciones Jurídicas, 2012.

SARMENTO, Daniel. *A Ponderação de Interesses na Constituição Federal*. Rio de Janeiro, Lumen Juris, 2000.

SIDOU, J. M. Othon. ***Habeas Corpus***, *Mandado de Segurança, Mandado de Injunção,* ***Habeas Data***, *Ação Popular*. 5ª ed. Rio de Janeiro, Forense, 1998.

SILVA, José Afonso da. *Curso de Direito Constitucional Positivo*. 38ª ed. São Paulo, Malheiros Editores, 2015.

————. *Do Recurso Extraordinário no Direito Processual Brasileiro*. São Paulo, Ed. RT, 1963.

SLAIBI FILHO, Nagib. *Direito Constitucional*. Rio de Janeiro, Forense, 2004.

SOFIATI DE QUEIROZ, Raphael Augusto. *Os Princípios da Razoabilidade e Proporcionalidade das Normas e sua Repercussão no Processo Civil Brasileiro*. Rio de Janeiro, Lumen Juris, 2000.

SOUZA JR., Lauro da Gama e (coord.). *Revista de Direito da Associação dos Procuradores do Novo Estado do Rio de Janeiro* XV – Direito Internacional. Rio de Janeiro, Lumen Juris, 2005.

TAVARES, André Ramos. *Curso de Direito Constitucional*. São Paulo, Saraiva, 2002.

TORRES, Ricardo Lobo (org.). *Teoria dos Direitos Fundamentais*. Rio de Janeiro, Renovar, 1999.

TOURINHO FILHO, Fernando da Costa. *Prática de Processo Penal*. 34ª ed. São Paulo, Saraiva, 2013.

WAMBIER, Teresa Arruda Alvim. *Omissão Judicial e Embargos de Declaração*. São Paulo, Ed. RT, 2005.

LIMITES, POSSIBILIDADES E ALCANCE DO PODER REGULAMENTAR EM FACE DO PRINCÍPIO DA LEGALIDADE E A REALIZAÇÃO DOS DIREITOS FUNDAMENTAIS

PATRICK ROBERTO GASPARETTO

Advogado – Especialista em Direito Administrativo (Instituto Romeu Felipe Bacellar)
– Especialista em Direito Penal e Processo Penal (Academia Brasileira de Direito Constitucional)
– Mestre em Direito Administrativo (PUC/SP)
– Doutorando em Direito Administrativo (PUC-SP)

1. Introdução. 2. O princípio da legalidade: 2.1 De como é a legalidade no Brasil: relação entre Executivo e Legislativo. 3. O poder regulamentar da Administração Pública: 3.1 Limites ao poder regulamentar. 4. O dever de submissão da Administração à lei como consequência da noção clássica de função administrativa. 5. Alguns contornos sobre a mudança das atividades da Administração Pública. 6. A possibilidade de decreto regulamentando a Constituição – O Neoconstitucionalismo – Interpretação conforme a Constituição: 6.1 Regulamento autônomo?. 7. Possibilidade de controle. 8. Conclusões.

Resumo: Destina-se o presente estudo a analisar o alcance do decreto regulamentar diante do dever de se dar efetividade aos direitos fundamentais constitucionalmente previstos, ainda que sem prévia presença da lei. Inicialmente, traz-se a concepção de *poder regulamentar* como aquele exercido nos exatos limites da lei. Na sequência demonstra-se que a lei não tem sido instrumento suficiente a assegurar os direitos fundamentais. São trazidos dados relativos à grande influência do Poder Executivo na elaboração da lei. Faz-se um estudo da evolução das funções do Estado, voltando-o especificamente às mudanças que sofreu a atividade administrativa, para concluir-se que a visão clássica da legalidade é insuficiente a atender aos direitos constitucionalmente assegurados aos cidadãos. Por fim, conclui-se que a Constituição oferece respaldo para uma atividade administrativa diretamente nela amparada.

Palavras-chave: Poder regulamentar, Legalidade, Direitos fundamentais

Los límites, las posibilidades y el alcance de la potestad reglamentaria frente al principio de la legalidad y a la realización de los Derechos Fundamentales

Resumen: El actual estudio es destinado a analizar el alcance del decreto reglamentario del Executivo del deber de dar eficacia constitucional prevista a los derechos fundamentales, sin la presencia anterior de la ley. Inicialmente, se trae el concepto de la *potestad reglamentaria* como aquélla ejercido en los límites exactos de la ley. En la secuencia, uno demuestra que la ley no ha sido instrumento bastante para asegurar los derechos fundamentales. Se traen dados concernientes a la gran influencia del Ejecutivo en la elaboración de la ley. Un estudio de la evolución de las funciones del Estado se convierte específicamente, volviéndose él a los cambios que la actividad administrativa sufrió, para concluir que la visión clásica de la legalidad es insuficiente para satisfacer los derechos constitucionales garantizados a los ciudadanos. Finalmente, uno concluye que la Constitución ofrece el endoso para una actividad administrativa directamente apoyada en ella.

Palabras-clave: Potestad reglamentaria, Legalidad, Derechos fundamentales

1. Introdução

Há algum tempo, o Ministro do STF Marco Aurélio Mello afirmou que a revisão anual dos subsídios dos servidores independe de previsão legal específica, já que a Constituição Federal a prevê expressamente. Disse, ainda: "(...) que prevaleça a concretude da Constituição Federal, alertados os agentes políticos sobre as graves consequências do menosprezo às regras jurídicas, do menosprezo à dignidade dos cidadãos. Somente assim avançar-se-á culturalmente".[1]

Isso inobstante o contido no art. 37, X, da CF, que prevê a necessidade de lei para a alteração da remuneração dos servidores públicos.

Pois bem. O presente estudo destina-se a analisar a possibilidade de se garantir à Administração a atuação independente de prévia existência de lei, desde que seja forma de dar efetividade aos princípios constitucionais relacionados à dignidade da pessoa humana.

Encontram-se em choque, aqui, a robustez constitucional e o princípio da legalidade na sua concepção clássica. Diante da omissão do legislador perante normas constitucionais de eficácia limitada, ainda assim deve a Administração atuar? Ou a garantia a que se propõe o princípio da legalidade – neste viés de evitar ato administrativo onde não haja lei – deve prevalecer sobre os valores constitucionais expressos?

Para responder a tais questionamentos, indispensável se faz – a par da jurídica – uma análise sociológica de como têm agido Executivo e Legislativo.

Vejamos.

2. O princípio da legalidade

O direito administrativo tem sua origem na França, a partir da Revolução Francesa e da consagração do Estado Liberal, no qual é inerente a legalidade como "limite a limitações". Firma-se através de três fatores: diferenciação entre o direito regulador da Administração e o direito

1. Marco Aurélio Mello, "Revisão do salário de servidores não depende de lei", jornal *O Globo*, edição de 18.6.2011.

privado, atribuição jurisdicional ao Conselho de Estado e necessidade de equilíbrio entre os direitos dos administrados e as prerrogativas da Administração.

Neste clima de mudança revolucionária, a legalidade é essencial à manutenção da nova faceta do Estado: evita a retomada do poder pelo Absolutismo e protege a liberdade e o patrimônio do cidadão. Desta forma, atribui-se ao Poder Legislativo a função de elaboração das leis, a serem seguidas e aplicadas pelo Poder Executivo.

O princípio da legalidade surge, aqui, como forma de proteção do indivíduo frente ao Estado. A lei seria instrumento de limitação do poder e, diante disso, garantia de liberdade individual, lembrando que esta era a finalidade precípua do Estado Liberal.

Mas, desde então, já se questionava até que ponto a legalidade era efetivamente limitadora. Isso porque, na realidade, o Executivo sempre teve grande influência na formação das leis, tanto na participação dos trâmites do projeto de lei quanto através de uma atividade eminentemente legislativa. Assim, não seria correto falar de modo absoluto numa heterovinculação da Administração Pública decorrente da sobreposição do Poder Legislativo, mas, sim – pelo menos em muitos casos –, numa autovinculação do administrador, já que atua de modo ativo na elaboração das normas.[2]

O cerne do princípio, entretanto, permanece: trata-se de característica essencial do Estado de Direito. O ato administrativo deve ter como pressuposto a lei, estando o administrador sujeito à lei em todas as suas atividades, sob pena de invalidade do ato praticado e responsabilidade. Há, desta forma, uma nítida sobrevalorização – pelo menos em tese – do Poder Legislativo sobre os demais Poderes, a quem incumbe tão somente colocar em prática os mandamentos legais.

O princípio da legalidade em sentido estrito significa que a Administração só pode agir mediante prévia determinação legal, ou seja, por um dos atos normativos previstos pela CF em seu art. 59. Não se pode ignorar a vinculação ao cumprimento da finalidade da lei, sob pena de permitir sejam mascaradas arbitrariedades, verdadeiras formas de ofensa ao espírito constitucional.

Mas também a lei muitas vezes carece de legitimidade constitucional. A verdade é que a letra fria da lei não basta para garantir os direitos dos cidadãos. Vê-se uma crise da lei formal, implicando erosão do princípio da legalidade, a partir da segunda metade do século XX, como consequência da desvalorização da própria lei "pela perda de seu necessário conteúdo de justiça, pela sua politização e pela sua proliferação".[3]

Num Estado como o Brasil, com o notório caráter social da Constituição de 1988, é legítimo – e, sobretudo, de direito – o exercício do poder enquanto suas ações são dirigidas no sentido de satisfação das necessidades sociais, individuais e coletivas, da população. A submissão à lei como suficiente à consagração do Estado de Direito, entretanto, não pode prosperar.

2. Paulo Otero, *Legalidade e Administração Pública: o Sentido da Vinculação Administrativa à Juridicidade*, Coimbra, Livraria Almedina, 2003. O autor faz um estudo profundo sobre o tema da "relatividade" da separação dos Poderes, demonstrando que desde sempre o Legislativo sofreu intervenções do Executivo. No que se refere ao Brasil, veremos logo adiante.

3. Manoel Gonçalves Ferreira Filho, "O princípio da legalidade", *Revista de Direito da Procuradoria-Geral do Estado de São Paulo* 10/3-27, São Paulo, 1977 (p. 14).

Exige-se mais. Exige-se que este Estado volte suas ações no sentido de efetivação dos direitos fundamentais dos cidadãos.

E, quando aqui mencionamos "Estado", a afirmação é proposital: o dever é do Estado como um todo, não somente do Legislativo ou do Executivo. Logo, parece adequada a atribuição deste dever de concretização constitucional não ser restrita ao Legislativo. Quanto mais naquelas situações em que este não se mostra apto para tanto.

2.1 De como é a legalidade no Brasil: relação entre Executivo e Legislativo

Na realidade, confunde-se a crise da legalidade com a própria imagem do Parlamento. E isso se dá por uma série de circunstâncias que têm levado à descrença de que a lei pode ser instrumento – no caso da legalidade em sentido estrito seria o único instrumento – de melhor se atender às necessidades da população.

Celso Antônio Bandeira de Mello menciona que no governo de Fernando Henrique Cardoso, durante o período compreendido desde o início de seu mandato até agosto/1999, o Poder Executivo havia expedido 3.239 medidas provisórias, com média de 2,8 medidas provisórias por dia útil de governo. Este número significa 75% dos atos normativos do Estado. O Congresso Nacional, cuja função típica é a elaboração de leis, no mesmo período, havia aprovado 854 leis.[4]

Houve subsequente mudança de governo, mas mesmo modo de agir. Luiz Inácio Lula da Silva superou a média diária de Fernando Henrique Cardoso, tendo chegado no início do seu governo a cinco medidas provisórias por dia de mandato.

Ou seja: há quase que uma substituição do ato do Poder Legislativo (lei) por ato do Poder Executivo (medida provisória).

Não bastassem as medidas provisórias, vê-se grande influência do Poder Executivo sobre o Poder Legislativo.

Uma pesquisa sobre os projetos de lei apresentados e aprovados desde a redemocratização do País mostra que o Executivo sanciona os projetos de sua autoria num percentual extremamente superior aos de iniciativa do Legislativo. Entre 1985 e 2004, dos 29,6 mil projetos de lei apresentados por deputados e senadores, 983 viraram lei – um percentual de 3,3%. Neste mesmo período o Executivo apresentou 1.292 projetos de lei e aprovou 734 – um percentual de 56%. Destes dados infere-se que o Executivo foi 17 vezes mais efetivo do que o Legislativo.

No início do governo Lula apenas 24 dos 3.515 projetos de lei apresentados pelos parlamentares foram transformados em lei – um percentual de 0,68%. Já, o Palácio do Planalto apresentou 40 projetos e aprovou 16 (34%). Assim, o Executivo teve uma eficiência 51 vezes maior.

No caso das propostas de emendas constitucionais fica até mesmo difícil uma comparação justa. Nos primeiros 25 anos de vigência os congressistas apresentaram 1.723 propostas de emendas à Constituição/PECs e aprovaram 11 (0,6%). O Executivo propôs apenas 50, mas aprovou um número maior: 19 (38%) – o que indica que o Executivo foi 633 vezes mais eficaz. No início do governo Lula foram apresentadas quatro PECs e aprovadas duas. Os deputados apresentaram 263 propostas nesse período, mas não aprovaram nenhuma, não admitindo uma relação matemática entre as aprovações.

4. Celso Antônio Bandeira de Mello, *Curso de Direito Administrativo*, 32ª ed., São Paulo, Malheiros Editores, 2015, p. 107, nota de rodapé 10.

No primeiro semestre de 2006, 71% das matérias aprovadas na Câmara dos Deputados (projetos de lei), propostas de emenda constitucional, projetos de resolução e medidas provisórias foram de iniciativa do Poder Executivo. No mesmo período de 2007 o índice foi ainda maior, chegando a mais de 76%.

Não bastassem os dados que demonstram de forma cabal a grande influência do Executivo sobre o Legislativo, ainda nos deparamos com a proliferação das leis e a perda de seu necessário conteúdo axiológico, o que atinge diretamente a imagem do Parlamento. Apenas a título exemplificativo, segundo o *site* do Governo do Estado do Paraná, no ano de 2008 foram promulgadas 283 leis ordinárias, das quais 145 tratavam de declaração de utilidade pública de alguma entidade. Aleatoriamente, 35% das leis de 2011 são de declaração de utilidade pública. Aliem-se a tais normas aquelas leis concessivas de títulos a cidadãos e a criação de dias em homenagem a determinado fato ou profissão.[5]

Levantamento feito pelos cientistas políticos Fernando Limongi e Argelina Figueiredo, apresentado durante o I Ciclo de Palestras sobre o Parlamento Brasileiro, aponta números preocupantes sobre a relação entre os Poderes Executivo e Legislativo. Segundo a consultora da Câmara Ana Backes, que divulgou os dados durante os debates, 86% das leis aprovadas no País entre 1989 e 1998 se originaram de projetos apresentados pelo Executivo, enquanto apenas 14% dos projetos de lei apresentados por parlamentares se tornaram leis.

Estes dados deixam claro que o Poder Executivo tem "legislado" proporcionalmente mais que o Legislativo. Isso decorre sobretudo da influência que exerce das mais variadas formas sobre as Casas Parlamentares.

Ou seja: a crença no princípio da legalidade como suficiente a garantir o Estado de Direito não encontra amparo na ideia que fundamentou a divisão de funções: somente o poder contém o poder. É evidente, pois sim, que há, abstratamente, uma estrutura parlamentar hábil a controlar o Executivo. Entretanto, os dados concretos demonstram que o apego à legalidade formal não necessariamente restringe a ação da Administração Pública.

A lei perde a característica de representação da vontade popular, estando sujeita às maiorias parlamentares – muitas vezes formadas através de instrumentos não tão adequados, como a liberação de emendas orçamentárias ou nomeação em cargos de alto escalão –, que priorizam a representação das categorias sociais que as elegeram. Por óbvio que a vinculação legal não é o suficiente para garantir os direitos do cidadão frente à Administração.

Não há, portanto, como deixar de atribuir certa razão a Paulo Otero quando afirma que a legalidade não exprime a pretendida heterovinculação da Administração. O protagonismo da Administração Pública – seja saudável ou não – é uma realidade, restando encará-la e estabelecer instrumentos efetivos de controle.

3. O poder regulamentar da Administração Pública

Poder regulamentar é a função atribuída pela Constituição Federal (art. 84, IV) ao chefe do Executivo para dispor nor-

5. Não estamos, aqui, nem desmerecendo profissão qualquer e nem desqualificando as normas que declaram de utilidade pública alguma entidade. Os dados ilustram que há um esquecimento da existência de outras necessidades constitucionais.

mativamente sobre medidas necessárias ao fiel cumprimento da lei, estabelecendo os meios que viabilizem sua aplicação.

Saltam, desde logo, duas características inerentes ao poder regulamentar: *auxilia* e *instrumentaliza* a lei. Sua atuação é restrita ao necessário à execução da lei, quando esta demandar a atividade administrativa.

Comparando o decreto regulamentar às espécies normativas previstas pelo art. 59 da CF de 1988, percebe-se que estas têm, via de regra, fundamento direto na Carta Magna – considerados assim atos normativos primários, já que inovam no ordenamento jurídico –, enquanto os decretos são secundários, possuindo como fundamento de validade justamente tais atos primários.

A Constituição é a fonte normativa. Os atos que dela derivam diretamente e nela se fundam são primários. Os atos que não se fundam na Constituição, mas sim nestes atos primários, são, consequentemente, atos secundários. Dada a natureza destes, há, em regra, nítida submissão do poder regulamentar à lei.

Por tais razões é que afirma Geraldo Ataliba: "Não há regulamento autônomo no Brasil porque só a lei pode obrigar (§ 2º do art. 150 da Carta Federal) e porque nossos decretos só existem para assegurar a fiel observância das leis (art. 83, II, da Carta Federal). O regulamento – no Brasil, sempre veiculado por decreto – é inteiramente subordinado à lei, tanto positiva quanto negativamente. Não pode restringi-la, da mesma forma que não lhe é dado ampliá-la. A compreensão de seu regime jurídico, entre nós, decorre da conceituação e dos limites do poder regulamentar".[6]

Na forma prevista pelo art. 84, IV, da CF, decretos e regulamentos são atos administrativos em sentido amplo – provenientes do chefe do Executivo –, de caráter normativo e com finalidade de dar adequada aplicação às leis. Há normas aprovadas pelo Legislativo que não são autoexecutórias, sobretudo em virtude de suas características de abstração e generalidade, que, por vezes, demandam especificações atribuíveis ao Executivo.

Desta forma, faz-se imprescindível a edição de regulamentos que estabeleçam meios de viabilizar a execução isonômica da norma. Isso fica a cargo daquele Poder a quem incumbe concretizar o Direito posto. Mesmo porque entendimento diverso poderia levar ao equívoco de transformar em concreta e específica uma lei, o que implicaria usurpação da competência do Executivo, já que deve ser a este reconhecida uma esfera de interpretação na aplicação da norma: "O legislador, para se manter tal, tem, pois, que deixar à Administração uma certa margem de discricionariedade. Pode, sim, fazê-la desaparecer, mas para isso tem de sacrificar ... a sua própria condição de legislador".[7]

E, pela circunstância – percebível de plano – de serem atos hierarquicamente inferiores à lei, não podem os regulamentos restringir ou ampliar o alcance das disposições normativas, sob pena de vício de ilegalidade. Aliás, somente terão validade se amparados – pelo menos nesta visão introdutória que se faz – naquele ato normativo primário.

Direitos e obrigações existentes na lei não podem ser suprimidos através

6. Geraldo Ataliba, "Decreto regulamentar no sistema brasileiro", *RDA* 97/23, Rio de Janeiro, 1969.

7. Afonso Rodrigues Queiró, "Reflexões sobre a teoria do desvio de poder em direito administrativo", in *Estudos de Direito Público*, Coimbra, Livraria dos Advogados, 1989, pp. 81-175 (p. 111).

do poder regulamentar. A validade deste está diretamente ligada à observância dos parâmetros consagrados no ato legislativo superior. É a observância ao art. 5º, II, combinado com o art. 37 da CF, consoante se vê adiante.

3.1 Limites ao poder regulamentar

A função do poder regulamentar está explícita no art. 84, IV, da CF. Trata-se da edição de comandos complementares à lei destinados à sua correta e adequada execução. O regulamento está limitado, assim, aos comandos do legislador, sendo vedado contradizer a lei, seja ampliando ou restringindo seu alcance.

A Administração deve obedecer, cumprir e pôr em prática as leis. Portanto, compete ao ato administrativo a função de dar concretude à lei, sem inovar na ordem legislativa, evitando favoritismos, perseguições e desmandos – dando efetividade, em suma, ao princípio da igualdade.

A legalidade é restrição ao poder regulamentar, e tende a assegurar segurança jurídica: como os decretos não podem inovar no ordenamento jurídico, apenas dar concretude aos mandamentos prévios, garante-se que o cidadão não vai sofrer restrição a seus direitos sem um prévio e democrático processo legiferante.

Ademais, crê-se que o Poder Legislativo seria o ente mais apropriado para definir as ações do Estado, em virtude da sua representatividade mais democrática, possibilitando maiores discussões em torno das prioridades a serem executadas. Já, o ato administrativo, por ser unilateral, seria menos democrático.

Cumpre ao Poder Legislativo elaborar as leis, enquanto ao Poder Executivo colocá-las em prática. Infere-se relativa subordinação ao Legislativo e à lei. Francisco Campos leciona: "É consubstancial aos regimes constitucionais, particularmente ao nosso – de Constituição escrita e rígida, um domínio indubitavelmente reservado à legislação no sentido estrito ou formal, ou à competência do Poder Legislativo. Em tais regimes, por maior a amplitude que se queira atribuir ao poder regulamentar da Administração, esse poder não está apenas adstrito a operar *intra legem* e *secundum legem*, mas não poderá, em caso algum e sob qualquer pretexto, ainda que lhe pareça adequado à realização da finalidade visada pela lei, editar preceitos que envolvam limitações aos direitos individuais. Este domínio é, de modo absoluto, reservado à legislação formal, ou aos preceitos jurídicos editados pelo Poder Legislativo. Em relação a eles a Administração não poderá dispor, seja por via individual, ou mediante o ato administrativo, seja por via geral, ou mediante decreto de caráter regulamentar. Garantidos na Constituição os direitos individuais, a sua declaração constitui, por si mesma, um limite oposto de modo absoluto ao poder regulamentar da Administração".[8]

Consoante o escólio de Pontes de Miranda:

"Onde se estabelecem, alteram ou extinguem direitos, não há regulamentos – há abuso do poder regulamentar, invasão de competência legislativa. O regulamento não é mais do que auxiliar das leis, auxiliar que sói pretender, não raro, o lugar delas, mas sem que possa, com tal desenvoltura, justificar-se e lograr que o elevem à categoria de lei.

"Se o regulamento cria direitos ou obrigações novos, estranhos à lei, ou faz reviver direitos, deveres, pretensões, obrigações, ações ou exceções que a lei

8. Francisco Campos, "Lei e regulamento – Direitos individuais", *RDA* 80/376-377, Rio de Janeiro, FGV, 1965.

apagou, é inconstitucional (...). Tampouco pode ele limitar ou ampliar direitos, deveres, pretensões, obrigações ou exceções à proibição, salvo se estão implícitas. Nem ordenar o que a lei não ordena (...). Nenhum principio novo, ou diferente, de direito material se lhe pode introduzir (...)."

Pelo aspecto formal, os decretos regulamentares não devem possuir caráter tão geral e abstrato quanto a lei. Pelo aspecto material, não podem restringir direitos e garantias dos cidadãos que a lei não o tenha feito.

4. O dever de submissão da Administração à lei como consequência da noção clássica de função administrativa

A função administrativa constrói-se sob o prisma da legalidade. Demais disso, é caracterizada por um sistema de prerrogativas e sujeições, consubstanciadas no que a doutrina costuma designar de "supremacia do interesse público sobre o privado" e "indisponibilidade do interesse público".

Otto Mayer diz que "a Administração, desde o seu começo, foi contemplada como uma atividade do Estado que se exerce sob a autoridade da ordem jurídica que ele deve estabelecer".[9]

Renato Alessi aduz que, em sentido jurídico, a atividade administrativa consiste em atos de produção jurídica complementar, aplicação concreta do ato de produção jurídica primário e abstrato contido na norma legal.[10] Em outra passagem afirma que "a função administrativa é subordinada à função legislativa; tal subordinação que concretiza o princípio da necessária legalidade da atividade administrativa".[11]

Esta construção da doutrina jurídico-administrativa liberal é claramente voltada a limitar as prerrogativas administrativas visando à proteção dos direitos individuais.

Dentre tais premissas está o princípio da legalidade, estrutural à função administrativa; pode ser sintetizado na expressão de Seabra Fagundes, para quem "administrar é aplicar a lei de ofício".[12] Desta forma, consagrou-se que, enquanto ao particular é facultado fazer tudo o que a lei não proíbe, à Administração só é lícito fazer o que a lei expressamente autoriza.

Fato é que os dogmas têm sido duramente criticados por parte da doutrina. Tanto pela insuficiência quanto pela necessidade de superação de alguns resíduos de autoritarismo incompatíveis com o Estado Democrático de Direito. A Administração Pública – e isso é fato constatável sem maiores dificuldades – já não se resume àquele modelo centralizado e nem aos referenciais teóricos dos quais foi construída, provenientes das disputas entre Hauriou e Duguit.

Pode-se dizer que os elementos básicos que caracterizam a função adminis-

9. Otto Mayer, *Derecho Administrativo Alemán*, 2ª ed., trad. de H. H. Heredia e E. Krotoschin, Buenos Aires, Depalma, 1982, p. 12.

10. Renato Alessi, *Instituciones de Derecho Administrativo*, 3ª ed., t. I, trad. de Buenaventura Pellisé Prats, Barcelona, Bosch, 1970, pp. 5-25.

11. Renato Alessi, *Sistema Istituzionale de Diritto Amministrativo Italiano*, 3ª ed., Milão, Giuffrè, 1960, p. 9.

12. Miguel Seabra Fagundes, *O Controle dos Atos Administrativos pelo Poder Judiciário*, 7ª ed., Rio de Janeiro, Forense, 2006, p. 5. Não se desconhece que a afirmação foi contextual, comparando a função administrativa – de atuação oficiosa – à função jurisdicional, cuja atuação é mediante provocação. Desta forma, a célebre afirmação não reduz a atividade administrativa a uma atuação tecnocrática.

trativa são: exercício pelo Estado ou quem lhe faça as vezes; mediante comandos concretos ou abstratos; infralegal ou, excepcionalmente, com amparo direto na Constituição; sujeita a revisão interna ou externa. É justamente nesta excepcionalidade que aqui se trabalha: a Administração Pública constitucional é instrumento de realização de direitos fundamentais. Cercear a atividade administrativa não garante, por si só, o exercício da democracia.

5. Alguns contornos sobre a mudança das atividades da Administração Pública

Inicialmente o Estado Moderno caracteriza-se por ser um Estado de Polícia, cuja forma de governo era a Monarquia e o exercício do poder se dava mediante arbítrio, sem subordinação à lei nem passível de questionamento.

Quando a classe burguesa passa a deter o poderio econômico, a administração do Estado começa a sofrer alterações, culminando com a Revolução Francesa, que dá origem ao Estado Liberal. É o Liberalismo que permite seja limitada a atuação do Estado, concedendo direitos ao homem e correlatos deveres ao Estado. Eventual atuação deste se submete à lei, com o fito de evitar que se atinjam direitos dos cidadãos. Trata-se de clara limitação à ação administrativa, deveras negativa: dever de não interferir na esfera de individualidade do cidadão.

Estrutura-se o Estado de Direito sobre os prismas da separação de Poderes e da sobreposição da lei, com o intuito de proteção dos direitos individuais. Para tanto, necessário que os responsáveis por conduzir os interesses do Estado se submetam à vontade geral, representada pelo Parlamento, o que justifica essa posição de superioridade da lei.

Estamos aqui diante do dever de manutenção da liberdade do cidadão como limite da atuação da Administração. Há um dever de abstenção do Estado, que não deve interferir na esfera individual do cidadão, caracterizado por um Estado mínimo, que tem uma postura de abstenção.

A centralização do direito administrativo no ato administrativo caracteriza o Liberalismo. Afinal, é o ato administrativo que concretiza os atos normativos do Estado e, efetivamente, chega ao cidadão. E, não se pode negar, há um caráter autoritário no ato administrativo, que – como a doutrina costuma frisar – é limitado pelo "milagre" da efetividade do contencioso administrativo: trata-se da manifestação do poder do Estado num caso concreto.

Defronte à marginalização de parte da sociedade, o Estado é chamado a disciplinar as atividades individuais, sujeitando-as aos princípios do bem comum e da justiça social. Incluem-se direitos sociais fundamentais do cidadão, exigindo-se uma prestação positiva do Estado, voltada a propiciar condições dignas mínimas, especialmente no que se refere à saúde e à educação.

A intervenção do Estado na economia passa a ser decorrente das necessidades da sociedade: presume-se que a busca pela satisfação pessoal ignorava as necessidades sociais. Logo, atribui-se ao Estado o dever promover o "bem-estar social".

Ou seja: as atividades prioritárias, bem como as finalidades do Estado, são modificadas. Neste contexto, avoca para si a prestação dos serviços essenciais oferecidos à sociedade, buscando a preservação da dignidade da pessoa humana, a extinção da pobreza e a eliminação da desigualdade social.

O Estado, que até então se ocupava de não interferir nas liberdades individuais, agora passa a agir no sentido de garantir direitos sociais fundamentais dos cidadãos. Há nítido aumento das atribuições do Estado, que se volta à diminuição das desigualdades sociais e à busca do bem-estar social.

As Constituições[13] passaram a consagrar a prioridade pela efetivação de direitos sociais fundamentais. Não basta mais um Estado formalmente submisso ao Direito enquanto há necessidade de redução de desigualdades sociais. Como "existe um Estado Social quando se verifica uma generalização dos instrumentos e das ações públicas de segurança e bem-estar social",[14] não há como ignorar a radical mudança de concepção de Liberal para Social.

Além de haver um incremento nas atividades garantidoras da liberdade já desempenhadas pelo Estado, este passa a assumir uma série de novas tarefas, como a prestação de serviços públicos em grande amplitude, a edição de normas disciplinadoras dos espaços urbanos, proteção ao meio ambiente, dentre outras: "Com a passagem do Estado Liberal ao Social, a Administração Pública deixa de ser concebida como meramente executiva (...) para se tornar cada vez mais uma atividade prestadora e constitutiva".[15]

O Estado interventor teve êxito relativo. A prestação dos serviços públicos chegou a um grande número de pessoas até então excluídas, tornando-as, de certa forma, dependentes. Contudo, o sistema tornou-se vítima de si mesmo ao passo que, principalmente, a ampliação da prestação de serviços públicos não foi acompanhada pelos meios de seu financiamento. Isso implicou "(...) um sentimento de insatisfação, desassossego e insegurança, decorrente do paulatino esgotamento do modelo de desenvolvimento e progresso, especialmente visível no afloramento dos seus limites e na dificuldade de que padece para resolver de forma satisfatória os problemas de integração social que ele próprio suscita. É também patente a incapacidade do sistema para encarar com êxito complexas e novas questões (basicamente, a ameaça do equilíbrio do meio ambiente e o domínio das interrogações fundamentais colocadas pelo progresso científico e tecnológico), e é um fato a crise de confiança no Estado, quanto à sua capacidade de direção e controle dos problemas sociais, bem como de resolução satisfatória dos problemas de convivência política".[16]

Até então intervencionista, o Estado passa a considerar-se incapaz de atender às demandas sociais – ou as políticas públicas fazem crer em tal incapacidade –, razão que o levou a repassar diversas atividades, até então sob seu amparo, à iniciativa privada.

O discurso da necessidade de eficiência, acompanhado das críticas à Administração burocrática, trouxe consigo a redução das dimensões do Estado, mediante abertura ao capital estrangeiro e privatizações. Paralelamente, permitiu-se que vários setores da economia que esta-

13. Citem-se as constituições do México de 1917 e de Weimar de 1919. Em substituição às Constituições liberais, passam a trazer rol de serviços públicos que garantiriam os direitos fundamentais sociais.

14. Odete Medauar, *Direito Administrativo Moderno*, 9ª ed., São Paulo, Ed. RT, 2005, p. 28.

15. Vasco Manuel Pascoal Dias Pereira da Silva, *Em Busca do Acto Administrativo Perdido*, Almedina, Coimbra, 1996, p. 81.

16. Luciano Parejo Alfonso, "Introducción. El surgimiento, desarrollo y consolidación del derecho administrativo", in Antonio Jiménez-Blanco, Luis Ortega Álvarez e Luciano Parejo Alfonso, *Manual de Derecho Administrativo*, Barcelona, Ariel, 1990, p. 18.

vam estagnados fossem revitalizados pelo capital privado e, principalmente, pela dinâmica não burocrática dos particulares.

As funções prioritárias do Estado passam a ser planejar, regulamentar e fiscalizar as atividades prestadas pelos particulares, especialmente através das atividades das agências reguladoras. Busca-se garantir que a iniciativa privada atenda com a devida atenção às necessidades sociais, bem como evitar que a busca pelo lucro relegue a segundo plano tal prioridade. Afirma Dinorá Adelaide Musetti Grotti: "O momento consenso-negociação entre Poder Público e particulares, mesmo informal, ganha relevo no processo de identificação e definição de interesses públicos e privados, tutelados pela Administração. O estabelecimento dos primeiros deixa de ser monopólio do Estado, para prolongar-se num espaço do público não estatal, acarretando com isso uma proliferação dos chamados entes intermediários. Há um refluxo da imperatividade e uma ascensão da consensualidade; há uma redução da imposição unilateral e autoritária de decisões para valorizar a participação dos administrados quanto à formação da conduta administrativa. A Administração passa a assumir o papel de mediação para dirimir e compor conflitos de interesses entre várias partes ou entre estas e a Administração. Disto decorre uma nova maneira de agir, focada sobre o ato como atividade aberta à colaboração dos indivíduos".[17]

Vê-se atualmente uma tendência de o Estado manter sob sua égide apenas aquelas atividades que somente ele, exclusivamente, pode realizar. O que não é atividade exclusiva do Estado passa à iniciativa privada, das mais diversas formas.

Essa mudança decorre de novas preocupações, especialmente no que se refere ao crescimento desmesurado do Estado e à necessidade de readequação do seu papel na sociedade. Vê-se uma tendência de menor interferência do Estado na iniciativa privada – tal qual concebido no esquema clássico do Estado Liberal – e, mais que isso, a sobreposição de valores fundamentais dos cidadãos como guia das escolhas da Administração, valorizando-se a participação dos indivíduos na tomada das decisões.

Isso implica uma releitura das atividades do Estado. São novos os desafios e, por consequência, novos os caminhos de satisfazê-los. Mas não, entretanto, um simples rompimento com a realidade anterior, cujos contributos permanecem.

Logo, não é crível que a concepção clássica de legalidade, após todas essas mudanças ocorridas no Estado, se mantenha estanque a ponto de inviabilizar o real cumprimento da Constituição Federal.

6. A possibilidade de decreto regulamentando a Constituição – O Neoconstitucionalismo – Interpretação conforme a Constituição

Postas as premissas necessárias ao desenvolvimento do tema, passemos ao cerne do que se pretende abordar.

Paulo Otero, apontando a prevalência da Administração Pública, leciona: "Um tal ativismo dos órgãos administrativos no desenvolvimento do Direito poderá assumir hoje uma especial importância por efeito da vinculação da Administração Pública às normas constitucionais sobre direitos fundamentais que são diretamente aplicáveis e, num sentido ainda mais am-

17. Dinorá Adelaide Musetti Grotti, "As agências reguladoras", *Revista Eletrônica de Direito Administrativo* 6/2, maio-julho/2006.

plo, pelo papel da Administração como destinatária das imposições constitucionais em matéria de bem-estar: em cenários de ausência de lei, os órgãos administrativos podem ser chamados a produzir um Direito regulamentar compensador das omissões do legislador, sem prejuízo de uma genérica competência integrativa das respectivas lacunas jurídicas".[18]

Cita como fundamento desta "competência" os arts. 199º, "g", e 266º da Constituição de Portugal.[19] Com base em tais dispositivos o Governo estaria habilitado a emanar regulamentos independentes *praeter legem* em matérias situadas fora da reserva de lei e sem qualquer intervenção legislativa: trata-se, aqui, do regulamento fundado diretamente na Constituição Federal.

A Constituição brasileira não tem dispositivo semelhante. Poder-se-ia citar o art. 78, segundo o qual: "O Presidente e o Vice-Presidente da República tomarão posse em sessão do Congresso Nacional, prestando o compromisso de manter, defender e cumprir a Constituição, observar as leis, promover o bem geral do povo brasileiro, sustentar a união, a integridade e a independência do Brasil".

Infere-se do mencionado dispositivo uma sobreposição do dever de cumprir a Constituição. Antes de observar a lei, deve o chefe do Executivo defender e cumprir a Constituição. Não se trata de interpretação literal, da qual algum desavisado poderia manipular a ideia de "observar" a lei como não vinculante. O que afirmamos aqui é que, além da própria estrutura do ordenamento positivo, que já consagra a sobreposição da Constituição, esta impõe um primeiro dever ao chefe do Executivo, que se traduz no dever de defesa e cumprimento da Constituição.[20]

A vinculação da Administração à lei não pode deturpar a ordem constitucional. Deve ela agir de forma a concretizar os preceitos constitucionais. Não sem, paralelamente, o crescimento da importância do cidadão – que tem, ainda que em ritmo lento, incrementado sua cultura política – no controle. Da mesma forma os juristas e operadores do Direito, através dos estudos e da prática jurídica, instrumentalizam o controle da legitimidade dos atos administrativos.

A verdade é que a realidade se encontra em constante evolução e, por consequência, não pode a concepção restritiva do princípio da legalidade vigorar de forma absoluta, ignorando a existência de valores constitucionais já assegurados em seu seio, sob pena de violar a essência do Estado Democrático de Direito. A ine-

18. Paulo Otero, *Legalidade e Administração Pública: o Sentido da Vinculação Administrativa* à *Juridicidade*, cit., p. 450.

19. Constituição de Portugal:

"Art. 199º. **Competência administrativa.** Compete ao Governo, no exercício de funções administrativas: (...); g) praticar todos os actos e tomar todas as providências necessárias à promoção do desenvolvimento económico-social e à satisfação das necessidades colectivas.

"(...).

"Art. 266º. **Princípios fundamentais.** 1. A Administração Pública visa à prossecução do interesse público, no respeito pelos direitos e interesses legalmente protegidos dos cidadãos.

"2. Os órgãos e agentes administrativos estão subordinados à Constituição e à lei e devem actuar, no exercício das suas funções, com respeito pelos princípios da igualdade, da proporcionalidade, da justiça, da imparcialidade e da boa-fé."

20. O dispositivo leva a defender o dever de descumprimento da lei inconstitucional em vigor como forma de defesa da Constituição (Patrick Roberto Gasparetto, *A Administração Pública Frente à Lei Inconstitucional*, Belo Horizonte, Fórum, 2011).

xistência – ou ineficácia – de determinação legal não deve impedir a ação estatal na busca pela realização dos direitos fundamentais.

A legitimidade da interpretação depende de sua estreita vinculação à Constituição. Logo, os princípios nela consagrados devem ser base de toda a hermenêutica, seja esta feita pelo jurista, cidadão, legislador e, especificamente neste caso, pelo administrador. Ao aplicar uma norma constitucional sem intermédio de lei o administrador está tão somente interpretando-a.

Antes de tudo, a função administrativa está subordinada às finalidades constitucionais, sendo seu dever balizar-se no sentido de conferir maior concretude aos princípios e regras constitucionais. Já resta superada a ideia de que tais são enunciados retóricos e programáticos dissociados da realidade. Daí a consagrada ideia de que o direito constitucional é a estática, enquanto o direito administrativo é a dinâmica.

Somente enquanto a lei estiver ligada à ideia de justiça, como um valor moral – e constitucional –, variável de acordo com a sociedade e a época em que é buscada – relação texto e contexto –, é que se dá validade material e a importância merecida ao princípio da legalidade, sob pena de violação à base constitucional do Estado Democrático de Direito.

Averigua-se que se busca na Constituição não somente a afirmação abstrata de direitos e garantias, mas, sim, que seja ela concebida como o instrumento efetivo de realização dos anseios da população por igualdade e justiça materiais efetivas, não meramente formais, abstratas. E basta compararmos a axiologia constitucional com a proveniente das normas infraconstitucionais para se aperceber que o apego à Constituição, sem impor uma intermediação de lei, somente vai salutar a atividade administrativa.

É com base nisso que se defende uma atuação mais concreta da Administração na tutela dos direitos fundamentais. O decreto regulamentar que tiver por base a Constituição Federal, regulamentando a realização dos direitos fundamentais, tem amparo no ordenamento jurídico.

Não se trata de inovação na ordem jurídica – o que seria vedado. Trata-se, pois sim, de direito já existente na Constituição, cujo exercício depende de regulamentação. Note-se que a atual interpretação do mandado de injunção permite que o Judiciário supra a omissão legislativa. Ora, seguindo a mesma ideia – de máxima efetividade dos preceitos constitucionais –, há amparo ao Executivo para que regulamente o exercício dos direitos previstos pela Carta Magna, sem vício de competência.

No que tange ao aspecto material, evidentemente não pode o decreto restringir exercício de direito fundamental. Mas vale ressaltar que nem mesmo a lei poderia restringir tal direito.

Uma vez garantido o direito, ainda que por meio de decreto, a legislação posterior poderá enfrentar uma limitação material. Não pela escala normativa hierárquica, mas, sim, pelo princípio da vedação do retrocesso social, segundo o qual, uma vez efetivado direito fundamental, não é passível de posterior restrição.[21]

A dogmática constitucional é feita com o centro na dignidade humana e na

21. Acerca do tema: Joaquim José Gomes Canotilho, *Dignidade da Pessoa Humana e Direitos Fundamentais na Constituição Federal de 1988*, Porto Alegre, Livraria do Advogado, 2001; Lênio Luís Streck, *Hermenêutica Jurídica e(m) Crise: uma Exploração Hermenêutica da Construção do Direito*, Porto Alegre, Livraria do Advogado, 1999; Ingo Wolfgang Sarlet, *A Eficácia dos Direitos Fundamentais*, 5ª ed., Porto Alegre, Livraria do Advogado, 2003.

tutela dos direitos fundamentais. Logo, toda a atividade administrativa deve reger-se por tais preceitos, disciplinando suas relações com o cidadão.

Outro fundamento para o que se defende é o reconhecimento de normatividade dos princípios, bem como de sua superioridade hierárquica e funcional no sistema jurídico, bandeira do pós-Positivismo. Os princípios consagram os valores máximos e indicam – ainda que de forma mediata – a finalidade a ser perseguida pelo Estado e seus entes. É dever do administrador buscar a realização dos valores maiores idealizados pela sociedade. O ato regulamentar, portanto, pode estar vinculado diretamente aos princípios constitucionais. E, neste sentido, já é uma máxima a efetividade plena de princípios implícitos, não sendo necessária uma lei que o positive para que possa a Administração atuar.

Logo, o administrador pode – e deve – agir com fundamento direto na Constituição, sem estar sua conduta vinculada à prévia manifestação do legislador. Isso, evidentemente, dentro das limitações aqui já apontadas. Esta interpretação que se propõe do princípio da legalidade liga-se mais à ideia de juridicidade, subordinando a Administração primordialmente à Constituição.

A efetivação dos direitos fundamentais é indissociável da função do aplicador do Direito. Sabe-se que a Constituição deixa margem para diversas interpretações, mediante regras e princípios que nem sempre têm enunciado preciso. A interpretação demanda integração texto e contexto, sendo a realidade social fundamento para a correta aplicação da norma.

A Constituição determinou ao Estado a persecução do bem-estar dos cidadãos. É incongruente afirmar que apenas através da lei formal é que seria alcançado. A democracia revela-se na sujeição da Administração aos direitos e garantias fundamentais constitucionalmente assegurados, incentivando a participação da população e diminuindo-se, consequentemente, a discricionariedade.

O que aqui se defende, é evidente, demanda extrema cautela e, sobretudo, um efetivo controle. Este não deve ser voltado tão somente à preservação do Erário, mas também ao atendimento do interesse público, fim último de todo e qualquer ato administrativo.

6.1 Regulamento autônomo?

Hely Lopes Meirelles leciona: "No poder de chefiar a Administração está implícito o de regulamentar a lei e suprir, com normas próprias, as omissões do Legislativo que estiverem na alçada do Executivo. Os vazios da lei e a imprevisibilidade de certos fatos e circunstâncias que surgem, a reclamar providências imediatas da Administração, impõem que se reconheça ao chefe do Executivo o poder de *regulamentar*, através de *decreto*, as normas incompletas, ou de prover situações não previstas pelo legislador, mas ocorrentes na prática administrativa. O essencial é que o Executivo, ao expedir regulamento – autônomo ou de execução da lei –, não invada as chamadas 'reservas da lei', ou seja, aquelas matérias só disciplináveis por lei, e tais são, em principio, as que afetam as garantias e os direitos individuais assegurados pela Constituição (...)".[22]

O autor prevê o decreto independente ou autônomo como aquele que dispõe

22. Hely Lopes Meirelles, *Direito Administrativo Brasileiro*, 41ª ed., São Paulo, Malheiros Editores, 2015, p. 143.

sobre matéria ainda não regulada em lei, desde que não se trate de assunto de reserva de lei. Desta forma, como o próprio se refere, há uma legitimação do Executivo para suprir omissão do legislador, o que, ao que parece, acaba por outorgar uma competência mais ampla do que aqui se defende àquele.

Na realidade, o que se propõe aqui é um regulamento vinculado à Constituição, e não autônomo. Esta noção de autonomia está a indicar liberdade à Administração, algo que não se coaduna com a ideia de função.

A omissão do legislador não indica necessariamente vazio legislativo. Quanto mais quando a Constituição garante expressamente um direito ao cidadão. Assim, ao concretizá-lo, a Administração não atua de forma autônoma ou independente de lei. Atua, pois sim, sob o manto da Constituição Federal, aplicando – ainda que na visão mais ampla – a legalidade administrativa.

Despiciendo adentrar o tema da força normativa da Constituição. Não compete somente ao Legislativo colocá-la em prática. Compete, de um modo geral, ao Estado, como averbado alhures, por intermédio de quaisquer dos Poderes. Logo, o vazio legislativo não é sinônimo de vazio normativo – o que justifica a atividade administrativa com amparo constitucional.

Esta visão meramente subsuntiva é tecnicista e, juridicamente, apta a ensejar inconstitucionalidade, relegar toda a atividade administrativa a uma prévia atuação legislativa. Esta linha de pensamento é hábil, pois sim, a respaldar a omissão tão gravosa quanto a ação que afronta a Carta Magna.

Fato é que a realidade legislativa crítica, de que se tratou anteriormente, demanda outra forma de garantir a prevalência dos valores sociais consagrados pela Constituição Federal. A legitimidade dos atos estatais pode ser encontrada em uma concepção mais ampla do princípio da legalidade, não restringindo a ação administrativa a pressuposto legal formal. Diz Almiro do Couto e Silva: "(...) a noção de que a Administração Pública é mera aplicadora das leis é tão anacrônica e ultrapassada quanto a de que o Direito seria apenas um limite para o administrador. Por certo, não prescinde a Administração Pública de uma autorização legislativa para agir, mas, no exercício de competência legalmente definida, têm os agentes públicos, se visualizado o Estado em termos globais, um dilatado campo de liberdade para desempenhar a função formadora, que é hoje universalmente reconhecida ao Poder Público".[23]

O que se defende não é inovação absoluta na ordem jurídica, mas, sim, concretização de direitos previstos pela Constituição Federal.

7. Possibilidade de controle

Já se percebe que a intenção da posição que aqui se adota não é permitir que a Administração atue livremente, atribuindo-lhe uma competência que seria verdadeiro cheque em branco. Pelo contrário, a noção de instrumentalidade da função administrativa aqui se acentua.

Inicialmente, por expressa previsão do art. 49, V, o Congresso Nacional pode sustar atos normativos do Executivo que exorbitem o poder regulamentar. Já, o art. 5º, XXXV, assegura a possibilidade de revisão dos atos administrativos pelo

23. Almiro do Couto e Silva, "Poder discricionário no direito administrativo brasileiro", *RDA* 179-180/51-67, Rio de Janeiro, janeiro-junho/1990 (p. 53).

Poder Judiciário. Cite-se, ainda, a intensa fiscalização que vêm desempenhando o Ministério Público e o Tribunal de Contas.

Mas há um controle passível de incremento que deve ser enfatizado. A Constituição assegura a participação popular na Administração Pública das mais variadas formas. Efetivamente, diversos são os remédios constitucionais ao alcance do cidadão visando a repelir atos administrativos ilícitos e, ainda, preventivamente auxiliar a Administração no exercício de suas funções ou, repressivamente, denunciar eventuais abusos.

Vale destacar que os meios de comunicação, juntamente com o princípio da publicidade, auxiliam a efetivação do controle da Administração Pública.

8. Conclusões

Nenhum impedimento há em se mitigar a exigência de prévia lei em atenção ao senso maior de defesa dos direitos fundamentais. Ora, o exercício judicante de interpretar a Constituição e aplicá-la ao caso concreto vivifica o Direito – sem o quê essa construção humana seria desumana. E, ao se falar em humano, pressupõem-se razão, sentimento, compaixão, respeito, misericórdia, dentre outras virtudes de que não pode se afastar o sistema constitucional.

A interpretação objetiva corporificar e materializar a Constituição – em especial no que se refere aos direitos fundamentais – como uma realidade social tangível. Para tanto, as normas, inclusive os regulamentos, são instrumentos.

Do sistema constitucional emergem valores que muitas vezes não vêm explicitados em qualquer norma específica, mas que, indubitavelmente, justificam e legitimam sua positivação. A unidade sistemática é garantida pela existência de princípios que se irradiam por toda a ordem legal.

Sendo assim, o rigor formal irrefletido, irascível, na aplicação da lei pode perfeitamente conduzir a injustiças, pela degeneração do dispositivo decorrente de sua observação descontextualizada.

Ignorar a teleologia do sistema, prendendo-se à formalidade e à literalidade da lei, é conduta que reduz a Administração à condição de autômato que deve obedecer cegamente a normas de conduta objetivas, muitas vezes sem qualquer sentido.

O princípio da legalidade em sentido estrito evoluiu para um conceito mais amplo, de reserva legal proporcional, ensejando, desse modo, que a Administração não apenas se manifeste sobre aspectos puramente formais dos fatos que se submetem à sua apreciação, mas que também lhes avalie a conveniência, a proporcionalidade – o que implica necessariamente apreciar também sua adequação axiológica.

É cabível o poder regulamentar que encontre fundamento diretamente na Constituição Federal – sem lei intermediária –, desde que não restrinja direito reconhecido pela Carta Magna. Trata-se de dar efetividade aos preceitos constitucionais, sob pena de lhes negar cumprimento em escusas meramente formais.

Em que se pese a este estudo parecer andar na contramão das intenções limitadoras da Administração, na realidade não há ampliação de liberdade, já que permanece absolutamente vinculada aos ideais constitucionais, sendo suscetível de controle nas formas mencionadas.

Deixar de agir sob o manto de ausência de política legislativa é omissão tão grave quanto a ação que viole a Constituição Federal. E, por isso, deve ser repelida.

Referências bibliográficas

ALESSI, Renato. *Instituciones de Derecho Administrativo.* 3ª ed., t. I, trad. de Buenaventura Pellisé Prats. Barcelona, Bosch, 1970.

————. *Sistema Istituzionale de Diritto Amministrativo Italiano.* 3ª ed. Milão, Giuffrè, 1960.

ATALIBA, Geraldo. "Decreto regulamentar no sistema brasileiro". *RDA* 97. Rio de Janeiro, 1969.

BANDEIRA DE MELLO, Celso Antônio. *Curso de Direito Administrativo.* 32ª ed. São Paulo, Malheiros Editores, 2015.

CAMPOS, Francisco. "Lei e regulamento – Direitos individuais". *RDA* 80. Rio de Janeiro, FGV, 1965.

CANOTILHO, José Joaquim Gomes. "Da Constituição dirigente ao direito comunitário dirigente". In: CANOTILHO, José Joaquim Gomes. *Brancosos e Interconstitucionalidade – Itinerários dos Discursos sobre Historicidade Constitucional.* 2ª ed. Coimbra, Livraria Almedina, 2008.

————. *Dignidade da Pessoa Humana e Direitos Fundamentais na Constituição Federal de 1988.* Porto Alegre, Livraria do Advogado, 2001.

COUTO E SILVA, Almiro do. "Poder discricionário no direito administrativo brasileiro". *RDA* 179-180/51-67. Rio de Janeiro, janeiro-junho/1990.

FERREIRA FILHO, Manoel Gonçalves. "O princípio da legalidade". *Revista de Direito da Procuradoria-Geral do Estado de São Paulo* 10/3-27. São Paulo, 1977.

GASPARETTO, Patrick Roberto. *A Administração Pública Frente à Lei Inconstitucional.* Belo Horizonte, Fórum, 2011.

GORDILLO, Agustín. *Tratado de Derecho Administrativo.* 3ª ed., t. 2. Buenos Aires, FDA, 1998.

GROTTI, Dinorá Adelaide Musetti. "As agências reguladoras". *Revista Eletrônica de Direito Administrativo* 6. Maio-julho/2006.

JIMÉNEZ-BLANCO, Antonio, ORTEGA ÁLVAREZ, Luis, e PAREJO ALFONSO, Luciano. *Manual de Derecho Administrativo.* Barcelona, Ariel, 1990.

MAYER, Otto. *Derecho Administrativo Alemán.* 2ª ed., trad. de H. H. Heredia e E. Krotoschin. Buenos Aires, Depalma, 1982.

MEDAUAR, Odete. *Direito Administrativo Moderno.* 9ª ed. São Paulo, Ed. RT, 2005.

MEIRELLES, Hely Lopes. *Direito Administrativo Brasileiro.* 41ª ed. São Paulo, Malheiros Editores, 2015.

MELLO, Marco Aurélio. "Revisão do salário de servidores não depende de lei". Jornal *O Globo* edição de 18.6.2011.

ORTEGA ÁLVAREZ, Luis, JIMÉNEZ--BLANCO, Antonio, e PAREJO ALFONSO, Luciano. *Manual de Derecho Administrativo.* Barcelona, Ariel, 1990.

OTERO, Paulo. *Legalidade e Administração Pública: o Sentido da Vinculação Administrativa à Juridicidade.* Coimbra, Livraria Almedina, 2003.

PAREJO ALFONSO, Luciano. "Introducción: el surgimiento, desarrollo y consolidación del derecho administrativo". In: JIMÉNEZ-BLANCO, Antonio, ORTEGA ÁLVAREZ, Luis, e PAREJO ALFONSO, Luciano. *Manual de Derecho Administrativo.* Barcelona, Ariel, 1990.

————, JIMÉNEZ-BLANCO, Antonio, e ORTEGA ÁLVAREZ, Luis. *Manual de Derecho Administrativo.* Barcelona, Ariel, 1990.

PEREIRA, André Gonçalves. *Erro e Ilegalidade no Acto Administrativo.* Lisboa, Ática, 1962.

PEREIRA DA SILVA, Vasco Manuel Pascoal Dias. *Em Busca do Acto Administrativo Perdido.* Almedina, Coimbra, 1996.

PONTES DE MIRANDA, F. C. *Comentários à Constituição de 1967.* São Paulo, Ed. RT, 1970.

QUEIRÓ, Afonso Rodrigues. "Reflexões sobre a teoria do desvio de poder em direito administrativo". In: *Estudos de Direito Público*. Coimbra, Livraria dos Advogados, 1989 (pp. 81-175).

REALE, Miguel. *Lições Preliminares de Direito.* 26ª ed. São Paulo, Saraiva, 2002.

SARLET, Ingo Wolfgang. *A Eficácia dos Direitos Fundamentais.* 5ª ed. Porto Alegre, Livraria do Advogado, 2003.

SEABRA FAGUNDES, Miguel. *O Controle dos Atos Administrativos pelo Poder Judiciário.* 7ª ed. Rio de Janeiro, Forense, 2006.

STRECK, Lênio Luís. *Hermenêutica Jurídica e(m) Crise: uma Exploração Hermenêutica da Construção do Direito.* Porto Alegre, Livraria do Advogado, 1999.

ZANOBINI, Guido. *Corso di Diritto Amministrativo.* 8ª ed. Milão, Giuffrè, 1958.

NON BIS IN IDEM E AS SANÇÕES ADMINISTRATIVAS, POR IMPROBIDADE E PENAL

DENILSON MARCONDES VENÂNCIO
Especialista em Direito Administrativo e em Direito Tributário pela PUC/SP
– Mestrando e Doutorado em Direito Administrativo pela PUC/SP

1. Introdução. 2. Independência e autonomia das responsabilidades criminal, civil e administrativa. 3. Das sanções. 4. Princípio do non bis in idem. *5. Da sanção justa. 6. Conclusões.*

Resumo: Responsabilidade é inerente ao regime republicano de governo. Todo e qualquer agente público e toda pessoa física ou jurídica que mantenha relação jurídica com o Estado respondem por seus atos. São três as modalidades de responsabilidade, civil, criminal e administrativa, que mantêm relativa independência e autonomia entre si, mas que o princípio do *non bis in idem*, como princípio geral do Direito, impede, internamente, a duplicidade de processo, no exercício da mesma competência, e, externamente, veda a aplicação contra o mesmo sujeito, pelo mesmo fato e com o mesmo fundamento, mais de uma vez, da mesma sanção, proibindo a cumulação de penas idênticas. A atividade punitiva estatal deve buscar e aplicar a sanção justa, numa igualdade proporcional, entre o ilícito e a sanção. Estes são os assuntos tratados no presente trabalho.

Palavras-chave: Responsabilidade civil, Responsabilidade penal, Responsabilidade administrativa, Improbidade, Sanção, *Non bis in idem*

Abstract: Liability is inherent in the republican regime of government. Any public official and any person or legal entity that maintains legal relationship with the State answers for their actions. There are three modes of liability, civil, criminal and administrative, which maintain relative independence and autonomy among themselves; but they are covered by the principle of *non bis in idem*, which, as a general principle of Law, internally prevents duplicity of proceedings in the exercise of such jurisdiction and externally prohibits the application of the same sanction against the same person, for the same fact, and on the same legal grounds more than once, prohibiting cumulation of identical penalties. The State punitive activity must seek and enforce the fair sanction, in a proportional equality between the infringement and the penalty.

Keywords: Civil liability, Criminal liability, Administrative liability, Improbity, Sanction, *Non bis in idem*

1. Introdução

Não raro, o agente público quando acionado por ação de improbidade, ajuizada com fundamento na Lei 8.429/1992, também responde a processo crime pelo mesmo fato e, de acordo com a natureza da relação que mantém com o Poder Público, responde, ainda, a processo administrativo disciplinar ou processo político, sendo o agente apenado com a perda ou cassação do mandato eletivo. Com a possibilidade, ainda, de ser investigado e apenado pelo Tribunal de Contas.

São três e independentes as responsabilidades a que fica sujeito o agente público, e pelo mesmo fato antijurídico e igual fundamento pode ter instaurados contra si três processos distintos e independentes: (a) ação por improbidade administrativa; (b) ação penal; e (c) processo administrativo disciplinar e/ou (c.1) processo de responsabilidade política.

As sanções nos três processos muitas vezes são idênticas, tais como perda do cargo, função, emprego ou mandato eletivo, multa pecuniária e impedimentos diversos, e nos casos mais graves, em todos eles, há previsão legal de aplicação da pena de suspensão dos direitos políticos, acarretando a inelegibilidade do condenado.

O objeto do nosso trabalho é demonstrar que, embora, independentes e autônomas as responsabilidades, o mesmo agente público não pode ser apenado duplamente pelo mesmo fato e pelo mesmo fundamento, com as mesmas penas, cumulativamente, nos processos criminal, administrativo e civil de improbidade administrativa, por força do princípio do *non bis in idem*. Procuraremos demonstrar que a independência é relativa.

2. Independência e autonomia das responsabilidades criminal, civil e administrativa

Todo e qualquer agente público, no exercício da função pública, e toda pessoa física ou jurídica que mantenha relação jurídica com o Estado, nessa qualidade, respondem pelos atos ilícitos que praticarem, por culpa ou dolo. Regime republicano, adverte Geraldo Ataliba, "é regime de responsabilidade. Os agentes públicos respondem por seus atos. Todos são, assim, responsáveis".[1] A ideia de República, para Celso Antônio Bandeira de Mello, "traz consigo a noção de um regime institucionalizado", em que "todas as autoridades são responsáveis, 'onde não há sujeitos fora do Direito'"; "ser responsável implica responder por seus atos, (...)".[2-3]

Há várias modalidades de responsabilidade, no dizer de Oswaldo Aranha Bandeira de Mello, "em consonância com

1. Geraldo Ataliba, *República e Constituição*, 3ª ed., São Paulo, Malheiros Editores, 2011, p. 67.

2. Celso Antônio Bandeira de Mello, *Curso de Direito Administrativo*, 32ª ed., São Paulo, Malheiros Editores, 2015, p. 1.028.

3. Segundo Maurício Zockun, o texto da Constituição Federal de 1988 "emprega a palavra 'responsabilidade' e as situações que tipificam sua ocorrência em oito sentidos diferentes", as quais aborda individualmente (*Responsabilidade Patrimonial do Estado – Matriz Constitucional, a Responsabilidade do Estado por Atos Legislativos, a Obrigatoriedade da Prévia Indenização e a Responsabilidade Pessoal do Parlamentar*, São Paulo, Malheiros Editores, 2010, pp. 21-29).

as relações jurídicas pelas quais se acha obrigado o agente público, e diversas, portanto, são as suas infrações. Daí a possibilidade de acumulação sem haver *bis in idem*". Existe a responsabilidade civil, a criminal e a administrativa.[4]

"A punição disciplinar e a criminal" – segundo Hely Lopes Meirelles – "têm fundamentos diversos, e diversa é a natureza das penas. A diferença não é de grau; é de substância", da qual "resulta a possibilidade da aplicação conjunta das duas penalidades sem que ocorra *bis in idem*". "(...) a mesma infração pode dar ensejo a punição administrativa (disciplinar) e a punição penal (criminal), porque aquela é sempre um *minus* em relação a esta. (...)".[5] "Além da responsabilidade administrativa" – afirma Celso Antônio Bandeira de Mello –, "a que se vem de aludir, o desatendimento de deveres funcionais pode suscitar responsabilidade civil e penal (...)". "As responsabilidades disciplinar, civil e penal são independentes entre si e as sanções correspondentes podem se cumular (...)".[6]

A independência e a autonomia das responsabilidades administrativa, civil e penal são admitidas e mencionadas pelas doutrinas nacional e estrangeira. No Brasil: Maria Sylvia Zanella Di Pietro,[7] Diógenes Gasparini,[8] José dos Santos Carvalho Filho,[9] Marçal Justen Filho,[10] Themístocles Brandão Cavalcanti,[11] Diogo de Figueiredo Moreira Neto,[12] que faz também menção às consequências políticas das sanções – dentre outros.

Na doutrina estrangeira pode-se ver em: Guido Zanobini,[13] Gaston Jèze,[14] Mar-

4. Oswaldo Aranha Bandeira de Mello, *Princípios Gerais de Direito Administrativo*, 1ª ed., vol. II, Rio de Janeiro, Forense, 1969, p. 474.

5. Hely Lopes Meirelles, *Direito Administrativo Brasileiro*, 41ª ed., São Paulo, Malheiros Editores, 2015, p. 140.

6. Celso Antônio Bandeira de Mello, *Curso de Direito Administrativo*, 32ª ed., pp. 335-336. Celso Antônio Bandeira de Mello trata do assunto também in *Regime dos Servidores da Administração Direta e Indireta (Direitos e Deveres)*, 3ª ed., São Paulo, Malheiros Editores, 1995, pp. 122-135.

7. Maria Sylvia Zanella Di Pietro, *Direito Administrativo*, 25ª ed., São Paulo, Atlas, 2012, pp. 666-675.

8. Diógenes Gasparini, *Direito Administrativo*, 14ª ed., São Paulo, Saraiva, 2009, pp. 240-248.

9. José dos Santos Carvalho Filho, *Manual de Direito Administrativo*, 25ª ed., São Paulo, Atlas, 2012, pp. 756-766.

10. Marçal Justen Filho, *Curso de Direito Administrativo*, 8ª ed., Belo Horizonte, Fórum, 2012, pp. 981-1.034.

11. Themístocles Brandão Cavalcanti, *Tratado de Direito Administrativo*, Rio de Janeiro, Freitas Bastos, 1942, pp. 444-464.

12. Diogo de Figueiredo Moreira Neto, *Curso de Direito Administrativo*, 15ª ed., Rio de Janeiro, Forense, 2011, pp. 361-369.

13. "L'inosservanza di qualunque dovere è causa per l'impiegato di una serie di responsabilità: fra queste, la più generale è la responsabilità disciplinare. Essa appartiene alla figura più vasta della responsabilità amministrativa, cioè di quella responsabilità che ha per oggetto l'applicazione di sanzioni punitive, stabilite a garanzia di doveri verso la Pubblica Amministrazione ed applicate da questa con propri provvedimenti, che hanno carattere di atti amministrativi immediatamente esecutori. Dalle altre forme di responsabilità amministrativa, quella disciplinare si distingue soltanto in quanto sorge per inosservanza di doveri, che fanno parte di rapporti giuridici speciali, costituiti, con particolari provvedimenti, fra l'Amministrazione e i singoli: quali, oltre la nomina agli impieghi, la concessione di servizi, l'arruolamento militare, l'ammissione in pubblici istituti. Qualunque altra forma di responsabilità amministrativa, che non sia quella disciplinare, concerne l'inosservanza di doveri imposti a tutti i cittadini in base al generale potere di sovranità, sopratutto i doveri di polizia e quelli di finanza. La responsabilità disciplinare, perciò, in quanto propria dei rapporti di supremazia speciale, cor-

cel Waline,[15] Roberto Dromi[16] e Marcello Caetano.[17] Os órgãos e instrumentos de controle interno e externo da Administração Pública, as hipóteses normativas

risponde alla responsabilità contrattuale del diritto privato; laddove le altre forme di responsabilità amministrativa, in quanto basate sul generale dovere di obbedienza alle leggi, corrispondono alla responsabilità extracontrattuale. Come, poi, la responsabilità amministrativa in genere si distingua dalla responsabilità penale (...)" (Guido Zanobini, *Corso di Diritto Amministrativo*, 4ª ed., vol. III, Milão, Dott. A. Giuffrè Editore, 1949, p. 240).

14. "5º) La sanción disciplinaria no es un castigo que dé lugar penalmente a la aplicación de la regla *non bis in idem*. El agente público castigado disciplinariamente, *aun con observancia de las formalidades jurisdiccionales*, puede ser perseguido *penalmente* ante los tribunales represivos. El agente absuelto en el fuero criminal puede, *en principio*, ser castigado penalmente. Por lo demás, puede aplicarse una medida disciplinaria al agente castigado penalmente. Ello es evidente y no puede discutirse seriamente, si se recuerda la diferente finalidad de la pena disciplinaria y de la represión penal, y el carácter *esencialmente discrecional* de la falta disciplinaria. Una acción que no reúna todas las condiciones legales para que haya delito penal puede ser una falta disciplinaria. Por otra parte, no hay en eso nada de exorbitante: ¿acaso la absolución de un imputado impide entablar una acción por daños e intereses?" (Gaston Jèze, *Principios Generales del Derecho Administrativo*, vol. III, Buenos Aires, Depalma, 1949, p. 111).

15. "La règle *non bis in idem*, en vertu de laquelle un individu ne peut être poursuivi et puni deux fois à raison d'un même fait, ne joue pas dans les rapports de la répression disciplinaire et de la répression pénale, alors qu'elle joue à l'intérieur de la répression disciplinaire (CE, 27.1.1943, *Cabiral*, Rec. jur., 1943.53; 11.12.1942, *ville d'Alger)*: a) la circonstance que certains textes ont prévu, pour certains délits commis par des fonctionnaires, une répression exercée par des juridictions disciplinaires n'enlève pas compétence aux tribunaux répressifs (Crim. 23.11.1935, *Halet-Amrane*, D.H. 1936.22); b) un même fait peut faire l'objet de deux instructions, l'une pénale, l'autre administrative ; c) le criminel ne tient pas le disciplinaire en état (CE, 26.1.1938, *Coignet*; 26.2.1943, *Bourdier*). Le jugement pénal ne lie l'autorité investie du pouvoir disciplinaire que dans la mesure où il affirme l'existence ou l'inexistence matérielle du fait incriminé. Mais un acquittement peut signifier seulement que les faits établis ne réunissent par les éléments d'un délit tout en pouvant constituer une faute disciplinaire (v. CE, 15.1.1943, *Dame Meyer-Eberhardt*); pour le cas d'une condamnation avec sursis, v. CE, 20.3.1931; *Le Goff*, S. 1931. 3.72; pour le cas d'un non-lieu, CE (Sect.) 10.11.1944, *Langneur*; d) enfin, la circonstance que des faits ne sont plus susceptibles de répression pénale n'empêche nullement la répression disciplinaire; il en est ainsi, notamment, lorsque ces faits sont amnistiés: l'amnistie pénale n'entraîne la réintégration du fonctionnaire que si la loi d'amnistie le prévoit formellement (CE, 11.5.1928, *Lotte*), ce qui est d'ailleurs le cas le plus fréquent" (Marcel Waline, *Manuel Élémentaire de Droit Administratif*, 4ª ed., Paris, Librairie du Recueil Sirey, 1946, pp. 304-305).

16. "**Responsabilidad personal del agente público.** La responsabilidad personal del agente público puede ser de naturaleza civil, administrativa, penal y política, sin diferenciar entre funcionarios y empleados, por tratarse de agentes públicos. *a) Alcance.* La responsabilidad de los agentes públicos tiene diversos alcances: 1) Por los valores jurídicos tutelables – en razón de los bienes jurídicos objeto de tutela legal, la responsabilidad pública puede ser: *política*, en cuanto afecta el interés general de la sociedad (arts. 53, 60 y 115 CN); *administrativa*, en cuanto afecta el buen funcionamiento de la Administración (Ley 25.164); *civil*, en cuanto causa daño o perjuicio a la Administración o a terceros (art. 1.112 CC); y *penal*, en cuanto resulta de la comisión de un delito (arts. 248 a 274, con las modificaciones introducidas por la Ley 25.188, y art. 281 CP: abuso de autoridad; violación de los deberes; cohecho; tráfico de influencias; malversación de caudales públicos; negociaciones incompatibles con el ejercicio de funciones públicas; exacciones ilegales; enriquecimiento ilícito; prevaricato; denegación y retardo de justicia; omisión de presentar declaración jurada o falseamiento u

de ilícitos das pessoas física e jurídica, nas relações mantidas com o Poder Público, e as respectivas sanções, previstas no ordenamento jurídico brasileiro, no atual momento histórico, são tantos e tão variados e coincidentes que não se pode afirmar, sem alguma reserva e detença, que as responsabilidades administrativa, civil e criminal mantêm autonomia e independência e podem se acumular, sem ofensa ao princípio do *non bis in idem*. Principalmente por conta do aumento legislativo das penas do processo-crime aplicadas ao apenado, com efeitos diretos na relação que este mantém com o Poder Público, dos reflexos civis e pelas sanções do processo judicial de improbidade administrativa. Todas ou praticamente todas estas sanções têm, ainda, consequências políticas, como veremos; variedade de sanções que nos leva à conclusão de que a autonomia e a independência – administrativa, civil e penal – são relativas e, em alguns casos, de dependência.[18]

A responsabilidade administrativa do agente público, abordada neste trabalho, se dá nos casos de conduta comissiva ou omissiva antijurídica, culposa ou dolosa, prevista na legislação do ente federado a que pertença e que defina como infração administrativa, em relação de sujeição especial, decorrente do poder disciplinar. A responsabilização ocorre por meio do devido processo administrativo, que é instaurado, processado e julgado pela Administração Pública e que, por isso, pode ser revisto pelo Poder Judiciário, por meio das ações pertinentes, e invalidado, desde que demonstrada a ilegalidade formal ou material do certame. Comprovada a culpa em sentido lato, aplica-se a sanção de natureza administrativa (art. 41, § 1º, II, da CF).

O agente público na esfera civil responde, por ação ou omissão antijurídica, dolosa ou culposa, por danos materiais e/ ou morais que causar a terceiro, denominada responsabilidade externa, em ação de regresso (art. 37, § 6º, *in fine*, da CF de 1988), ou ao próprio Estado, pela chamada responsabilidade interna[19] (art. 5º, XLV),

omisión de datos; evasión). 2) Por el elemento subjetivo – la responsabilidad puede ser: subjetiva (dolo y culpa) u objetiva (riesgo). 3) Por el carácter personal – las responsabilidades pueden ser personales no transmisibles (política, penal, administrativa) y personales transmisibles (civil, a los herederos). 4) Por el carácter vinculante – tenemos responsabilidades excluyentes entre sí y responsabilidades independientes y acumulables (inaplicabilidad del *non bis in idem*)" (Roberto Dromi, *Derecho Administrativo*, 9ª ed., Buenos Aires, Ciudad Argentina, 2001, p. 951).

17. "A regra de que 'o procedimento disciplinar é independente do procedimento criminal, no que respeita à aplicação das penas', está formulada em todos os textos (Cód. Adm., art. 569º, parágrafo único, E.D., art. 14º, parágrafo único, E.F.U., art. 353º). A independência dos dois procedimentos conduz, pois, à independência na aplicação das penas, não constituindo violação da regra *non bis in idem* a punição do mesmo facto nas duas jurisdições" (Marcello Caetano, *Manual de Direito Administrativo*, 10ª ed., 6ª reimpr., revista e atualizada pelo professor Dr. Diogo Freitas do Amaral, t. II, Coimbra, Livraria Almedina, 1999, p. 804).

18. Fernando da Costa Tourinho Filho, ao abordar "Da ação civil *ex delicto*" indaga: "Ora, se a ação penal é independente da civil, se a responsabilidade penal é independente da responsabilidade civil, por que essa influência da jurisdição penal? Isso demonstra que o sistema adotado pelo Direito pátrio não é o da absoluta separação, mas o da independência relativa". Mais adiante afirma: "A manifesta influência da ação penal sobre a civil, nos termos do art. 63 do CPP, demonstra e revela um sistema de dependência" (*Processo Penal*, 32ª ed., vol. 2, São Paulo, Saraiva, 2010, pp. 51-58).

19. Além da responsabilidade civil, ensina Tito Prates da Fonseca, "que poderíamos denominar externa, existe a responsabilidade interna,

nos moldes da legislação civil (arts. 186 e 927 do CC).

No campo civil responde, ainda, o agente público por conduta antijurídica comissiva ou omissiva, dolosa (não admitimos a modalidade culposa),[20] tipificada como ato de improbidade administrativa, prevista nos arts. 14, § 9º, 15, V, e 37, § 4º, da CF de 1988 e regulamentada pela Lei 8.429/1992, com penas severas, que vão da perda do cargo, emprego ou função, suspensão dos direitos políticos, reparação de danos e multas, dentre outras, que veremos adiante. Responsabilidade que é processada e julgada pelo Poder Judiciário.

O agente público, que, para os efeitos penais, é definido como "funcionário" pelo art. 327 do CP, é responsável também penalmente quando pratica, nesta qualidade, crime ou contravenção penal, por conduta comissiva ou omissiva antijurídica, culposa ou dolosa, tipificada como ilícito criminal, cuja responsabilidade também é processada e julgada pelo Poder Judiciário.

Os agentes políticos detentores de mandato eletivo são responsabilizados por crimes de responsabilidade perante o Poder Legislativo, que conhece, processa e julga ilícitos políticos, apenados com a cassação do mandato eletivo, largamente conhecida como *impeachment* (arts. 52, I e II, 55, I e II, e §§ 1º e 2º, 85 e 86 da CF, regulamentado pela Lei 1.079/1950, e para prefeitos, vice-prefeitos e vereadores regido pelo Decreto-lei 201/1967).

Exceto a ação cível de cobrança ou de indenização, que, no caso de procedência, se esgota com o pagamento, transação ou outra maneira que o valha, e nos casos de ilícito administrativo puro, sem reflexos externos.[21] Todos os demais processos –

isto é, pelos danos causados à Administração por atos do funcionário, sem que terceiros sofram lesão direta" (*Direito Administrativo*, Rio de Janeiro, Freitas Bastos, 1939, p. 305).

20. Márcio Cammarosano, a partir do exame da Lei de Improbidade, afirma que "ela, na sua letra, vai longe demais, prescrevendo constituir também ato de improbidade administrativa qualquer ação ou omissão, mesmo culposa, que enseja perda patrimonial de entidades referidas no seu art. 1º (art. 10), exigindo mesmo do intérprete e aplicador muita prudência para que não considere também, em face do disposto no art. 11, *caput*, ato de improbidade qualquer comportamento ou ato ofensivo à lei decorrente de mero erro de fato ou de direito. Para nós só se pode falar em improbidade em face de imoralidade especialmente qualificada pelo atuar de forma desonesta, corrupta, dolosamente, portanto" (*O Princípio Constitucional da Moralidade e o Exercício da Função Administrativa*, 1ª ed., Belo Horizonte, Fórum, 2006, p. 110). O Mestre, em texto mais recente, volta a sustentar: "Nada indica, no sistema constitucional, no contexto da Lei Maior e da razão de ser dos dispositivos constitucionais que o utilizam, que a denotação do conceito improbidade possa alcançar senão comportamentos eivados de desvios ético-jurídicos, inconfundíveis com ofensa à ordem jurídica decorrente de erro, de inadvertência, de inabilidade, e, destarte, não eivados de dolo, fraude ou má-fé. Quando muito poder-se-ia admitir, com relação ao elemento subjetivo, para configuração de improbidade, a grave incúria, tangenciadora, assim, do dolo eventual. (...) está irremediavelmente eivada de inconstitucionalidade a previsão legal de improbidade administrativa na modalidade culposa, como consta do art. 10, *caput*, da Lei 8.429, de 2.6.1992" (Márcio Cammarosano, "Moralidade administrativa", in Adilson Abreu Dallari, Ives Gandra da Silva Martins e Carlos Valder do Nascimento (coords.), *Tratado de Direito Administrativo*, São Paulo, Saraiva, 2013, pp. 273-274).

21. O ilícito administrativo puro dá-se, segundo Edmir Netto de Araújo, escorado em José Cretella Jr., "quando inexiste a tipificação penal para o comportamento do agente, geralmente porque o bem jurídico não possui relevância suficiente para o gravame criminal (...) pode apresentar-se como infração de dispositivo estatutário tão só, configurando o ilícito administrativo puro

administrativo, de improbidade e criminal – concluídos pela condenação, como regra geral, em situações graves, acarretam também a inelegibilidade[22] do(s) acusado(s), segundo a Lei Complementar 64/1990, suspendendo os direitos políticos passivos – de ser candidatos a cargos eletivos – por determinado período, fixado por esta lei.

A autonomia e a independência das responsabilidades administrativa, civil e criminal podem ser extraídas da CF, nos arts. 5º, XLV, 15, III e V, 37, §§ 4º e 6º, 41, § 1º, I e II, 52, I e II, 55, I e II, e §§ 1º e 2º, 85 e 86. Na legislação infraconstitucional, no art. 935 do CC, arts. 63 e 68 e 312 a 327 do CP, arts. 89 a 108 da Lei 8.666/1993, na Lei 4.898/1965, arts. 63 a 67, 92 a 94 e 513 a 518 do CPP, arts. 110 e 475-N, II, do CPC, art. 12 da Lei de Improbidade Administrativa, art. 125 da Lei 8.112/1990 e na Lei Complementar 64/1990, com alteração da Lei Complementar 135/2008, que cuidam também dos casos de comunicação de efeitos entre as instâncias. A jurisprudência é pacífica no reconhecimento da independência.[23]

3. Das sanções

Sanção[24] é a consequência jurídica (norma secundária[25]) aplicada pela au-

ou propriamente dito, que nasce e se exaure na esfera do direito administrativo". Exemplifica: "a assiduidade, a pontualidade, o zelo às coisas públicas, a submissão a inspeção médica, a presteza e eficiência nos trabalhos de que for incumbido o agente, a denúncia de irregularidades, a decência nos trajes e uniformes, o conhecimento da legislação, o tratamento, na repartição, apenas de assuntos de serviço e o procedimento regular, dentro e fora do serviço" (Edmir Netto de Araújo, *O Ilícito Administrativo e seu Processo*, São Paulo, Ed. RT, 1994, pp. 54-57).

22. José Jairo Gomes denomina "inelegibilidade ou ilegibilidade o impedimento ao exercício da cidadania passiva, de maneira que o cidadão fica impossibilitado de ser escolhido para ocupar cargo político-eletivo. Em outros termos, trata-se de fator negativo cuja presença obstrui ou subtrai a capacidade eleitoral passiva do nacional, tornando -o inapto para receber votos e, pois, exercer mandato representativo. Tal impedimento é provocado pela ocorrência de determinados fatos previstos na Constituição ou em lei complementar. Sua incidência embaraça a elegibilidade, esta entendida como o direito subjetivo público de disputar cargo eletivo. Para Niess **[1994:5]**, a 'inelegibilidade consiste no obstáculo posto pela Constituição ou por lei complementar ao exercício da cidadania passiva por certas pessoas, em razão de sua condição ou em face de certas circunstâncias. É a negação do direito de ser representante do povo no Poder'. Esclarece o autor tratar-se de barreira intransponível, que desautoriza o exercício regular de mandato político, porquanto o inelegível não goza do direito de ser votado, embora possa votar" (José Jairo Gomes, *Direito Eleitoral*, 8ª ed., São Paulo, Atlas, 2012, p. 151).

23. Por todos, v. Emerson Garcia e Rogério Pacheco Alves, que colacionam inúmeros julgados sobre a "independência das instâncias penal e administrativa", no item 1.065, in *Improbidade Administrativa*, 2ª ed., Rio de Janeiro, Lumen Juris, 2004, pp. 522-523.

24. Goffredo Telles Jr. ensina que "o termo *sanção* não designa, apenas, sanções *jurídicas*. Sanções existem que não são sanções *jurídicas*, como logo veremos. A palavra *sanção* provém do verbo latino *sancire*, cujos tempos originais são os seguintes: *sancio*, *sancis*, *sancivi* (ou *sanxi*), *sanctum* (ou *sancitum*), *sancire*. (...). Atualmente, a palavra *sanção* tem dois sentidos fundamentais, ambos decorrentes dos sentidos originais das palavras latinas de que ela proveio. Primeiramente, a palavra *sanção* designa o *ato de sancionar*. (...). Neste sentido, *sanção* significa *aprovação formal* ou *confirmação solene* de uma decisão ou ordem. Etimologicamente, *sanção* significaria *consagração*. Hoje, em seu uso corrente, a palavra *sanção* significa *aprovação, aquiescência, ratificação, aceitação, apoiamento, conformação*. (...). Em seu segundo sentido, a palavra *sanção* designa os *gravames* e ônus, as *obrigações* e *penas* consequentes à violação da norma, e aos quais já nos

toridade competente ao agente que praticou ato ilícito[26] e que, por isso, sofre o gravame, previsto em lei, de perda de um bem ou direito; também vista como um mal imposto, uma resposta, um castigo, uma pena.[27] Tem diversas finalidades, tais como: função punitiva, reparar prejuízos causados, desestimular a prática de condutas ilícitas tanto pelo infrator, para que não reincida, como em "caráter exemplar", para toda a sociedade, e restaurar a ordem jurídica violada. Na Administração Pública objetiva também assegurar o bom andamento dos serviços, o patrimônio e a moralidade administrativa. Varia de acordo com a natureza da infração, daí as expressões: "sanção administrativa", "sanção penal", "sanção criminal", "san-

referimos. É evidente que o substantivo *sanção*, neste segundo sentido, provém, igualmente, do referido verbo latino *sancire*, que, além de significar *tornar inviolável*, também significa *punir*, *castigar*, *fixar pena* (para quem *viola* mandamento declarado *inviolável*). Etimologicamente, pois, a palavra *sanção* designa a *pena*, o *castigo*, o *constrangimento* ligado à violação de uma norma, e a que fica sujeito o infrator" (*Iniciação na Ciência do Direito*, 3ª ed., São Paulo, Saraiva, 2006, pp. 75-77).

25. Lourival Vilanova segue: "A teoria da estrutura dual da norma jurídica: consta de duas partes, que se denominam norma primária e norma secundária. Naquela, estatuem-se as relações deônticas direitos/deveres, como consequência da verificação de pressupostos, fixados na proposição descritiva de situações fáticas ou situações já juridicamente qualificadas; nesta, preceituam-se as consequências sancionadoras, no pressuposto do não cumprimento do estatuído na norma determinante da conduta juridicamente devida. Dizemos que há uma relação de ordem não simétrica, a norma sancionadora pressupõe, primeiramente, a norma definidora da conduta exigida. Também, cremos, com isso, não ser possível considerar a norma que não sanciona como supérflua. Sem ela, carece de sentido a norma sancionadora. O Direito-norma, em sua integridade constitutiva, compõem-se de duas partes. Denominemos, em sentido inverso do da teoria kelseniana, norma primária a que estatui direitos/deveres (sentido amplo) e norma secundária a que vem em consequência da inobservância da conduta devida, justamente para sancionar seu inadimplemento (impô-la coativamente ou dar-lhe conduta substitutiva reparadora). As denominações adjetivas 'primária' e 'secundária' não exprimem relações de ordem temporal ou causal, mas a de antecedente lógico para consequente lógico" (*As Estruturas Lógicas e o Sistema do Direito Positivo*, 3ª ed., São Paulo, Noeses, 2005, pp. 105-106).

26. Hans Kelsen diz: "A sanção é consequência do ilícito; o ilícito (ou delito) é um pressuposto da sanção" (*Teoria Pura do Direito*, 6ª ed., 4ª tir., trad. de João Baptista Machado, São Paulo, Martins Fontes, 2000, p. 43).

27. Paulo de Barros Carvalho, ao tratar da "Estrutura Lógica da Regra Sancionatória", ensina: "O traço característico do Direito é a coatividade, que é exercida, em último grau, pela execução forçada e pela restrição da liberdade. A ordem jurídica é o único sistema normativo que prevê, como consequência final do descumprimento de seus deveres, aquelas duas espécies de providências. Os seres humanos, exclusivos destinatários das regras jurídicas do Direito posto, encontram-se diante de diferentes caminhos no constante inter-relacionamento tecido pela vida em sociedade: ou cumprem os deveres estabelecidos nos dispositivos legais, ou não realizam essas condutas, incorrendo, por via de consequência, nas chamadas sanções. O ordenamento jurídico, como forma de tornar possível a coexistência do homem em comunidade, quer garantir, efetivamente, o cumprimento das suas normas, ainda que, para tanto, seja necessária a adoção de medidas punitivas que afetem a propriedade ou a própria liberdade das pessoas. Daí por que, ao criar uma prescrição jurídica, concomitantemente o legislador enlaça uma providência sancionatória ao não cumprimento do referido dever". Acerca da ambiguidade do termo "sanção", diz: "'Sanção' pode experimentar mutações semânticas que variam conforme o momento da sequência prescritiva (Direito posto) ou expositiva (Ciência do Direito). Tanto é 'sanção' a penalidade aplicada ao infrator quanto a relação jurídica que a veicula, tratando-se de norma individual e concreta. Também é 'sanção' o consequente da norma geral

ção política", "sanção tributária", "sanção comercial", "sanção trabalhista" etc.

As sanções são as mais diversas, decorrem das relações jurídicas travadas e têm variado ao longo da História, passando pelas penas físicas como morte, rápida ou com dor e sofrimento, esquartejamento, tortura,[28] privação da liberdade, interdição de diretos, patrimoniais etc. Francesco Carnelutti apresenta um rol delas, tais como: medidas coercitivas, expulsórias, de detenção, confisco de objetos perigosos, medidas de segurança, proibição de residência, proibição de frequentar, liberdade vigiada, medidas interditivas, privação do estado civil, privação do estado profissional, privação do estado familiar, medidas de penitência corporais, medidas de sofrimento físico, medidas de sofrimento espiritual, medidas de isolamento, pena de morte, reclusão perpétua ou temporária, medidas de humilhação, com privação do *status dignitatis* ou censura, medidas patrimoniais, de multa, emenda, conversão da pena patrimonial em penal corporal.[29] A doutrina apresenta exemplos[30] e classificações inúmeras.[31-32]

e abstrata, como a própria norma que tem como antecedente a tipificação do ilícito. E participa do mesmo nome, ainda, o ato jurídico-administrativo que encerra o processo de elaboração de certas leis. Sobremais, recebe o nome de sanção também a percentagem a ser aplicada na base de cálculo da multa" (Paulo de Barros Carvalho, *Direito Tributário – Linguagem e Método*, São Paulo, Noeses, 2008, pp. 755-756 e 758).

28. Michel Foucault noticia os horrores do histórico das penas em "A Ostentação dos Suplícios: "As penas físicas tinham, portanto, uma parte considerável. Os costumes, a natureza dos crimes, o *status* dos condenados, as faziam variar ainda mais. A pena de morte natural compreende todos os tipos de morte: uns podem ser condenados à forca, outros a ter a mão ou a língua cortada ou furada e ser enforcados em seguida; outros, por crimes mais graves, a ser arrebentados vivos e expirar na roda depois de ter os membros arrebentados; outros a ser arrebentados até a morte natural, outros a ser estrangulados e em seguida arrebentados, outros a ser queimados vivos, outros a ser queimados depois de estrangulados; outros a ter a língua cortada ou furada, e em seguida queimados vivos; outros a ser puxados por quatro cavalos, outros a ter a cabeça cortada, outros enfim a ter a cabeça quebrada [e Soulatges, de passagem, acrescenta que há também penas leves, de que a Ordenação não fala]; satisfação à pessoa ofendida, admoestação, repreensão, prisão temporária, abstenção de um lugar, e enfim as penas pecuniárias – multas ou confiscação" (Michel Foucalt, *Vigiar e Punir – Nascimento da Prisão*, 34ª ed., trad. de Raquel Ramalhete, Petrópolis/RJ, Vozes, 2007, p. 30).

29. Francesco Carnelutti, *Lições sobre o Processo Penal*, 1ª ed., vol. I, trad. de Francisco José Galvão Bruno, Campinas, Bookseller, 2004.

30. Celso Antônio Bandeira de Mello apresenta as seguintes modalidades de sanções, de acordo com as relações de direito administrativo: "a) advertência; b) sanções pecuniárias – isto é, multas; c) interdição de local ou estabelecimento – como o fechamento de uma fábrica por poluir as águas; d) inabilitação temporária para certa atividade – como a suspensão do direito de licitar, ou da carteira de habilitação de motorista; e) extinção de relação jurídica entretida com o Poder Público – como as cassações de licença de funcionamento ou a decretação de caducidade de uma concessão de serviço público; f) apreensão ou destruição de bens – como, respectivamente, de equipamentos de pesca ou de caça utilizados fora das normas e de edificação construída em desobediência à legislação edilícia (...)" (*Curso de Direito Administrativo*, cit., 32ª ed., p. 872).

31. José Cretella Jr, em face do "direito administrativo, em geral" e da "nossa realidade, no mesmo setor" propõe classificação agrupando "as penas, conjugando-se o critério teleológico com a natureza daquelas sanções" em: "Penas disciplinares: corretivas – morais, pecuniárias, mistas, profissionais; expulsivas; revocatórias" (*Tratado de Direito Administrativo*, vol. VI, "Processo Administrativo", Rio de Janeiro/São Paulo, Forense, 1969, pp. 174-175).

32. Marcello Caetano classifica e define: "*Penas correctivas* são as que visam a estimular

A Constituição da República de 1988 determina que "nenhuma pena passará da pessoa do condenado", mas que "a obrigação de reparar o dano e a decretação do perdimento de bens" podem ser "estendidas aos sucessores", até o limite do valor do patrimônio transferido (art. 5º, XLV); e prevê as penas de: (i) privação ou restrição da liberdade; (ii) perda de bens; (iii) multa; (iv) prestação social alternativa; (vi) suspensão ou interdição de direitos (art. 5º, XLVI). Não admite as penas: de "morte, salvo em caso de guerra declarada, nos termos do art. 84, inciso XIX"; de caráter perpétuo; de trabalhos forçados; de banimento; e cruéis (art. 5º, XLVII).

O agente público que internamente causar dano ao próprio Estado tem o dever de ressarcir este; e, externamente, se, nessa qualidade de agente, der causa a prejuízos a outrem, por dolo ou culpa, fica obrigado a reparar o Estado em ação regressiva (art. 37, § 6º).[33] Os atos de improbidade administrativa acarretam: (i) a suspensão dos direitos políticos; (ii) a perda da função pública; (iii) a indisponibilidade dos bens; (iv) o ressarcimento ao Erário – todos "sem prejuízo da ação penal cabível" (art. 37, § 4º). A Constituição da República veda a cassação dos direitos políticos, mas sanciona com sua suspensão – o que significa por determinado período de tempo –, por improbidade administrativa e condenação criminal transitada em julgado (art. 15, III e V).

Na legislação infraconstitucional, o Estatuto do Servidor Público Federal – Lei 8.112/1990 –, no seu art. 127, prevê as penas disciplinares[34] de: advertência;

o agente a cumprir melhor os seus deveres ou a ter mais cuidado no cumprimento deles. *Penas expulsivas* são as que têm como efeito afastar do serviço o agente cuja presença se revelou inconveniente aos seus interesses, dignidade e prestígio. As *penas correctivas* classificam-se em morais, pecuniárias e profissionais. *a) Penas morais.* Atingem o funcionário no seu brio ou no seu amor próprio, consistindo num chamamento de atenção (*advertência ou admoestação*) ou numa censura (*repreensão*), feita por qualquer superior hierárquico independentemente de processo e sem dar lugar a recurso. Quer a advertência, quer a repreensão, admitem vários graus, podendo a última ser verbal ou escrita, conficendial ou pública. *b) Penas pecuniárias.* Consistem na privação de vencimentos imposta ao funcionário por certo número de dias ou na obrigação de pagamento de uma quantia fixa: *multa, perda de pensão* ou *de vencimento* correspondente a certo período, *pagamento das despesas da sindicância ou do processo. c) Penas profissionais.* São as que atingem o agente na sua carreira profissional ou situação funcional, modificando-a em seu prejuízo: a *transferência* de serviço ou de lugar, a *suspensão* de exercício e vencimentos por tempo determinado, sem abertura de vaga, a *inactividade* por tempo também determinado, mais largo que a suspensão, dando lugar à abertura de vaga, e o *regresso à categoria inferior*. Quanto às *penas expulsivas*, são a *aposentação compulsiva* e *demissão*" (*Manual de Direito Administrativo*, cit., 10ª ed., 6ª reimpr., t. II, pp. 820-821).

33. O direito de regresso do Estado, diz Érico Andrade, "em face do agente responsável pelo dano pode ser conceituado como o direito daquele de recobrar deste o valor que despendeu para indenizar terceiro dos prejuízos sofridos em razão de atuação dolosa ou culposa de agente estatal. Num primeiro momento, portanto, o Estado indeniza o particular, mas pode, depois, voltar-se – ou regressar – para obter do responsável direto – o agente – o que pagou" (*Responsabilidade Civil do Estado e do Direito de Regresso*, 1ª ed., São Paulo, Thomson IOB, 2005, pp. 57-58).

34. Eduardo García de Enterría e Tomás-Ramón Fernández oferecem a seguinte definição de sanções disciplinares: "São aquelas que são impostas às pessoas que estão em uma relação de sujeição pessoal especial com a Administração por infrações cometidas contra a disciplina interna pela que se rege dita relação. Da perspectiva inversa, podemos dizer que a potestade disciplinar é uma potestade de supremacia especial – com o quê ressalta a diferença qualitativa com a potestade punitiva penal, que é característica da supremacia

suspensão; demissão; cassação de aposentadoria ou disponibilidade; destituição de cargo em comissão; e destituição de função comissionada. Nos casos que menciona implica, ainda, a "indisponibilidade dos bens e o ressarcimento ao Erário, sem prejuízo da ação penal cabível" (art. 136), e a pena de demissão ou destituição, por razões indicadas, "incompatibiliza o ex-servidor para nova investidura em cargo público federal, pelo prazo de 5 (cinco) anos", de acordo com o disposto no art. 137, que, no seu parágrafo único, para casos mais graves, dispõe que o impedimento de retorno ao serviço público federal é perpétuo – o que se nos afigura inconstitucional (art. 5º, XVII, "b").[35]

As violações das relações contratuais firmadas com o Poder Público estão sujeitas às seguintes sanções administrativas: advertência; multa; suspensão temporária de participação em licitação e impedimento de contratar com a Administração; declaração de inidoneidade para licitar ou contratar com a Administração Pública (art. 87 da Lei 8.666/1993 e art. 7º da Lei 10.520/2002).

O ressarcimento de danos causados pelo agente, tanto ao Estado como a outrem, na qualidade de agente, em ação regressiva, é lugar-comum em todas as responsabilidades (arts. 186 e 927 do CC).[36]

A Lei 8.429/1992 regulamenta o disposto no art. 37, § 4º, da CF de 1988 e trata das hipóteses dos atos de improbidade administrativa que: importam enriquecimento ilícito (art. 9º), causam prejuízo ao Erário (art. 10) e atentam contra os princípios da Administração Pública (art. 11); no seu art. 12 instituiu as sanções: (i) "perda dos bens ou valores acrescidos ilicitamente ao patrimônio", (ii) ressarcimento integral do dano, "quando houver" (art. 5º), (iii) perda da função pública, (iv) suspensão dos direitos políticos, de até 10 anos, (v) pagamento de multa civil, (vi) proibição de contratar com o Poder Público ou (vii) receber benefícios ou incentivos fiscais ou creditícios, direta ou indiretamente, ainda que por intermédio de pessoa jurídica da qual seja sócio majoritário, até o prazo de 10 anos.

O CP, no seu art. 32, prevê as penas: (i) privativas de liberdade; (ii) restritivas de direito; e (iii) multa. São efeitos da condenação criminal (art. 91): (i) tornar certa a obrigação de indenizar o dano causado pelo crime; (ii) a perda em favor da União, ressalvado o direito do lesado ou de terceiro de boa-fé: dos instrumentos do crime; do produto do crime, de bem ou

geral. Este é o modelo mais puro do gênero das sanções de autoproteção administrativa" (*Curso de Direito Administrativo*, trad. de Arnaldo Setti, São Paulo, Ed. RT, 1991, p. 877).

35. Este o entendimento de Mauro Roberto Gomes de Mattos: "O parágrafo único do art. 137 é inconstitucional, por instituir uma pena de caráter perpétuo, ou seja, contrária ao estipulado no art. 5º, XLVII, 'b': 'XLVII – não haverá pena (...); b) de caráter perpétuo". A Constituição Federal veda a pena de caráter perpétuo, porque ela é limitada no tempo, com a finalidade de punir e reconduzir o infrator ao convívio social, em homenagem às garantias constitucionais, à liberdade e à dignidade humana". Colaciona aresto do STJ neste sentido: MS 1.119-DF (Mauro Roberto Gomes de Mattos, *Lei n. 8.112/1990 Interpretada e Comentada*, 1ª ed., Rio de Janeiro, América Jurídica, 2005, p.702).

36. Adilson Abreu Dallari registra seis maneiras de se proporcionar ao lesado a reparação dos danos: "1) responsabilidade exclusiva do agente; 2) responsabilidade principal do agente e subsidiária do Estado; 3) responsabilidade alternativa do agente e do Estado; 4) responsabilidade entre o Estado e o agente; 5) responsabilidade concorrente do Estado e do agente; 6) responsabilidade exclusiva do Estado" (*Regime Constitucional dos Servidores Públicos*, 2ª ed., São Paulo, Ed. RT, 1992, p. 131).

valor que constitua proveito da prática do fato criminoso (art. 92); (iii) a perda de cargo, função pública ou mandato eletivo;[37] (iv) a incapacidade para o exercício do pátrio poder, tutela ou curatela; (v) a inabilitação para dirigir veículo.

O Tribunal de Contas (arts. 70-74) no exercício de sua competência constitucional, além de emitir parecer opinativo de aprovação ou rejeição das contas, em procedimentos específicos, previstos na Lei Orgânica do TCU – Lei 8.443/1992 –, pode responsabilizar os agentes, condenando-os ao pagamento de danos, aplicação multa de até 100% do valor do dano e, ainda, decretar a inabilitação do agente público para ocupar cargo ou função de confiança pelo período de cinco a oito anos (arts. 56-60). No que é seguido pelos demais Tribunais de Contas da Federação.

A Lei de Inelegibilidade – Lei Complementar 64/1990 –, promulgada com esteio no art. 14, § 9º, da CF de 1988, com alteração da Lei Complementar 135/2008, sanciona com a suspensão dos direitos políticos passivos os agentes políticos condenados em processo de cassação de mandato eletivo; os condenados em processo criminal por crimes contra a Administração Pública e abuso de autoridade; com contas rejeitadas, por irregularidades insanáveis; condenados por improbidade administrativa; os demitidos do serviço público em decorrência de processo administrativo ou judicial, em regra, pelo período de oito anos (art. 1º, I, "b", "c" e "e", itens 1, 3 e 5, "g", "k", "l" e "o", da Lei Complementar 64/1990).

37. Isso: "a) quando aplicada pena privativa de liberdade por tempo igual ou superior a um ano, nos crimes praticados com abuso de poder ou violação de dever para com a Administração Pública; b) quando for aplicada pena privativa de liberdade por tempo superior a 4 (quatro) anos nos demais casos".

4. Princípio do **non bis in idem**

O princípio do *non bis in idem* é princípio geral do Direito, que se aplica a todos os ramos jurídicos,[38] tanto no sentido processual como no material, e veda, no exercício da mesma competência, a instauração de mais de um processo para apurar, processar e julgar o(s) mesmo(s) sujeito(s), pelo(s) mesmo(s) fato(s) e mesmo(s) fundamento(s) e a aplicação, mais de uma vez, da mesma sanção.[39-40-41-42-43]

38. Princípios gerais de Direito utilizados aqui na concepção de Miguel Reale, para quem "são enunciações normativas de valor genérico, que condicionam e orientam a compreensão do ordenamento jurídico, quer para a sua aplicação e integração, quer para a elaboração de novas normas. Cobrem, desse modo, tanto o campo da pesquisa pura do Direito quanto o de sua atualização prática" (*Lições Preliminares de Direito*, 21ª ed., São Paulo, Saraiva, 1994, p. 300).

39. Para Fábio Medina Osório: "A ideia básica do *non bis in idem* é que ninguém pode ser condenado duas ou mais vezes por um mesmo fato. Já definida essa norma como 'princípio geral de Direito', que, com base nos princípios da proporcionalidade e coisa julgada, proíbe a aplicação de dois ou mais procedimentos, seja em uma ou mais ordens sancionadoras, nos quais se dê uma identidade de sujeitos, fatos e fundamentos, e sempre que não existe uma relação de supremacia especial da Administração Pública" (*Direito Administrativo Sancionador*, São Paulo, Ed. RT, 2000, pp. 279-280).

40. Rafael Munhoz de Mello sustenta: "(...) o princípio do *non bis in idem* volta-se contra a cumulação de sanções. A ocorrência da conduta típica autoriza a imposição da sanção prevista no ordenamento jurídico, considerada pelo legislador como a única medida sancionadora adequada e proporcional ao atendimento da finalidade preventiva. Aplicar de modo cumulativo a sanção definida pelo legislador representa excesso evidentemente ofensivo ao princípio da proporcionalidade" (*Princípios Constitucionais de Direito Administrativo Sancionador – As Sanções Administrativas à Luz da Constituição*

Por força do princípio do *non bis in idem*, uma vez instaurado pelo Poder Público, no exercício da função administrativa, processo administrativo disciplinar contra determinado agente público para apurar fato em tese antijurídico, com fundamento determinado, notificado ou citado (conforme dispuser o estatuto do ente federado) o acusado, estando o processo em andamento, não pode ser iniciado novo processo pelo mesmo titular do poder disciplinar, nem mesmo sindicância, com identidade de sujeito, fato e fundamento. Duplicidade processual denominada litispendência, que impõe a extinção do segundo processo administrativo ou mesmo sindicância, ou qualquer outro procedimento de investigação que o valha. Concluído o processo administrativo disciplinar (PAD), pela absolvição ou pela condenação, opera-se a coisa julgada administrativa.[44] Ficam impedidas a instauração de novo processo e a aplicação

Federal de 1988, São Paulo, Malheiros Editores, 2007, p. 210).

41. Heraldo Garcia Vitta conceitua o princípio do *non bis in idem*: "O princípio significa, numa palavra, a impossibilidade de a pessoa ser responsabilizada mais de uma vez pela mesma conduta. Trata-se de princípio geral do Direito, como explica Oswaldo Aranha Bandeira de Mello, e decorre dos princípios da legalidade e da tipicidade" (*A Sanção no Direito Administrativo*, São Paulo, Malheiros Editores, 2003, p. 114).

42. Daniel Ferreira, ao abordar a questão, diz: "Outro princípio de induvidosa importância no regime jurídico-administrativo sancionador é o chamado *non bis in idem*, consoante o qual, num Estado Democrático de Direito, ninguém pode ser 'reiteradamente' sancionado por um mesmo ilícito. (...) é juridicamente inválida a imposição de qualquer outra sanção pela Administração Pública, mesmo que em sede revisional, tendo por pressuposto um mesmo ilícito" (*Sanções Administrativas*, São Paulo, Malheiros Editores, 2001, p. 133-135).

43. Para José Roberto Pimenta Oliveira: "Não é dado ao Estado exercer a mesma competência punitiva outorgada pela Constituição e disciplinada em lei, em razão dos mesmos fatos ou condutas, mais de uma vez. Não veda o princípio tratado da possibilidade de cumulação de sanções pela prática da mesma conduta ilícita. Proíbe-se, pois, é a utilização sucessiva da mesma competência punitiva contra o infrator, ou seja, a duplicidade na emissão de ato sancionatório em vista de uma mesma situação hipotética, ao nível de um sistema sancionatório. Uma vez regularmente apurada a conduta ilícita e deflagrado processo sancionatório com a produção da sanção estatal devida, esgota-se a competência punitiva nascida dos fatos, e qualquer outra sanção estatal imposta, a idêntico título jurídico, equivale a *bis in idem* inconstitucional. A vedação do *bis in idem*, por conseguinte, opera no nível de determinada esfera ou sistema sancionatório. O *bis in idem* viola a racionalidade normativa do Estado de Direito (art. 1º da CF)" (*Improbidade Administrativa e sua Autonomia Constitucional*, Belo Horizonte, Fórum, 2009, p. 230).

44. "O aforismo latino 'leis de *eadem se ne sit actio*', também expressado na fórmula *bis de eadem se agere non licet*, e que se manifesta na atualidade na frase *non bis in idem*, determina a proibição de promover um novo juízo de valor através de um segundo processo sobre a mesma matéria, pela mesma ou diferente ação. (...). Para que se opere o princípio *non bis in idem* é necessário haver a mesma identidade de sujeito, fatos e fundamentos. Não existe identidade de sujeito, fatos e fundamentos quando são distintos os bens jurídicos protegidos ou apreciados. Assim, imposta uma determinada sanção administrativa ou declarada a inocência do servidor público em um processo, fica encerrada a atuação da Administração Pública, em decorrência de que a mesma não poderá reabrir ou rediscutir o processo já apreciado, ou impor outra penalidade à pessoa do servidor público, pelo mesmo fato que já foi objeto de julgamento. Pois essa desordem punitiva representará a ruptura também dos princípios da proporcionalidade e legalidade" (Mauro Roberto Gomes de Mattos, *Tratado de Direito Administrativo Disciplinar*, 2ª ed., Rio de Janeiro, Forense, 2010, pp. 269 e 276).

de qualquer outra nova sanção.[45-46-47] Neste segundo caso, o STF emitiu a Súmula 19: "É inadmissível segunda punição de servidor público, baseada no mesmo processo em que se fundou a primeira"[48] – sistemática que incide inteiramente no processo de cassação de mandato eletivo (*impeachment*).

O mesmo se dá no processo penal. Uma vez ajuizada a ação penal perante o Poder Judiciário, notificado (art. 514 do CPP) ou citado (art. 396 do CPP) o acusado, em trâmite o feito criminal, não pode ser instaurado novo processo-crime, contra o(s) mesmo(s) sujeito(s), pelo(s) mesmo(s) fato(s), com idêntica acusação. O segundo processo configura litispendência (arts. 95, III, e 110 do CPP) e se impõe sua extinção, sem julgamento de mérito. Julgado o primeiro processo-crime, condenando ou absolvendo, faz coisa julgada, que impede novo processo, com identidades de parte(s), fato(s) e fundamento(s) (arts. 95, V, e 110 do CPP).[49-50]

45. José Cretella Jr. diz: "A regra jurídica 'não duas vezes pelo mesmo fato', em virtude da qual ninguém pode ser processado e punido duas vezes pela mesma infração, encontra plena aplicação em matéria penal e em matéria disciplinar, considerando-se ambos os campos como absolutamente distintos, isto é, o funcionário público que cometeu determinada falta ou crime não pode sofrer duas penas disciplinares e duas criminais, o que não significa que não possa sofrer, acumuladamente, uma pena disciplinar e outra pena criminal, respondendo também a dois processos distintos. (...). No direito administrativo do Brasil é princípio assente que não cabem duas penas disciplinares sucessivas pela mesma falta disciplinar, em que pese à omissão da lei nesse sentido" (*Tratado de Direito Administrativo*, cit., vol. VI, p. 184).

46. Antônio Carlos Alencar Carvalho, ao falar do princípio do *non bis in idem*, assevera: "Sob a ótica do direito administrativo disciplinar, esse princípio enuncia que o servidor público não pode ser apenado mais de uma vez, na instância administrativa, pelo mesmo fato, de sorte que descabido, por exemplo, impor-se penalidade de suspensão e multa simultânea ou cumuladamente pela mesma conduta infrativa, visto que, aplicada uma primeira sanção ao servidor faltoso, resta exaurido o poder disciplinar" (*Manual de Processo Administrativo Disciplinar e Sindicância: à Luz da Jurisprudência dos Tribunais e da Casuística da Administração Pública*, Brasília, Fortium, 2008, pp. 269-270).

47. Marcello Caetano adverte: "(...) já não pode punir-se mais de uma vez disciplinarmente o mesmo facto, muito embora a condenação anterior possa ser tida em conta na apreciação da conduta do agente ao puni-lo por nova infracção" (*Manual de Direito Administrativo*, cit., 10ª ed., 6ª reimpr., t. II, pp. 804-805).

48. Predomina sobranceiro, ensina José Armando da Costa, "como princípio inorgânico, no ordenamento jurídico de todas as Nações civilizadas do globo terráqueo, a regra de que ninguém poderá ser punido duas ou mais vezes com base no mesmo fato. Tal máxima principiológica projeta-se não somente na cidadela do direito penal em sentido estrito, como também na vastidão de todo o direito punitivo geral, em que se inclui, obviamente o direito disciplinar. (...). Repugna à consciência jurídica da Humanidade que uma pessoa, por um mesmo fato, possa ser responsabilizada mais de uma vez, civil, penal ou disciplinarmente" (*Teoria e Prática do Processo Administrativo Disciplinar*, 3ª ed., Brasília, Brasília Jurídica, 1999, p. 58).

49. Damásio Evangelista de Jesus, invocando julgados, apresenta os "**Requisitos da litispendência.** Decidiu o STF: 'Alegação de litispendência em processo penal. Para que ela se configure, é necessário que o mesmo autor, invocando o mesmo fato, formule o mesmo pedido contra o mesmo réu' (RCrim 1.245, *DJU* 30.3.1979, p. 2.410). V. STF, HC 77.909, *RTJ* 169/585, e TACrimSP, *RJDTACrimSP* 27/229". E "**(...) da coisa julgada.** Para se acolher a exceção de coisa julgada é preciso que a mesma coisa (*eadem res*) seja novamente pedida pelo mesmo autor contra o mesmo réu (*eadem personae*) e sob o mesmo fundamento de fato (*eadem causa petendi*) (*RT* 519/399; STJ, REsp 95.524, *DJU* 16.6.1997). O fato de a nova ação idêntica ser proposta com diversa tipificação dos fatos não impede

Cabível apenas revisão criminal, em favor do condenado, mas mediante pressupostos específicos.

No processo civil o sistema é igual: constituída a relação processual, o princípio do *non bis in idem* impede a duplicidade de processo e de decisão. O Código de Processo Civil dispõe que se verifica "a litispendência, ou a coisa julgada, quando se reproduz ação anteriormente ajuizada" e que uma "ação é idêntica à outra quando têm as mesmas partes, a mesma causa de pedir e o mesmo pedido", e que há "litispendência, quando se repete ação, que está em curso; há coisa julgada, quando se repete ação que já foi decidida por sentença, de que não caiba recurso". E mais adiante denomina "coisa julgada material a eficácia, que torna imutável e indiscutível a sentença, não mais sujeita a recurso ordinário ou extraordinário". Ambas as situações vedam a duplicação de processo e de decisão e são causas de extinção de um segundo processo, sem resolução de mérito (arts. 267, V, 301, V, e VI, e §§ 1º, 2º e 3º, e 467 do CPC).[51]

o acolhimento da exceção. Nesse sentido: TJMS, *RT* 770/633" (*Código de Processo Penal Anotado*, 25ª ed., São Paulo, Saraiva, 2012, p. 154).

50. Luiz Régis Prado, ao tratar do princípio do *non bis in idem* no direito penal, demonstra sua presença no cenário internacional: "O Código Penal brasileiro faz referência indireta à matéria em exame quando versa sobre a pena cumprida no Estrangeiro (art. 8º do CP) e a detração (art. 4º do CP). No âmbito da legislação penal internacional há várias e importantes manifestações relativas ao postulado do *ne bis in idem*. Assim, por exemplo, a Convenção Americana sobre Direitos Humanos – Pacto de São José da Costa Rica, ratificado no Brasil pelo Decreto 678, de 1992: 'O acusado absolvido por sentença passada em julgado não poderá ser submetido a novo processo pelos mesmos fatos' (art. 8º, 4); o Pacto Internacional de Direitos Civis e Políticos preconiza que 'ninguém pode ser processado ou punido novamente por uma infração penal pela qual já tenha sido absolvido ou condenado definitivamente, de acordo com a lei e o procedimento penal de cada País' (art. 14, 7); e o Estatuto do Tribunal Penal Internacional estabelece, de forma expressa e minudente, que, 'salvo disposição em contrário do presente Estatuto, ninguém será julgado pelo tribunal por condutas constitutivas de crimes pelos quais já tenha sido condenado ou absolvido pelo próprio tribunal' (art. 20, 1); "nenhuma pessoa poderá ser julgada por outro tribunal por um crime mencionado no art. 5º relativamente ao qual já tenha sido condenada ou absolvida pelo tribunal" (art. 20, 2); 'o tribunal não poderá julgar uma pessoa que já tenha sido julgada por outro tribunal, por atos também punidos pelos arts. 6º, 7º ou 8º, a menos que o processo nesse outro tribunal: a) tenha tido por objetivo subtrair o acusado à sua responsabilidade criminal por crimes da competência do tribunal; ou b) não tenha sido conduzido de forma independente ou imparcial, em conformidade com as garantias de um processo equitativo reconhecidas pelo direito internacional, ou tenha sido conduzido de uma maneira que, no caso concreto, se revele incompatível com a intenção de submeter a pessoa à ação da Justiça' (art. 20, 3)" (Luiz Régis Prado, *Curso de Direito Penal Brasileiro*, 11ª ed., vol. 1, São Paulo, Ed. RT, 2011, pp. 186-187).

51. Pontes de Miranda dá notícia da antiguidade do princípio: "Salvo se não triunfa alguma preliminar contra a formação da relação jurídica processual, o procedimento leva à litispendência, com o estabelecimento da relação jurídica angular (autor, Estado; Estado, réu). Aquelas preliminares, digamo-lo em terminologia de hoje, eram em Direito romano, principalmente, a denegação da ação, a *confessio in iure* e o *iusiurandum in iure delatum*. Hoje, a confissão deslocou-se, só se apreciando pendente a lide, na fase da prova ou antes da sentença, e apenas nas citações para pagar ou sofrer a execução é que a relação jurídica pode ser atingida ao começar. Rigorosamente, já iniciada a lide, por ter-se dado a deslocação do momento inicial da formação da relação jurídica processual. A função do juiz não é mais a do juiz romano, a do pretor, tendo desaparecido o *edere iudicium* e o *accipere iudicium* do formalismo romano. A *litis contestatio*, e não a citação, cria-

Os limites impostos pelo princípio do *non bis in idem* são internos e externos. No âmbito interno, no exercício das mesmas competências – administrativa, civil e penal –, a vedação da duplicidade de processo e decisão é absoluta. No externo, há interferências e reflexos da decisão de uma em outra, sendo a mais forte, juridicamente, a decisão do processo criminal.

O Estado é uno, e uno o poder punitivo estatal, ainda que distribuído em competências diversas, não há divergência substancial entre as sanções administrativa, penal e civil. A independência das jurisdições, no dizer de Francisco Campos, "é um conceito de valor relativo ou se funda em critérios de caráter meramente técnico ou funcional". Todas elas "derivam da mesma fonte ou são modos diversos pelos quais se exerce o poder jurisdicional do Estado". Separação de jurisdições "não é mais do que a repetição por órgãos distintos" de poder estatal atribuído por "uma raiz comum ou centro comum, de onde se origina a autoridade das suas decisões". Separação de jurisdições não passa de "um processo técnico de diversificação ou de repartição de competências"; no fundo, todas elas "exercem a mesma função aplicada a objetivos diferentes". Resultando, assim, "a necessidade do reconhecimento recíproco por uma da atividade das outras, quando esta se mantém nos limites de sua competência, e adstritas a objeto específico da sua função". O caráter "unitário do poder jurisdicional do Estado", mesmo que dividido em competência material, será exercido "no sentido de atenuar os inevitáveis conflitos entre decisões tomadas, em oportunidades diversas, sobre o mesmo fato e em relação às mesmas pessoas", evitando, desse modo, "contradições de julgamento que concorreriam para enfraquecer a autoridade que lhes é comum", já que, "no fundo, e em última análise, o poder jurisdicional é um só e inevitável na sua substância".[52] Assim, a independência e a autonomia das responsabilidades civil, penal e administrativa são relativas.

Por um lado, a decisão criminal absolutória, com trânsito em julgado, com identidade de sujeito(s), fato(s) e fundamento(s), que reconheça a inexistência do fato (art. 386, I, do CPP) ou que o acusado não concorreu para a prática da infração, isto é, não é o seu autor (art. 386, IV, do CPP), produz efeitos em todas as demais esferas de competência e afasta a responsabilidade administrativa e civil – inclusive de improbidade administrativa – do agente acusado. Caso este tenha sofrido alguma sanção administrativa, no processo administrativo, sobrevindo o *decisum* penal, aquela deve ser extinta, e se demitido deve se reintegrado no cargo, emprego ou função. O mesmo vale para a área cível. O processo-crime, em tais casos, acaba por decidir por todos, com força *erga omnes*. Esta a regra geral do art. 935 do CC e do art. 126 da Lei 8.112/1990 e art. 66 do

va a relação jurídica processual, com a máxima *eadem re ne bis sit actio* ou *ne bis in idem*, com a eficácia consumptiva e a excludente, *ipso iure*, exceto nas obrigações reais e nas *in factum*, quando era preciso exercer-se a *exceptio rei in iudicium deductae*. Firme a sentença, por se ter dado a consumpção, *ipso iure*, ou por se não ter oposto a *exceptio rei iudicium deductae*, cabia a *exceptio rei iudicatae*, para impedir que se incoasse outro processo. A função das duas exceções deu a *exceptio rei iudicatae vel in iudicium deductae*" (Pontes de Miranda, *Comentários ao Código de Processo Civil – Arts. 282 a 443*, 3ª ed., revista e aumentada, atualização legislativa de Sérgio Bermudes, t. IV, Rio de Janeiro, Forense, 1996, pp. 132-133).

52. Francisco Campos, *Direito Administrativo*, vol. II, Rio de Janeiro, Freitas Bastos, 1958, pp. 361-362.

CPP. Eventual ilícito residual não afasta a punição do agente público, de acordo com a Súmula 18 do STF: "Pela falta residual, não compreendida na absolvição pelo juízo criminal, é admissível a punição administrativa do servidor público".

Em idêntica situação, a sentença penal absolutória com trânsito em julgado, nas hipóteses de causa excludente de ilicitude, que reconhecer ter sido o ato praticado em estado de necessidade, legítima defesa, estrito cumprimento do dever legal ou exercício regular de direito (art. 23 do CP) tem efeito parcial, porque afasta a responsabilidade do agente por dolo ou culpa, mas não do Estado, que responde por culpa objetiva. Sirva-se de exemplo do servidor motorista de ambulância que, em estado de necessidade, no transporte de pessoa acidentada ou doente, que precise de socorro médico imediato, venha a ultrapassar cruzamento com sinal fechado e em alta velocidade, dando causa a acidente de veículos. A decisão criminal absolutória, com fundamento em estado de necessidade (art. 386, VI, do CPP), exclui a responsabilidade administrativa e civil do agente (art. 65 do CPP; art. 188 do CC), mas não do Estado, que fica obrigado a reparar os danos causados a terceiros, porque responde por culpa objetiva e deu causa ao evento danoso (art. 37, § 6º, da CF).

Na tríplice igualdade, a sentença penal absolutória por insuficiência de provas do fato ou da autoria e/ou por não constituir o fato infração penal (art. 386, II, III, V e VI, do CPP) não afasta a responsabilidade administrativa e civil do agente (art. 935, primeira parte, do CC; arts. 64, 66 e 67 do CPP; e art. 12 da Lei de Improbidade Administrativa – LIA). Em casos tais, não há interferência alguma da decisão criminal nas demais áreas, que podem condenar administrativa e civilmente o agente, sem qualquer impedimento jurídico. Não obsta também, a eventual condenação no processo de *impeachment*.

Por outro lado, a sentença penal condenatória de crime funcional com trânsito em julgado com identidade de sujeito(s), fato(s) e fundamento(s) que condene o acusado nas penas de (i) reclusão e (ii) multa, (iii) torne certa a obrigação de indenizar o dano causado pelo crime, dependente ou não de liquidação no cível, (iv) a perda do produto do crime ou de qualquer bem ou valor em favor do Poder Público, (v) decrete a perda do cargo, emprego ou função pública ou, ainda, mandato eletivo e (vi) a suspensão dos direitos políticos (arts. 32, 91 e 92 do CP; arts. 63 e 387, IV, do CPP; art. 475-N, II, do CPC; art. 15, III, da CF; e art. 1º, I, "e", item 1, da Lei Complementar 64/1990), esgota, por completo, a responsabilidade administrativa, e deixa remanescente, para o processo civil, por improbidade, apenas e tão somente as sanções de proibição de contratar com o Poder Público e/ou dele receber benefícios ou incentivos fiscais ou creditícios. Somente aqui se aplica a ressalva final do disposto no § 4º do art. 37 da CF, de incidência das sanções dos atos de improbidade "sem prejuízo da ação penal cabível".[53]

53. Com alguma ressalva, é o entendimento de Fábio Medina Osório: "É possível que a precedência de uma condenação criminal em relação a uma condenação por improbidade na forma da Lei 8.429/1992 ou por infração administrativa (na forma da legislação aplicável à matéria) esvazie, desde logo, uma ou outra sanção, como ocorre com a perda da função pública. Nem por isso a condenação por improbidade ou ilícito administrativo será ineficaz, visto que há outras sanções passíveis de imposição. Ademais, nem sempre as condenações criminais produzem os desejados efeitos administrativos, diante de inércia dos juízes ou distorções axiológicas, *v.g.*, a reduzida pena prevista a determinados delitos, como ocorre com a prevaricação, ou a omissão

Exemplificando: o crime de peculato por apropriação (art. 312, *caput*, primeira parte, do CP)[54] prevê a pena de reclusão de 2 a 12 anos e multa e os efeitos dos arts. 91 e 92 do CP. Ilícito penal que também configura improbidade administrativa (art. 9º, XI, da LIA)[55] e hipótese legal de demissão, como pena administrativa (art. 132, I e IV, da Lei 8.112/1990). Conduta que impõe a instauração dos três processos distintos – criminal, civil por improbidade e administrativo. Proferida, ao final, sentença criminal condenatória, com trânsito em julgado, com aplicação da pena de prisão, multa pecuniária, fixando o dever de ressarcir o Estado ou restituir o bem, perda do cargo, emprego ou função ou mandato eletivo e suspensão dos direitos políticos, o princípio do *non bis in idem* veda que nos outros dois processos – civil e administrativo – sejam aplicadas as mesmas sanções.

A multa pecuniária penal do caso não se soma à multa do processo civil por improbidade, do art. 12 e incisos da Lei de Improbidade Administrativa. Não pode o Tribunal de Contas em procedimento da sua competência também aplicar multa em face da mesma conduta. Pode-se até a admitir a aplicação da multa de maior valor, mas não acumulação das mesmas, por força do princípio do *non bis in idem*. Não cabe o argumento de que as sanções são de natureza diversa, isto é, "multa penal", "multa por improbidade" e "multa administrativa".[56]

Aplicada a pena de demissão no processo administrativo disciplinar ou a perda de mandato eletivo no processo de *impeachment*, não há que se falar em perda do cargo, emprego ou função ou mandato eletivo no processo criminal e nem no processo de improbidade, e vice-versa.[57] Há perda do objeto nos demais processos quando aplicada esta sanção no primeiro que for julgado. O agente também não está obrigado a ressarcir o dano pelo mesmo fato nas áreas civil, penal e administrativa, ou seja, pagar três vezes por um único e idêntico prejuízo. As sanções de suspensão dos direitos políticos por condenação criminal, do art. 1º, I, "e", item 1, da Lei Complementar 64/1990, pelo período de oito anos, após o cumprimento da pena, não se somam com a suspensão dos mesmos direitos políticos decorrente de condenação por improbidade administrativa (art. 1º, I, "l", da Lei Complementar 64/1990) e de demissão do serviço públi-

em fixar determinados efeitos. Persiste válido e autônomo o caminho de combate à improbidade ou do ilícito administrativo pela via extrapenal e administrativa" (*Direito Administrativo Sancionador*, cit., p. 291).

54. Para prefeitos aplica-se o art. 1º, I, do Decreto-lei 201/1967.

55. Quanto à correlação entre as hipóteses de improbidade administrativa da Lei 8.429/1992 e os crimes funcionais, v.: Waldo Fazzio Jr., *Improbidade Administrativa: Doutrina, Legislação e Jurisprudência*, São Paulo, Atlas, 2012, pp. 191-199; Marino Pazzaglini Filho, *Lei de Improbidade Administrativa Comentada: Aspectos Constitucionais, Administrativos, Civis, Criminais, Processuais e de Responsabilidade Fiscal; Legislação e Jurisprudência*, 5ª ed., São Paulo, Atlas, 2011, pp. 154-161.

56. Em sentido contrário, defendendo a cumulação: Wallace Paiva Martins Jr., *Probidade Administrativa*, 4ª ed., São Paulo, Saraiva, 2009, pp. 390-391.

57. Marcelo Figueiredo assevera: "(...) o agente pode sofrer cominações nas três 'esferas': penal, civil e administrativa. Agora, também por improbidade. Assim, é claro que, se punido com a perda do cargo na esfera administrativa, e tal decisão já se tornou definitiva, não se cogitará de aplicá-la no processo judicial por improbidade" (*Probidade Administrativa: Comentários à Lei 8.429/1992 e Legislação Complementar*, 6ª ed., São Paulo, Malheiros Editores, 2009, p. 136).

co (art. 1º, I, "o", da Lei Complementar 64/1990).

Mesmo que para se chegar à sanção seja preciso percorrer diferentes caminhos, meios e instrumentos, e por regimes jurídicos diversos, não pode ser aplicada mais de uma vez a mesma sanção ao mesmo sujeito, sob o igual fundamento, por força do princípio do *non bis in idem*. Não há diferença ontológica entre as sanções aplicadas pelo Estado, que, como dito, é uno.

Não existe nada de substancialmente diverso, no dizer de Nelson Hungria, "entre ilícito administrativo e ilícito penal", razão pela qual "é de negar-se" que "haja uma pena administrativa essencialmente distinta da pena criminal"; há "uma fundamental identidade entre uma e outra, posto que pena seja", e, como tal, "o mal infligido por lei como consequência de um ilícito" e também "um meio de intimidação ou coação psicológica na prevenção contra o ilícito. São *species* do mesmo *genus*". Seria um esforço vão "procurar distinguir, como coisas essencialmente heterogêneas, *e.g.*, a multa administrativa e a multa do direito penal". Pode haver maior gravidade entre as penas, mas "não diversidade de fundo"; ambas não deixam de "ser penas, com o mesmo caráter de contragolpe do ilícito", a "única diferença" é "puramente quantitativa (de maior ou menor intensidade) e formal".[58]

As sanções penais e administrativas para Heraldo Garcia Vitta "são iguais, homogêneas, e eventuais divergências de *gravidade* não significam distinção de fundo, de substância. As sanções são, ontologicamente, iguais". Fala-se "sanção penal e sanção administrativa, que são tipos ou espécies delas", mas o critério adotado para distingui-las "é o da autoridade competente para impô-las, segundo o ordenamento jurídico (critério formal)".[59-60-61-62]

58. Nelson Hungria, "Ilícito administrativo e ilícito penal", *RDA – Seleção Histórica – Matéria Doutrinária Publicada em Números Antigos (de 1 a 150)*, Rio de Janeiro, Renovar, 1991, p. 17.

59. Heraldo Garcia Vitta, *A Sanção no Direito Administrativo*, cit., pp. 67-68.

60. Régis Fernandes de Oliveira, no mesmo sentido, afirma: "Não há diferença de conteúdo entre crime, contravenção e infração administrativa. Advém ela da lei, exclusivamente. Inexiste diferença de substância entre pena e sanção administrativa. Inexistindo diferença ontológica entre crime, contravenção e infração e entre pena e sanção, deve o jurista buscar, em dado formal, o critério diferenciador. Crime e contravenção são julgados por órgão jurisdicional, enquanto a infração, por órgão administrativo. A decisão jurisdicional tem eficácia própria de coisa julgada, enquanto a decisão administrativa tem caráter tão só de estabilidade, é presumidamente legal, imperativa, exigível e executória. Crime e contravenção são perquiríveis através da polícia judiciária e devem submeter-se a processo próprio previsto pela legislação processual; a infração é apurável por qualquer forma de direito, desde que prevista em lei, independendo de rigorismo formal, à maneira do processo civil ou penal" (*Infrações e Sanções Administrativas*, 2ª ed., São Paulo, Ed. RT, 2005, p. 52).

61. Francisco Campos assevera: "Não há distinção ontológica entre o ilícito a que é cominada uma pena criminal e o ilícito administrativo, sancionado mediante penalidade de caráter administrativo. (...). Em consequência, a pena criminal e a pena administrativa são especificações históricas do mesmo gênero, ou a sua diversificação, ao invés de devida a diferenças de natureza, se deve exclusivamente às variáveis contingências de caráter histórico, transformando-se algumas espécies de penalidades administrativas em penalidades estritamente criminais, ou, ao inverso, penalidades originariamente de caráter criminal degradando-se, sob o impacto de influências históricas, em penalidades de caráter meramente administrativo" (*Direito Administrativo*, cit., vol. II, p. 371).

62. "Inexiste distinção ontológica entre o ilícito penal, o civil, o administrativo, o tributário

Como não há diferença ontológica entre as penas, a concorrência no exercício das pretensões repressoras do Estado – adverte Paulo Roberto Coimbra Silva – "pode ensejar a indesejável e inadmissível cumulação de sanções, resultando em desproporcional e incoerente exasperação punitiva", a infringir o princípio do *non bis in idem*, em exemplos como: "a) uma única sanção, incidente sobre uma mesma conduta, sendo aplicada por diferentes órgãos ou instâncias punitivas;" e, ainda, quando: "b) duas sanções distintas, incidentes sobre um mesmo fato, com identidade subjetiva e fundamento mediato, aplicáveis por um mesmo órgão ou numa mesma instância repressiva;" por fim: "c) duas sanções distintas, incidentes sobre um mesmo fato, com identidade subjetiva e de fundamento mediato, sendo aplicadas por diferentes órgãos em instâncias distintas".[63]

Ressalte-se que o princípio do *non bis in idem* não veda o concurso formal e material de ilícitos, porque situações tais são diversas, e não idênticas.

5. *Da sanção justa*

Cabe ao Direito prevenir e reprimir condutas ilícitas, mas buscar a sanção justa. Algo sempre muito difícil, se não impossível de ser alcançado. Daí regras e princípios jurídicos que visam a racionalizar, sistematizar e equilibrar, para fazer justiça e "dar a cada um o que é seu", inclusive a pena que lhe cabe ser imposta. O condenado deve receber a pena justa. Não há uma formula matemática e exata para tanto, o que obriga a passar pela igualdade proporcional. O justo "é então a proporção", e o "injusto" – diz Aristóteles –, "enquanto acepção oposta, é o que viola o principio da proporção"; e a "justiça corretiva é o meio entre os extremos perda e ganho" e o "justo é pois qualquer coisa como o meio". A retaliação, para fazer alguém passar pelo sofrimento que infligiu a outrem, "não coincide com a justiça distributiva nem com a justiça corretiva", porque "a retaliação como retaliação está em desacordo com a justiça a respeito de muitas coisas". A "justiça é uma posição intermediária, porque é a maneira de ser constitutiva do meio"; a injustiça "corresponde aos dois limites extremos", é simultaneamente "excesso e defeito".[64]

Ante a indagação "mas que espécie e que grau de punição adopta a Justiça como princípio e medida?", Immanuel Kant afirma: "Não pode ser outro senão o da igualdade (na posição de fiel da balança da justiça), o não inclinar-se mais para um lado do que para o outro", pois "qualquer mal imerecido que causas a um outro no povo causa-lo a ti próprio".[65]

A intuição da oposição – fala Francesco Carnelutti – e "da *igualdade* entre o delito e a pena formula-se no conceito do *talião* (olho por olho, dente por dente) ou na figura, usada por Dante, do *contrapasso* (*de contrapatti*)". Inicialmente

etc. A distinção que existe é apenas de grau de valores tutelados, dependendo da maior ou menor repulsa à situação eleita como pressuposto de fato da aplicação da sanção, na opinião de alguns autores (critério material), ou funda-se em razões de mera política legislativa, como propõem outros (critério formal)" (Eduardo Rocha Dias, *Sanções Administrativas Aplicáveis a Licitantes e Contratados*, São Paulo, Dialética, 1997, p. 17).

63. Paulo Roberto Coimbra Silva, *Direito Tributário Sancionador*, São Paulo, Quartier Latin do Brasil, 2007, p. 375.

64. Aristóteles, Ética a *Nicômaco*, trad. do Grego de António de Castro Caeiro, São Paulo, Atlas, 2009, pp. 110-115.

65. Immanuel Kant, *A Metafísica dos Costumes*, trad. de José Lamego, Lisboa, Fundação Calouste Gulbenkian, 2005, p. 209.

"a proporcionalidade manifesta-se na *semelhança*", e, pois, "sob o aspecto *qualitativo*, no sentido de que se tende a submeter o réu a um mal *similar*", da "mesma qualidade do sofrido pela vítima". Com o passar do tempo, e "à medida que se manifesta a necessidade dos castigos de novos fatos", nota-se a "dificuldade e até impossibilidade da proporcionalidade qualitativa", deslocando-se o conceito "da qualidade para a *quantidade*; a pena é proporcional ao delito não porque faz o réu sofrer *como* a vítima sofreu, mas *quanto* a vítima sofreu". Este deslocamento oculta uma modificação profunda do conceito, "a pena deixa de ser uma *imitação* e passa a um *equivalente* do delito; a ideia de *equivalência* está contida na antiga fórmula da *proporção*". Não há uma "forma que a algébrica: d (delito) + p (pena) = 0", e somente "a proporcionalidade, isto é, a equivalência do delito à pena resolve-se e que a *pena seja idônea para anular, isto é, para reprimir o delito*". Conclui que "a atuação prática deste princípio implica a mais grave dificuldade do direito penal".[66] No que acrescentamos: para os demais ramos do Direito igualmente.

As penas devem ser proporcionais aos delitos, segundo Cesare Beccaria, pois "o interesse de todos não é somente que se cometam poucos crimes", mas também que "os delitos mais funestos à sociedade sejam os mais raros"; e, assim, os meios que a legislação emprega para impedir os crimes devem "ser mais fortes à medida que o delito é mais contrário ao bem público e pode tornar-se mais comum". Não se pode estabelecer um mesmo castigo – por exemplo, a pena de morte – "para quem mata um faisão e para quem mata um homem ou falsifica um escrito importante", pois "em breve não se fará mais nenhuma diferença entre esses delitos", e acarretaria a destruição "no coração do homem os sentimentos morais, obra de muitos séculos".[67]

A respeito da "pena justa", Arthur Kaufmann sustenta que "o principal fim da pena será a *prevenção especial* e, dentro desta, em primeira linha a ressocialização". Ao agente deve ser "atribuído 'o seu', aquilo de que precisa para que possa futuramente viver na comunidade jurídica, para que não reincida". O necessário "para a sua ressocialização pode ser precisamente uma renúncia à pena, ou pelo menos à sua execução". Mas o sentimento de "fidelidade ao direito das pessoas cumpridoras corromper-se-ia com a absolvição ou punição ligeira", e por isso devem, "para defesa da ordem jurídica", ser apenados. O "que recomenda aqui o 'equilíbrio'?", o qual demanda "a originária exigência de uma proporção: tanto entre virtude e recompensa como entre delito e pena". É "o que exige a justiça (...) de acordo com leis gerais fundadas *a priori*".[68]

A finalidade da sanção, no magistério de Celso Antônio Bandeira de Mello, não é "de causar uma aflição, um 'mal', objetivando castigar o sujeito, levá-lo à expiação pela nocividade de sua conduta". Pois "o Direito tem como finalidade unicamente a disciplina da vida social, a conveniente organização dela, para o bom convívio de todos e bom sucesso do todo social, nisto se esgotando seu objeto". Assim, "não

66. Francesco Carnelutti, *Lições sobre o Processo Penal*, cit., 1ª ed., vol. 1, pp. 103-105.

67. Cesare Beccaria, *Dos Delitos e das Penas*, trad. de Paulo M. Oliveira, Rio de Janeiro, Ediouro, 1990, pp. 85-86.

68. Arthur Kaufmann, *Filosofia do Direito*, 2ª ed., "Prefácio" e trad. de António Ulisses Cortês, Lisboa, Fundação Calouste Gulbenkian, 2004, p. 239.

entram em pauta intentos de 'represália', de castigo, de purgação moral a quem agiu indevidamente". Mesmo nos casos de sanções pecuniárias (caso das multas) não se trata oportunidade "de captar proveitos econômicos para o Poder Público, questão radicalmente estranha à natureza das infrações e, consequentemente, das sanções administrativas".[69]

Finalizando, por todos, Tércio Sampaio Ferraz Jr., ao cuidar da "Justiça como retribuição: da razão e da emoção da construção do conceito de Justiça", reza: "Desde as mais antigas tradições, a simbologia da Justiça traz a balança como um de seus símbolos mais constantes. O equilíbrio dos pratos (*ison*) parece trazer à Justiça seu sentido nuclear. A balança, porém, não apenas *mostra* o equilíbrio, mas é também um instrumento apto, tecnicamente, para *alcançá-lo*. Ou seja, faz parte do sentido nuclear da Justiça o procedimento de sopesar os atos e as compensações, portanto, o processo de dar e receber. A balança traz para a Justiça o ritual da retribuição conforme o modelo horizontal. Implica, assim, a palavra, a discussão, a negociação. A importância da palavra na negociação das compensações, em vista da obtenção do equilíbrio, é ressaltada na representação romana da *Justitia*, cuja estátua apresenta a deusa sentada, segurando a balança com as duas mãos e de olhos vendados. Este último detalhe, se contrastado com as estátuas gregas, em que *Diké* tem os olhos abertos, mostra a importância do *ouvir* para o romano e, portanto, do exercício da palavra na discussão das retribuições. Por sua vez, o equilíbrio se alcança quando o fiel da balança está reto de cima a baixo (de *recto*, palavra que, no baixo Latim, substituía o termo *jus*, dando origem às palavras *direito, droit, diritto, right, Recht, derecho*)".[70]

Tendo como fim a "sanção justa", o Direito se cerca e se arma de normas tais como princípios e regras da igualdade, equidade, razoabilidade, proporcionalidade, vedação dos excessos, adequação, necessidade, legalidade, tipicidade, justa medida, individualização da pena, do *non bis in idem*, para o exercício da atividade punitiva estatal. Nestas pegadas é que não há que falar, nem mesmo em tese, de cumulação de sanções, e menos ainda da soma, entre si, das penas previstas no art. 12 da Lei de Improbidade Administrativa.

É preciso repensar a atividade punitiva do Estado Brasileiro, seus meios e instrumentos. Atualmente se gasta e se preocupa mais com fiscalização do que com a execução propriamente dita, no exercício da função administrativa. Crescem vertiginosamente as hipóteses normativas de crime e de improbidade, como se, assim, todos os males fossem solucionados. Erros banais, meras irregularidades corriqueiras são vistas como "atos de improbidade". As penas de multa são instituídas e aplicadas sem qualquer critério, com a agravante de estar passando a ideia de preço, e não de valor, em detrimento da imagem e da existência do próprio Poder Público.

Invertendo-se, assim, a lógica do sistema, tomando o acessório como principal e a parte pelo todo, em que os órgãos de controle determinam o quê e como devem agir os órgãos de execução. Basta aferir que um mesmo fato tido como antijurídico pode ser objeto de investigação pelo Ministério Público, por meio de inquérito civil, pela Polícia Civil, por meio de in-

69. Celso Antônio Bandeira de Mello, *Curso de Direito Administrativo*, cit., 32ª ed., p. 873.

70. Tércio Sampaio Ferraz Jr., *Estudos de Filosofia do Direito: Reflexões sobre o Poder, a Liberdade, a Justiça e o Direito*, 2ª ed., São Paulo, Atlas, 2003, p. 218.

quérito policial, registrado em Boletim de Ocorrência, pela Polícia Militar, investigado pelo Poder Legislativo, por meio de Comissão Parlamentar de Inquérito/CPI, pelo Tribunal de Contas e, ainda, pelo controle interno do próprio ente; todos sob o argumento de apurar um mesmo fato.

Além dos procedimentos de investigação, este mesmo fato pode ser objeto de ação civil pública, ação de improbidade administrativa, ação popular, ação penal, ações ordinárias comuns, mandado de segurança, perante o Poder Judiciário. Tomada de contas especial no Tribunal de Contas, processo de cassação de mandato eletivo no Parlamento e processo administrativo.

E – o que é pior – a atividade de fiscalização não raro é acompanhada de espetáculo, de um *show* de horrores, expondo os investigados à execração pública. Não é por outra razão que o processo, como meio racional criado pelo homem para dirimir conflitos, de garantia constitucional (art. 5º, XXXV, da CF), tem se transformado em instrumento de ameaça, para os agentes públicos, entre os quais reinam o medo e o terror de assinar qualquer documento, de ser acusado ou responsabilizado. Não podemos olvidar que mesmo aos presos, a quem foi aplicada a pena mais severa do sistema jurídico estatal, a Constituição da República assegura "o respeito à integridade física e moral" (art. 5º, XLIX).

6. Conclusões

A atividade punitiva estatal divide-se em três campos diversos, autônomos e independentes – administrativo, civil e criminal. O agente público e toda e qualquer pessoa física ou jurídica que se relacione com o Poder Público respondem pelos seus atos, nesta qualidade. Responsabilidade é inerente à República.

A independência e a autonomia das três áreas de responsabilidade são relativas e, em alguns casos, dependentes. O princípio do *non bis in idem* veda que no exercício de uma mesma competência seja instaurado mais de um processo contra o(s) mesmo(s) sujeito(s), pelo(s) mesmo(s) fato(s) e com o(s) mesmo(s) fundamento(s), e impede que, nestas circunstâncias, nos três processos, administrativo, civil e penal, seja(m) aplicada(s) a(s) mesma(s) sanção(ões), pelo(s) mesmo(s) fato(s), ao(s) mesmo(s) sujeito(s), com idêntico(s) fundamento(s). O princípio obsta à soma ou cumulação das mesmas sanções, ainda que proferidas por órgãos diversos, no exercício de competências diferentes, porque o Estado é uno.

O Estado, no exercício da atividade punitiva, em qualquer ramo jurídico, tem o dever de buscar a e aplicar a "sanção justa", para "dar a cada um o que é seu", inclusive a pena ao condenado.

Referências bibliográficas

ALVES, Rogério Pacheco, e GARCIA, Emerson. *Improbidade Administrativa*. 2ª ed. Rio de Janeiro, Lumen Juris, 2004.

ANDRADE, Érico. *Responsabilidade Civil do Estado e o Direito de Regresso*. São Paulo, Thomson IOB, 2005.

ARAÚJO. Edmir Netto de. *O Ilícito Administrativo e seu Processo*. São Paulo, Ed. RT, 1994.

ARISTÓTELES. Ética a *Nicômaco*. Trad. do Grego de António de Castro Caeiro. São Paulo, Atlas, 2009.

ATALIBA, Geraldo. *República e Constituição*. 3ª ed. São Paulo, Malheiros Editores, 2011.

BANDEIRA DE MELLO, Celso Antônio. *Curso de Direito Administrativo*. 32ª ed. São Paulo, Malheiros Editores, 2015.

————. *Regime dos Servidores da Administração Direta e Indireta*. 3ª ed. São Paulo, Malheiros Editores, 1995.

BANDEIRA DE MELLO, Oswaldo Aranha. *Princípios Gerais de Direito Administrativo*. 1ª ed., vol. II. Rio de Janeiro, Forense, 1969.

BECCARIA, Cesare. *Dos Delitos e das Penas*. Trad. de Paulo M. Oliveira. Rio de Janeiro, Ediouro, 1990.

CAETANO, Marcello. *Manual de Direito Administrativo*. 10ª ed., 6ª reimpr., revista e atualizada pelo professor Dr. Diogo Freitas do Amaral, t. II. Coimbra, Livraria Almedina, 1999.

CAMMAROSANO, Márcio. "Moralidade administrativa". In: DALLARI, Adilson Abreu, MARTINS, Ives Gandra da Silva, e NASCIMENTO, Carlos Valder do (coords.). *Tratado de Direito Administrativo*. São Paulo, Saraiva, 2013 (pp. 256-275).

————. *O Princípio Constitucional da Moralidade e o Exercício da Função Administrativa*. 1ª ed. Belo Horizonte, Fórum, 2006.

CAMPOS, Francisco. *Direito Administrativo*. vol. II. Rio de Janeiro, Freitas Bastos, 1958.

CARNELUTTI, Francesco. *Lições sobre o Processo Penal*. 1ª ed., vol. 1, trad. de Francisco José Galvão Bruno. Campinas, Bookseller, 2004.

CARVALHO, Antônio Carlos Alencar. *Manual de Processo Administrativo Disciplinar e Sindicância: à Luz da Jurisprudência dos Tribunais e da Casuística da Administração Pública*. Brasília, Fortium, 2008.

CARVALHO, Paulo de Barros. *Direito Tributário – Linguagem e Método*. São Paulo, Noeses, 2008.

CARVALHO FILHO, José dos Santos. *Manual de Direito Administrativo*. 25ª ed. São Paulo, Atlas, 2012.

CAVALCANTI, Themístocles Brandão. *Tratado de Direito Administrativo*. Rio de Janeiro, Freitas Bastos, 1942.

COSTA, José Armando da. *Teoria e Prática do Processo Administrativo Disciplinar*. 3ª ed. Brasília, Brasília Jurídica, 1999.

CRETELLA JR., José. *Tratado de Direito Administrativo*. vol. VI – "Processo Administrativo". Rio de Janeiro/São Paulo, Forense, 1969.

DALLARI, Adilson Abreu. *Regime Constitucional dos Servidores Públicos*. 2ª ed. São Paulo, Ed. RT, 1992.

————, MARTINS, Ives Gandra da Silva, e NASCIMENTO, Carlos Valder do (coords.). *Tratado de Direito Administrativo*. São Paulo, Saraiva, 2013.

DI PIETRO, Maria Sylvia Zanella. *Direito Administrativo*. 25ª ed. São Paulo, Atlas, 2012.

DIAS, Eduardo Rocha. *Sanções Administrativas Aplicáveis a Licitantes e Contratados*. São Paulo, Dialética, 1997.

DROMI, Roberto. *Derecho Administrativo*. 9ª ed. Buenos Aires, Ciudad Argentina, 2001.

ENTERRÍA, Eduardo García de, e FERNÁNDEZ, Tomás-Ramón. *Curso de Direito Administrativo*. Trad. de Arnaldo Setti. São Paulo, Ed. RT, 1991.

FAZZIO JR., Waldo. *Improbidade Administrativa: Doutrina, Legislação e Jurisprudência*. São Paulo, Atlas, 2012.

FERNÁNDEZ, Tomás-Ramón, e ENTERRÍA, Eduardo García de. *Curso de Direito Administrativo*. Trad. de Arnaldo Setti. São Paulo, Ed. RT, 1991.

FERRAZ JR., Tércio Sampaio. *Estudos de Filosofia do Direito: Reflexões sobre o Poder, a Liberdade, a Justiça e o Direito*. 2ª ed. São Paulo, Atlas, 2003.

FERREIRA, Daniel. *Sanções Administrativas*. São Paulo, Malheiros Editores, 2001.

FIGUEIREDO, Marcelo. *Probidade Administrativa: Comentários à Lei 8.429/1992 e Legislação Complementar*. 6ª ed. São Paulo, Malheiros Editores, 2009.

FONSECA, Tito Prates da. *Direito Administrativo*. Rio de Janeiro, Freitas Bastos, 1939.

FOUCAULT, Michel. *Vigiar e Punir – Nascimento da Prisão*. 34ª ed., trad. de Raquel Ramalhete. Petrópolis/RJ, Vozes, 2007.

GARCIA, Emerson, e ALVES, Rogério Pacheco. *Improbidade Administrativa*. 2ª ed. Rio de Janeiro, Lumen Juris, 2004.

GASPARINI, Diógenes. *Direito Administrativo*. 14ª ed. São Paulo, Saraiva, 2009.

GOMES, José Jairo. *Direito Eleitoral*. 8ª ed. São Paulo, Atlas, 2012.

HUNGRIA, Nelson. "Ilícito administrativo e ilícito penal". *RDA – Seleção Histórica – Matéria Doutrinária Publicada em Números Antigos (de 1 a 150)*. Rio de Janeiro, Renovar, 1991.

JESUS, Damásio Evangelista de. *Código de Processo Penal Anotado*. 25ª ed. São Paulo, Saraiva, 2012.

JÈZE, GASTON. *Principios Generales del Derecho Administrativo*. vol. III. Buenos Aires, Depalma, 1949.

JUSTEN FILHO, Marçal. *Curso de Direito Administrativo*. 8ª ed. Belo Horizonte, Fórum, 2012.

KANT, Immanuel. *A Metafísica dos Costumes*. Trad. de José Lamego. Lisboa, Fundação Calouste Gulbenkian, 2005.

KAUFMANN, Arthur. *Filosofia do Direito*. 2ª ed., "Prefácio" e trad. de António Ulisses Cortês. Lisboa, Fundação Calouste Gulbenkian, 2004.

KELSEN, Hans. *Teoria Pura do Direito*. 6ª ed., 4ª tir., trad. de João Baptista Machado. São Paulo, Martins Fontes, 2000.

MARTINS, Ives Gandra da Silva, DALLARI, Adilson Abreu, e NASCIMENTO, Carlos Valder do (coords.). *Tratado de Direito Administrativo*. São Paulo, Saraiva, 2013.

MARTINS JR., Wallace Paiva. *Probidade Administrativa*. 4ª ed. São Paulo, Saraiva, 2009.

MATTOS, Mauro Roberto Gomes de. *Lei n. 8.112/1990 Interpretada e Comentada*. 1ª ed. Rio de Janeiro, América Jurídica, 2005.

————. *Tratado de Direito Administrativo Disciplinar*. 2ª ed. Rio de Janeiro, Forense, 2010.

MEIRELLES, Hely Lopes. *Direito Administrativo Brasileiro*. 41ª ed. São Paulo, Malheiros Editores, 2015.

MELLO, Rafael Munhoz de. *Princípios Constitucionais de Direito Administrativo Sancionador – As Sanções Administrativas à Luz da Constituição Federal de 1988*. São Paulo, Malheiros Editores, 2007.

MOREIRA NETO, Diogo de Figueiredo. *Curso de Direito Administrativo*. 15ª ed. Rio de Janeiro, Forense, 2011.

NASCIMENTO, Carlos Valder do, DALLARI, Adilson Abreu, e MARTINS, Ives Gandra da Silva (coords.). *Tratado de Direito Administrativo*. São Paulo, Saraiva, 2013.

OLIVEIRA, José Roberto Pimenta. *Improbidade Administrativa e sua Autonomia Constitucional*. Belo Horizonte, Fórum, 2009.

OLIVEIRA, Régis Fernandes de. *Infrações e Sanções Administrativas*. 2ª ed. São Paulo, Ed. RT, 2005.

OSÓRIO, Fábio Medina. *Direito Administrativo Sancionador*. São Paulo, Ed. RT, 2000.

————. *Teoria da Improbidade Administrativa: Má Gestão, Corrupção, Ineficiência*. São Paulo, Ed. RT, 2007.

PAZZAGLINI FILHO, Marino. *Lei de Improbidade Administrativa Comentada: Aspectos Constitucionais, Administrativos, Civis, Criminais, Processuais e de Responsabilidade Fiscal; Legislação e Jurisprudência Atualizadas*. 5ª ed. São Paulo, Atlas, 2011.

PONTES DE MIRANDA. *Comentários ao Código de Processo Civil – Arts. 282 a 443*. 3ª ed., revista e aumentada, atualização legislativa de Sérgio Bermudes, t. IV. Rio de Janeiro, Forense, 1996.

PRADO, Luiz Régis. *Curso de Direito Penal Brasileiro*. 11ª ed., vol. 1. São Paulo, Ed. RT, 2011.

REALE, Miguel. *Lições Preliminares de Direito*. 21ª ed. São Paulo, Saraiva, 1994.

SILVA, Paulo Roberto Coimbra. *Direito Tributário Sancionador*. São Paulo, Quartier Latin do Brasil, 2007.

TELLES JR., Goffredo. *Iniciação na Ciência do Direito*. 3ª ed. São Paulo, Saraiva, 2006.

TOURINHO FILHO, Fernando da Costa. *Processo Penal*. 32ª ed., vol. 2. São Paulo, Saraiva, 2010.

VILANOVA, Lourival. *As Estruturas Lógicas e o Sistema do Direito Positivo*. 3ª ed. São Paulo, Noeses, 2005.

————. *Escritos Jurídicos e Filosóficos*. São Paulo, AxisMundi/IBET, 2003.

VITTA, Heraldo Garcia. *A Sanção no Direito Administrativo*. São Paulo, Malheiros Editores, 2003.

WALINE, Marcel. *Manuel Élémentaire de Droit Administratif*. 4ª ed. Paris, Librairie du Recueil Sirey, 1946.

ZANOBINI, Guido. *Corso di Diritto Amministrativo*. 4ª ed., vol. III. Milão, Dott. A. Giuffrè Editore, 1949.

ZOCKUN, Maurício. *Responsabilidade Patrimonial do Estado – Matriz Constitucional, a Responsabilidade do Estado por Atos Legislativos, a Obrigatoriedade da Prévia Indenização e a Responsabilidade Pessoal do Parlamentar*. São Paulo, Malheiros Editores, 2010.

DISTINÇÃO ENTRE "CONTROLE SOCIAL DO PODER" E "PARTICIPAÇÃO POPULAR"

CARLOS AYRES BRITTO

Professor da Universidade Federal de Sergipe.
Mestre em Direito pela Universidade Católica de São Paulo

1 – O controle social do poder, como forma de exercício dos direitos de liberdade e cidadania. 2 – O controle social como poder, como expressão de direito público subjetivo, e não como expressão de poder político. 3 – O poder político e sua essência normante. 4 – A participação popular, como expressão de poder político, e não como expressão de direito público subjetivo. 5 – A participação popular e o advento da democracia participativa.

1. O controle social do poder, como forma de exercício dos direitos de liberdade e cidadania

1.1 Nos dicionários da língua portuguesa, "controle" é verificação, investigação, fiscalização. Ato de penetrar na intimidade de algo ou de alguém, com *animus sindicandi*. Pois com esse mesmo sentido é que o vocábulo foi recepcionado pela Constituição Federal de 1988, que, ao dispor sobre o controle externo e o controle interno da União, o fez debaixo de seção normativa que começa com o nome "fiscalização" ("Da Fiscalização Contábil, Financeira e Orçamentária", conforme se vê da Seção IX do Capítulo I do Título I). Um pouco antes, a Carta de Outubro já havia associado os termos "controle" e "fiscalização", enquanto atribuição do Congresso Nacional que tem por objeto os atos do Poder Executivo (inciso X do art. 49). Enfim, insistiu na preservação do sentido fiscalizatório da palavra, já agora a propósito das funções institucionais do Ministério Público, por ela, a Constituição, encarregado de exercer "o controle externo da atividade policial" (inciso XII do art. 129).

1.2 Essa fiscalização constitucional opera no interior da própria máquina estatal (já o vimos), como opera de fora dessa máquina para dentro dela (já o veremos). É uma fiscalização que recai sobre o poder, sobre o governo, para se saber até que ponto as autoridades públicas são cumpridoras dos seus deveres para com as pessoas humanas, as associações e a coletividade em geral.

1.3 Pois bem, a fiscalização que nasce de fora para dentro do Estado é, naturalmente, a exercida por particulares ou por instituições da sociedade civil. A ela é que se aplica a expressão "controle popular" ou "controle social do poder", para evidenciar o fato de que a população tem satisfações a tomar daqueles que formalmente se obrigam a velar por tudo que é de todos.

1.4 E por onde começa a Lei Maior o disciplinamento desse controle social do poder? Começa, no capítulo dos direitos e deveres individuais e coletivos (Capítulo I do Título II). Ora para habilitar o particular a saber das coisas do Estado com vistas à defesa de direito ou de interesse pessoal, ora para habilitar o particular a saber das coisas do Estado com vista à defesa de direito ou de interesse geral: ou seja, a Constituição tanto aparelha a pessoa privada de imiscuir-se nos negócios do Estado para dar satisfação aos reclamos que só repercutem no universo particular do sindicante, quanto aparelha a pessoa privada para imiscuir-se nos negócios do Estado para dar satisfações a reclamos que repercutem no universo social por inteiro.

1.5 Assim, quando o Código Supremo reza que todos têm direito "à obtenção de certidões em repartições públicas, para defesa de direitos e esclarecimento de situação de interesse pessoal" (alínea "b" do inciso XXXIV do art. 5º), ela está protegendo o particular enquanto particular; quer dizer, o indivíduo tomado como um universo em si mesmo, um mundo inteiro à parte, pelo fato exclusivo da humanidade que "mora" nesse indivíduo. Quando, porém, a Lei Fundamental prescreve que "qualquer cidadão é parte legítima para propor ação popular que vise a anular ato lesivo ao patrimônio público ou de entidade de que o Estado participe, à moralidade administrativa, ao meio ambiente e ao patrimônio histórico e cultural (...)" (inciso LXXIII do art. 5º), ela está protegendo o indivíduo enquanto membro da *polis*, habitante da *civitas*, sócio do Estado ou parte de um todo que o abarca e o supera, enfim, que é o cidadão.

1.6 Na primeira hipótese, a Constituição homenageia valores da individualidade, ou "bens de personalidade individual". Na segunda, valores da sociabilidade, ou "bens de personalidade social". Aqui, o controle do poder assume a forma de exercício dos direitos de cidadania. Ali, torna-se expressão dos direitos de liberdade.[1] Mas numa como noutra suposição,

1. A distinção que estamos a fazer, no interior do capítulo dos direitos e deveres individuais e coletivos, é simplesmente esta: chamamos de "direitos de liberdade" os direitos individuais e os coletivos oponíveis ao poder político, ou, em certa medida, *contra esse poder*, tendo por beneficiário o indivíduo ou, então, o grupo que exerce tais direitos; e chamamos de "direitos de cidadania" aqueles igualmente oponíveis ao poder político, ou, em certa medida, *contra esse poder*, mas tendo por beneficiário o conjunto da sociedade (e não a pessoa isolada que aciona tais direitos). Equivale a reconhecer, por conseguinte, que a cidadania está presente no capítulo em foco, e não apenas no subconjunto normativo que a Lei

a finalidade e os efeitos do controle têm as mesmas características centrais, como passamos a demonstrar.

2. O controle social como poder, como expressão de direito público subjetivo, e não como expressão de poder político

2.1 Ora, proclamar que o controle popular do poder é forma de exercício dos direitos de liberdade, ou de cidadania, é considerá-lo enquanto direito público subjetivo: isto é, um direito referido a um sujeito privado, expressamente adjetivado como indivíduo, cidadão, nacional, trabalhador, adolescente, criança (quem faz a adjetivação é a Constituição mesma), porém, com a particularidade de que o seu exercício opera às custas do Poder Público. É exprimir, direito subjetivo que tem por contraponto um específico dever estatal, uma ação ou omissão (conforme o caso) diretamente cobrável do Estado.

2.2 Assim entendidas as coisas, é de se perguntar: qual a finalidade do controle social do poder, enquanto direito público subjetivo? Esta: forçar o Estado a acatar a conduta do particular perante ele, Estado, porque o gozo do direito subjetivo implica a assunção de uma conduta privada que se quer respeitada pelo Poder Público. Por exemplo, se o direito consiste no recebimento de informações dos órgãos públicos (art. 5º, inciso XXXIII, da CF), o conteúdo desse direito é a obtenção dessas informações. Se ele é traduzível na apresentação de reclamações quanto à prestação dos serviços públicos, a apuração da veracidade de tais reclamações é o modo pelo qual se atua o comando constitucional respectivo (§ 3º do art. 37). Logo, o que se busca não é exatamente traçar uma conduta futura para o Estado, mas obrigar o Estado a submeter-se às consequências todas da conduta assumida pelo particular perante ele.

2.3 Com efeito, seja qual for a maneira pela qual o controle se manifeste (denúncia, representação, reclamação...), o objetivo do particular é simplesmente desfrutar de uma situação jurídica ativa *contra* o Poder Público. Ele não quer formar propriamente a vontade do Estado, mas impor ao Estado a vontade dele, particular, que é a de penetrar na intimidade das repartições púbicas para reconstituir fatos ou apurar responsabilidades.[2]

2.4 Do ângulo do Estado, então, os efeitos do controle social implicam uma posição de subalternidade ou *capitis deminutio*. Qualquer que seja a forma de uso do direito ao controle, o Estado é obrigado a "baixar a crista", passando a figurar numa relação jurídica concreta em que o direito subjetivo (alheio) passa a falar mais alto do que o poder político (próprio).

Fundamental designa por "Direitos Políticos". Aliás, os direitos de cidadania também circulam para além do próprio capítulo dos direitos e deveres individuais e coletivos, bastando lembrar a seguinte passagem do título aberto ao Poder Legislativo: "Qualquer cidadão (...) é parte legítima para, na forma da lei, denunciar irregularidades ou ilegalidades perante o Tribunal de Contas da União" (§ 2º do art. 74). Mais ainda, entendemos que cidadão é o indivíduo habilitado a atuar em prol de toda coletividade, seja ou não seja eleitor, como se dá na impugnação a mandato eletivo (§ 10 do art. 14) e no questionamento da legitimidade das contas dos Municípios (§ 3º do art. 31).

2. Essa penetração da parte privada na intimidade das repartições públicas se faz, todavia, por intermédio do próprio Estado, pela circunstância de que, "não existe liberdade que não seja garantida pelo Estado e, ao inverso, só um Estado controlado por cidadãos livres pode oferecer-lhes alguma dose razoável de segurança" (Karl Popper, em *The Open Society and its Enemies*, 5ª ed., Revista Londres, 1966, pp. 50-51).

2.5 Não se pense, porém que o poder político (que é um poder de mando, e, portanto, normante) sai das mãos do Estado e vai para as mãos do sujeito privado. Não! Para que o particular passe a deter o poder governativo, ele há de estar habilitado a produzir normas jurídicas que exprimam aquela "vontade geral" a que se referia Rousseau, e não é bem isso o que acontece. Em realidade, a regra condutora do direito subjetivo ao controle preexiste à manifestação da vontade individual e não aporta consigo uma autorização para o seu titular agir enquanto editor normativo. A regra já está na Constituição, como na Constituição já estão as normas a serem observadas pelo Poder Público, em função da provocação controladora que lhe faz o particular.

2.6 Realmente, ao exercitar a faculdade do controle, a pessoa privada apenas peticiona ao Poder Público, encaminhando-lhe uma representação, uma reclamação, uma requisição de certidão, uma denúncia, enfim, como nesta hipótese: "Qualquer cidadão, partido político, associação ou sindicato é parte legítima para, na forma da lei, denunciar irregularidades ou ilegalidades perante o Tribunal de Contas da União" (§ 2º do art. 74, há pouco transcrito em nota de rodapé). Mas sem expedir normas consubstanciadoras de comando impositivos, à falta, justamente, da posse do poder político. Um poder, que se expressa pela edição de "um Direito Comum a todas as sociedades primárias englobadas na sociedade política", segundo o magistério do publicista Marcelo Caetano, no seu *Direito Constitucional* (vol. I, Forense, p. 20).

2.7 Para concluirmos este segmento temático, seja-nos permitido aduzir que o direito ao controle social do poder é tão direito público subjetivo quando a liberdade de locomoção, o respeito à integridade física e moral do preso, a inviolabilidade domiciliar e tantos outros modelos constitucionais de direito público subjetivo, com a particularidade de pertencer ao rol dos *direitos políticos*; quer dizer, direitos que exigem uma atuação comissiva (não a simples inação) do Estado-autoridade. Mas tal interferência nos negócios políticos do Estado não altera o fato de que o gozo do direito subjetivo é tão-somente uma aplicação da Constituição, e não uma aplicação a que se segue a elaboração de uma nova regra jurídica estatal, com a participação obrigatória do setor privado. O controle é direito, e não poder, e fora do exercício do poder não há como o setor privado irrogar-se a prática de setores governamentais.

3. O poder político e sua essência normante

3.1 Os politicólogos todos dizem que o poder político é o poder de definir e gerir os interesses gerais. Na sobredita lição do publicista luso Marcelo Caetano, cuida-se de "autoridade da coletividade sobre cada um dos seus membros, traduzida pela imposição de um Direito Comum a que todos, quer queiram quer não, têm de se submeter" (ob. cit., p. 20). Donde o vínculo funcional "Poder Político/Essência Normante", com que batizamos o presente tópico de estudo.

3.2 Mas será que a nossa Constituição faz do poder político um poder governamental que se exprime na criação de um Direito Objetivo que a todos se aplica? A resposta é positiva, bastando observar: primeiro, que os órgão elementares do Estado são chamados de "Poderes"; segundo, que a cada um desses "Poderes" foi atribuída a competência de expedir atos realizadores das funções legislativa, executiva e judicante do Estado, chamados, conforme o caso, de "leis", "decretos" e "sentenças"; ou seja, leis, decretos e sentenças que são os modos próprios de formação da vontade jurídica do Estado e, portanto, do Direito Objetivo que sobre todos recai, imperativamente.

3.3 Isso assente, fácil é deduzir que o controle social do poder não é forma de exercício do poder político. O agente privado a que assiste qualquer das vias de controle do Poder Público não se assume enquanto autoridade normante. Não produz uma regra nova de Direito, mas, simplesmente, aplica norma constitucional preexistente. Numa palavra, *não participa* do processo de elaboração jurídica, e, portanto, de participação popular não se cuida. Se, por acaso, da sua iniciativa controladora, vier a ser gestada uma regra de direito (até para desfazer uma outra insanavelmente viciada), a autoria do espécime jurídico novo será exclusivamente do Estado.

3.4 Participação popular, então, somente pode existir com a pessoa privada (individual ou associadamente) exercendo o poder de criar norma jurídica estatal, que é norma imputável à autoria e ao dever de acatamento de toda coletividade. É igual a dizer: com a pessoa privada influindo *constitutivamente* na formação da vontade normativa do Estado, que assim é que se desempenha o poder político.

3.5 Enfim, a parelha temática "poder político/essência normante" puxa outra, que é "participação popular/poder político", no sentido de que a participação do povo nos negócios do Estado só se dá pela via do exercício do poder governativo. Servem de amostra os institutos do plebiscito, do referendo e da iniciativa popular, que introduzem na produção do Direito do Estado um regime – digamos – de "economia mista".

4. A participação popular, como expressão de poder político, e não como expressão de direito público subjetivo

4.1 O primeiro sinal de que participação popular é exercício do poder político já está no artigo introdutório da Constituição, que rotula a pessoa política total do Brasil (que é a Federação) como constitutiva de um "Estado Democrático de Direito"; isto é, um Estado cujo Direito se forma por necessária via popular, "democrática", de logo explicitada como a que se realiza pelo povo, "diretamente", ou por seus "representantes eleitos" (Raymundo Faoro vê no parafraseado "Estado Democrático de Direito" a significação de um "estado social, baseado em liberdades positivas, não só as liberdades negativas do estado liberal de direito", que não briga com o sentido técnico agora defendido).

4.2 E que significa exercer "diretamente" o poder político? Significa o povo assumindo-se enquanto instância deliberativa, tanto quanto se assumem como instância deliberativa os "representantes eleitos" por esse mesmo povo. Por isso mesmo é que a Lei Maior fala do voto direto e secreto, e mais do plebiscito, do referendo e da iniciativa popular, como formas de exercício da "soberania"; quer dizer, poder político máximo. Não importando para a teoria jurídica o nome de "Direitos Políticos" com que a Constituição rotula o capítulo respeitante à matéria, pois o que revela, para o hermeneuta, é o regime jurídico de cada qual daqueles institutos (voto, plebiscito etc.).

4.3 Pois bem, outras modalidades há de ereção da sociedade civil a corpo deliberativo, em matéria de norma jurídica estatal, e a primeira delas é a que faz do simples cidadão um membro do Tribunal do Júri; ou seja, um particular que passa à condição de coeditor da norma concreta da sentença de condenação ou de absolvição do réu. É que a regra constitucional sobre a instituição do júri só é expressão de um direito público subjetivo, do ponto de vista do pronunciado; porque, para o cidadão transformado em juiz popular, ela materializa um genuíno poder político.

4.4 Já no campo da produção de atos administrativos, tudo começa com o seguinte versículo: "É assegurada a participação dos trabalhadores e empregados nos colegiados dos órgãos públicos em que seus interesses profissionais ou previdenciários sejam objeto de discussão e deliberação" (art. 10). Sendo importante observar, nesta passagem, algo que se vai repetir algumas vezes: a Constituição enlaça o vocábulo "participação" a um termo denotador de ingerência decisória da parte privada, como "deliberação", "gestão", "soberania", "diretrizes", "formulação das políticas e no controle",[3] de que servem de ancoradouro os artigos 7º (inciso XI), 14 (*caput*), 194 (inciso VII), 198 (*caput*), 204 (inciso II) e 206 (inciso VI).

4.5 Não é tudo, porque a prática direta de ações de governo também marca presença no campo da legislação, especificamente, como a sucede nos casos de plebiscito para o reordenamento do quadro numérico das pessoas federadas dos Estados e dos Municípios (§§ 3º e 4º do art. 18). E tanto neste passo como nos demais, a interferência dos particulares não é para saber das coisas passadas do Estado, não é para questionar atos oficiais já praticados, mas, isto sim, para formar um novo querer normativo de índole pública.

4.6 Por consequência, não há confundir a participação popular com o controle social, pois o fim de quem efetivamente participa não é atuar um comando constitucional que força o Estado a olhar para trás. A parte privada, o grupo, ou o conjunto da sociedade, nenhum deles pretende fazer da liberdade ou da cidadania um elemento de anulação do poder político, à base do "cessa tudo que a antiga musa canta, que outro valor mais alto se alevanta" (Camões). O objetivo colimado não é fazer "oposição" ao Governo – convenhamos –, mas "negociar" com ele a produção de uma nova regra jurídica pública. Aqui, uma emanação da soberania popular, e, destarte, poder. Ali, uma emanação da cidadania, ou da liberdade e, portanto, direito.

5. A participação popular e o advento da democracia participativa

5.1 A título de ilustração do nosso pensamento, trabalhemos com a norma constitucional do inciso I do art. 93, que assim verbaliza o seu comando: "ingresso na carreira, cujo cargo inicial será o de juiz substituto, através de concurso público de provas e títulos, *com a participação da Ordem dos Advogados do Brasil em todas as suas fases*, obedecendo-se, nas nomeações, a ordem de classificação" (sem o grifo).*

3. Aqui, no inc. II do art. 204, pela única vez, a CF atrelou a palavra "participação" ao vocábulo "controle". Mas o fez, no claro sentido de que, quem tem o poder de formular a política administrativa da repartição pública, tem também o de controlar a respectiva execução. Tal como se dá com o Congresso Nacional, que, por titularizar a função de procriar as leis, tem a competência de fiscalizar sua execução. A lei é o dado primário, e a fiscalização, o dado secundário.

* Nota da redação. A EC 45/2004 alterou o texto: "ingresso na carreira, cujo cargo inicial será o de juiz substituto, mediante concurso público de provas e títulos, com a participação da Ordem dos Advogados do Brasil em todas as suas fases,

Pois bem, na parte que nos interessa, que diz a Lei Maior em suas linhas e entrelinhas? Diz o seguinte: 1º) que uma instituição da sociedade civil, por ela nominada, tem o poder de participar de todas as fases de um procedimento oficial necessário à expedição de um ato de nomeação que realiza a função administrativa do Estado; 2º) que essa instituição da sociedade civil permanece um segmento da sociedade civil (não se transmudando em órgão da sociedade estatal), ao interferir constitutivamente no processo de elaboração do ato de nomeação de um juiz togado; 3º) que o comparecimento da mesmíssima instituição privada é obrigatório, indescartável, ficando a salvo de condescendência ou da "boa vontade" do Poder Público.[4]

5.2 São estas as características proeminentes da participação popular, que introduz na democracia representativa do Brasil um elemento da chamada democracia direta, ou "participativa". Tal como ocorre nas hipóteses do plebiscito, do referendo, da iniciativa popular, do júri e daquelas ordenações constitucionais em que setores privados têm sua presença assegurada nos colegiados dos órgãos e entidades da Administração Pública.

5.3 Numa palavra, a participação popular não quebra o monopólio estatal da produção do Direito, mas obriga o Estado a elaborar o seu Direito de forma emparceirada com os particulares (individual ou coletivamente). E é justamente esse modo emparceirado de trabalhar o fenômeno jurídico, no plano da sua criação, que se pode entender a locução "Estado Democrático" (figurante no preâmbulo da Carta de Outubro) como sinônimo perfeito de "Estado Participativo".

5.4 A democracia brasileira já não é exclusivamente representativa, diz o parágrafo único do art. 1º, resgatando o componente que faltava no célebre conceito lincolniano de que ela é o regime que realiza o governo do povo, *pelo* povo e para o povo (o regime exclusivamente representativo se traduz no governo do povo, mas sem o povo). Agora, como que se dá uma satisfação parcial a Jean-Jacques Rousseau, para quem "a soberania não pode ser representada".

5.5 Em suma, os novos institutos da democracia direta redimensionam o princípio constitucional da soberania popular, permitindo-nos falar de uma democracia participativa. Pena que tais institutos ainda sejam de reduzido número e com baixo teor de eficacidade, a patentear o abismo que se rasga entre as promessas de arejamento político da Carta em vigor e os efeitos práticos que ela pode deflagrar por si mesma. Não assim quanto ao regramento dispensado ao controle social do poder, anote-se, cujos mecanismos são mais numerosos e dotados de maior teor de operacionalidade. A liberdade e a cidadania à frente da soberania.

Aracaju, 1º de maio de 1992.

exigindo-se do bacharel em direito, no mínimo, três anos de atividade jurídica e obedecendo-se, nas nomeações, à ordem de classificação"

4. Embora tida por "autarquia especial" (logo, pessoa jurídica de direito público), a OAB é versada pela Constituição de 1988 enquanto instituição da sociedade civil, congregadora dos advogados privados. A instituição rigorosamente pública, estatal, congregadora dos advogados públicos, é a "Advocacia Geral da União", conforme inteligência do art. 131, *caput*, da Lei Fundamental.

DESPESA PÚBLICA – CONFLITO ENTRE PRINCÍPIOS E EFICÁCIA DAS REGRAS JURÍDICAS – O PRINCÍPIO DA SUJEIÇÃO DA ADMINISTRAÇÃO ÀS DECISÕES DO PODER JUDICIÁRIO E O PRINCÍPIO DA LEGALIDADE DA DESPESA PÚBLICA

Ero Roberto Grau

Professor Titular da Faculdade de Direito da Universidade de São Paulo

O ilustre Doutor Gilmar Ferreira Mendes encaminhou-me a seguinte consulta:

1. *O princípio da legalidade da despesa pública*, instituto basilar do Estado de Direito, impõe ao administrador do dinheiro público a obrigação de observar, ao gastá-lo, as autorizações e limitações constantes da Lei do Orçamento. Isto é, nada pode ser pago sem autorização orçamentária, nem além dos valores orçamentariamente limitados (CF, art. 167, II). A desobediência a qualquer dessas duas limitações (despender sem autorização ou além da autorização) constitui crime de responsabilidade (CF, art. 85, VI).

2. A Constituição de 1988 deu vulto à importância do orçamento como instrumento de governo, seja para o desenvolvimento econômico, seja para o social e político. Assim, estabeleceu um encadeamento a partir do plano plurianual de governo, do qual são anualmente escolhidas prioridades que, explicitadas na Lei de Diretrizes Orçamentárias, delimitam os Três Poderes (CF, art. 165).

3. Mas é a própria Constituição que estabelece, ou determina que a lei o faça, determinados contingenciamentos orçamentários. Assim, os limites das despesas com pessoal ativo e inativo devem ser estabelecidos em lei complementar e, enquanto não for esta editada, o limite é de 65% das receitas correntes (CF, art. 169 e ADCT, art. 38). É também a Constituição que proíbe a concessão de quaisquer aumentos, vantagens ou reestruturação de carreiras em benefício dos servidores, *sem prévia dotação orçamentária* (art. 169, parágrafo único, I) ou a criação, majoração ou extensão de benefício ou serviço da seguridade social *sem a correspondente fonte de custeio* (art. 195, § 5º).

4. Em síntese, a Constituição proíbe gastar ou criar gastos além da previsão orçamentária.

5. O mesmo princípio do precatório (CF, art. 100), forte no argumento de moralidade e impessoalidade da despesa pública, também atende ao preceito da previsão orçamentária, ou seja, a despesa nova, decorrente de condenação judicial, é pagável no exercício cujo orçamento a prevê e autoriza.

6. Entretanto, é igualmente princípio constitucional basilar do estado democrático o da obediência às decisões do Poder Judiciário. Não obstante, nem sempre é fácil conciliar a execução das decisões do Poder Judiciário com os comandos constitucionais atinentes à execução orçamentária.

7. Ocorre que, das decisões do Poder Judiciário, de natureza patrimonial, decorrem efeitos que retroagem à data em que o Judiciário reconheceu ou declarou constituído o fato ou ato gerador da obrigação (efeitos *ex tunc*) e efeitos que operam a partir da data do trânsito em julgado da decisão (efeitos *ex nunc*).

8. Quanto aos primeiros, retroativos, incide a norma do precatório, isto é, o pagamento das importâncias devidas anteriormente ao trânsito em julgado da sentença deve ser objeto de precatório. Já os devidos a partir da data da decisão trânsita são pagos desde então, porque correspondem ao direito reconhecido ou declarado pelo Poder Judiciário.

9. Todavia, mesmo que respeitada a sistemática do precatório e mesmo, ainda, que desconsideradas as hipóteses de medidas satisfativas, ainda assim, poderá a Administração defrontar o problema da exaustão orçamentária, que pode decorrer de duas circunstâncias: (a) a realização insuficiente da receita *prevista* e (b) a superação do valor da despesa *autorizada*.

10. É de se ver que nem sempre poderá o Administrador recorrer ao expediente da solicitação de créditos adicionais, que pressupõem a possibilidade do cancelamento de autorizações de despesa ou a realização de operações de crédito. Demais disso, as aberturas de créditos adicionais dependem de autorização Legislativa. Somente os casos extremos admitem o recurso à Medida Provisória (v. CF, art. 167, §§ 2º e 3º).

11. Também parece inquestionável que os preceitos do art. 167 da Constituição se aplicam tanto ao Orçamento Fiscal quanto ao Orçamento da Seguridade Social. Não pode haver suprimento do Orçamento da Seguridade, à conta do Orçamento Fiscal, se neles não houver, respectivamente, previsão da receita relativa ao suprimento e orçamentação da despesa relativa à transferência. Os orçamentos são constitucionalmente distintos (CF, art. 165, § 5º e 7º).

12. Outrossim, é de notar que *atualização dos valores* de remuneração ou de benefício, embora não constituam, realmente, *aumento de remuneração* (porque apenas ajustam o valor nominal ao valor real), constituem, fora de dúvida, *aumento de despesa*. E, do aspecto orçamentário, o que interessa, objetivamente, é o aumento da despesa. As rubricas orçamentárias são expressas em moeda corrente, sem indexação. O que a Constituição proíbe, expressamente, é a realização *de despesa* além do crédito orçamentário.

Consultas:

1. O art. 167, II, da Constituição proíbe a realização de despesas que excedam os créditos orçamentários ou adicionais. Já o art. 195, § 5º, estatui que nenhum benefício ou serviço da seguridade social poderá ser criado, *majorado* ou estendido sem a correspondente fonte de custeio total.

É fora de discussão que os preceitos do art. 167 da Carta aplicam-se à execução do Orçamento da Seguridade Social, que, com o Orçamento Fiscal e o Orçamento de Investimentos, compõem a lei orçamentária anual. Os orçamentos são distintos, mas o regramento constitucional é único.

Parece, assim, que o § 5º do art. 195 deve ser interpretado em consonância com o inciso II do art. 167, isto é, nenhum benefício ou serviço da seguridade social poderá ser criado, majorado ou estendido se não houver, *no Orçamento da Seguridade Social*, "crédito orçamentário", ou seja, autorização de despesa em valor compatível com o encargo criado, majorado, ou estendido.

Por outro lado, economicamente considerada, a atualização monetária de valores não constitui *aumento*, porque não há alteração, para mais, do poder aquisitivo. Tal constatação de natureza econômica reflete-se necessariamente na ordem jurídica, como é sabido.

a) 1º quesito – Sendo assim, quando o § 5º do art. 195 da CF diz que "nenhum benefício ou serviço da seguridade social poderá ser *majorado* (...)", há proibição para aumentos reais e nominais ou apenas para os aumentos reais?

b) 2º quesito – Como conciliar a possibilidade do *aumento nominal* do benefício, sem a possibilidade de elevar o valor nominal do crédito orçamentário?

Note-se que o "crédito orçamentário" (autorização de despesa) pode ser *aditado* mediante novo crédito, ou seja, nova autorização de despesa que deverá decorrer do cancelamento ou anulação de outro crédito ou basear-se em previsão ou constatação de aumento da receita prevista.

2. No caso de mandados de segurança coletivos e, notadamente, no de ações civis públicas, as eventuais sentenças condenatórias alcançarão um amplíssimo universo de beneficiários, elevando, imediatamente, a despesa a cifras que poderão exceder a "capacidade orçamentária", ou seja, a capacidade de realizar despesas de acordo com as previsões de receita, realizadas, e as autorizações de despesa.

Assim sendo, nem sempre a disponibilidade de caixa significa disponibilidade orçamentária, mesmo porque o inciso VI do art. 167 da CF, proíbe a transposição, o remanejamento ou a transferência de recursos de uma categoria de programação para outra, ou de um órgão para outro, sem prévia autorização legislativa, e o § 2º do art. 195 estatui que cada área da seguridade social terá a gestão dos recursos que lhe tocarem orçamentariamente.

Os reajustamentos ou majorações de benefícios decorrentes de condenação judicial são pagos mediante precatório quanto aos meses anteriores à decisão

c) 3º quesito – Nesse caso, como conciliar os princípios constitucionais atinentes ao cumprimento da decisão judicial e à execução orçamentária, considerando-se que o aumento dos créditos orçamentários depende de deliberação do Poder Legislativo, mediante a comprovação da existência de recurso (CF, art. 167, V)?

Parecer

1. O tratamento da matéria atinente ao terceiro quesito proposto na consulta reclama a ponderação de subsídios da teoria geral do direito, matéria na qual, em regra, não são bem versados os práticos do direito.

Os dois primeiros quesitos, esses são fácil e fluentemente solucionados.

2. Indaga consulente, no primeiro, se o § 5º do art. 195 da Constituição de 1988 – "Nenhum benefício ou serviço da seguridade social poderá ser criado, *majorado* ou estendido sem a correspondente fonte de custeio total" (grifei) – proíbe aumentos *reais* e *nominais* ou apenas aumentos reais.

O que a regra constitucional proíbe – e isso me parece evidente – são apenas os aumentos *reais*.

Aumentos *nominais* decorrem, no caso, da atualização monetária do benefício ou serviço da seguridade social. Essa atualização é operada através da técnica da correção monetária, técnica que permite se traduza, em termos de idêntico poder aquisitivo, quantias ou valores que fixados pro *tempore* apresentam-se em moeda sujeita a desvalorização.[1] À atualização monetária desses benefícios e serviços não correspondem aumentos efetivos (*reais*) deles. Apenas se poderia cogitar de aumentos reais, no caso, quando e se os benefícios e serviços sofressem majorações além do montante de inflação medido em determinado período.

Assim, tenho que a majoração *nominal*, não importe aumento *real* dos benefícios e serviços da seguridade social, não está abrangida pela regra inscrita no § 5º art. 195 da Constituição de 1988; aumentos *nominais* não consubstanciam *majoração* de tais benefícios e serviços, porém – e tão-somente – atualização de seu referencial monetário.

3. Já no segundo quesito indaga o consulente como conciliar a possibilidade do *aumento nominal* do benefício, sem a possibilidade de elevar o valor nominal do crédito orçamentário.

A elevação do valor nominal do crédito orçamentário se dá mediante a obtenção de autorização legislativa para a abertura de créditos *adicionais, suplementares* (art. 166, *caput*, observado o disposto no art. 167, V da Constituição de 1988), com aproveitamento de recursos provindos do super*ávit* financeiro do exercício anterior, excesso de arrecadação, da anulação total ou parcial de dotações orçamentárias ou de créditos adicionais autorizados em lei, do produto de operações de crédito.

4. Tudo se torna complexo e delicado, contudo, quando, compelida por decisão judicial a efetuar determinados pagamentos (que não sejam expressivos de aumento real, mas apenas nominal, de benefício ou serviço da seguridade social, pois precisamente sobre isso versa a consulta), a Administração não dispõe de "capacidade orçamentária" para efetuá-los, apesar de tê-la pretendido ampliar mediante a obtenção de autorização legislativa para tanto; considere-se a possibilidade, real e efetiva, de o Poder Legislativo ter recusado essa autorização. Aí, neste caso, há disponibilidade de *caixa* para os pagamentos, ausente porém a "*capacidade orçamentária*".

Neste caso, antepõem-se à ação da Administração os seguintes preceitos, na Constituição de 1988:

(a) art. 167, II – nada pode ser pago sem autorização orçamentária, nem além dos valores orçamentariamente limitados;

(b) art. 85, VI – a desobediência de qualquer dessas duas limitações (despender *sem* autorização ou *além* da autorização) constitui crime de responsabilidade;

(c) art. 166 – a abertura de créditos adicionais depende de autorização legislativa;

(d) art. 167, V – é vedada a abertura de crédito suplementar ou especial sem

1. Cf. Amílcar de Araújo Falcão, "A inflação e suas consequências sobre a ordem jurídica", in *RDP* 1/63.

prévia autorização legislativa e sem indicação dos recursos correspondentes;

(e) art. 167, VI – é vedada a transposição, o remanejamento ou a transferência de recursos de uma categoria de programação para outra ou de um órgão para outro, sem prévia autorização legislativa;

(f) art. 169 (e art. 38 do Ato das Disposições Constitucionais Transitórias) – a despesa com pessoal ativo e inativo da União não pode exceder sessenta e cinco por cento do valor das receitas correntes.

Note-se bem que não cogito, aqui, de situação de "exaustão da capacidade orçamentária" – da qual adiante tratarei – porém de situação de inexistência de recursos suficientes para o cumprimento de decisões do Poder Judiciário *nos termos da normatividade constitucional*. Aqui, embora pudesse a Administração adquirir recursos suficientes para efetuar os pagamentos a que foi judicialmente condenada, não obtém do Poder Legislativo autorização para isso.

Manifesta-se, nesta situação, conflito entre princípios: o princípio da legalidade da despesa pública e o princípio da sujeição da Administração às decisões do Poder Judiciário entram em testilhas.

Essa verificação reclama o desenvolvimento de digressão a propósito dos princípios e das regras jurídicas.

5. Define-se o direito, enquanto sistema, como uma ordem axiológica ou teleológica de princípios gerais.[2]

Detive-me longamente, em outra ocasião,[3] sobre o tema dos princípios.

Para que deles possamos fluentemente cogitar, uma primeira precisão deve ser definida. É que o vocábulo *princípio* é polissêmico e conota tanto os *princípios positivos de cada direito que se tome sob consideração*[4] quanto *princípios não expressamente enunciados em normas jurídicas explícitas*, mas que, não obstante, são inúmeras vezes tomados de modo decisivo pelo aplicador do direito ou pelo intérprete na e para a definição de determinadas soluções e decisões jurídicas. Cuida-se, aqui, de princípios *descobertos* no bojo de cada direito, princípios que, mercê de sua consideração decisiva para aquela definição, são "positivados".

Refiro-me a princípios que em cada ordenamento jurídico subjazem. Princípios – princípios gerais *do direito* (isto é, *de um determinado direito*) – que, embora não enunciados em norma explícita, em cada ordenamento estão contemplados, em estado de latência.

Isso não significa que cada ordenamento jurídico contemple *todos* os princípios gerais do direito. Um certo ordenamento jurídico contemplará um determinado elenco deles; em outro, diverso e distinto elenco de princípios gerais estará contemplado.[5]

2. Cf. Canaris, *Pensamento Sistemático e Conceito de Sistema na Ciência do Direito*, trad. de A. Menezes Cordeiro, Lisboa, Fundação Calouste Gulbenkian, 1989, p. 77.

3. Vide meu *A Ordem Econômica na Constituição de 1988 (Interpretação e Crítica)*, 2ª ed., São Paulo, Ed. RT, 1991, pp. 92 e ss.

4. Sobre o direito e os direitos, vide meu *A Ordem Econômica na Constituição de 1988 (Interpretação e Crítica)*, cit., pp. 20-21.

5. A propósito, adverte Clemente de Diego (*El Método en la Aplicación del Derecho Civil*, Revista de Derecho Privado, t. III, Madrid, 1916, p. 294): "Pensar en otros principios distintos de los que están embebidos en la obra general legislativa y de derecho de un pueblo para componer y gobernar y completar el edificio de un derecho positivo, era tanto como abrir la puerta a la introducción de reglas exóticas que destruyesen las líneas de éste y entronizar la confusión y el desorden y la arbitrariedad allí donde deben reinar la claridad, la armonía y la precisión y seguridad".

Tais princípios, em estado de latência existentes sob cada ordenamento, isto é, sob cada *direito posto*, repousam no *direito pressuposto* que a ele corresponda.[6] Neste *direito pressuposto* os encontramos ou não os encontramos; de lá os resgatamos, se nele preexistirem. Por certo há princípios de épocas históricas, princípios que se reproduzem de modo razoavelmente uniforme em múltiplos direitos pressupostos. Isso não invalida contudo a verificação de que mesmo esses *princípios históricos* se manifestam – ou não se manifestam – nos *direitos pressupostos* que a cada *direito positivo* (*direito posto*) correspondam.

6. Cumpre que se faça distinção, pois, entre os princípios positivados pelo *direito posto* (direito positivo) e aqueles que, embora nele não expressamente enunciados, existem, em estado de latência, sob o ordenamento positivo, no *direito pressuposto*.

Do primeiro tipo o *princípio da legalidade da despesa pública*, desdobrado do princípio da legalidade, contemplado no art. 37, *caput* da Constituição de 1988.

Do segundo tipo – e quem negará que estamos aí diante de princípio contemplado pelo direito brasileiro? – o *princípio da sujeição da Administração às decisões do Poder Judiciário*.

Ambos constituem *norma jurídica*.

7. Deveras, tem a doutrina reconhecido, nos princípios gerais do direito, caráter normativo.[7]

O que dificulta a compreensão da circunstância de serem eles dotados de caráter normativo é a indevida superposição de norma e regra jurídica.

Como porém enfatiza Robert Alexy,[8] são também normas os princípios: ambas, princípios e regras, afirmam o que *deve ser*; ambas são formuladas a partir da deontologia da expressão básica da ordem (*Grundausdrücke des Gebots*). Por isso que a distinção entre regras e princípios se equacionam como distinção entre duas espécies de norma: "*Jede Norm ist entweder eine Regel oder ein Prinzip*" – cada norma é uma regra ou um princípio.[9] José Joaquim Gomes Canotilho, por outro lado, na 5ª edição do seu *Direito Constitucional*,[10] faz adesão a esse entendimento: o sistema jurídico – diz – "é um sistema de regras e princípios, pois as normas do sistema

6. Vide meu "O direito pressuposto e o direito posto", in *RT* 673/21 e ss.

7. Vide, em meu *A Ordem Econômica na Constituição de 1988 (Interpretação e Critica)*, cit., p. 122, as posições de Crisafulli, Tércio Sampaio Ferraz Júnior e Miguel Reale. Relembre-se as ponderações de Clemente de Diego (ob. cit., p. 297): no que tange aos princípios positivados, não resta dúvida quanto ao fato de que consubstanciam norma; já no que tange aos não positivados, "van en ella implícitos, y están como latentes en las disposiciones concretas de las mismas. Ambos tienen razón de principio y de precepto, aunque diverso modo: en los primeros se ostenta desde luego la cualidad de precepto o norma que esconde y no obscurece su virtud de principio: en los segundos hallase más exaltada al pronto su cualidad de principio no obsta a que pueda tener valor normativo y a se muestre luego como tal norma. Cierto que el principio habla a la razón y la norma a la voluntad: no olvidemos que por ser uno y otra de derecho, ambos ligan a la voluntad y son ordenación de la razón al bien. La especialidad de estas normas consiste en que están concebidas en los términos más generales, son proposiciones abstractas como la ley, pero que alcanzan aún un mayor grado de abstracción, y su virtud imperativa procede no tanto de ellos mismos cuanto de la ley o precepto que los recoge o del nexo lógico y necesario que les liga con las normas concretas de un derecho positivo".

8. *Theorie der Grundrecht*, Frankfurt am Main, Surkamp, 1986, p. 72.

9. Ob. cit., p. 77.

10. Coimbra, Almedina, 1991, p. 171.

tanto podem revelar-se sob a forma de *princípios* como sob a forma de *regras*".

8. A norma jurídica (proposição jurídica) é dotada de uma estrutura peculiar: representa determinada situação objetiva, hipotética (o *Tatbestand*, hipótese, pressuposto de fato, *facti species*) à qual estão ligadas certas consequências práticas, ou seja, os efeitos por ela prescritos (*Rechtsfolge*, estatuição, injunção). A norma jurídica prescreve os efeitos enunciados na estatuição ou injunção em relação à situação objetiva que prevê possa vir a se verificar, desde que ela se verifique. Por isso é dotada de caráter logicamente hipotético: enuncia hipótese que produz consequências jurídicas. O caráter formal das proposições jurídicas é expresso na conexão entre uma hipótese e uma estatuição de consequência jurídica.

Sucede que, como anota Lourival Vilanova,[11] o revestimento verbal das normas jurídicas positivas não obedece a nenhuma forma padrão; o que importa, a fim de que determinado enunciado, ainda que assuma a forma descritiva, possa restar caracterizado como normativo, é a possibilidade de sua reenunciação segundo a seguinte fórmula de linguagem lógica: "se se dá um fato F qualquer, então o sujeito S deve fazer ou deve omitir ou pode fazer ou pode omitir conduta C ante outro sujeito S".

Assim, embora as proposições jurídicas sejam *prescritivas* (deônticas) e não meramente *descritivas* (apofânticas), podem ser enunciadas – e isso ocorre com frequência – sob revestimento verbal não prescritivo. Exemplifico com o que dispõe o art. 22, I da Constituição de 1988: *compete privativamente à União legislar sobre direito civil*; o que está aí afirmado é que, se Estado-membro, o Distrito Federal ou Município legislar sobre direito civil, estas legislações serão inválidas (ao passo que, se o fizer a União, a legislação será válida).

Pois bem: quanto aos *princípios positivos do Direito*, evidentemente reproduzem a estrutura peculiar das normas jurídicas. Quem o contestasse forçosamente teria de admitir, tomando-se a Constituição, que nela divisa enunciados que não são normas jurídicas. Assim, por exemplo, quem o fizesse haveria de admitir que o art. 5º, *caput*, da Constituição de 1988, não enuncia norma jurídica ao afirmar que "todos são iguais perante a lei...".

Isso, no entanto, é insustentável, visto que temos aí, nitidamente – tal como nos arts. 1º, 2º, 17, 18, 37, *v.g.* – autênticas espécies de norma jurídica. Ainda que a generalidade dos princípios seja diversa da generalidade das regras, os primeiros portam em si pressuposto de fato (*Tatbestand*, hipótese, *facti species*) suficiente a sua caracterização como norma. Apenas o portam de modo a enunciar uma série indeterminada de *facti species*. Quanto à estatuição (*Rechtsfolge*, injunção), neles também comparece, embora de modo implícito, no extremo completável em outra ou outras normas jurídicas, tal como ocorre em relação a inúmeras *normas jurídicas incompletas*. Estas são aquelas que apenas explicitam ou o suposto de fato ou a estatuição de outras normas jurídicas, não obstante configurando norma jurídica na medida em que, como anota Larenz,[12] existem em conexão com outras normas jurídicas, participando do sentido de validade delas. De resto, a necessidade de *concretização* dos princípios não é exclusiva deles, manifestando-se também no caso das normas programáticas propriamente

11. *As Estruturas Lógicas e o Sistema do Direito Positivo*, São Paulo, Ed. RT, 1977, p. 50.

12. *Methodenlehre der Rechtswissenschaft*, 5ª ed., Berlin, Springer, 1983, p. 137.

ditas e das normas preceptivas.[13] Estamos, aí, diante princípios que Larenz[14] refere como "princípio em forma de norma jurídica" (*Rechtssatzformige Prinzipien*).[15]

Quanto aos *princípios gerais do direito*, não expressamente enunciados em normas explícitas, descobertos no ordenamento positivo, também configuram norma jurídica, ainda quando enunciados em forma descritiva.

Resultará inútil qualquer tentativa de apartá-los dos *princípios positivos de direito* a partir da consideração das estruturas proposicionais de ambos. A distinção que desde aí se pode operar entre espécies de princípios repousa na diversidade de graus de concretização de que carecem, o que conduziu Larenz a se referir uma classe de "princípios abertos". Mas tal critério não se presta, na verdade, a apartar uns dos outros (isto é, os princípios positivos do direito dos princípios gerais do direito – isto é, de cada direito) visto que há exemplos de princípios positivos do direito cujos enunciados são normativamente menos ou apenas tão densos quanto os enunciados de princípios gerais do direito.

Exemplifico com um princípio geral do direito, descoberto na Constituição 1988 – o da *motivação do ato administrativo*[16] – normativamente tão denso quanto os da impessoalidade e da publicidade dos atos da Administração, inscritos seu art. 37, *caput*, e mais denso do que princípio da dignidade da pessoa humana, consagrado nos seus arts. 1º, III e 170, *caput*.

Daí a verificação de que também os princípios gerais do direito – e não será demasiada a insistência, aqui, em que se trata de princípios de um determinado direito – constituem, estruturalmente, normas jurídicas. Logo, temos que, em realidade, norma jurídica é *gênero* que alberga, como *espécies*, regras[17] e princípios jurídicos

13. Neste sentido, José Joaquim Gomes Canotilho, *Constituição Dirigente e Vinculação do Legislador*, Coimbra, Coimbra Editora, 1982, pp. 280-281.

14. Ob. cit., p. 351.

15. Observa Kelsen (*Teoria General del Derecho y del Estado*, trad. de Eduardo García Maynes, México, Imprenta Universitaria, 1949, p. 46) que os diferentes elementos de uma norma podem estar contidos em diversos produtos do processo legislativo e expressar-se lingüisticamente de maneiras muito diversas; assim, *v.g.*, quando o legislador proíbe o roubo, pode inicialmente definir o conceito de roubo valendo-se de várias frases que compõem um artigo de um código e após definir a sanção em outra frase, que pode integrar parte de outro artigo do mesmo texto ou, inclusive, de texto legal distinto; esta última frase geralmente não assumirá a forma linguística de um imperativo ou de um juízo que expresse um "dever ser", mas sim a predição de um acontecimento futuro.

16. Veja-se o art. 93, IX da Constituição de 1988 a respeito da necessária fundamentação das decisões dos órgãos do Poder Judiciário.

17. O vocábulo *regra* (jurídica) é aqui utilizado sob conotação diversa daquela que lhe atribui Kelsen, a quem regra jurídica é proposição descritiva, formulada no nível, doutrinário, da ciência do direito. Aí a distinção: normas jurídicas – proposições prescritivas – são criadas pelas autoridades incumbidas de legislar; regras jurídicas ou de direito são proposições, descritivas, estabelecidas pela ciência do direito (*Teoría General del Derecho y del Estado*, cit., pp. 46-47). A exposição de Charles Eisenmann, (*Cours de Droit Administratif*, D.E.S. de Droit Public 1949/1950, Le Cours de Droit, pp. 299-302) é expressa. Referimos o nome de "normas" para aludir aos elementos de regulação da conduta dos homens, suas ações e suas abstenções porque não podemos considerar os vocábulos, "norma" e "regra" como equivalentes. "Regra" é vocábulo que evoca a ideia de uma regulamentação de caráter geral. Mas o ordenamento jurídico não se compõe exclusivamente de disposições gerais, nele também estando inseridas disposições outras, que respeitam a um indivíduo determinado, que

– entre estes últimos incluídos tanto os princípios positivos de direito quanto os princípios gerais do direito.

A distinção postulada por Larenz na verdade opera a separação não entre diversos tipos de princípios, mas sim entre espécies de norma jurídica. Se a tomarmos como critério a presidir a ponderação do tema, verificaremos não que os "princípios abertos" não configuram norma jurídica, mas sim que os "princípios em forma de norma jurídica" estruturalmente são regras – guardando porém, em seus conteúdos, o caráter de princípio – e aqueles, os "princípios abertos", em seus conteúdos conservando o caráter de princípio, não são, estruturalmente, regras. Ademais, não há identificação ou superposição entre regra e norma, eis que não apenas as primeiras expressam estrutura proposicional jurídica, também a portando os princípios. Considere-se tão-só as normas preceptivas, que, reclamando concretização, consubstanciam regras, embora dotadas de estrutura análoga à dos princípios; não obstante assim seja, configuram normas jurídicas. Por outro lado, tome-se o art. 4º da Lei de Introdução ao Código Civil,* que impõe ao juiz, na omissão da *lei*, decidir o caso de acordo com a analogia, os costumes e os princípios gerais de direito: os princípios positivos do direito estão evidentemente incluídos na *lei* a que refere este preceito; além disso, ao determinar que, na hipótese, o juiz decida de acordo com os princípios gerais de direito, o preceito evidentemente também não o autoriza a decidir desde critério não normativo.

Penso restar demonstrado, nestas condições, que os princípios jurídicos, todos eles, consubstanciam espécies do gênero norma jurídica. A circunstância de carecerem de concretização através da edição de uma regra jurídica, regra que há de ser editada, em última instância, pelo juiz, em sentença, na criação de norma individual, do gênero não os exclui. Beneficiados por objetividade e presencialidade normativa que os dispensa de estarem consagrados expressamente em qualquer preceito particular – as expressões são de Canotilho[18]

visam a uma pessoa concreta, prescrevendo-lhe ou a ela autorizando uma certa conduta. Essas posições "individuais", e não "coletivas", são da uma essência das regras gerais: regulamentam condutas (aí aquelas contidas nas sentenças judiciais, nas decisões administrativas, nos contratos, nos testamentos). O vocábulo "norma" engloba a totalidade dos elementos que regulam – juridicamente, bem entendido – a conduta dos membros de um grupo, seja coletivamente, seja individualmente; ao contrário do vocábulo "regra", não é associado a nenhuma ideia de generalidade. Implica essencialmente prescrição de conduta, regulamentação, mas não implica regulamentação geral. O emprego do vocábulo "norma" para referir o conjunto de todos os elementos da regulamentação – notadamente jurídica – da conduta humana, sem acepção de seu caráter geral ou de seu caráter especial, devemos, prossegue Eisenmann, à Escola de Viena, a seu fundador, Hans Kelsen, e a seus discípulos imediatos, notadamente Adolf Merkl. Eles é que pela primeira vez fizeram uso sistemático não apenas do termo, mas também da noção de norma, de modo a construir a doutrina normativista, que enfatiza a essência normativa de tudo que é jurídico. O uso do vocábulo "norma", nestas condições, em oposição ao vocábulo "regra" – podemos concluir – resulta praticamente axiomático no quadro daquela doutrina. Nada impede, contudo, (inclusive observando que também assumem caráter normativo as disposições "individuais" às quais refere Eisenmann), façamos uso do vocábulo "regra" para designar uma das espécies de "norma".

* Nota da redação: hoje Lei de Introdução às Normas do Direito Brasileiro.

18. Cf. a 3ª edição do *Direito Constitucional*, Coimbra, Almedina, 1983, pp. 199/200.

– o seu caráter normativo e sua inserção no direito positivo resultam inquestionáveis.[19]

A exposição de Esser caminha neste sentido: embora oponha norma e princípio,[20] sustentando não configurarem estes últimos, em si mesmos, mandamentos (isto é, instruções, regras), mas sim a causa, critério e justificação delas,[21] reconhece constituírem eles direito positivo.[22] Mas direito positivo constituem – prossegue – não como regras independentes ou autônomas, porém como condição imanente do ser e do funcionar das regras. Por isso que o princípio da liberdade contratual é direito positivo dos contratos e a separação dos poderes seria direito constitucional positivo – ainda que não enunciado como princípio positivado – desde que acolhidos por determinado ordenamento, sem perder seu caráter de princípios e sem que se convertam em regras.

9. Alcançado este ponto de minha exposição, impõe-se distinguirmos os *princípios* das *regras* jurídicas.[23]

Há, em primeiro lugar, observa Dworkin[24] – e seu pensamento passo expor – uma *distinção lógica* apartando os princípios das regras jurídicas.

As regras jurídicas são aplicáveis por completo ou não são, de modo absoluto, aplicáveis. Trata-se de um *tudo ou nada.* Desde que os pressupostos de fato aos quais a regra refira – o suporte fáctico hipotético, o *Tatbestand* – se verifiquem, em uma situação concreta, e sendo ela válida, em qualquer caso há de ser ela aplicada.[25]

Já os princípios jurídicos atuam de modo diverso: mesmo aqueles que mais se assemelham às regras não se aplicam automática e necessariamente quando as condições previstas como suficientes para sua aplicação se manifestam.

É que as regras jurídicas não comportam exceções. Isso é afirmado no seguinte sentido: se há circunstâncias que excepcionem uma regra jurídica, a enunciação dela, sem que todas essas exceções sejam também enunciadas, será inexata e incompleta. No nível teórico, ao menos, não há nenhuma razão que impeça a enunciação da totalidade dessas exceções e quanto mais extensa seja essa mesma enunciação (de exceções), mais completo será o enunciado da regra. Se a regra – exemplifica Dworkin[26] – define que um testamento não é válido senão quando assinado por três testemunhas, não é possível tomar-se como válido um testamento firmado por apenas duas testemunhas.

Quanto aos princípios, a circunstância de serem próprios a um determinado direito não significa que esse direito jamais autorize a sua desconsideração.

19. Observa Jorge Miranda (*Direito Constitucional*, 2ª ed., Coimbra, Coimbra Editora, 1987, p. 198): "Os princípios não se colocam, pois, além ou acima do Direito (ou do próprio Direito positivo): também eles – numa visão ampla, superadora de concepções positivistas, literalistas e absolutizantes das fontes legais – fazem parte do complexo ordenamental. Não se contrapõem às normas, contrapõem-se tão-somente aos preceitos; as normas jurídicas é que se dividem em normas-princípios e normas-disposições". Tome-se, aí, *disposições* por regras.

20. *Principio y Norma en la Elaboración Jurisprudencial del Derecho Privado*, trad. de Eduardo Valenti Fiol, Barcelona, Bosch, 1961, *v.g.* pp. 5, 66-67, 102.

21. Idem, p. 67.

22. Idem, *v.g.* pp. 90, 93, 121, 169, 171.

23. Vide José Joaquim Gomes Canotilho, *Direito Constitucional*, 5ª ed., cit., pp. 172 e ss. Vide também meu *A Ordem Econômica na Constituição de 1988 (Interpretação e Crítica)*, cit., pp. 107 e ss.

24. *Taking rights seriously*, 5ª impressão, Londres, Duckworth, 1987, pp. 22 e ss.

25. Cf. Dworkin, ob. cit., p. 24.

26. Ob. cit., p. 25.

Trabalhando com o princípio segundo o qual *a ninguém aproveita sua própria fraude* (*torpeza*), Dworkin[27] aponta o fato de que, em determinados casos, o direito não se opõe a que alguém obtenha proveito da fraude que pratica. O exemplo mais notável é o da posse indevida: aquele que penetrar em prédio alheio reiteradamente, durante largo período de tempo, poderá obter – e o direito o concede – o direito de cruzá-lo sempre que deseje.[28] Dworkin introduz ainda mais dois exemplos: se alguém, descumprindo contrato, abandona seu trabalho, para devolver outro muito melhor remunerado, será obrigado a indenizar seu contratante, mas em regra gozará do direito de permanecer a desenvolver o novo trabalho; se um só preso escapa à prisão para fazer um investimento rentável, poderá ser reconduzido ao cárcere, mas reterá como de sua propriedade os lucros que tiver obtido.

Esses três exemplos, que configuram exceções ao princípio, não conduzem a sua exclusão da ordem jurídica – do direito – que o contemple. Nem importam em que esteja ele (o princípio) enunciado de modo incompleto, de modo que se possa reclamar seja completado mediante a enunciação de tais exceções.

Além do mais, prossegue Dworkin,[29] sobretudo um princípio como o mencionado – *a ninguém aproveita sua própria fraude* (*torpeza*) – nem ao menos indica condições suficientes para sua aplicação. Introduz uma razão a arguir em determinada direção, porém não implica uma decisão concreta a ser necessariamente tomada; mas pode haver outros princípios (ou diretrizes) apontando a direção oposta, de modo que, em determinado caso, aquele mesmo princípio não prospere. Isso não significa, no entanto, que esse mesmo princípio não seja próprio do direito de que se cuida, até porque, em outro caso, seguinte – e até mesmo diante de outro princípio (ou diretriz), adito – ele poderá ser decisivo.

Completando o momento inicial de sua exposição, a propósito da primeira diferença que aparta princípio e regra jurídica, averba:[30] o que queremos dizer, quando afirmamos que um deles é próprio do nosso direito, é que aqueles que estão incumbidos de tomar uma decisão jurídica, pelo lado do Estado, devem, quando o façam, tê-lo sob consideração, se é pertinente, como argumento que pode direcioná-la a um ou a outro sentido.

10. Uma segunda distinção, decorrente da primeira, aparta ainda, segundo Dworkin,[31] os princípios das regras jurídicas.

É que os princípios possuem uma dimensão que não é própria das regras jurídicas: a *dimensão do peso ou importância*. Assim, quando se entrecruzam vários princípios, quem há de resolver o conflito deve levar em conta o peso relativo de cada um deles. Esta valoração, evidentemente, não é exata e, por isso, o julgamento a propósito da maior importância de um princípio, em relação a outro, será com frequência discutível. Não obstante, as indagações a respeito de possuir ele essa dimensão e fazer sentido questionar quão importante ou relevante ele é integram o conceito de princípio.

As regras não possuem tal dimensão. Não podemos afirmar que uma delas, no interior do sistema normativo, é mais importante do que outra, de modo que, no

27. Idem, ibidem.

28. O exemplo de Dworkin há de ser ponderado, no quadro do nosso direito positivo, desde a consideração do que define o art. 562 do Código Civil.

29. Ob. cit., p. 26.

30. Idem, ibidem.

31. Idem, ibidem.

caso de conflito entre ambas, deva prevalecer uma em virtude do seu peso maior. Se duas regras entram em conflito, uma delas não é válida. E a decisão a respeito de qual delas o é e qual deve ser abandonada há de ser tomada atendendo-se a considerações alheias a elas. Determinado ordenamento jurídico poderá regular tais conflitos através de outras normas, que prefiram a regra promulgada pela autoridade de maior nível hierárquico, ou a regra promulgada em data mais recente, ou a mais específica etc. Ou, ainda, poderá dar prevalência à regra apoiada nos princípios mais relevantes.

11. A primeira distinção de que se vale Dworkin para apartar princípios e regras já havia sido, anteriormente, em outros termos explicitada, formulada por Jean Boulanger.

Segundo ele,[32] regra e princípio jurídico têm em comum o caráter de generalidade. Daí porque se poderia afirmar que um princípio jurídico não é senão uma regra jurídica particularmente importante, em virtude das consequências práticas que dele decorrem. No entanto – prossegue – não há entre ambos apenas uma desigualdade de importância, porém, mais do que isso, uma diferença de natureza. E isso porque a generalidade da regra jurídica é diversa da generalidade de um princípio jurídico.

Demonstra-o Boulanger observando que a regra é geral porque estabelecida para um número indeterminado de atos ou fatos. Não obstante, ela é especial na medida em que *não regula senão tais atos ou tais fatos*: é editada para ser aplicada a uma situação jurídica determinada.

Já o princípio, ao contrário, é geral porque comporta uma *série indefinida de aplicações*.

Esta a razão mercê da qual parece correta a exposição de Dworkin. As regras jurídicas não comportam exceções que não se possa teoricamente enunciar porque, como observa Boulanger, são de ser aplicadas a situações determinadas; já os princípios, por outro lado, porque são aptos a ser aplicados a uma série indefinida de situações, não admitem a própria enunciação de hipóteses nas quais não seriam aplicáveis.

12. Dworkin, como vimos, aparta princípios e regras jurídicas desde a demonstração de que:

– as regras jurídicas, não comportando exceções, são aplicáveis de modo completo ou não o são, de modo absoluto, não se passando o mesmo com os princípios;

– os princípios jurídicos possuem uma dimensão – a dimensão do peso ou da importância – que não comparece nas regras jurídicas.

É desde essas premissas que devemos enfrentar o tema das antinomias jurídicas. O conflito entre regras jurídicas resulta em *antinomia*, entendida esta como situação de incompatibilidade entre ambas (ambas pertencendo ao mesmo ordenamento e tendo o mesmo âmbito de validade), que conduz à necessidade de uma delas ser eliminada do sistema. Antinomia jurídica, pois, é situação que impõe a extirpação, do sistema, de uma das regras. A decisão, inafastável, a propósito de qual dessas regras há de ser preservada, será informada mediante a utilização do critério ou dos critérios contemplados, para tanto, no sistema.[33]

Estamos aí, na hipótese de conflito entre regras, diante de *antinomia jurídica própria*.

32. "Principes généraux du droit positif et droit positif", in *Le Droit Privé Français au Milieu du XXe Siècle (Etudes Offertes a Georges Ripert)*, Paris, LGDJ, 1950, pp. 55/56.

33. *Lex superior derogat inferior, lex specialis derogat generalis, lex posterior derogat priori, v.g.*

Refere a doutrina ainda, no entanto, a *antinomias jurídicas impróprias*. Aqui, porém, o conflito alinhado entre normas não conduz à necessidade de uma delas ser eliminada do sistema. O conflito se manifesta – há incompatibilidade entre ambas – porém não resulta em antinomia jurídica.

Desse tipo, os conflitos entre princípios: a opção do aplicador do direito ou do intérprete por um deles – em detrimento do que a ele se opõe – não implica desobediência do outro.[34] Repita-se: esse tipo de conflito não resulta em antinomia.

Manifesta-se, aqui, precisamente a situação apontada por Dworkin: a circunstância de, em determinado caso, a adoção de um princípio, pelo aplicador do direito ou pelo intérprete, implicar o afastamento de outro, que com aquele entre em testilhas, não importa em que este seja eliminado do sistema, até porque – repito – *em outro caso*, e mesmo diante do mesmo princípio, este poderá vir a prevalecer. Robert Alexy[35] observa que ao passo que os conflitos entre regras ocorrem na dimensão da validade, os conflitos entre princípios se verificam – visto que apenas princípios válidos podem colidir entre si – dentro da dimensão do peso.

A esse tema, do conflito entre princípios, precisamente a ele devo, na ponderação da matéria atinente ao terceiro quesito proposto na consulta, deitar atenção.

13. Os princípios, diz Canaris,[36] não valem sem exceção e podem entrar em oposição ou em contradição entre si.

Assim, tomado um determinado direito como e enquanto nível de determinada realidade social, produto histórico-cultural, pleno de contradições e incompletudes, cumpre distinguirmos situações de *oposição* e de *contradição* entre princípios, situações das quais decorreriam quebras no sistema – relembre-se que o definimos como tal, isto é, precisamente como sistema (ordem axiológica ou teleológica de princípios gerais). O primeiro tipo de conflito se resolve na medida em que, a princípios que apontem em direções opostas, âmbitos distintos de aplicação sejam designados, de modo que se estabeleça um compromisso entre ambos – "*Kompromiss zwischen verschiedenen Grundgedanken*", diz Engisch.[37] Aqui, aliás ao contrário do que entende Engisch, não há *contradição*, porém mera *oposição* de princípios[38] – disso não decorre, pois, efetivamente, nenhuma quebra no sistema.

As oposições de princípios não são estranhas a um determinado direito, mas antes, pelo contrário, a ele conferem sentido. Já a *contradição* entre princípios, diz Canaris,[39] é sempre algo que não deveria existir – uma desarmonia[40] – e que, por isso mesmo, deve, se possível, ser eliminada.

14. interessa, no caso de que cogitamos, o conflito *no* sistema, porém no quanto envolva, em presença de determinada questão de fato, dois princípios que apenas virtualmente poderiam encontrar-se (*no* sistema) em situação de oposição.

Há, no caso, conflito (contradição) entre o princípio da legalidade da despesa

34. Cf. Tércio Sampaio Ferraz Júnior, *Introdução ao Estudo do Direito*, São Paulo, Atlas, 1989, p. 191.

35. Ob. cit., p. 76.

36. Ob. cit., p. 88.

37. *Einführung in das juristische Denken*, 8ª ed., Stuttgart, Kohlhammer, 1983, p. 166.

38. Cf. Canaris, ob. cit., p. 205.

39. Idem, pp. 205-206.

40. Cf. Engisch, ob. cit., p. 165.

pública e o princípio da sujeição da Administração às decisões do Poder Judiciário.

Diante dessa contradição, um dos dois princípios deve ser afastado; o outro prevalecerá sobre o primeiro. Isto é: a um deles, *no caso*, se há de conferir peso ou importância maior do que ao outro.

Isso reclama, ainda, uma breve consideração intermédia.

15. As *regras* – cumpre deixarmos isso bem vincado – são concreções dos *princípios*.

Assim, entre princípios e regras uma especial relação se estabelece: princípio, segundo Antoine Jeammaud,[41] é "norme occupant dans la hiérarchie une place qui fait obstacle à la *validité* d'autres régles" (grifei).

Logo, como observei em outra oportunidade,[42] não se manifesta jamais antinomia jurídica entre princípios e regras jurídicas. Estas operam a concreção daqueles. Em consequência, quando em confronto dois princípios, um prevalecendo sobre o outro, as regras que dão concreção ao que foi desprezado são *afastadas*: não se dá a sua aplicação a determinada hipótese, ainda que permaneçam integradas, validamente, no ordenamento jurídico.

Insisto: resultam afastadas as regras (concreções de princípios) que dão concreção ao princípio que no confronto com outro foi desprezado.

Dizendo-o de outra forma: aquelas regras, que dão concreção ao princípio desprezado, embora permaneçam plenas de *vigência*, perdem *eficácia* – isto é, efetividade[43] – em relação à situação diante da qual o conflito (contradição) entre princípios manifestou-se.[44]

O que estou a afirmar é o seguinte: se, *no caso*, atribuirmos maior peso ou importância ao princípio da sujeição da Administração às decisões do Poder Judiciário, em relação ao princípio da legalidade da despesa pública, *nesta hipótese*, à situação de que cogitamos – inexistência de recursos suficientes para o cumprimento de decisões do Poder Judiciário *nos termos da normatividade constitucional – não se aplicam as regras* (porque de regras se trata) *veiculadas pelo art. 167, II, pelo art. 85, VI, pelo art. 166, pelo art. 167, V, pelo art. 167, VI e pelo art. 169 da Constituição de 1988 e pelo art. 38 do Ato das Disposições Constitucionais Transitórias* (vide item 4, acima). Note-se bem: a *eficácia* dessas regras, em relação àquela situação, *é afastada*.

Se, pelo contrário, privilegiarmos, *no caso*, o princípio da legalidade da despesa pública, em relação àquele outro – da sujeição da Administração às decisões do Poder Judiciário – *nesta hipótese*, à mesma situação aplicar-se-ão aquelas regras. Aqui, ao contrário do que ocorria na primeira hipótese, a *eficácia* de tais regras, em relação àquela situação, é mantida, dado que elas conferem concreção ao princípio ao qual, *no caso*, atribuímos maior peso ou importância.

41. "Les principes dans le droit français du travail", in *Droit Social* n. 9/10, set-out de 1982, p. 620.

42. *A Ordem Econômica na Constituição de 1988 (Interpretação e Crítica)*, cit., p. 134.

43. Vide meu *A Ordem Econômica na Constituição de 1988 (Interpretação e Crítica)*, cit., pp. 294 e ss.

44. Esta solução, apliquei-a à situação dos contratos celebrados com a Administração, em relação às regras que impeçam reajuste de preços ou os congelem (vide meu "Princípio da equivalência e o equilíbrio econômico e financeiro dos contratos", in *RDP* 96/61 e ss., especialmente p. 66).

16. O que nos resta, pois, a fim de que possamos parcialmente solucionar – não estamos a cogitar, ainda, da situação de "exaustão da capacidade orçamentária" – o terceiro quesito proposto na consulta é definir a qual dos dois princípios, *no caso*, devemos atribuir maior peso ou importância.

Não há porém, no sistema, nenhuma norma a orientar o intérprete e o aplicador a propósito de qual dos princípios, no conflito entre eles estabelecido, deve ser privilegiado, qual o que deve ser desprezado. Em cada caso, pois, em cada situação, a dimensão do peso ou importância dos princípios há de ser ponderada. Isso explica o quanto acima, no item 12, afirmei: a circunstância de, em determinado caso, a adoção de um princípio, pelo aplicador do direito ou pelo intérprete, implicar o afastamento do outro (do outro princípio, aqui), que com aquele entre em testilhas, não importa em que seja este eliminado do sistema, até porque, *em outro caso*, e mesmo diante do mesmo princípio, este poderá vir a prevalecer.

Mas isso também não faz regra, pois é possível que determinado princípio, quando em confronto com outro, em inúmeras situações, sempre, sistematicamente, prevaleça sobre este, sem que este seja eliminado do sistema. Este último, em situações nas quais não esteja em confronto com aquele primeiro princípio, mas com outro, poderá, ou não, ser privilegiado em relação a este terceiro princípio.

O que importa considerarmos é o fato de que, como acima observei, *não há, no sistema, nenhuma norma a orientar o intérprete e o aplicador a propósito de qual dos princípios, no conflito entre eles estabelecido, deve ser privilegiado, qual o que deve ser desprezado; em cada caso, há de ser ponderada a dimensão do peso ou importância dos princípios.*

17. No caso, contudo, não tenho dúvida quanto ao prevalecimento do princípio da sujeição da Administração às decisões do Poder Judiciário em relação ao princípio da legalidade da despesa pública.

O primeiro consubstancia *princípio jurídico fundamental*;[45] configura, embora não expressamente enunciado em nenhuma norma positiva,[46] um "princípio orgânico da Constituição" – *tragendes Organisationsprinzip des Grundgesetzes*.[47] Não obstante tomando o vocábulo "axioma" por reservas,[48] o princípio da sujeição da Administração às decisões do Poder Judiciário consubstancia um *axioma de direito público*.

Assim, ao princípio da sujeição da Administração às decisões do Poder Judiciário, quando em confronto com o princípio da legalidade da despesa pública, há de ser atribuído peso maior – e isso há de ocorrer sistematicamente, quando esse confronto se estabeleça (não visualizo situação nenhuma em que o inverso pudesse vir a ocorrer) – do que o revestido por este último. O acatamento ao princípio da legalidade da despesa pública mediante o sacrifício da sujeição da Administração às decisões do Poder Judiciário resultaria inteiramente insustentável.

45. Dicção do Canotilho, *Direito Constitucional*, 3ª ed., 1983, p. 200.

46. Vide Perelman, *La Lógica Jurídica y la Nueva Retórica*, trad. de Luis Díez-Picazo, Madri, Civitas, 1979, pp. 105-108, relatando o caso da edição de decretos-leis pelo rei da Bélgica, durante a primeira guerra mundial; vide tb. meu *A Ordem Econômica na Constituição de 1988 (Interpretação e Crítica)*, ob. cit., pp. 92-93.

47. Engisch, ob. cit., p. 170.

48. Vide meu *A Ordem Econômica na Constituição de 1988 (Interpretação e Crítica)*, ob. cit., p. 94, nota 125. O direito é um sistema de princípios, não de axiomas (vide Canaris, ob. cit., pp. 38 e ss. e 100-102).

18. Daí a conclusão que firmo: cumpre, no âmbito da situação de que estamos a cogitar – inexistência de recursos suficientes para o cumprimento de decisões do Poder Judiciário *nos termos da normatividade constitucional* – atribuirmos peso mais elevado ao princípio da sujeição da Administração àquelas decisões, do que decorre, pois, *não se aplicarem no caso as regras veiculadas pelo art. 167, II, pelo art. 85, VI, pelo art. 166, pelo art. 167, V, pelo art. 167, VI e pelo art. 169 da Constituição de 1988 e pelo art. 38 do Ato das Disposições Constitucionais Transitórias*; a *eficácia* dessas regras, em relação àquela situação, *é afastada.*

19. Esta a solução que dou ao terceiro quesito proposto na consulta, a partir da consideração de uma determinada situação: inexistência de recursos suficientes para o cumprimento de decisões do Poder Judiciário *nos termos da normatividade constitucional.*

Neste caso, deverá a Administração prover-se de créditos orçamentários *sem observar as regras acima indicadas, cuja eficácia é afastada.*

Passo, assim, a cogitar da segunda situação que no bojo dos fatos relatados na consulta pode, ao menos teoricamente, vir a se manifestar, aquela na qual se verifica completa "exaustão da capacidade orçamentária".

20. *Exaustão orçamentária*, no sentido que tomo no contexto deste meu parecer, é a situação que se manifesta quando inexistirem recursos suficientes para que a Administração possa cumprir determinada ou determinadas decisões judiciais. Não há, no caso, disponibilidade de caixa que lhe permita cumpri-las.

Aqui não importa a prevalência do princípio da sujeição da Administração às decisões do Poder Judiciário, em relação ao princípio da legalidade da despesa pública. Ainda que afastadas as regras que a este último conferem concreção, ainda assim não terá condições, a Administração, de dar cumprimento às decisões judiciais.

21. Dir-se-á, em um primeiro momento, que nesta hipótese incumbirá à Administração – mas isso, note-se, única e exclusivamente quando se trate da condenação judicial *da União* a pagamentos (exclusivamente à União compete emitir moeda)[49] – emitir moeda em montante suficiente para cumpri-las.

A emissão de moeda, contudo – alternativa que, repito, seria exercitável única e exclusivamente pela Administração federal – importaria mero atendimento formal (não material) da decisão judicial.

Moeda é conceito jurídico – parâmetro e objeto da ordem jurídica. Conceito jurídico não é senão um *nome* sacralizado pela ordem jurídica.

Daí afirmar Karl Olivecrona,[50] ao cuidar da unidade monetária: "The search for the entities called monetary units has been in vain and must be so. No such units are in existence. The word for the monetary unit has no semantic reference at all".

O vocábulo "moeda", efetivamente, não tem referência semântica. Assim, o que possibilitou ao homem prescindir dos metais preciosos como instrumento de troca foi a institucionalização normativa da unidade monetária, do que decorre a consequência de "moeda" ser palavra que somente assume algum sentido quando utilizada sob certas normas jurídicas, no quadro de um determinado sistema de direito positivo. Inexistisse essa referência, a normas, e promessas de pagamento e pagamentos seriam sons e gestos despi-

49. Art. 21, VII da Constituição de 1988.

50. *Law as fact*, second edition, Londres, Stevens & Sons, 1971, p. 301.

dos de sentido – "meaningless sounds and gestures", diz Olivecrona.[51] Os bons economistas o sabem e as doutrinas econômicas tomam a moeda como convenção. O fenômeno da "dissolução da moeda", na hiperinflação, não é senão expressivo do rompimento dessa convenção, rompimento que se dá quando perece a funcionalidade do ordenamento jurídico monetário.

Por certo que, inevitavelmente, no momento em que exaurida a capacidade orçamentária da Administração federal, no sentido acima indicado, a convenção monetária já terá sido rompida; a emissão de mais moeda, assim, será socialmente perniciosa.

Por outro lado, o discernimento da teoria quantitativa da moeda – os níveis gerais de preços tendem a flutuar paralelamente à quantidade de moeda[52] – evidencia que, no caso, a emissão de moeda importaria a inocuidade do cumprimento, através dessa nova moeda, das decisões judiciais; equivaleria a lançar-se imposto de 100% sobre os pagamentos assim efetuados.

22. A alternativa de a Administração emitir títulos da dívida pública seria inócua – quem os adquiriria e a que taxas de juros? – bem assim, no caso específico, a da elevação das contribuições previdenciárias, ainda que afastada a regra inscrita no § 6º do art. 195 da Constituição de 1988 – a sociedade não suportaria essa elevação.

23. Vê-se para logo, dessarte, que na hipótese de "exaustão da capacidade orçamentária", *no sentido indicado no item 20, acima* – repito – estaremos diante não de conflito entre princípios, porém em presença de confronto entre decisões judiciais e a realidade, vale dizer, entre a realidade e o direito.

Note-se bem, todavia: *não basta à Administração alegar a "exaustão da capacidade orçamentária"; é necessário, imprescindível, indispensável que essa situação seja demonstrada e comprovada.* Essa demonstração e comprovação – antecipo-me à indagação – deverá ser feita, face à excepcionalidade dos fatos, perante o Supremo Tribunal Federal.

Estaremos, então, diante de situação que não tenho dúvida em referir como de *estado de necessidade*, a importar em que a *d*ecisão ou decisões judiciais *não devam ser cumpridas pela Administração.*

Passo a explicar a fundamentação dessa minha assertiva, enfatizando contudo – para que isso fique bem claro, inquestionável, evidente, nítido como a luz solar passando através de um cristal (bem polido) – que apenas e tão-somente a proclamo diante de situação na qual resulte plenamente demonstrada e comprovada, perante o próprio Poder Judiciário (isto é, o Supremo Tribunal Federal), a *exaustão da capacidade orçamentária da Administração.*

24. O direito – que a um tempo só é *ordenamento*, *norma* e *decisão* – não corresponde, como observei em outra oportunidade,[53] meramente a uma superestrutura. Não é uma simples representação da realidade social, externa a ela, mas sim um nível funcional do todo social. *Assim,* enquanto nível da própria reali-

51. Ob. cit., p. 303.

52. Vide Geraldo Vidigal, *Fundamentos do Direito Financeiro*, São Paulo, Ed. RT, 1973, pp. 179 e ss. A formulação originária da teoria, que se deve a Bodin e a Davanzati, incorporam-se outras verificações, quais as apontadas por Irving Fisher (MV + M'V' = PT), pelos marginalistas, por Marshall.

53. *A Ordem Econômica na Constituição de 1988 (Interpretação e Crítica)*, cit., p. 20. Vide meu *O Direito Pressuposto e o Direito Posto*, cit., p. 22.

dade, é elemento constitutivo do modo de produção social. Logo, no modo de produção capitalista, tal qual em qualquer outro modo de produção, o direito atua também como instrumento de mudança social, interagindo em relação a todos os demais níveis – ou estruturas regionais – da estrutura social global.

Visto assim, o direito não há de ser concebido exclusivamente como produto das relações econômicas, externo a elas, ou apenas como ideologia que oculta a natureza real das relações de produção, ou, ainda, tão-somente como expressão da vontade da classe dominante e meio de dominação. Nível de um todo complexo – a estrutura social global – o direito se compõe e resulta da sua própria interação com os demais níveis desse todo complexo. Por certo que as relações de produção capitalista não poderiam existir, nem reproduzir-se, sem a forma do direito, a instituir as condições que conferem fluência à circulação mercantil.

Estou próximo, aqui – e isso me compraz – do que von Ihering afirmou: "das Recht ist der Gesellschaft, nicht die Gesellschaft des Rechts wegen da".[54]

25. *A* compreensão de tudo isso reclama, na situação considerada – de "exaustão da capacidade orçamentária" – a análise do tema da força normativa da Constituição e da concepção, desenvolvida por Konrad Hesse,[55] da *vontade de Constituição* (*Wille zur Verfassung*).

Essa força normativa se manifesta quando se assenta na natureza singular do presente, quando o seu conteúdo corresponde a essa natureza singular.[56]

Diz Hesse:[57] "Em síntese, pode-se afirmar: a Constituição jurídica está condicionada pela realidade histórica. Ela não pode ser separada da realidade concreta do seu tempo. A pretensão de eficácia da Constituição somente pode ser realizada se se levar em conta essa realidade. (...) Constatam-se os limites da força normativa da Constituição quando a ordenação constitucional não mais se baseia na natureza singular do presente (*individuelle Beschaffenheit der Gegenwart*). Estes limites não são, todavia, precisos, uma vez que essa qualidade singular é formada tanto pela ideia de vontade de Constituição (*Wille zur Verfassung*) quanto pelos fatores sociais, econômicos e de outra natureza. Quanto mais intensa for a vontade de Constituição, menos significativas hão de ser as restrições e os limites impostos à força normativa da Constituição. A vontade de Constituição *não é capaz, porém, de suprimir esses limites. Nenhum poder do mundo, nem mesmo a Constituição, pode alterar as condicionantes naturais*" (grifei).

E dizer, de outra forma, que não é a consciência do homem que determina o seu ser, mas sim, pelo contrário, seu ser social é que determina a sua consciência.

Assim, perece a sua força normativa quando a Constituição já não corresponde à natureza singular do presente. Opera-se a frustração material da finalidade de suas normas que estejam em conflito com a realidade e ela se transforma em obstáculo ao pleno desenvolvimento das forças sociais.

26. E precisamente isso o que se dá quando, verificada efetiva situação de

54. "O direito existe em função da sociedade, não a sociedade em função do direito". *Der Zweck im Recht*, 2ª ed. modificada, Leipzig, Breitkopt & Härtel, 1884, p. 424.

55. *A força normativa da Constituição*, tradução de Gilmar Ferreira Mendes, Porto Alegre, Sérgio Antonio Fabris Editor, 1991.

56. Cf. Hesse, ob. cit., pp. 19 e 20.

57. Ob. cit., p. 24.

"exaustão da capacidade orçamentária", se imponha à Administração o princípio da sua sujeição a decisões judiciais que a condenem a realizar despesa pública. Verifica-se, neste caso, *a frustração material da finalidade do princípio da sujeição da Administração às decisões judiciais*.[58]

A sanidade da ordem jurídica (Constituição *e* direito positivo – direito posto) depende da manutenção de condições constantes no Estado, o que reclama a sua defesa; mas essa defesa, aí, não é senão instrumental da defesa da ordem jurídica.

É que o Estado, ao contrário do que tantos pensam, não é apenas a Administração e o Legislativo, mas também o Judiciário. A preservação da sanidade da ordem jurídica, dessarte, passa preliminarmente pela defesa do Estado, onde a defesa do Poder Judiciário. Assim, justamente a fim de que a sanidade da ordem jurídica seja preservada, é necessário que se não preste, no caso, acatamento ao princípio da sujeição da Administração às decisões judiciais. A aparente contradição se resolve mediante a singela observação de que o Estado, que põe o direito, não obstante é uma criação do direito: a preservação da sanidade da ordem jurídica (refiro-me, é evidente, à ordem jurídica estatal) supõe a preservação do Estado, o que importa a necessidade de preservação do Poder Judiciário e, no caso, é obviado na medida em que as decisões deste último – e direito é ordenamento, norma e decisão – não sejam acatadas.

Aqui cabe como uma luva um peque trecho da argumentação do Procurador Geral Terlinden perante a Corte de Cassação belga, no caso da edição de decretos-lei pelo rei da Bélgica, durante a primeira guerra mundial, relatada por Perelman:[59] "Una ley nunca se ha hecho más que para un período o régimen determinado. Se adapta a las circunstancias que la han motivado y no puede ir más allá. Solamente se concibe en función de su necesidad o de su utilidad. Y también, una buena ley no debe se(r) intangible, pues sólo vale para el tiempo que ha querido regular. La teoría puede tener en cuenta abstracciones, pero la ley, que es obra esencialmente práctica, se aplica a situaciones concretas. Esto explica que, si bien la jurisprudencia puede extender la aplicación de un texto, existen siempre límites a esta extensión, que se encuentra menoscabada cuando la situación que el autor de la ley contempló, es substituida por otras que quedan fuera de sus previsiones. Una ley – constitución o ley ordinaria – no estatuye jamás más que para períodos normales; para aquellos que ha podido prever. Es obra de hombre y está sometida como todas las cosas humanas a la fuerza de las cosas, a la fuerza mayor y a la necesidad. Existen hechos que la prudencia humana no puede prever y situaciones que no se han podido tener a la vista, en las cuales la norma se ha hecho inaplicable y en las que es preciso, como SEA posible, separándose lo menos posible de las prescripciones legales, atender a las brutales necesidades del momento y contraponer algunos medios de fortuna a la fuerza invencible de los acontecimientos".

27. Dir-se-á eventualmente, em tom de crítica, que a solução que proponho como adequada ao caso em pauta é política e não jurídica.

58. Relembre-se, com von Ihering (ob. cit., p. VIII), que não existe nenhuma norma ou instituto jurídico que não deva sua origem a uma finalidade.

59. Vide nota 46 (Perelman, p. 106).

A tanto responderei observando, com Klaus Adomeit,[60] que uma ordem jurídica sem o político resulta carente de impulso, morta. Ordem jurídica como tal apenas existe enquanto objeto de uma ciência do direito cujo universo de indagação é reduzido à norma jurídica, verdadeira ciência da norma jurídica, esterilizadora da vida social. O objeto dessa ciência está dissociado da realidade social, sujeito exclusivamente a ponderações estéticas, algo inteiramente diverso do que efetiva e realmente o direito é.

Todas as decisões jurídicas, porque *jurídicas*, são políticas. Negá-lo, em especial em situações como a de que ora cogitamos, equivaleria à entronização do lema *fiat justitia pereat mundus*, o que dispensa qualquer comentário.[61] De mais a mais, assim como permanece sendo *jurídica* a decisão judicial tomada sob a consideração de que as normas jurídicas não veiculam enunciados semânticos cristalizados, congelados no tempo (esses enunciados passam por alterações decorrentes do evolver da vida social, ainda que a redação da norma não sofra modificação),[62] *jurídica* – embora por isso mesmo *política* – é ainda a decisão judicial que reconheça que determinada norma (princípio), no quadro de determinadas circunstâncias, não corresponde à natureza singular do presente. A aplicação do direito se opera mediante a prática da *prudência*, segundo e conforme a *lógica da preferência* – o Poder Judiciário atua no campo da *jurisprudência* e não de uma "jurisciência"; o desafio da prudência não se põe na ausência de resposta para uma determinada questão (este o desafio da ciência), mas na existência de diversas soluções corretas para uma mesma questão.[63]

28. Eis, assim, a solução que dou ao terceiro quesito proposto na consulta, a partir da consideração da situação que, no sentido adotado no contexto deste meu parecer (item 20, acima), refiro como de *exaustão da capacidade orçamentária*: neste caso deverá a Administração, demonstrada e comprovada essa exaustão perante o Supremo Tribunal Federal, *não cumprir as decisões do Poder Judiciário*.

29. Em face de todo o exposto, dou as seguintes respostas aos quesitos contidos na consulta:

a) quando o § 5º do art. 195 da Constituição diz que "nenhum benefício ou serviço da seguridade social poderá ser *majorado* (...)" há proibição apenas para aumentos *reais*; para aumentos apenas *nominais*, não;

b) a conciliação dar-se-á através da elevação do valor nominal do crédito orçamentário mediante a obtenção de autorização legislativa para a abertura de *créditos adicionais, suplementares* (art. 166, *caput*, observado o disposto no art. 167, V da Constituição de 1988), com aproveitamento de recursos provindos do

60. *Introducción a la Teoría del Derecho*, tradução do Enrique Bacigalupo, Madri, Civitas, 1984, pp. 46-47.

61. Considere-se, na praxis do Tribunal Constitucional Alemão, o "apelo ao legislador" (*Appellentscheidung*) (vide Gilmar Ferreira Mendes, "Tribunal Constitucional Alemão: o apelo ao legislador – 'Appellentscheidung' – na práxis da Corte Constitucional Federal Alemã", in *RDP* 99/32 e ss. e, do mesmo autor, *Die abstrakte Normenkontrolle vor dem Bundesverfassungsgericht und vor dem brasilianischen Supremo Tribunal Federal*, Berlin, Duncker & Humblot, 1991, pp. 158-159 e 180 e ss.).

62. Vide meu "Autarquia: interpretação de preceito legal que define sua competência", in *RDP* 100/86-87.

63. Vide meu *Direito, Conceitos e Normas Jurídicas*, São Paulo, Ed. RT, 1988, p. 24.

superávit financeiro do exercício anterior, do excesso de arrecadação, da anulação total ou parcial de dotações orçamentárias ou de créditos adicionais autorizados em lei, do produto de operações de crédito;

c1) em situação de inexistência de recursos suficientes para o cumprimento de decisões judiciais *nos termos da normatividade constitucional*, a Administração deverá prover-se de créditos orçamentários sem observar as regras veiculadas pelo art. 167, II, pelo art. 85, VI, pelo art. 166, pelo art. 167, V, pelo art. 167, VI e pelo art. 169 da Constituição de 1988 e pelo art. 38 do Ato das Disposições Constitucionais Transitórias: a *eficácia* dessas regras, em relação àquela situação, *é afastada*;

c2) em situação que, no sentido adotado no contexto deste meu parecer (item 20, acima), refiro como de *exaustão da capacidade orçamentária*, deverá a Administração, demonstrada e comprovada essa exaustão perante o Supremo Tribunal Federal, *não cumprir as decisões do Poder Judiciário.*

É o que me parece.

São Paulo, 25 de maio de 1992.